근대한국의 사회과학
개념 형성사

서남동양학술총서
근대한국의 사회과학 개념 형성사

초판 1쇄 발행/2009년 4월 17일
초판 3쇄 발행/2017년 10월 10일

지은이/하영선 외
펴낸이/강일우
편집/박영신 신선희
펴낸곳/(주)창비
등록/1986년 8월 5일 제85호
주소/10881 경기도 파주시 회동길 184
전화/031-955-3333
팩시밀리/영업 031-955-3399 · 편집 031-955-3400
홈페이지/www.changbi.com
전자우편/human@changbi.com

ⓒ 하영선 외 2009
ISBN 978-89-364-1313-2 93300

* 이 책은 서남재단으로부터 연구비를 지원받아 발간됩니다.
  서남재단은 동양그룹 창업주 故 瑞南 李洋球 회장이 설립한 비영리 공익법인입니다.
* 이 책 내용의 일부 또는 전부를 재사용하려면
  반드시 저작권자와 창비 양측의 동의를 받아야 합니다.
* 책값은 뒤표지에 표시되어 있습니다.

서남동양학술총서

근대한국의 사회과학
개념 형성사

하영선 외 지음

창비

21세기에 다시 쓴 간행사

서남동양학술총서 30호 돌파를 계기로 우리는 2005년, 기왕의 편집위원
회를 서남포럼으로 개편했다. 학술사업 10년의 성과를 바탕으로 이제 새로
운 토론, 새로운 실천이 요구되는 시점이라고 판단했기 때문이다.

알다시피 우리의 동아시아론은 동아시아의 발칸, 한반도에 평화체제를 구
축하고자 하는 비원(悲願)에 기초한다. 4강의 이해가 한반도의 분단선을 따
라 날카롭게 교착하는 이 아슬한 상황을 근본적으로 해결하는 방책은 그 분
쟁의 근원, 분단을 평화적으로 해소하는 데 있다. 민족 내부의 문제이면서
동시에 국제적 문제이기도 한 한반도 분단체제의 극복이라는 이 난제를 제
대로 해결하기 위해서는 우선 서구주의와 민족주의, 이 두 경사 속에서 침묵
하는 동아시아를 호출하는 일, 즉 동아시아를 하나의 사유단위로 설정하는
사고의 변혁이 종요롭다. 동양학술총서는 바로 이 염원에 기초하여 기획되
었다.

10년의 축적 속에 동아시아론은 이제 담론의 차원을 넘어 하나의 학(學)
으로 이동할 거점을 확보했다. 우리의 충정적 발신에 호응한 나라 안팎의
지식인들에게 깊은 감사를 표하는 한편, 이 돈독한 토의의 발전이 또한 동아

시아 각 나라 또는 민족들 사이의 상호연관성의 심화가 생활세계의 차원으로까지 진전된 덕에 크게 힘입고 있음에 괄목한다. 그리고 이러한 변화가 6·15남북합의(2000)로 상징되듯이 남북관계의 결정적 이정표 건설을 추동했음을 겸허히 수용한다. 바야흐로 우리는 분쟁과 갈등으로 얼룩진 20세기의 동아시아로부터 탈각하여 21세기, 평화와 공치(共治)의 동아시아를 꿈꿀 그 입구에 도착한 것이다. 아직도 길은 멀다. 하강하는 제국들의 초조와 부활하는 제국들의 미망이 교착하는 동아시아, 그곳에는 발칸적 요소들이 곳곳에 숨어 있다. 남과 북이 통일시대의 진전과정에서 함께 새로워질 수 있다면, 그리고 그 바탕에서 주변 4강을 성심으로 달랠 수 있다면 무서운 희망이 비관을 무찌를 것이다.

동양학술총서사업은 새로운 토론공동체 서남포럼의 든든한 학적 기반이다. 총서사업의 새 돛을 올리면서 대륙과 바다 사이에 지중해의 사상과 꿈이 문명의 새벽처럼 동트기를 희망한다. 우리의 오랜 꿈이 실현될 길을 찾는 이 공동의 작업에 뜻있는 분들의 동참과 편달을 바라 마지않는 바이다.

서남포럼 운영위원회
www.seonamforum.net

삼중 어려움의 좌절과 극복

이 책은 '전파(傳播)연구'라는 모임의 작은 부산물이다. 1995년 3월 31일 관악의 연구실에서 우리는 이름도 없는 공부모임을 시작했다. 올해로 15년째 만남을 계속하고 있다.[1] 첫 모임에서 우리는 한국 사회과학이 모방의 시대에서 창작의 시대를 맞이하려면 공부의 목적, 대상, 방법, 실천에 대한 철저한 자아비판부터 시작해야 한다는 데 모두 동의했다. 그 첫걸음으로 우리 삶의 모습을 제대로 그리고자 자기성찰 없이 사용하는 한국 사회과학 개념들의 뿌리 찾기부터 시작하기로 했다. 두 가지 공부가 우선 급했다. 한반도의 전통질서가 19세기 서양의 근대질서를 만나면서 한국은 새로운 주인공과, 무대 그리고 연기의 시대를 맞이했다. 이와 함께 본격적인 개념논쟁이 시작되었다. 일차적으로 전통 개념과 근대 개념의 문명사적 각축이 벌어졌다. 이차적으로는 서양 근대개념 도입의 국제정치적 싸움이 진행되었다. 마지막으로는 근대 사회과학 개념 형성의 국내 정치사회적 대결을 겪어야 했

---

1) 이 모임이 세월의 흐름에 따라 자연스럽게 '전파연구'라고 하게 된 것은 동주(東洲) 이용희(李用熙)의 전파이론에서 비롯한다. 동주 국제정치학은 한반도의 삶이 당면하는 어려움을 슬기롭게 풀기 위해 구미국제정치학이나 한국국제정치학과 같은 특수국제정치학을 넘어서서 국제정치의 의미를 공유하는 권역들의 전파와 변용을 통해 끊임없이 새롭게 형성되는 국제정치의 모습을 복합적으로 추적하는 일반국제정치학을 모색한다.

다. 이 삼중 대결의 현장답사를 위해서 무엇보다도 중요한 것은 전투의 혈흔이 낭자한 당시 문헌을 꼼꼼히 읽는 것이었다. 『서유견문』『독립신문』『윤치호 일기』 같은 개화언어를 읽기 시작했고, 화서(華西) 이항로(李恒老)에서 의암(毅菴) 유인석(柳麟錫)까지의 척화언어를 함께 읽어야 했다. 다음으로는 전파경로의 길목에 있었던 일본의 후꾸자와 유끼찌(福澤諭吉)나 중국의 량치차오(梁啓超)의 글들을 읽었다. 마지막으로는 유럽 근대 사회과학 개념의 기본서들을 전혀 새로운 눈으로 다시 공부해야 했다. 끝나지 않은 숙제는 오늘도 계속하고 있다.

　꼼꼼히 읽기만큼 중요한 것은 제대로 읽기다. 그러자면 좀더 세련된 읽는 방법이 필요하다. 우선 한국 개념사 연구방법론을 마련하는 데 참고하기 위해서 라인하르트 코젤렉(Reinhart Koselleck)의 독일 개념사 연구를 함께 공부하기 시작했다. 자연스럽게 유럽의 변방인 핀란드에서 진행되는 개념사 연구들을 만날 수 있었으며 최종적으로 동아시아 특히 한국의 개념사 연구는 코젤렉의 방법을 참고로 하되 훨씬 복잡한 삼중 모델을 개발해야 한다는 결론에 도달했다.[2] 이런 과정에서 유럽 그리고 아시아의 개념사 연구자들과의 소중한 만남이 이루어졌으며, 그 작은 결실로서 2008년 9월 제11회 세계 개념사대회를 아시아 최초로 서울에서 치를 수 있었다.[3]

　공부모임은 자료 읽기와 함께 글쓰기를 병행하기로 했다. 그러나 글쓰기 작업은 생각보다 훨씬 많은 어려움에 직면했다. 우선 개념들을 고르는 일부터 쉽지 않았다. 논의 끝에 새 개념을 요구하는 새 현실의 역사적 성격을 제대로 파악해야 한다는 결론에 도달했다. 역사적으로 오랫동안 중국을 중심

---

2) 삼중 모델의 한국 개념사 연구의 첫 시도는 1996년 서울대학교 외교학과 대학원 쎄미나에서 이루어졌다. 국가, 주권, 민주주의, 부국강병, 과학기술, 외교, 세력균형을 삼중 모델로 분석하여 쎄미나팀은 『19세기 조선의 근대 국제정치개념 도입사』(서울대학교 외교학과 대학원 1996)라는 모노그라프를 생산했다. 한국 개념사 연구의 첫 작품이었다.
3) http://plaza.snu.ac.kr/~inter/deplo/conceptual/Programme.html.

으로 하는 천하질서 속에서 예(禮)라는 명분을 중심으로 사대자소(事大字小)의 대외관계를 유지해왔던 한국은 19세기에 유럽의 근대 국제질서와 본격적으로 만나게 된다. 대내외적으로 주권의 명분을 행사하는 국민국가가 부국강병무대에서 치열한 권력투쟁을 전개하는 새 질서를 만나게 된다. 새 질서를 담을 새 개념들의 중심에 있는 문명 개념에 우선 주목했다. 그리고 새 질서의 주인공, 무대, 연기를 중심으로 개인, 주권, 권력, 부국강병, 민주주의, 경제, 세력균형 등을 일차 연구주제로 선정했다. 연구의 후반에 가서 국민/인종/민족, 영웅, 평화 등을 추가했다.

본격적으로 작업을 시작하면서 연구방향이 근대 서양 개념의 도입이 아니라 전통 동양 개념의 좌절에서 출발해야 한다는 것을 절실하게 깨달았다. 새 질서를 전통 개념으로 담아보려는 힘든 노력이 현실의 벽에 부딪혀 혼란을 거듭하게 되자 비로소 대단히 조심스럽게 새 개념의 전파와 변용을 겪게 된 것이다. 개념형성사를 근대 서양 개념 도입사로 접근하려던 소박한 생각은 접어야 했다. 전통 개념의 좌절사를 거쳐 전통과 근대 개념의 복합으로 형성되는 새 개념의 역사를 정리해야 하는 어려운 숙제를 만난 것이다.

개념사 연구가 단순히 어원사나 개념도입 경로사를 넘어서서 명실상부한 개념사가 되기 위해서는 개념사에 대한 초보적 오해를 극복해야 했다. 개념사는 단순히 개념의 역사를 의미하지 않는다. 개념사는 우리가 겪는 현실과 개념의 치열한 싸움의 역사이다. 더구나 한국의 개념사는 국제전과 국내전의 이중적 싸움을 거치면서 진행됐기 때문에 더 복잡했다.

1999년 2월 우리는 공동연구의 초고를 토오꾜오에서 일본 국제문화론 연구의 일인자인 히라노 겐이치로(平野健一郎) 교수의 연구모임과 함께 만나 발표하고 토론할 기회를 얻었다. 또하나의 배움이 있었다. 일본이나 중국과 비교해서 한국의 개념사 연구는 더 힘든 과정을 거쳐야 한다는 것이다. 전통과 근대 개념을 복합화하면서 중국과 일본과는 달리 소국의 어려움을 한 번 더 겪고 있었다. 유길준은 후꾸자와 유끼찌(福澤諭吉)보다 훨씬 더 어려운 문제를 풀어야 했다.

초고 발표 후 읽기와 쓰기를 계속하면서 마무리를 시도했으나 만족할 만한 작품을 완성하기 어려웠다. 동서고금의 충실한 지적 기반을 쌓지 않고서는 흉내는 낼 수 있어도 진정한 한국 개념사 연구는 현실적으로 불가능했다. 모임 참가자 중에 서양 현대 학문 전공자는 동양전통의 지적 기반 축적에 힘들어했다. 동양전통 학문 전공자는 서양 현대학문의 체계적 이해에 어려움을 느꼈다. 그 위에 우리 역사에 대한 본격적인 천착이 있어야 했다. 근대 한국 사회과학 개념형성사의 공동연구가 얼마나 힘든 것인지를 뼈저리게 느끼면서 그동안 만들었던 시제품들을 모두 깨버리고 더 먼 장래를 기약하면서 참가자들의 학문적 기초체력과 역량을 더욱 강화하려고 했다. 그러나 비록 만족할 만한 완성품이 아니더라도 국내학계에 개념사 연구의 관심이 상대적으로 늘어나는 속에 선행적 노력의 편린을 기록에 남기기로 하고 미완성품을 전시하게 된 것이다.

한국 사회과학 개념사 연구는 이제 막 시작이다. 갈 길은 험난하다. 우선 연구자가 한문, 중국어, 일본어, 그리고 유럽어의 기본 소양을 갖춰야 한다. 다음으로 한국에서 오늘의 사회과학 개념이 삼중의 어려움 속에서 어떻게 자리잡게 되었는지를 제대로 밝히려면 전통 동아시아와 근대 유럽의 만남을 역사적·사상사적 그리고 사회과학적 시각에서 조명할 수 있어야 한다. 더구나 이 연구는 이어서 20세기 상반기의 식민지시기, 20세기 하반기의 남북한 분단시기, 그리고 21세기 복합시기의 개념사 연구로 이어져야 더욱 실천적 의미를 획득하게 될 것이다. 따라서 한국 사회과학 개념사 연구는 오랜 학문적 정진과 축적을 거친 후에 비로소 도전이 가능한 험산준령이다. 그러나 높고 험하다고 돌아설 수 없을 만큼 매력적인 것도 사실이다. 좀더 중요한 것은 개념사 연구가 이 땅에 제대로 뿌리를 내리지 못한다면 한국의 사회과학은 영원히 사상누각의 위태로움을 벗어나기 어렵다. 따라서 힘들다고 등산을 포기할 수는 없다.

이 글모음을 내면서 무엇보다 지난 15년 동안 전파연구모임에 참석했던 모든 분에게 감사하고 싶다. 학술연구비는 양적으로 팽창했는데도 연구풍토는 눈에 띄게 척박해져 가는 오늘의 학계 분위기에서 물질적 지원이 전혀 없이 학문적 열정에만 호소해서 19세기의 난삽한 문헌들을 함께 읽고 밤늦게까지 토론할 수 있었던 것은 작은 행복이었다. 특히 지난 5년 동안 전파연구모임이 수지서재에서 꾸준히 열릴 수 있었던 것은 아내의 숨은 노력으로 가능했다. 고마울 뿐이다.

많은 토론의 작은 부분이 책 모습으로 독자들에게 소개할 기회를 얻은 것은 서남재단의 지원과 배려 때문이다. 감사하게 생각한다. 원고가 책의 모습을 갖추기까지 모든 힘든 일은 지금 차세대 한국개념사 연구자의 외로운 길을 걸으려고 캐나다 브리티시 콜롬비아대학 한국학연구쎈터에서 정진하는 이헌미 석사가 맡아주었으며, 마지막 마무리는 서울대학교 외교학과 대학원 송지예 양이 수고해주었다. 그리고 꼼꼼하게 책을 만들어준 창비 여러분에게도 감사한다.

2009년 3월 1일
수지 서재에서 추재(鄒齋) 하영선(河英善)

변화하는 세계와 개념사

하영선

21세기 세계는 문명사적 변화의 가능성에 직면하고 있다.[1] 근대의 오랜 주인공이었던 국민국가는 안과 밖에서 새로운 주인공들과 새롭게 무대를 꾸며 나가고 있다. 지구기업이나 세계무역기구나 세계금융기구들은 더는 국민국가의 단순한 조연으로만 취급하기 어렵다. 9·11의 충격을 가져다준 지구테러 그물망은 가장 주목할 만한 신인 연기자로 급격하게 부상했다. 회원국이 26개국으로 늘어난 유럽연합도 새로운 주인공으로 등장했다. 국가 밖의 변화 못지않게 안의 변화도 새롭다. 시민사회조직은 목소리를 하루가 다르게 높이고 있으며, 그물망을 지구공간으로 넓혀가고 있다. 개인의 역할도 새로워지고 있다. 근대의 점과 선의 외교가 복합시대의 그물망 외교로 변환하고 있다.

주인공만 변화하는 것이 아니다. 무대도 바뀌고 있다. 근대 국민국가의 주무대였던 일국 중심의 부국과 강병의 현장은 국가의 안과 밖을 동시에 포함

서울대 외교학과 교수.

하는 안보와 번영의 무대로 새로 꾸미고 있다. 동시에 산업화의 자연파괴를 극복하기 위한 환경무대, 생각과 행동의 차별화를 보여주는 문화무대가 중심무대로 등장했다. 네 중심무대의 기반에는 정보기술혁명에 따른 지식무대가 새롭게 자리잡고 있다. 그리고 기반, 중심무대 위에 마지막으로 가장 중요한 정치무대가 설치되어 근대의 부국강병(富國强兵)이라는 단층무대와는 달리 다보탑같이 3층 복합무대의 모습을 갖추고 있다.

주인공과 무대의 변화에 따라 연기의 내용도 바뀌고 있다. 근대 국민국가는 부국과 강병의 무대에서 홉스(T. Hobbes)가 말하는 외로운 늑대처럼 일국 중심의 국가이익을 극대화하기 위한 치열한 경쟁과 싸움을 벌여야 했다. 그리고 최소한의 협력을 도모했다. 주인공과 무대의 복합화에 따라 국가는 더는 최대한의 자주와 최소한의 협력을 추구하는 늑대의 연기에 머무를 수 없게 되었다. 새롭게 거미의 연기를 배우기 시작하고 있다. 국가의 안과 밖에 새롭게 등장한 주인공들을 그물망으로 엮어 나가고 있다. 동시에 안보와 번영의 무대와 새롭게 등장한 무대들을 그물망으로 함께 엮고 있다. 근대국가가 늑대거미의 새로운 연기를 보여주기 시작한 것이다.

21세기 역사의 주인공은 과거의 체험과 미래의 지평 사이에서 현재의 지속과 변화를 바로 보고 미래를 제대로 꾸며 나갈 수 있어야 한다. 따라서 변화하는 오늘을 제대로 드러내고 미래행동을 방향짓는 데 핵심적 역할을 하는 개념논쟁이 치열하게 벌어지고 있다. 21세기 예비 주인공들은 21세기의 변화하는 모습을 여전히 기본적으로 국제관계, 국민제국관계로 품어야 할지, 아니면 제국관계, 그물망 관계로 읽어야 할지의 논쟁을 본격화하기 시작하

---

1) 하영선 편 『21세기 한반도 백년대계』(풀빛 2004); 하영선 「젊은이들이여, 세계의 변화를 바로 보자」; 하영선 편 『변화하는 세계 바로보기』(나남출판 2004); 하영선 「역사 속의 젊은 그들: 19세기와 21세기」 강규형 외 공저 『청소년을 위한 우리 역사 바로 보기』(성신여자대학 출판부 2006); 하영선·김상배 편 『네트워크지식국가론』(을유문화사 2006); 하영선·남궁곤 편 『변환의 세계정치』(을유문화사 2007).

고 있다.

개념논쟁은 시간의 흐름에 따라 새롭게 등장하는 개념변화와 사회구조의 역사적 변화를 겪으면서 진행된다. 서양 근대의 등장은 신을 중심으로 하는 개념을 넘어서 새로운 개념의 탄생이 필요했다. 근대적 자기모순을 극복하기 위한 탈근대적 몸부림은 또 한번 새로운 개념모색이라는 전쟁을 치르고 있다. 그러나 중세와 근대, 근대와 탈근대의 개념논쟁은 국제 및 국내의 정치사회 구조의 변화와 결합하여 더욱 치열한 모습을 보여주고 있다.

21세기 역사의 주인공이 되기 위한 전초전인 개념논쟁이 본격화되는 속에서 한국은 삼중의 어려움을 겪고 있다. 우선 무엇보다도 미래의 변화를 과거의 개념으로 읽어 내려는 어려움이다. 오랫동안 중국 천하질서(天下秩序)의 명분 속에서 익숙해져 있던 한반도는 19세기 중반 문명사적 변화를 맞이하여 끈질긴 저항에도 불구하고 새로운 주인공으로 등장한 유럽의 근대 국제질서 개념들의 전파에서 벗어날 수 없었다. 근대 국민국가의 부국강병 경쟁이라는 기본 개념으로 세계의 지속과 변화를 읽어내는 데 간신히 익숙해진 한국은 21세기 문명사적 변화의 가능성을 맞이하여 다시 한번 새로운 개념들의 전파싸움을 치르기 시작했다. 이러한 과정에서 주목해야 할 것은 전통 개념으로 근대의 변화를 담아야 하는 어려움이며, 근대의 개념으로 미래의 변화를 품어야 하는 갈등이다.

한국이 겪는 개념 전파전쟁은 시간의 흐름에 따른 새로운 개념의 각축에서만 전선이 형성되는 것이 아니다. 또하나의 전선은 정치사회 구조의 변화에서 형성되고 있다. 정치사회 공간에서 벌어지는 논쟁은 일차적으로는 국가간에 이차적으로는 국내에서 벌어지고 있다. 개념논쟁은 근대 이래 국제정치의 중심국과 주변국 간의 전파와 변용이라는 틀 속에서 진행되어왔다. 부국과 강병의 기반 위에 근대 국제정치의 주인공을 다투었던 유럽의 중심 국가들은 의미권의 지구적 확대를 통해 국제질서의 더욱 효율적 운영을 추진했다. 21세기 세계정치의 중심 국가 위치를 지속적으로 유지하려는 미국을 비롯한 구미국가들은 세계질서의 변환을 품기 위한 새로운 개념들의 전파를 다시 한번 주도하려고 노력하고 있다. 전파의 중심국들에는 이러한 개념들이 자신들의 생각과 느낌에 잘 맞는 맞춤복이라면, 한국과 같은 전파의 주변국들에는 이러한 개념들이 기성복일 수밖에 없다. 맞춤복과 기성복의 차이는 단순히 몸매를 얼마나 멋있게 들어내느냐의 문제가 아니라 동시에 미래의 몸과 머리와 마음의 키워나가는 방향을 결정짓기 때문에 더욱 중요하다.

한국의 개념논쟁은 국내 정치사회 세력간에도 치열하게 전개되어왔다. 전파 중심국들의 개념들을 받아들여 쓰는 과정에서 국내 정치사회 세력들은 전통의 무게, 현재의 정치경제적 이해, 미래의 전망 등의 영향 속에서 각자 다른 형태로 개념들을 변용하려는 노력을 해왔다. 19세기 한국의 위정척사파(衛正斥邪派)들은 가능한 한 전통 개념으로 폭풍처럼 불어 닥치는 근대의 변화를 품어보려는 노력을 기울였다. 한편 개화파들은 일본과 중국을 징검다리로 해서 더 과감하게 유럽의 근대 정치사회 개념들을 받아들여 문명사적 변화를 이해하고 새로운 미래를 꿈꾸었다. 현실의 국내정치는 양극단의 갈등을 전통과 근대의 복합화를 통해 풀어보려는 어려운 노력을 시도하였으나 결국 실패하고 말았다. 21세기 문명사적 변화의 가능성을 맞이하면서 국내 정치사회 세력들은 다시 한번 세계화론과 반세계화론의 경직화된 갈등을 쉽사리 벗어나지 못하고 한국적 세계화라는 변환론의 해답을 놓치고 있다.

21세기 한국이 빠르게 변화하는 세계를 바로 읽고 미래를 제대로 준비해서 역사의 주인공으로 화려한 연기를 선보이려면 전초전인 개념논쟁부터 제대로 치를 수 있어야 한다. 그 첫걸음은 개념사 연구부터 시작해야 한다. 21세기를 제대로 준비할 수 있는 우리 나름의 개념을 갖추려면 우리의 전통 개념이 19세기 중반 이래 삼중 개념논쟁을 통해서 어떻게 오늘의 근대 개념으로 바뀌어왔는지를 조심스럽게 추적해야 한다. 이러한 노력은 21세기 한국에서 사용하는 핵심 정치사회 개념들의 의미를 제대로 이해하게 해줄 것이다. 우리는 비로소 변화하는 세계를 품으려고 허겁지겁 전파의 중심국들이 재빠르게 생산하는 새로운 개념들을 무비판적으로 수입하는 대신에 21세기 한반도에 맞는 개념들을 삼면전의 어려움을 충분히 고려하여 조심스럽게 궁리하게 될 것이다.

한반도 개념사의 심층구조를 제대로 드러내려면 라인하르트 코젤렉(Reinhart Koselleck) 중심의 개념사(Begriffsgeschichte) 연구를 주목할 필요가 있다.[2] 1960년대 전후 독일을 중심으로 활발해지기 시작한 개념사 연구는 단순한 개념의 역사적 지속과 변화를 다루지 않는다. 독일 개념사 연구의 가장 중요한 특징은 구미에서 진행되어온 어원사, 지성사 또는 사상사와 비교하여 사회사와의 밀접한 관련 속에서 개념사를 분석한다는 것이다. 개념사는 인간을 과거의 경험과 미래의 전망 속에서 현재를 개념화하면서 사회적 관계를 만들어 나가는 존재로 보고 있다. 따라서 개념사와 사회사를 결합함으로써 살아있는 전체 역사의 모습에 좀더 접근하려고 노력한다.

코젤렉은 「사회사와 개념사」라는 논문에서 상호 관계를 다음과 같이 설명한다. "사회사와 개념사는 서로 다른 속도로 변환하고 있으며, 서로 구별

2) Reinhart Koselleck, *Futures Past: On the Semantics of Historical Time* (Cambridge, Mass: MIT Press 1985); Reinhart Koselleck, "Social History and Begriffsgeshichte," in Iain Hampsher-Monk, Karin Tilmans, and Frank van Vree, eds., *History of Concepts: Comparative Perspectives* (Amsterdam: Amsterdam University Press 1998); Reinhart Koselleck, *The Practice of Conceptual History: Timing History, Spacing Concepts* (Stanford: Stanford University Press 2002); Melvin Richter, *The History of Political and Social Concepts: A Critical Introduction* (New York: Oxford University Press 1995); Melvin Richter, "Appreciating a Contemporary Classic: The Geschichtliche Grundbegriffe and Future Scholarship," in Hartmut Lehmann and Melvin Richter, eds., *The Meaning of Historical Terms and Concepts: New Studies on Begriffsgeschichte* (Washington, D. C.: German Historical Institute 1996); Jussi Kurnmäki & Kari Palonen, (Hg./eds.), *Zeit, Geschichte und Politik, Time, History and Politics, Zum achtzigsten Geburstag von Reinhart Koselleck*, Jyväskylä Studies on Education, Psychology and Social Research, June 2003.

되는 반복의 구조에 기반을 두고 있다. 따라서 사회사 학술용어는 언어로 축적되는 경험으로 접근할 수 있게 하려면 개념사에 의존해야 한다. 그리고 마찬가지로 개념사는 결코 다리 놓을 수 없는 사라져버린 현실과 언어적 증거의 차이를 계속 보려면 사회사 결과에 의존해야 한다."[3)]

독일 개념사 연구는 1970년대에 들어서서 눈에 띌 만한 성과물을 생산하기 시작했다.[4)] 그중 대표적인 것들로는 코젤렉이 중심이 되어 편집한 『독일의 근대 정치 및 사회 개념사 사전』과 같은 기념비적 업적을 비롯하여 요하임 리터(Joahim Ritter)와 칼프리드 그뤼더(Karlfried Grüder)가 편집한 『철학사 사전』과 롤프 라이하르트(Rolf Reichardt)와 에버하르트 슈미트(Eberhart Schmitt)가 편집한 『프랑스 정치사회 기본 개념 핸드북』 등을 들 수 있다.

코젤렉의 사전은 독일이 본격적으로 근대의 변화를 겪었던 1750년부터 1850년 사이에 독일어를 사용하는 유럽의 정치사회 개념들이 어떻게 변화했는지를 본격적으로 추적한다. 이 사전은 115개의 기본적인 독일 정치사회 개념을 선정하여 한 개념당 평균 50면 이상의 방대한 설명을 붙여 모두 아홉 권으로 만들었다. 저자들은 개념들의 역사적 의미변화를 세 장으로 나누어 분석한다. 우선 1장은 고대부터 근대 초기까지를 다룬다. 다음 2장은 가장 긴 장으로 18세기 중반부터 19세기까지를 다룬다. 마지막으로 3장에서는 현대를 다루고 있다.

---

3) Reinhart Koselleck, *The Practice of Conceptual History: Timing History, Spacing Concepts*, 37면.

4) Otto Brunner, Werner Conze, Reinhart Koselleck, eds., *Geschichtliche Grundbegriff: Historiches Lexicon zur politische ̃sozialer Sprache in Deutschland*, 9 vols. (Stuttgart: Klett-Cotta 1972~1997); Joachim Ritter and Karlfried Gründer, eds., *Historiches Wörterbuch der Philosophie*, 9 vols., to date (Basel and Stuttgart: Schwabe 1971~); Rolf Reichardt and Eberhart Schmitt, in collaboration with Gerd van den Heuvel and Anette Höfer, eds., Handbuch Politisch-sozialer Grundbegriffe in Frankreich 1680~ 1829, 18 vols., to date (München: Oldenbourg 1985~).

독일 개념사 연구는 1990년대에 들어서서 좀더 국제적으로 알려지기 시작했다. 핀란드의 개념사 연구의 대표주자인 카리 팔로넨(Kari Palonen)과 영어권에 본격적으로 독일 개념사 연구를 소개한 멜빈 리히터(Melvin Richter)가 중심이 되어 1998년 6월에 핀란드의 후원 아래 유럽 중심의 14 개국 개념사 연구자들이 런던에서 모여 '정치사회 개념사 그룹'을 결성하고 개념사를 전세계적으로 소개하기 시작했다.[5] 리히터는 창립 모임의 개회사에서 개념사 연구의 시간과 공간 비교연구를 강조하면서, 특히 한 문화로부터 다른 문화로의 개념 이전의 체계적 연구가 비교의 관점에서 이루어져야 한다고 지적한다.[6] 한편 팔로넨을 비롯한 핀란드의 개념사 연구자들은 중심이 아닌 주변의 개념사 연구를 꾸준히 진행하고 있다.[7]

그러나 유럽의 이러한 시도가 동아시아에서는 현재까지 제대로 이루어지지 못했다.[8] 최근에 개념사의 시각에서 19세기 일본과 중국이 유럽의 근대

---

5) History of Political and Social Concepts Group(http://www.jyu.fi/yhtpfil/hpscg).

6) Melvin Richter, "Begriffgeschichte Today-An Overview" in *Finish Yearbook of Political Thought* 1999 vol. 3: Conceptual Change and Contingency (SoPhi: University of Jyvaskyla 1999).

7) Jukka Kanerva and Kari Palonen, eds., *Transformation of Ideas on a Periphery: Political Studies in Finnish History*, The Finnish Political Science Association no. 6 (1987); Sakari Hänninen & Kari Palonen, eds., *Texts, Contexts, Concepts: Studies on Politics and Power in Language*, The Finnish Political Science Association no. 11 (1990); Kari Palonen, "Polity, Contingency, and Conceptual Change: Temporalization of Politics from a Comparative Perspective"(http://www .jyu/polcont/palonen.html).

8) Douglas R. Howland, *Translating the West: Language and Political Reason in Nineteenth Century Japan* (Hawaii: University of Hawaii Press 2002); Marina Svensson, *Debating Human Rights in China: A Conceptual and Political History* (Cambridge, Mass.: Harvard University Press 2002); Lydia H. Liu, Translingual Practice: *Literature, National Culture and Translated Modernity*: China 1900~1937 (Stanford: Stanford University Press 1995); Lydia H. Liu, ed., *Tokens of Exchange: The Problem of Translation in Global Circulations* (Durham, NC: Duke University 2000); Lydia H. Liu, *The Clash of Empires: The Invention of China in Modern World Making*

개념들을 어떻게 받아들였는지를 분석한 구미의 작품들이 나오기 시작하고, 일본 나름의 기초적 연구가 있기는 하지만 한반도를 비롯한 동아시아의 개념사 연구수준은 아직 초보적인 어원사 또는 개념 전파경로 연구사의 차원을 크게 벗어나지 못하고 있다.

그 이유는 비교적 자명하다. 동아시아는 자신들의 전통정치 및 사회현실과의 갈등 속에서 유럽의 근대정치 및 사회현실을 받아들여야 하는 과정에서 유럽의 근대정치 및 사회 개념들을 자신들의 전통언어로서 번역해야 하

(Cambridge, Mass.: Harvard University Press 2004); Rune Svarverud, *International Law as World Order in Late Imperial China: Translation, Reception and Discourse 1847~ 1911* (Leiden: Brill 2007): 成澤光 『政治のことば』(東京: 平凡社 1964); 加藤周一・丸山眞男 『翻譯の思想』 日本近代思想大系 15(東京: 岩波書店 1991); 丸山眞南・加藤周一 『翻澤と日本の近代』 岩波新書 580(東京: 岩波書店 1998); 石田雄 『日本近代思想史における法と政治』(東京: 岩波書店 1976); 石田雄 『近代日本の政治文化と言語象徵』(東京: 東京大學出版會 1983); 石田雄 『日本の社會科學』(東京: 東京大學出版會 1984); 石田雄 『日本の政治と言葉, 上下』(東京: 東京大學出版會 1989); 山田洸 『言葉の思想史:西洋近代との出會い』(東京: 花伝社 1989); 中村勝己 編 『受容と変容: 日本近代の經濟と思想』(東京: みすず書房 1989); 山室信一 『思想課題としてのアジア: 基軸, 連鎖, 投企』(東京: 岩波書店 2001); 柳父章 『翻譯語成立事情』 岩波新書 189(東京: 岩波書店 1982); 柳父章 『翻譯の思想』(東京: 筑摩書房 1995); 柳父章 『ゴッドは神か上帝か』 岩波現代文庫 (東京: 岩波書店 2001); 古賀敬太 編 『政治概念の歴史的展開』 第一卷(東京: 見洋書房 2004); 溝口雄三・丸山松幸・池田知久 編 『中國思想文化事典』(東京: 東京大學出版會 2001); 石塚正英, 柴田隆行 監修 『哲學思想翻譯語事典』(東京: 論創社 2003); 『日・中・英 言語文化事典』(マクミラン ランゲージハウス 2000); 『一語の辭典』 14 vols., (東京: 三省堂 1995); 惣郷正明・飛田良文 『明治のことば辭典』 3版(東京: 東京堂出版 1998); 김용구 『세계관 충돌의 국제정치학: 동양 禮와 서양 公法』(나남출판 1997); 하영선 「문명의 국제정치학: 19세기 조선의 문명 개념도입사」 국제관계연구회 엮음 『근대 국제질서와 한반도』(을유문화사 2003); 하영선 「근대한국의 평화 개념도입사」, 하영선 편 『21세기 평화학』(풀빛 2002); 최정운 「서구 권력의 도입」, 『국제문제연구』 제24호 (서울대학교 국제문제연구소 2001~2002); 김석근 「19세기 말 'Individual(個人)' 개념의 수용과정에 대하여」, 『국제문제연구』 제24호(서울대학교 국제문제연구소 2001~ 2002).

는 어려움을 겪어야 했기 때문이다. 따라서 동아시아의 개념사 연구는 유럽의 근대 개념사 및 사회사와 동아시아의 전통 개념사 및 사회사 복합화를 분석해야 하는 이중적 어려움이 있다.

이러한 어려움에도 불구하고 동아시아의 개념사 연구는 절실하게 필요하다. 21세기 변화하는 세계를 바로 보고 바람직한 미래를 실천하려고 19세기 이래 전통 동아시아가 유럽의 근대 국제 정치사회 개념들을 어떻게 받아들여서 오늘 우리가 사용하는 개념에 이르렀는지를 밝혀야 하기 때문이다. 그래야만 21세기의 새로운 변화를 맞이해서 오늘의 근대 개념으로 변화를 충분히 품고 미래를 계획할 수 있는 것인지, 또 한번 내일의 새 개념을 과감하게 받아들여야 하는지, 또는 근대와 탈근대를 복합화한 한국형 변환의 개념을 조심스럽게 만들어야 할 것인지를 판단할 수 있다.

따라서 이 개념사 공동연구는 근대한국이 새롭게 다가온 구미의 근대 국제질서의 주인공, 무대, 연기의 내용을 제대로 보고 자신의 미래를 실천할 수 있도록 어떤 우여곡절을 거치면서 서양의 근대 국제질서 개념들을 받아들였는지를 조심스럽게 검토하고 있다.

하영선은 근대한국의 문명 개념 도입사를 심층적으로 분석하기 위해서 우선 19세기 조선에서 위정척사론(衛正斥邪論)과 동도서기론(東道西器論)을 거쳐 문명개화론이 등장하는 담론투쟁의 과정을 추적한다. 다음으로 문명개화론의 문명관을 전통과 근대의 복합화라는 시각에서 구체적으로 조명하기 위해서 유길준(兪吉濬)의 문명개화론을 새롭게 본격적으로 검토한다. 19세기 조선의 문명 개념은 국내 정치사회 세력의 치열한 담론투쟁과 함께 구미 중심의 국제질서와 중국 중심의 천하질서가 서로 만나는 속에서 서양의 무력·금력 진출과 함께 진행된 문화권간의 담론 전파와 변환의 결과였다. 따라서 18세기 중반 이후 새롭게 등장한 유럽의 문명 개념이 어떻게 동아시아의 중국과 일본을 거쳐 한반도에 도입되었는지를 단순한 전파경로사가 아니라 개념의 형성, 전파, 복합사의 시각에서 검토한다. 마지막으로 유길준이

품었던 조선 문명화의 꿈이 현실화되지 못하고 좌절하는 비극의 역사를 간단히 정리한 다음, 21세기 한반도 문명의 성공적인 미래를 꿈꾸고 있다.

최정운은 근대 서구문명의 핵심인 권력이 어떻게 근대한국에 도입되었는지를 다루고 있다. 이 글은 이론과 사상 그리고 실천을 포함하는 의미에서의 서구 권력의 한국 도입과정을 19세기 후반부터 일제시기까지 검토한다. 우선 동북아제국에서 등장한 부국강병사상을 논하며 서구 권력 도입의 컨텍스트를 재구성하여 이 사상의 실패를 설명한다. 다음으로 국권상실이 구한말까지 이루어진 서구 권력의 여러 제도와 부분의 도입시도를 논한다. 마지막으로는 일제강점기의 식민지 조선이 서구 권력의 더욱 본질적 부분을 도입하려던 시도를 평가한다. 19세기 후반부터 근대 서구 권력의 도입을 시도한 조선인들은 자신들의 본질적인 부분들을 바꿔 나가야 했으며, 근대 서구의 권력은 도구나 제도의 차원으로 한정할 수 없다는 것을 여러차례 깨닫게 되었다.

신욱희는 근대한국이 근대 국제질서의 핵심 개념인 주권을 19세기 후반과 20세기 초에 걸쳐 어떻게 받아들였는지를 분석한다. 주권 개념이 한국에 처음 전해진 것은 마틴(William A. P. Martin)의 국제법 번역서인 『만국공법(萬國公法)』(1864)의 전래와 함께였다. 1880년에 들어서서 『한성순보(漢城旬報)』의 번역기사에 주권이라는 용어가 자주 나타나고, 유길준은 『서유견문(西遊見聞)』(1887~89)에서 당시의 주권 개념을 자세히 소개한다. 그리고 1890년대 후반 『독립신문(獨立新聞)』은 형식적 주권과 실질적 주권을 구분하여 설명한다. 그러나 한국이 유럽의 근대 국제질서의 명분 개념이었던 주권 개념을 제대로 이해한 기반 위에 대외관계의 변화를 바로 읽고 미래를 제대로 준비하기 어려웠던 현실을 김윤식(金允植), 유길준, 윤치호(尹致昊)의 주권관을 통해 보여주고 있다.

김영호는 근대한국이 근대 국민국가의 활동목표였던 부국강병 개념을 어떻게 받아들였는지를 추적한다. 『조선왕조실록』에 나타난 국왕과 집권세력들의 유교적 부국강병관은 부정적이었다. 유교적 부국강병 개념이 근대적 부국강병 개념으로 변환되는 과정을 대원군 집정 10년, 고종(高宗) 친정 10년, 갑신정변(甲申政變) 이후 시기로 나누어서 점차 전통적 부국강병관을 넘어서서 근대적 부국강병관으로의 인식전환이 이루어져 갔는데도 현실의 국내외적 제약을 넘어서서 주변국들과 괄목상대할 만큼 명실상부한 부국강병의 실현에 실패함으로써 국망의 비극을 맞이한 것이다.

장인성은 근대 주권국가가 일국 중심의 부국강병을 경쟁적으로 추진하는 근대 국제질서의 기본 작동원리인 세력균형 개념을 근대한국이 서양의 근대 국제질서와 만나면서 언제, 어떻게 받아들이게 되었는지를 치밀하게 검토한다. 근대한국이 세력균형을 균세(均勢)라는 번역어로서 받아들인 것은 마틴이 번역한 『만국공법』의 전래와 함께였다. 균세가 개념으로서 정착하게 된 것은 황준헌(黃遵憲)의 『조선책략(朝鮮策略)』을 둘러싼 국내 논쟁과 함께였다. 균세 개념을 수용하고 재해석하는 과정에서 유교이념의 전통, 현실적 힘의 역학관계의 장소성 때문에 권력론으로서의 세력균형론이 아닌 규범론으로서의 세력균형론 성격을 띠게 되었다. 더구나 자강(自强)에 기반을 둔 세력균형을 주체적으로 운용할 수 없었던 근대한국은 세력균형 개념의 변용으로서 외재적 세력균형으로서의 중립과 지역 내재적 세력균형으로서의 정립(鼎立) 개념을 모색하였으나 가시적 성과를 거둘 수 없었다.

하영선은 근대한국의 평화 개념 도입사를 해방론(海防論), 원용부회론(援用附會論), 양절체제론(兩截體制論), 자강균세론(自强均勢論), 국권회복론(國權回復論)이라는 역사적 전개틀에 따라 정리한다. 역사적으로 오랫동안 중국 중심 천하질서의 평화 속에서 살아온 한국은 새롭게 만난 서양의 국민부강 국가들을 위정척사적 시각에서 다루기 어려워짐에 따라 해방론의 시각에서 한반도 평화를 모색했다. 그러나 결과는 실패였다. 다음 단계로서 서양의 전쟁과 평화의 법을 원용하여 서양과의 전쟁과 평화문제를 다뤄보려는 노력도 사회진화론적 사고에 기반을 둔 현실국제정치의 치열한 각축 앞에서 큰 성과를 거두기 어려웠다. 결국 과도기의 양절체제(兩截體制)의 평화모색에 이어 한국은 뒤늦게 자강균세(自强均勢)의 한반도 평화질서를 구축해보려는 노력을 본격화한다. 그러나 한반도를 둘러싼 국내외 정치사회 세력들의 갈등 속에서 한국은 러일전쟁의 승리로 20세기 국제무대에 본격적으로 등장한 일본 동양평화론의 희생물이 된다.

강동국은 근대한국에서 벌어진 국민·인종·민족 개념들의 치열한 각축전을 분석한다. 러일전쟁 이전에 한반도의 집단을 규정하던 주요한 개념이었던 인종과 국민은 공존하였다. 이러한 우호적 공존관계는 러일전쟁 이후 인종 개념이 일본 제국주의의 침략도구였음을 명확히 인식함에 따라 깨어졌다. 러일전쟁 후 본격적으로 유입되기 시작한 민족 개념은 제국주의에 대항해서 급속히 세력을 확대했다. 한편 국민은 러일전쟁 이후 민국(民國) 정치이념의 국민 개념을 벗어나 국가유기체설의 국민 개념으로 급속히 변화되어 간다. 그 과정에서 국민/국민주의 개념은 민족/민족주의 개념의 상위 개념으로 인식되어 이 시기 개념 경쟁에서 우위에 서게 된다. 하지만 경술국치(庚戌國恥)로 국가(제국일본)가 민족(조선 민족)에 반하는 의사를 보임으로써 국민과 민족의 우호적 관계는 적대적 관계로 급격히 선회하게 된다. 국민은 일본제국의 신민(臣民)으로 규정되어 인종과 우호적이며 민족과 대립하는 정반대의 위치로 이동했다. 결국 나머지 두 개념의 대척점에 남은 민족만이 제국일본에 대한 저항의 언어로 남아 세 개념의 긴 경쟁에서 승리를 거두게 되었다.

김용직은 근대 국민국가의 중심 개념인 민주주의가 근대 한국에서 어떻게 받아들여졌는지를 검토한다. 1880년대 초반에 『한성순보』 등을 통해 민주주의라는 용어는 소개되었지만 더욱 적극적으로 민주주의의 사상적 수용이나 제도적 수용으로는 발전하지 못했다. 갑오경장을 거치면서 시민단체 성격의 결사체인 독립협회(獨立協會)가 등장하면서 실질적인 서양 민주주의 개념의 본격적 수용이 시작되었다. 그러나 국내 보수세력의 반대, 제국주의적 외세의 개입, 낙후된 대중정서 등의 장애물 때문에 민주주의 개념은 뿌리를 내리지 못하고 반세기를 지난 후 비로소 우여곡절을 겪으면서 자리를 잡기 시작했다.

손열은 근대한국이 근대 국민국가를 군사와 함께 떠받치는 경제 개념을 어떻게 받아들였는지를 추적한다. 유럽 근대국가의 경제 개념은 국가를 단위로 한 재화의 생산증대를 일반적으로 의미했다. 반면에 동양에서는 부국이라는 개념은 익숙하지 않았다. 일본의 경우 전통적 경제 개념(경세제민經世濟民)은 오규 소라이(荻生徂徠)로 대표되는 토꾸까와(德川) 유학의 변질, 란가꾸(蘭學)의 영향 아래 흔들렸고, 19세기 중엽 economy의 번역어가 되었다. 메이지(明治) 지배세력은 부국강병을 내걸고 부국은 식산흥업(殖産興業), 즉 산업의 육성을 통한 생산의 확대와 교역이란 국제표준을 받아들였다. 한편 근대한국은 중국과 일본을 거치거나 직접 서양을 접촉하면서 부국 개념을 받아들이게 된다. 그러나 1880년대의 유길준과 박영효(朴泳孝)의 자강으로서의 경제관은 주어진 재화의 관리와 상업장려라는 초보적 수준에 머물렀다. 이러한 경제 개념은 1890년대와 1900년대 초반까지 커다란 변환을 겪지 못했다. 러일전쟁 이후 뒤늦게 식산흥업론이 등장하게 되나 더는 국가의 보호하에 경제를 발전시킬 수 없었기 때문에 돌파구를 마련할 수 없었다.

김석근은 한국 개념사의 구체적 사례로 근대 서구사회의 가장 기본 개념이라고 할 수 있는 개인을 다룬다. 먼저 서양 근대에서 어떻게 Individual이 탄생했는지를 살핀 다음, 19세기 일본에서 Individual을 개인으로 번역하는 진통을 관찰한다. 다음으로 한국 개화기에 개인 개념이 최종적으로 어떻게 수용되었는지를 살핀다. 결론적으로 박영효와 유길준은 개인이라는 용어를 구사하지는 않았지만, individual(개인)이 갖는 의미를 대체로 파악하고 있었다. 정작 문제는 개인이 우리 현실에 존재하지 않는다는 것이다. 새로운 개인을 현실 속에서 어떻게 구현하느냐가 숙제였다. 국내 현실의 벽은 높았으며, 한반도를 둘러싸고 전개되는 국제정세 역시 어려웠다. 게다가 그들은 갑신정변이라는 값비싼 역사체험을 했다. 따라서 개인의 과제는 자주독립, 부국강병 등의 절박한 과제 뒤로 밀려났다.

이헌미는 국운이 쇠해가는 대한제국기에 역사의 주인공으로서 영웅 개념의 도입에 주목한다. 대한제국의 영웅 개념은 중국의 량치차오(梁啓超)를 매개로 수용된 메이지 일본의 영웅 개념에서 기원한 것이다. 19세기 동아시아의 영웅 개념은 사회진화론과 민족주의의 사상적 영향 아래 국가발전과 사회변혁의 원동력으로서 근대적 주체의 새로운 모습을 담고 있다. 메이지유신(明治維新)에 성공한 일본의 영웅론은 스펜서(Herbert Spencer)의 사회진화론에 입각한 우승열패의 결정론적 세계관을 보여준다. 영웅은 시세에 의해 탄생하는 존재였다. 무명영웅의 윤리 덕목은 정치보다는 경제였고 문화였다. 청의 량치차오는 진화론의 기계적 결정론을 부정하고 '시세를 만드는 영웅'을 역설하였고, '유명의 영웅'을 대체할 '무명의 영웅'의 잠재력에 주목했지만, 현실의 제약 앞에서 개명전제의 입장으로 돌아갔다. 한편 국망을 눈앞에 둔 대한제국의 지식인들은 량치차오보다 더 '시세를 만드는 영웅'을 강조하고, 나라를 구할 정치 주인공으로서 '무명의 영웅'을 갈망하였다. 한 세기가 지난 오늘의 한국 정치담론에 여전히 영웅 개념은 살아있다.

근대한국이 19세기의 변화하는 세계를 바로 보고 미래를 제대로 마련하기 위해 유럽의 근대 국제질서의 기본 개념들인 문명, 권력, 주권, 부국강병, 세력균형, 평화, 국민/인종/민족, 민주주의, 경제, 개인, 영웅들을 어떻게 받아들였는지를 넓은 의미의 개념사적 시각에서 검토한 결과 우리는 당시 개념논쟁의 삼면전에서 완패했음을 보여준다. 우선 19세기의 문명사적 변화를 과거의 경험과 미래의 전망 속에서 제대로 개념화하는 데 실패했다. 위정척사파는 미래의 전망을 제대로 내다보는 데 실패했으며, 개화파는 과거 경험의 무게를 너무 가볍게 봐서 실패했다. 전통과 근대의 복합화를 통한 좀더 입체적 시각으로 변화의 의미를 바로 읽고 미래를 균형감있게 꾸며 나가려는 애국계몽기의 뒤늦은 노력은 더는 시간 여유가 없었다.

34

19세기 근대 국제질서무대에서 주연급 주인공들은 일차적으로 부국강병의 무대에서 경쟁에 승리하기 위한 노력을 기울이지만 동시에 자신에게 가장 잘 맞는 국제질서의 기본 개념들을 전세계적으로 전파하여 의미권을 확대함으로써 효율적인 국제질서 운영을 모색했다. 무대의 중심이 아닌 주변에 서 있었던 근대한국은 기본 개념의 강대국성을 충분히 인식하지 못함으로써 자신에게 걸맞지 않은 개념으로 변화를 재단하고 비현실적 미래를 꿈꾸는 비극을 맞이했다.

근대한국의 국내 정치사회 세력들은 지나치게 양극화되어 국내 전선의 격화를 불러일으켰으며, 따라서 19세기의 문명사적 변화를 균형감있게 개념화하지 못하고 문명 주도국들의 국제적 개념 전파에 효율적으로 대응하지 못했다. 근대한국의 국내정치적 갈등은 당면한 문명사적 숙제나 국제정치적 숙제를 제대로 풀지 못한 채 심화하였으며, 이를 조정하기 위한 국내정치가 실질적인 성과를 거두지 못함에 따라 근대 국제 정치무대에 더는 설자리를 잃고 만 것이다.

이러한 역사적 비극 속에 근대한국은 정치·군사·외교·경제의 독립을 상실했을 뿐만 아니라 변화하는 현실을 스스로 개념화하고 미래를 실천할 수 있는 권리를 상실하게 되었다. 해방과 함께 현대한국은 비록 분단된 모습이지만 다시 한번 세계정치무대에 오르게 되었다. 한국은 지난 반세기 동안 무대 위에서 자신의 역할을 키워 나가기 위해 많은 노력을 기울였다. 가시적 성과도 있었다. 그러나 개념화의 식민성에서는 쉽사리 벗어나지 못하고 있다. 정보화의 세기를 맞이해서 오히려 더 심화할 위험성도 있다. 이러한 어려움 속에서 21세기 한국은 다시 한번 문명사적 변화의 가능성에 직면하고 있다. 개념화의 21세기적 식민성을 제대로 극복하지 못한 채 21세기의 변화를 어설프게 개념화하고 미래를 꾸며 나가려고 하면, 우리는 19세기적 21세기 난관을 맞이하게 될 것이다. 이 어려움을 피하기 위한 첫걸음은 본격적인 한국의 개념사 연구다.

근대한국의 문명 개념 도입사

하영선

   역사적으로 오랜 세월 동안 중국 중심의 천하질서 속에서 삶을 엮어왔던 한반도는 19세기 중반 뒤늦게 구미 중심의 근대 국제질서를 문명의 새로운 표준으로서 받아들여야 하는 역사적 충격을 맞이하였다. 이후 오늘에 이르기까지 구미 중심의 근대 국제질서를 받아들이느라고 힘든 노력을 기울여 왔던 한반도는 21세기를 맞이하면서 다시 한번 새로운 문명의 표준과 만나야 할 역사적 가능성에 직면하고 있다.

   19세기 문명표준(standard of civilization)에 성공적으로 대응하지 못하고, 다시 한번 21세기 문명표준과 새롭게 만나는 오늘의 싯점에서 바람직한 한반도의 삶을 가꿔 나가려면 19세기 이래 한반도 현실을 문명의 국제정치학이라는 시각에서 새롭게 조명할 필요가 있다. 그리고 한반도를 위한 문명의 국제정치학은 19세기 조선의 문명 개념 도입사 연구부터 출발해야 한다.

서울대 외교학과 교수.

19세기 조선의 문명 개념 도입은 단순히 문명이라는 용어의 새로운 사용을 의미하는 것이 아니다. 문명이라는 개념이 한반도에 자리잡기 위해서는 구미 중심의 근대 국제질서와 중국 중심의 천하질서가 서로 만나는 속에 서양의 무력·금력과 함께 문명 개념이 도입되었으며, 이러한 도입과정에서 국내 정치사회 세력간에 치열한 언어전쟁이 벌어졌다. 따라서 이 글에서는 「변화하는 세계와 개념사」에서 소개한 코젤렉(Reinhart Koselleck)의 개념사 (Begriffsgeschichte) 연구의 도움을 얻어 근대한국의 문명 개념 도입사의 심층구조를 드러내 보고자 한다.

1. 근대한국의 문명 개념 도입

유럽을 중심으로 형성된 근대 국제질서는 포르투갈 주도의 16세기, 네덜란드 주도의 17세기, 영국 주도의 18세기를 거쳐, 다시 한번 영국 주도의 19세기를 맞이하였다. 산업혁명이라는 역사적 변화 속에서 지난 세기에 이어 두번째로 영국이 주도하게 된 19세기는 16세기 이래 이제까지 이루어졌던 국제화를 넘어서는 더욱 본격적인 국제화의 세기였다. 이에 따라서 중국은 1840년대에, 그리고 일본은 1850년대에 유럽의 근대 국제질서와의 본격적 만남을 시작하게 되었다.

조선도 1860년대에 들어서서 병인양요(1866), 제너럴셔먼호 사건(1866), 오페르트 남연군묘(南延君墓) 도굴사건(1868), 신미양요(1871) 등을 거치면서 유럽의 근대 국제질서와의 만남이 불가피하게 되어갔다. 이러한 속에서 당시 우리 사회의 주도적인 정치사회 세력들은 서양세력에 대해 위정척사(衛正斥邪)의 입장을 견지하려는 노력을 기울였다. 위정척사론을 대표하는 사람 중 한 사람인 이항노(李恒老)는 그의 양화(洋禍)에서 "중국의 도(道)가 망하면 이적(夷狄)과 금수(禽獸)가 몰려온다"고 지적하고, 이를 다시 주석에서 "북노(北虜, 청)는 이적(夷狄)이니 오히려 말할 수 있지만, 서양은 금수(禽獸)이니 가히 말할 것이 못된다"고 설명한다.[1]

이항노의 이와같은 화이지별(華夷之別)에서 인수지판(人獸之判)으로 전개된 척사사상(斥邪思想)은 그의 제자인 김평묵(金平默)의 어양론(禦洋論)에서 더욱 본격적으로 전개되고 있다. 그는 중국과 조선은 인류(人類)이나 서양은 금수(禽獸)라고 주장하고 그 근거로서 중국과 조선은 인도(人道)를 가지고 있으나, 서양은 금수지도(禽獸之道)를 가지고 있기 때문이며, 인도(人道)의 내용으로서는 인(仁), 의(義), 예(禮), 지(智)의 사서지덕(四瑞之德)과 오품지론(五品之論) 및 예악형정지교(禮樂刑政之敎)를 들고 있다.[2]

척사사상의 이러한 전통은 19세기 조선조의 사고와 행동에 커다란 영향력을 행사했으며 19세기 새로운 문명표준의 화려한 등장에도 쉽사리 모습을 감추지 않았다. 척사사상의 마지막을 장식한 유인석(柳麟錫)은 우주문답(宇宙問答, 1913)에서 사람들이 모두 서양을 문명이라 하는 것에 대해 다음과 같이 답변한다.[3]

중국은 옛 성왕성인(聖王聖人)이 이를 밝혀 상달도리(上達道理)하였고, 지금의 서양은 이를 밝혀 하달형기(下達形氣)하고 있으니, 설혹 인양(仁讓)이 있기는 하지만 어떻게 일만으로 경쟁할 수 있겠는가. 상달도리를 문명이라 하겠는가, 아니면 하달형기를 문명이라 하겠는가.

옛날 중국이 오상오륜(五常五倫)을 밝혔다는 말은 들었으나, 오늘날 서양이 오상오륜을 밝혔다는 말은 들어보지 못하였다. 오상오륜은 사람에게 있는 것이므로 일에서 그것을 밝힐 수 없다. 오상오륜을 밝히는 것이 문명이겠는가, 오상오륜을 밝히지 않는 것이 문명이겠는가.

---

1) 李恒老 「華西先生文集華西雜言」, 卷十二, 第三五, 洋禍(學古房 1986).
2) 金平默 「重菴先生文集」, 卷三八 雜著 「禦洋論」(宇鍾社 1975).
3) 柳麟錫 「宇宙問答」, 서준섭 외 역 『毅菴 柳麟錫의 思想: 宇宙問答』(종로서적 1984) 33~34면.

그들이 하는 말을 들으니 삼대(三代)가 전제(專制)를 했다고 혹함(黑陷)이라 말하고 서양이 입헌공화(立憲共和)를 한다고 해서 문명이라 하는데, 그 법의 옳고 그름은 그만두고라도, 삼대의 인물정화(人物政化)가 과연 서양보다 못해서 혹함이라 하며, 서양의 인물정화가 과연 삼대보다 훌륭해서 문명이라고 한다는 말인가.

그들이 말하는 문명은 백가지 기술과 천 가지 기교가 극에 이르도록 하는 것으로, 그 궁극적 의도는 맛있는 음식, 사치스러운 옷, 웅장한 집, 강한 병사 등의 일을 도모하는 것에 불과하다.

유인석은 이러한 문명관 위에 서서 수구인(守舊人)으로서 개화인(開化人)을 다음과 같이 격렬하게 비판한다.

그들이 비록 구법(舊法)이 나라를 망친다고 하나, 나라가 망하는 것은 개화를 행한 후에 일어났다. 개화를 한다면서 그 하는 바는 국모를 시해하고 군부(君父)를 폐하며 인륜을 무너뜨리고 법률과 기강을 문란케 하고 나라를 팔아 결국은 나라가 망함에 이르렀다. 구법을 써서 망하더라도 어찌 개화를 해서 망하는 것보다 심하겠으며, 비록 나라가 망하더라도 바르게 하다가 망하고 깨끗하게 하다가 망하는 것이다. 개화를 해서 극악하고 더럽게 망하는 것과는 같지 않다. 비록 수구인(守舊人)을 탁하지만 국모를 시해하고 군부를 폐하고, 나라를 팔아 망하게 한 것은 모두 개화인들이 한 짓이요, 망국을 애통하여 순절하며 의거한 자는 모두 수구인들이다. 나라의 상하대소인(上下大小人)들이 모두 수구인의 마음을 갖도록 한다면 나라는 망하지 않을 것이며 혹 망하더라도 그렇게 빠르게 망하지는 않을 것이다. 개화를 하여 나라가 망하는데도 오히려 개화를 주장하며 개화를 새로운 법이라 하니, 신법도 또한 미혹함이 심하구나.[4]

그러나 인수관(人獸觀)에 기반을 둔 위정척사론으로서는 점증하는 외압의

4) 같은 책 95~96면.

위기를 효율적으로 관리할 수 없는 현실에 직면하게 되게 되어, 1876년 한일수호조규 체결 이후 1880년대에 들어서서는 임오군란(壬午軍亂, 1882)을 치르고 나서 개화의 길이 대세를 이루게 되었다. 이러한 속에서 동양의 도와 서양의 기(器)를 결합하여 보려는 동도서기론(東道西器論)이 본격적으로 등장하게 된다. 신기선(申箕善)은 안종수(安宗洙)가 편찬한『농정신편(農政新編)』의 서(序)에서 도(道)와 기(器)는 서로 나누어져 있으며 동시에 서로 필요한 것이라고 지적하고, 도의 내용으로는 삼강(三綱), 오상(五常)과 효제충신(孝弟忠信)을 들고 있으며, 기(器)로는 예악(禮樂), 형정(刑政), 복식(服食), 기용(器用)을 들고 있다.[5]

동도서기론의 문명관도 어디까지나 동도(東道)에 위배되지 않는 한도 내에서 서기(西器)의 수용을 받아들이는 것이다. 동도서기론을 대표하는 관료였던 김윤식은 1891년에 쓴 글에서 "나는 일찍이 개화지설(開化之說)을 심히 이상하게 여겼었다. 무릇 개화란 변방의 미개족이 거친 풍속을 고치고 구주(歐州)의 풍속을 듣고 점차 고쳐 나가는 것을 말하는데 우리 동토(東土)는 문명의 땅이 어찌 개화하겠는가. … 이 개발변화(開發變化)라고 하는 말은 문식(文飾)의 말이다. 소위 개화(開化)란 시무(時務)를 말하는 것이다"라고 지적하고 있으며, 그는 조선의 시무로서 "청렴을 숭상하고 가난을 제거하여 백성을 구휼하는 데 힘쓰며 조약을 잘 지켜 우방과 틈이 벌어지지 않도록 하는 것"이라고 지적한다.[6]

위정척사 그리고 동도서기(東道西器)의 시각으로 구미 국가들과 중국, 일본과 같은 주변 국가들을 다루어보려는 노력이 쉽사리 성공하기 어려운 현실적 한계 속에서 문명개화의 시각에서 구미 세력을 조심스럽게 19세기 국제화의 새로운 문명기준으로서 받아들이려는 노력이 자리잡게 된다. 일본과

---

5) 安宗洙 「農政新編」(廣印社 1885) 序.
6) 金允植 「續陰晴史」(탐구당 1971) 宜田記述評語三十四則(1891. 2. 17).

비교하여 전통과 근대의 갈등을 더 힘들게 겪던 19세기 조선에서 문명이라는 용어가 처음으로 본격적으로 사용되기 시작한 것은 대표적인 개화지식인인 유길준이 일본 유학(1881. 5~1883. 1) 초기에 후꾸자와 유끼찌(福澤諭吉)가 경영하는 『시사신보(時事新報)』에 쓴 「신문의 기력(氣力)을 논함」에서 "대개(大槪) 나라를 개화(開化)로 가게 하고 문명(文明)으로 인도(引導)케 하는 활발(活潑)의 기상(氣象)과 분양(奮揚)의 마음과 유지(維持)의 힘을 으뜸으로 한다. … 따라서 이 셋을 가진 연후(然後)에 개화(開化)하려고 하면 개화(開化)할 수 있고 문명(文明)하려고 하면 문명(文明)할 수 있다"라는 표현에서 문명 개념을 사용하기 시작한다.[7]

유길준은 1883년의 『한성순보』 창간사에서 '문명사물(文明事物)' '개화문명(開化文明)의 진보(進步)' '문명제국(文明諸國)' '일국문명(一國文明)' '문명흔 신역(新域)' '문명흔 경역(境域)' '문명이 미개한 국(國)' 등과 같은 용어에서 보다시피 문명 개념을 본격적으로 사용하고 있으나, 이와 함께 '기국(其國)의 문화가 미개하며' '문화진보' '본국문화(本國文化)가 아직 광개(廣開)치 못ᄒ야' '지우(智愚)와 문화' 등에서 문화 개념을 동시에 사용하고 있으며, 그중에 특히 흥미있는 것은 유길준이 쓴 "기국(其國)의 문명을 증진(增進)ᄒ게 ᄒᄂ데 불출(不出)ᄒᄂ니"의 표현 중에서 박영효로 알려진 교정자가 문명을 문화로 고쳐놓은 것이다.[8]

유길준은 1883년에 쓴 것으로 알려진 『세계대세론』『경쟁론』 등에서 더 본격적으로 문명론을 전개한다. 그중에서도 유길준은 『세계대세론』에서 인류를 개화수이(開化殊異)에 따라 야만, 미개, 반개, 문명으로 나누고 문명을 다음과 같이 설명한다.

第四ᄂ 文明이니 半開地位를 脫하고 一進ᄒ則 文明이니 文明이라 ᄒᄂ 者

---

7) 이광린 『유길준』(동아일보사 1992) 20~22면.
8) 유길준 『兪吉濬全書 Ⅳ』(일조각 1971) 5~18면.

는 農工商의 諸業이 盛大ㅎ고 文學技術에 篤實홈이니 歐洲諸國과밋 亞墨利加合衆國 갓튼 者를 云홈이라.[9]

유길준은 이어서 오늘의 싯점에서는 구주제국과 미국을 문명개화국이라고 할 수 있으나, 이 글이 결단코 개화의 극이 아니며 얼마든지 변할 수 있으므로 노력할 것을 다음과 같이 강조한다.

右四條等級의 殊異을 分知ㅎ야 自己國朝의 恥辱慢侮을 志却ㅎ지 말며 習慣成俗을 輕忽히 ㅎ지 말고 他國이 文明에 進就한 以然者을 推察ㅎ야 我國開化進步을 計較ㅎ는 者는 眞可謂憂國賢士며 愛君忠臣이니 我東方同胞兄弟 幾千萬諸公에게 願하노라.[10]

유길준의 이러한 문명관은 그의 대표적 저서인 『서유견문』(1887~1889 집필, 1895 토오꾜오 교순사交詢社에서 발행)에서 다시 한번 요약된 모습을 보여준다. 그는 이 책의 제14편에 포함되어 있는 개화의 등급에서 다음과 같이 지적한다.

"大槩 開化라 ㅎ는 者는 人間의 千事万物이 至善極美호 境域에 抵홈을 謂홈이니 然호 故로 開化ㅎ는 境域은 限定ㅎ기 不能호 者라 人民才力의 分數로 其等級의 高低가 有하나 然ㅎ나 人民의 習尙과 邦國의 規模를 隨ㅎ야 其差異홈도 亦生ㅎ느니 此는 開化ㅎ는 軌程의 不一호 緣由어니와 大頭腦는 人의 爲不爲에 在홀 ㅽ름이라."[11]

다음으로, 후꾸자와 유끼찌가 『문명론지개략(文明論之槪略)』에서 지덕

---

9) 유길준 『兪吉濬全書 III』(일조각 1971) 33면.
10) 같은 책 35면.
11) 유길준 『兪吉濬全書 I』(일조각 1971) 395면.

(智德)의 개화, 정법의 개화, 의식주와 기계의 개화로 나누는 것처럼 유길준은 이러한 개화(開化)의 구체적 내용으로 행실(行實)의 개화, 학술의 개화, 정치의 개화, 법률의 개화, 기계의 개화, 물품의 개화 등을 다음과 같이 들고 있다.

五倫의 行實을 純篤히 ᄒ야 人이 道理를 知ᄒ 則 此ᄂ 行實의 開化며 人이 學術을 窮究ᄒ야 萬物의 理致를 格ᄒ 則 此ᄂ 學術의 開化며 國家의 政治를 正大히 ᄒ야 百姓이 泰平ᄒ 樂이 有ᄒ 者ᄂ 정치의 開化며 法律을 公平히 ᄒ야 百姓이 寃抑ᄒ 事가 無ᄒ 者ᄂ 法律의 開化며 器械의 制度를 便利히 ᄒ야 人의 用을 利ᄒ게 ᄒ 者ᄂ 器械의 開化며 物品의 制造를 精緊히 ᄒ야 人의 生을 厚히 ᄒ고 荒麤ᄒ 事가 無한 者ᄂ 物品의 開化니 此屢條의 開化를 合한 然後에 開化의 具備ᄒ 者라 始謂ᄒ다.[12]

유길준은 천하고금의 어느 나라라도 이러한 개화의 극진한 경역(境域)에 도달한 나라는 없으나, 그 정도에 따라 등급을 나눈다면 개화, 반개화, 미개화로 구별할 수 있다고 지적한다. 그러나 동시에 그는 스스로 노력하기를 그치지 않으면 반개화한 자와 미개화한 자도 개화한 자의 경역에 이를 수 있다는 것을 강조한다.

2. 전통과 근대의 복합화

19세기 유럽의 근대 국제질서가 새로운 문명표준으로서 동아시아에 전파되는 과정에서 새로운 질서를 문명으로 받아들이는 문제에 직면하여 19세기 조선은 위정척사, 동도서기, 문명개화라는 다른 유형의 대응양식을 보여주고

---

12) 같은 책 395~96면.

있다. 따라서 문명 개념의 도입사는 곧 치열한 언어의 정치, 언어의 전쟁 모습을 띨 수밖에 없었다.

국내 정치사회 세력에 오랜 뿌리를 내리는 위정척사 세력은 전통 언술체계로서 서세동점에 따라 빠르게 변화하는 현실을 담아보려는 힘겨운 싸움을 시도하였으나 한계에 부딪힐 수밖에 없었다. 한편 문명 개화세력은 국내의 막강한 전통 정치사회 세력의 저항 속에서 새로운 언술체계의 시도는 강한 반발에 부딪힐 수밖에 없었다.

특히 문명 개화세력은 갑신정변(1884)의 실패로 말미암아 정치적으로 치명적 타격을 입고 역사의 전면에서 일단 물러서야 했다. 이러한 역사의 무거운 짐을 등에 지고 작게는 자신들의 생존을, 크게는 조선의 생존을 내다보면서 문명 개화세력은 문명 개념의 도입을 전통과 근대의 복합화라는 시각에서 조심스럽게 추진했다. 이제 19세기 조선에서 문명 개념 도입의 중심적 역할을 담당했던 유길준의 힘든 노력을 따라가 보기로 하자.

유길준은 『세계대세론(世界大勢論)』에서 이미 전통과 근대의 균형을 조심스럽게 언급하고 있으며, 『서유견문(西遊見聞)』에서는 개화를 실상개화(實狀開化)와 허명개화(虛名開化)로 나누어 다음과 같이 설명한다.

且夫 開化는 實狀과 虛名의 分別이 有하니 實狀開化라 ㅎ는 者는 事物의 理致와 根本을 窮究ㅎ며 考諒ㅎ야 其國의 處地와 時勢에 合當케 ㅎ는 者며, 虛名開化라 ㅎ는 者는 事物上에 知識이 不足호딘 他人의 景況을 見ㅎ고 歆羨ㅎ야 然ㅎ든지 恐懼ㅎ야 然ㅎ든지 前後를 推量ㅎ는 知識이 無ㅎ고 施行ㅎ기로 主張ㅎ야 財를 費ㅎ기 不少호딘 實用은 其分數를 抵하기 不及홈이니 外國을 始通ㅎ는 者가 一次는 虛名의 開化를 經歷ㅎ나 歲月의 久遠홈으로 無限호 練歷이 有호 後에 至호 則 實狀開化에 始赴홈이다.[13]

---

13) 같은 책 400~401면.

따라서 그는 실명개화(實名開化)를 위해서는 다음과 같이 설명한다.

"他人의 長技를 取홀뿐 아니오. 自己의 善美훈 者를 保守ᄒ기에도 在ᄒ니
大槩 他人의 長技를 取홀뿐 아니오. 自己의 善美훈 者를 保守ᄒ기에도 在ᄒ
니 大槩 他人의 長技를 取ᄒᄂ 意向도 自己의 善美훈 者를 補ᄒ기 爲훔인
故로 他人의 才操를 取ᄒ야도 實狀잇게 用ᄒᄂ 時ᄂ 則 自己의 才操라 時勢
를 量ᄒ며 處地를 審하야 輕重과 利害를 判斷훈 然後에 前後를 分辨ᄒ야 次
序로 훔이 可ᄒ거늘."[14]

이러한 개화를 달성하려면 개화의 노예에게서 벗어나서 개화의 빈객(賓
客)을 거쳐 개화의 주인이 될 것을 다음과 같이 강조한다.

開化ᄒᄂ 事를 主張ᄒ야 務行ᄒᄂ 者는 開化의 主人이오. 開化ᄒᄂ 者를
歆羨ᄒ야 學ᄒ기를 喜ᄒ고 取ᄒ기를 樂ᄒᄂ 者ᄂ 開化의 賓客이며 開化ᄒᄂ
者를 恐懼하고 疾惡호ᄃ 不得己ᄒ야 從ᄒᄂ 者ᄂ 開化의 奴隷니… 外國의
新開化를 初見ᄒᄂ 者가 其始에ᄂ 嫌懼ᄒ며 疾惡ᄒ야 不取ᄒ기 不可훈 者가
有훈 則 已ᄒ기 不得ᄒ야 取用ᄒᄂ 形貌가 開化의 奴隷를 不免ᄒ다가 及其
聞見이 廣博ᄒ며 知覺이 高明훈 時를 當ᄒ면 始乃 開化賓客이 되ᄂ니 此를
因ᄒ야 勉行ᄒ기 不已ᄒ면 主人의 堂戸에 入居ᄒ기도 成就훌디라.[15]

더 나아가서 유길준은 개화의 죄인, 개화의 원수 그리고 개화의 병신이라
는 강한 표현을 사용하여 당시 조선의 현실을 다음과 같이 격렬히 비판한다.

外國이면 盡善ᄒ다 ᄒ야 自己의 國에ᄂ 始何훈 事物이든지 不美ᄒ다 ᄒ며
已甚ᄒ기에 至ᄒ야ᄂ 外國의 景況을 稱道ᄒ야 自己의 國을 慢侮ᄒᄂ 弊俗도

---

14) 같은 책 401~402면.
15) 같은 책 398~99면.

有ᄒ니 此를 開化黨이라 謂ᄒ나 此豈 開化黨이리오. 其實은 開化의 罪人이
며 不及ᄒ 者ᄂ 頑固ᄒ 性稟으로 事物의 分界가 無ᄒ고 外國人이면 夷狄이
라 ᄒ고 外國物이면 無用件이라 ᄒ고 外國文字ᄂ 天主學이라 ᄒ야 敢히 就
近ᄒ지 못ᄒ며 自己의 身이 天下의 第一인 듯 自處ᄒ나 甚ᄒ기에 至ᄒ야ᄂ
避居ᄒᄂ 者도 有ᄒ니 此를 守舊黨이라 謂ᄒ나 此豈 守舊黨이리오. 其實은
開化의 讎敵이니… 若其口中에 外國卷烟을 含ᄒ고 胸前에 外國時標를 佩ᄒ
며 其身이 拚曵이나 交椅에 踞坐ᄒ야 外國의 風俗을 閒話ᄒ야 其言語를 略
解ᄒᄂ 者가 豈曰 開化人이리오. 此ᄂ 開化의 罪人도 아니오. 開化의 讎敵도
아니라 개화의 虛風에 吹ᄒ야 心中에 主見 업시 一箇 開化의 病身이라.[16]

전통 없는 근대를 추구하는 개화의 죄인과, 근대 없는 전통을 추구하는
개화의 원수, 전통의 긍정적 측면을 버리고 근대의 부정적 측면만 받아들인
개화의 병신만 존재하는 19세기 후반 조선의 현실 속에서 유길준이 당면하
고 있었던 최대 과제는 단순한 서양문명의 소개에 있었던 것이 아니라 전통
과 근대의 갈등이 아닌 조화를, 더 나아가서 복합화를 당시의 어려운 국내
상황 속에서 어떻게 이루어낼 수 있는가 하는 것이었다.

따라서 유길준은 개화(開化)의 등급(等級)에 관한 논의를 끝내면서 다시
한번 개화와 전통의 복합화를 강조한다. 그는 우선 세상이 엄청나게 변화하
는 속에서 제대로 응변하지 못하면 망할 수밖에 없다는 것을 지적한 다음,
전통의 중요성을 다음과 같이 강조하면서 논의를 마친다.

抑此新奇ᄒ고 深妙ᄒ 理致ᄂ 舊世界에 不存ᄒ고 今日에 始有ᄒ 者 아니
오. 天地間의 其自然ᄒ 根本은 古今의 差異가 無ᄒ딕 古人은 窮格ᄒ기 不盡
ᄒ고 今人은 窮究ᄒ야 據到ᄒ 者니 此를 由ᄒ야 觀ᄒ면 今人의 才識이 古人
에 比ᄒ야 越加ᄒ 듯ᄒ나 然ᄒ나 實狀은 古人의 草創ᄒ 者를 潤色홀 ᄯ름이
라. 火輪船이 雖曰 神妙ᄒ나 古人의 作舟ᄒ 制度를 違ᄒ기ᄂ 不能ᄒ고 火輪

---

16) 같은 책 402~403면.

車가 雖曰 奇異ᄒᆞ나 古人의 造車ᄒᆞᆫ 規模를 不由ᄒᆞ면 不成ᄒᆞᆯ디오. 此外에도 如何ᄒᆞᆫ 事物이든지 皆然ᄒᆞ야 古人의 成法을 離脫ᄒᆞ고 今人의 新規를 刱出ᄒᆞ기ᄂᆞᆫ 不能ᄒᆞ니 我邦에도 高麗磁器ᄂᆞᆫ 天下의 有名ᄒᆞᆫ 者며 李忠武의 龜船은 鐵甲兵船이라. 天下의 最先刱出ᄒᆞᆫ 者며 校書舘의 鐵鑄字도 天下의 最先創行ᄒᆞᆫ 者라. 我邦人이 萬若 窮究ᄒᆞ고 又窮究ᄒᆞ야 便利ᄒᆞᆫ 道理를 經營ᄒᆞ얏드면 千萬事物이 今日에 至ᄒᆞ야 天下萬國의 名譽가 我邦에 歸ᄒᆞ얏슬디어늘 後輩가 前人의 舊規를 潤色디 아니흠이로다.[17]

유길준의 이러한 꿈의 내용을 더욱 선명하게 드러내려면 유길준이 그리는 문명개화의 세계를 더욱 조심스럽게 들여다볼 필요가 있다. 그는 앞에서 지적한 것처럼 개화가 모습을 갖추려면 적어도 여섯 부문의 개화가 필요하다고 말한다. 우선 후꾸자와 유끼찌의 지덕(智德)의 개화에 해당하는, 행실(行實)의 개화와 학술(學術)의 개화를 함께 검토해볼 필요가 있다.

유길준은 『서유견문』에서 개화의 내용을 설명하면서 오륜(五倫)의 행실을 순독히 해서 사람의 도리를 아는 행실의 개화를 강조하고, 이 행실의 개화만 천하만국을 통하여 동일한 것으로 정치·법률·기계(器械)·물품의 개화와는 달리 천년만년의 장구한 세월이 흐른다 하더라도 그 규모가 변하는 것이 아니라고 다음과 같이 설명한다.

竊想ᄒᆞ건디 行實의 開化ᄂᆞᆫ 天下萬國을 通ᄒᆞ야 其同一ᄒᆞᆫ 規模가 千萬年의 長久흠을 閱歷ᄒᆞ야도 不變ᄒᆞᄂᆞᆫ 者어니와 政治以下의 諸開化ᄂᆞᆫ 時代를 隨ᄒᆞ야 變改ᄒᆞ기도 ᄒᆞ며 地方을 從ᄒᆞ야 殊異ᄒᆞ기도 ᄒᆞ리니 然ᄒᆞᆫ 故로 古에 合ᄒᆞ든 者가 今에ᄂᆞᆫ 不合ᄒᆞᄂᆞᆫ 者가 有ᄒᆞ며 彼에 善ᄒᆞᆫ 者가 此에ᄂᆞᆫ 不善ᄒᆞᆫ 者도 有ᄒᆞᆫ則 古今의 形勢를 斟酌ᄒᆞ며 彼此의 事情을 比較ᄒᆞ야 其長을 取ᄒᆞ고 其短을 捨흠이 開化ᄒᆞᄂᆞᆫ 者의 大道라.[18]

---

17) 같은 책 404면.
18) 같은 책 398면.

그는 말년 작품인 『노동야학독본(勞動夜學讀本)』(1908)의 제1과 '인(人)'에서 사람의 사람 노릇 하는 6대 근본으로서 사람의 사람 되는 권리, 의미, 자격, 직업, 복록과 함께 사람의 사람 되는 도리를 첫번째로 들고, 제2과 '인(人)의 도리'에서 사람의 도리는 곧 사람의 행실이라고 말하면서 가족의 윤기(倫紀)로서 부모의 자애, 자녀의 효도, 부부의 화순(和順), 형제의 우애를 들고, 국가의 윤기로서 임금이 임금의 일을 행하고, 신하와 백성이 임금에게 충성하는 것을 들고, 사회의 윤기로서 사람간의 믿음, 귀천의 등분, 상하의 차례 있음을 들고 있다.[19] 그리고 제33과 '도덕(道德)'에서 "도덕은 사람의 착흔 일이라 사람이 차(此)로 이상(以相)로 의(依)ᄒᄂ니 나라가 비록 갈오대 부강(富强)ᄒ나 도덕으로써 ᄒ지 아니ᄒ면 그 부강이 참 부강이 아니오. 사회가 비록 갈오대 문명(文明)ᄒ나 도덕으로써 ᄒ지 아니면 그 문명이 참 문명 아니라"고 설명하고 이어서 "도덕은 세상일의 벼리이니 사람이 차(此)를 써나고ᄂ 착흔 일이 업신즉 기범위(其範圍)가 심(甚)히 광대(廣大)ᄒ야 한두 가지로 지정(指定)ᄒ기는 어려우나 대체로 말삼흘진대 갈오대 사(私)로운 도덕은 한 사람의 서로 여(與)러 ᄒᄂ는 일이오. 갈오대 공(公)된 도덕은 사회와 국가에 대ᄒᄂ는 일이니 가령 자식이 어버이에게 효도흠과 형데의 서로 우애흠이며 부부의 서로 화(和)흠은 사사(私事)이어니와 자선사업을 도으며 공중이익(公衆利益)을 중히 ᄒ고 쏘 부세 밧치기를 잘ᄒ며 병뎡되기를 실혀 아니ᄒᄂ는 류ᄂ 공(公)된 일이니라."[20]

유길준은 교육과 학술의 개화와 관련하여 『서유견문』 제3편에 포함되어 있는 「인민의 교육」에서 "방국(邦國)의 빈부강약치란존망(貧富强弱治亂存亡)이 기인민교육(其人民敎育)의 고하유무(高下有無)에 재(在)흔 자(者)라"고 교육의 중요성을 강조하면서 교육의 기본 취지로서 정덕(正德), 이용(利

19) 유길준 『兪吉濬全書 II』(일조각 1971) 268~69면.
20) 같은 책 322~24면.

用), 후생(厚生)을 들고, 이에 따라서 교육의 명목을 셋으로 나누어서 "일왈(一曰) 도덕의 교육이며 이왈(二曰) 재예재예(才藝才藝)의 교육이며 삼왈(三曰) 공업(工業)의 교육이라 도덕은 인(人)의 심(心)을 교도(敎導)하야 윤이(倫彝)의 강기(綱紀)를 건(建)ᄒ며 언행(言行)의 절조(節操)를 척(飭)ᄒ니 인세(人世)의 교제(交際)를 관제(管制)ᄒᄂ 자(者)인즉(則) 기교육(其敎育)의 무(無)홈이 불가(不可)하고 재예(才藝)ᄂ 인(人)의 지(智)를 양성ᄒ야 사물(事物)의 이유를 달(達)ᄒ며 본말(本末)의 공용(功用)을 췌(揣)ᄒ니 인세(人世)의 지식을 장할(掌轄)ᄒᄂ 자(者)인즉(則) 기교육(其敎育)의 무(無)홈이 불가(不可)ᄒ고 공업(工業)에 지(至)ᄒ야ᄂ 백천반심로력역(百千般心勞力役)의 제조운용(製造運用)을 관계ᄒ니 인세(人世)의 생도(生道)를 건성(建成)ᄒᄂ 자(者)인즉(則) 기교육(其敎育)의 결핍(缺乏)홈이 역불가(亦不可)ᄒ야 차(此)를 위(謂)ᄒ되 교육의 삼대강(三大綱)"이라고 지적한다.[21]

그리고 유길준은 학업(學業)을 허명(虛名)과 실상(實狀)으로 구별하여 설명한다.

"如何ᄒ 學業을 虛名이라 謂ᄒᄂ가 理致를 불구하고 文字를 是尙ᄒ야 靑春으로 自首에 至ᄒ도록 詩文의 工夫로 自娛ᄒ되 利用ᄒᄂ 策略과 厚生ᄒᄂ 方道ᄂ 無홈이오 又 實狀잇ᄂ 學業은 如何ᄒ 者를 指홈인가. 事物의 理를 窮格ᄒ야 其性을 盡ᄒ고 晝夜로 勤孜ᄒ야 百千萬條의 實用애 其意를 專홈이니 然ᄒ 故로 學業의 名稱은 彼此가 一般이나 其虛實의 懸殊ᄂ 雲泥의 判異홈이라."[22]

이와 함께 그는 서양 학술의 내력을 소개하면서 다음과 같이 말한다.

---

21) 유길준 『兪吉濬全書 I』, 127면.
22) 같은 책 367면.

"大抵 泰西學術의 大主意는 萬物의 原理를 硏究ᄒ며 其功用을 發明ᄒ야 人生의 便利ᄒ 道理를 助ᄒ거에 在ᄒ니 諸學者의 日夜로 苦心ᄒ는 經綸이 實狀은 天下人을 爲ᄒ야 其用을 利ᄒ게 ᄒ고 因ᄒ야 其生을 厚ᄒ게 ᄒ며 又 因ᄒ야 其德을 正ᄒ게 흠이니 學術의 功效와 敎化가 엇디 不大ᄒ리오."[23]

후꾸자와 유끼찌는 『문명론지개략(文明論之槪略)』에서 국민의 지덕(智德)을 논하면서 덕의(德義)를 정실(貞實), 결백(潔白), 겸손, 율의(律儀)와 같이 개인의 마음에 속하는 사덕(私德)과 염치, 공평, 정중(正中), 용강(勇强)과 같이 외적 대상과 접속하고 남들과 교제할 때 나타나는 공덕(公德)으로 나누고, 지혜를 사물의 이치를 구명하고 이에 적응하는 사지(私智)와 인간사의 경중대소를 분별하여 경소(輕小)한 것을 뒤로 돌리고 중대한 것을 앞세워 그때와 장소를 살피는 공지(公智)로 나누고, 그중에서 공지를 가장 중요한 것으로 평가하는 것에 비해서 유길준은 유교의 전통적 덕목인 오륜을 행실 개화의 기본으로 삼고, 이의 보편성을 강조한다.[24]

후꾸자와 유끼찌가 지덕(智德)의 개화에 이어 정법(政法)의 개화를 논의하는 것처럼 유길준은 행실과 학술의 개화에 이어 정치와 법률의 개화를 강조한다. 정치의 개화를 위해서는 첫째, 임오군란과 갑신정변 이후 청의 급격한 영향력의 강화 속에서 당시 조선이 놓이게 된 양절체제라는 이중구조의 어려움을 풀어 나가려고 유길준은 우선 구미 근대 국제질서의 명분체계로 등장한 『만국공법』의 논리를 빌려 국가는 마땅히 현존과 자위하는 권리, 독립하는 권리, 산업(토지)의 권리, 입법하는 권리, 교섭과 파사(派使)와 통상의 권리, 강화(講和)와 결약(結約)하는 권리, 중립하는 권리를 보장받아야 함을 강조한다.[25]

---

23) 같은 책 352면.
24) 福澤諭吉 『文明論之槪略』 福澤諭吉著作集 第4卷(東京: 慶應義塾大學出版會 2002); 丸山眞男 『'文明論之槪略'を讀む』 全三卷(東京: 岩波新書 1986).

유길준은 국내정치에서 사람들의 강약과 빈부의 차이가 있더라도 사람들이 같은 지위를 누릴 수 있는 것은 국법의 공도(公道)로 사람의 권리를 보호하기 때문이라고 설명하면서 다음과 같이 지적한다.

"邦國의 交際도 亦公法으로 操制ᄒ야 天地의 無偏ᄒ 正理로 一視ᄒᄂ 道를 行ᄒ 則大國도 一國이오 小國도 一國이라 國上에 國이 更無ᄒ고 國下에 國이 亦無ᄒ야 一國의 國되ᄂ 권리ᄂ 彼此의 同然ᄒ 地位로 分毫의 差殊가 不生ᄒ지라."[26]

그러나 유길준은 『만국공법』에 기반을 둔 이러한 명분체계를 강조한 다음에 나라의 대소와 강약 때문에 그 형세를 대적하지 못해서 강대국이 공도(公道)를 고려하지 않고 그 힘을 자의로 행사하는 현실체계에서 형성되는 수호국과 증공국(贈貢國)의 관계에 대해 상세한 분석을 시도한다.

"權利ᄂ 天然ᄒ 正理며 形勢ᄂ 人爲ᄒ 剛力이라. 弱小國이 元來 强大國을 向ᄒ야 恣橫ᄒᄂ 剛力이 無ᄒ고 但 其自有ᄒ 權利를 保守ᄒ기에 不暇ᄒ 則 强大國이 自己의 裕足ᄒ 形勢를 擅用ᄒ야 弱小國의 適當ᄒ 正理를 侵奪홈은 不義ᄒ 暴擧며 無道ᄒ 惡習이니 公法의 不許ᄒᄂ 者이다."[27]

그리고 증공국과 속국을 다음과 같이 명확하게 구분한다.

"大槩 屬邦은 其服事ᄒᄂ 國의 政令制度를 一遵ᄒ야 內外諸般事務에 自主ᄒᄂ 權利가 全無ᄒ고 贈貢國은 强大國의 侵伐을 免ᄒ기 爲ᄒ야 其不敵ᄒ 形勢를 自思ᄒ고 雖本心에 不合ᄒ야도 約章을 遵守ᄒ야 貢物을 贈遺ᄒ고 其

---

25) 유길준 『兪吉濬全書 Ⅰ』, 105~107면.
26) 같은 책 108면.
27) 같은 책 111면.

享有ᄒᆞᆫ 權利의 分度로 獨立主權을 獲存홈이라."[28]

따라서 유길준은 당시의 한·청 관계에서 조선을 증공국으로 볼 것인가, 아니면 속국으로 볼 것인가의 논쟁 속에서 한·청 관계를 속국관계 대신에 증공국과 수공국(受貢國)의 관계로 설정하고 다음과 같이 설명한다.

"大國은 其處地와 形勢를 自知홈이 貴ᄒᆞ니 弱國이 不幸한 事情으로 强國에 贈貢ᄒᆞᄂᆞᆫ 關係가 一有ᄒᆞᆫ 則 兩國間의 交涉ᄒᆞᄂᆞᆫ 禮度와 法例를 遂定ᄒᆞ야 强國이 受貢ᄒᆞᄂᆞᆫ 權利를 保有ᄒᆞ고 公法의 承認으로 其基礎를 確立ᄒᆞ야 他邦의 揷理와 干涉을 不容ᄒᆞᄂᆞᆫ지라."[29]

결론적으로, 그는 당시 조선이 당면하게 된 새로운 바깥 질서를 전통과 근대의 이중적 국제질서로 파악하고, 이를 양절체제라고 하면서 다음과 같이 요약한다.

受貢國이 然則 諸國을 向ᄒᆞ야 同等의 禮度를 행하고 贈貢國을 對ᄒᆞ야 獨尊한 體貌를 擅ᄒᆞ리니 此ᄂᆞᆫ 贈貢國의 體制가 受貢國及 諸他國을 向하야 前後의 兩截이오 受貢國의 體制도 贈貢國及 諸他國을 對하야 亦前後의 兩截이라 受貢國及 贈貢國의 兩截體制를 一視홈은 何故오 形勢의 强弱은 不顧하고 權利의 有無를 只管ᄒᆞᄂᆞ니 强國의 妄尊은 公法의 譏刺가 自在ᄒᆞ고 弱國의 受侮ᄂᆞᆫ 公法의 保護가 是存ᄒᆞᆫ지라. 然ᄒᆞᆫ 故로 如是不一ᄒᆞᆫ 偏滯ᄂᆞᆫ 公法의 不行으로 弱者의 自保ᄒᆞᄂᆞᆫ 道니 强者의 恣行ᄒᆞᄂᆞᆫ 驕習을 助成ᄒᆞ기 爲ᄒᆞ야ᄂᆞᆫ 公法의 一條도 不設홈이라.[30]

---

28) 같은 책 112면.
29) 같은 책 114면.
30) 같은 책 117면.

유길준은 이러한 양절체제의 현실 속에서 청과의 관계를 속국이 아닌, 중공국과 수공국의 관계로 만들어 나가면서 동시에 청 이외의 다른 국가들과의 관계를 균세와 『만국공법』에 기반을 둔 근대 국제관계로 만들어 나가려는 시도를 보여주고 있다.[31]

그는 정치의 개화를 위해 '방국(邦國)의 권리' 보장에 이어 자유와 통의(通義)에 기반을 둔 '인민의 권리'가 보장되어야 한다고 지적한다.

"自由는 其心의 所好ᄒᆞᄂᆞᆫ ᄃᆡ로 何事든지 從ᄒᆞ야 窮屈拘碍ᄒᆞᄂᆞᆫ 思慮의 無홈을 謂홈이로ᄃᆡ 決斷코 任意放蕩ᄒᆞᄂᆞᆫ 趣旨 아니며 非法縱恣ᄒᆞᄂᆞᆫ 擧措 아니오 又 他人의 事體는 不顧ᄒᆞ고 自己의 利慾을 自逞ᄒᆞᄂᆞᆫ 意思 아니라 乃國家의 法律을 敬奉ᄒᆞ고 正直ᄒᆞᆫ 道理로 自持ᄒᆞ야 自己의 當行ᄒᆞᆯ 人世職分으로 他人을 妨害ᄒᆞ지도 勿ᄒᆞ며 他人의 妨害도 勿受ᄒᆞ고 其所欲爲는 自由ᄒᆞᄂᆞᆫ 權利이다."[32]

유길준은 『노동야학독본(勞動夜學讀本)』 제34과 '사람의 자유'에서 자유의 의미를 더 쉽게 풀어서 다음과 같이 설명한다.

自由는 字意대로 스사로 말매암이니 스사로 말매암이라 ᄒᆞᆫ 일은 말삼대로 解진대 하고 십흔 일을 ᄒᆞ고 하고 십지 아닌 일은 아니ᄒᆞᆫ다 홈이오녀 그러하나 사람이 獨로 이 세상에 사지 아니ᄒᆞᆫ즉 엇디 이러ᄒᆞᆫ 리치가 잇시리오 … 내가 自由가 잇신즉 남도 自由가 잇시니 사람이 각기 그 自由를 守기만 ᄒᆞ고 죠곰도 서로 사양치 아니ᄒᆞ면 세상에 어지러운 날리 가이지 아니ᄒᆞ고 닷토는 바람이 ᄯᅳᆫ치 아니ᄒᆞ야 天地間에 獸의 自由만 잇실지니라. 그런 고로 사람의 自由는 道德과 法律에 合ᄒᆞᆫ 연후에 비로소 잇나니… 明心ᄒᆞᆯ지어다. 사람의

31) 김용구 『세계관 충돌의 국제정치학: 동양 禮와 서양 公法』(나남출판 1997) 244~61면.
32) 유길준 『兪吉濬全書 Ⅰ』, 129면.

自由는 착흔 일에 잇고 약흔 일에 업시니 그런 고로 갈오대 自由는 自由치 못흐는 가온대에 잇나니라.[33]

유길준이 『서유견문』에서 인민의 권리로서 자유와 함께 중시하는 통의(通義)란 한마디로 말하자면 당연한 정리(正理)라고 말할 수 있다. 이는 곧 "천사만물(千事万物)에 기당연(其當然)흔 도(道)를 준(遵)흐야 고유(固有)흔 상경(常經)을 물실(勿失)흐고 상칭(相稱)흔 직분(職分)을 자수(自守)흠이 내(乃) 통의(通義)의 권리"라는 것이다.[34] 이러한 통의에 기반을 둔 자유로운 행동이 이루어질 때 인간은 임의방탕으로 흐르지 않고 진정한 자유의 권리를 누릴 수 있게 된다는 것이다. 그는 『서유견문』에서 사용하는 통의를 『노동야학독본』에서는 도덕과 법률로 표현한다. 일본의 경우에 후꾸자와 유끼찌는 통의를 단순히 영어의 right의 번역어로 쓰는 것에 비해,[35] 유길준은 인권의 기반을 서양적 자유 개념과 동양적 통의 개념의 조화 내지는 복합화 속에서 찾으려는 어려운 시도를 보여주고 있다.

유길준은 정치개화(政治開化)의 세번째로서 19세기 후반의 조선에 바람직한 정치체제를 검토하기 위해서 각국의 정체를 ①군주가 천단(擅斷)하는 정체, ②군주가 명령하는 정체 또는 압제정체, ③귀족이 주장하는 정체, ④군민(君民)이 공치(共治)하는 정체 또는 입헌정체, ⑤국민이 공화(共和)하는 정체 또는 합중정체(合衆政體)로 분류하여 비교한 다음에 군민공치(君民共治)의 정체가 가장 훌륭한 것으로 평가한다.[36] 그러나 한 나라의 정체란 오랜 역사 속에서 국민의 관습으로 이루어진 것이므로 섣부른 변경을 시도하는 것은 어린애의 장난이 될 위험을 다음과 같이 경고한다.

33) 유길준 『兪吉濬全書 Ⅱ』, 324~26면.
34) 유길준 『兪吉濬全書 Ⅰ』, 129면.
35) 柳父章 『翻譯語成立事情』 8. 權利(東京: 岩波新書 1982).
36) 유길준 『兪吉濬全書 Ⅰ』, 163~71면.

各國의 正體를 相較ᄒ건딕 君民의 共治ᄒᄂ 者가 最美호 規模라 ᄒ니 然
혼 則 何國이든지 其人民의 風俗과 國家의 景況을 不問하고 卽其政體를 取
行홈이 可홀 듯ᄒ나 然ᄒ나 決斷코 不然혼 者가 有ᄒ니 凡國의 政體ᄂ 歷年
의 久長홈으로 人民의 習慣을 成혼 者라. 習慣의 卒然히 變改ᄒ기 不態홈이
言語의 變改ᄒ기 不能홈과 同一ᄒ니 急遽혼 小見으로 虛理를 崇尙ᄒ고 實情
에 朦昧ᄒ야 變改홀 議論을 倡起ᄒᄂ 者는 小兒의 嬉戱라 君國에 益이 有ᄒ
기ᄂ 枯舍ᄒ고 害를 胎홈이 反且不少홀디라.[37]

유길준이 군민공치를 높이 평가하는 것도 구미의 다양한 정체의 장단점을
꼼꼼히 따져본 다음에 19세기 조선이 놓여 있는 정치적 상황 속에서 왕권
강화의 필요성, 국민계몽의 필요성 등을 충족하기 위해 조심스럽게 조선형
군민공치를 구상하는 것이다.

그는 정치개화의 네번째로서 정부의 직분을 새롭게 검토하고, 자기 나라
의 정치를 안온케 하고 국민으로 하여금 태평스러운 즐거움이 있게 하고, 법
률을 굳게 지켜 국민으로 하여금 원통하고 억울한 일이 없도록 해야 하며,
외국과의 교섭을 신설하게 하여 국가로 하여금 분란의 걱정을 면하게 하는
세 가지 조항으로 대강령을 삼고, 이를 추진하는 과정에서 전통과 근대의 갈
등을 어떻게 풀어나갈 것인지를 조심스럽게 따지고 있다.[38] 대표적 예로서
법률의 개화를 위해 새 법을 제정하고자 하더라도 고전적인 것들을 신중히
참고하여 증강하고, 개정하는 것을 줄기로 하여 윤색하는 조례들을 덧붙이
며 국민의 관습에 맞도록 하여, 놀라움이 없게 한 뒤라야 안전한 경역(境域)
에 이르고 문명한 길로 나아갈 수 있다고 지적한다.[39]

유길준은 지덕(智德)과 정법(政法)의 개화에 이어 마지막으로 기계와 상

37) 같은 책 171면.
38) 같은 책 175면.
39) 같은 책 292면.

품의 개화를 들고 있다. 기계 개화의 경우에는 외국의 기계를 사들이거나 기술자를 고용하지 말고, 반드시 먼저 자기 나라 국민에게 기술을 배우게 하여 그 사람으로 하여금 그 일을 맡도록 해야 한다고 지적한다. 왜냐하면 외국의 기계를 사들이게 될 때 그 기계가 못 쓰게 되면 기계는 다시 없게 되며, 기술자를 고용했을 때 그 기술자가 본국으로 가버리면 다시는 그런 기술자는 없게 된다는 것이다.[40]

상품 개화의 경우에도 19세기 조선은 오랫동안 상업을 천시해온 탓으로 이미 개화한 나라들에 비해 상품의 정보와 내용에서 크게 뒤떨어져 있기 때문에 반드시 여러번의 단련이 있어야 비로소 경쟁해서 이익을 얻을 방책을 터득하게 될 것으로 전망한다.[41]

3. 문명 개념의 동아시아 전파

19세기 조선이 국내 정치사회 세력들의 치열한 각축 속에서 구미의 근대 국제질서를 문명이라 하는 과정에서 직접 영향을 받은 것은 일본으로부터 였다.

19세기 동아시아와 서양의 본격적 만남이 이루어진 것은 중국과 영국의 아편전쟁(阿片戰爭, 1840~42)이었다. 그러나 중국은 자신을 천하의 중심으로 생각하고 있었으므로 유럽을 새로운 문명으로 받아들이지 않은 것은 당연했다. 중국이 유럽을 문명이라고 하기 위해서는 청일전쟁의 패배라는 충격을 기다려야 했다.

한편 17세기 이래 네덜란드를 제외한 서양세력에 대해 문호를 개방하지

---

40) 같은 책 401면.
41) 같은 책 379~84면.

않았던 일본은 19세기에 들어서서 일본 연안에 접근하는 모든 외국 배를 쳐부수라는 명령(異國船無二念打扎令, 1825)을 내렸으며, 미도학(水戶學)의 아이자와 세이시사이(會沂正志齋)는 존왕양이(尊王攘夷)를 신론(新論, 1825)에서 본격적으로 제기했다.

그러나 중국 중심 천하질서의 주변에 놓여 있었던 일본은 중국과는 달리 거칠게 다가오는 유럽 중심 국제질서에 대해 일방적으로 저항의 국제정치만을 강조하는 대신에 활용의 국제정치를 모색하기 시작하는 유연성을 보여주었다. 따라서 중국이 아편전쟁(1840~42)의 참패를 겪는 것을 보면서 일본에서는 양이파에 대한 개국파의 등장이 이루어졌다. 이러한 변화를 대표하는 흐름으로써 사꾸마 쇼잔(佐久間象山)은 18세기 아라이 하꾸세끼(新井白石)의 화혼양재(和魂洋才)를 뒤이어서 서양예술(西洋藝術), 동양도덕(東洋道德)을 강조하게 된다.

서양의 civilization 개념 자체는 바꾸마쓰(幕末)부터 메이지 초기에는 예의와 교제로 이해되다가 점차 번역어로서 문명과 문화가 함께 쓰이는 짧은 시기를 거쳐 후꾸자와 유끼찌를 비롯해서 니시 아마네(西周), 미쯔꾸리 슈헤이(箕作秋坪), 모리 아리노리(森有礼) 등에 의해 문명개화 또는 문명으로서 자리를 잡게 된다.[42]

메이지 개명지식인의 대표주자라고 할 수 있는 후꾸자와 유끼찌는 『당인왕래(唐人往來)』(1865)에 이어 1868년에 출판한 『서양사정외편(西洋事情外編)』의 '世の文明開化'라는 절에서 인류역사를 만야(蠻野)에서 문명으로 진보하는 것으로 설명하고 영국과 같은 유럽 국가를 '문명개화국'이라고 한다. 후꾸자와 유끼찌는 다음해인 1869년에 출판한 『장중만국일람(掌中萬國一覽)』과 『세계국진(世界國盡)』에서는 일간들의 삶의 모습을 혼돈, 만야(蠻

---

42) 西川長夫「國境の越え方: 比較文化論序說」(筑摩 1992); 西川長夫「地球時代の民族＝文化理論: 脫「國民文化」のために」(新曜社 1995); 伊東俊太郎「比較文明と日本」(中央公論社 1990); 柳父章「文化」(三省堂 1995).

野), 미개/반개, 개화문명/문명개화의 네 부류로 나누어서 진보의 과정을 설명하고, 중국을 반개화로, 미국과 유럽 국가들을 문명개화로 분류한다.[43]

그는 1875년에 쓴 본격적 일본 문명론의 전개라고 할 수 있는 『문명론지개략(文明論之槪略)』에서 세계의 문명을 논하면서 유럽 국가들과 미국을 최상의 문명국, 터키, 중국, 일본 등의 아시아 국가들을 반개화국, 아프리카와 호주를 야만국으로 분류한 다음 이러한 분류의 상대성을 강조한다. 따라서 반개화국가인 일본이 문명국이 되기 위해서는 현재의 시간과 장소를 고려한다면 일차로 서양의 문명을 목표로 삼되 우선 지덕을 개발하고, 다음으로 정법을 개혁하고, 마지막으로 의식주나 기계를 추구해서 일본 독립을 획득해야 한다는 결론에 이르고 있다.[44]

그리고 후꾸자와 유끼찌와 함께 메이로꾸샤(明六社)의 동인이었던 니시무라 시게끼(西村茂樹)는 『메이로꾸잣시(明六雜誌)』 제36호(1875년 5월)에 서어십이해(西語十二解, 一)로 「文明開化の解」를 게재하여 civilization 개념에 대한 계몽적 설명을 한다.[45]

이러한 과정을 거쳐 일본에서 사용되기 시작한 문명개화라는 개념은 이와꾸라사절단(岩倉使節團, 1871년 11월~1873년 8월)의 구미순방 이후 일본사회에서 1870년대의 대표적 유행어로 풍미하게 된다. 이러한 일본의 문명 개념은 1881년 6월부터 1882년 12월까지 후꾸자와 유끼찌가 경영하는 게이오의숙(慶應義塾)에 유학한 유길준을 비롯한 조선의 개화지식인에 의해 당시 조선에 본격적으로 알려지게 된다. 특히 유길준의 조선 문명론인 『서유견문』(1887~89)은 후꾸자와 유끼찌의 『서양사정(西洋事情)』『학문의 권장』『문명론지개략(文明論之槪略)』을 종합한 모습을 보여주고 있다. 그러나 가장 주목해야 할 것은 유길준은 후꾸자와 유끼찌와는 비교할 수 없는 국내외 정치

43) 福澤諭吉 「福澤諭吉著作集」 第1~2卷(東京: 慶應義塾大學出版會 2002).

44) 福澤諭吉 『文明論之槪略』 福澤諭吉著作集 第4卷(東京: 慶應義塾大學出版會 2002).

45) 『明六雜誌』, 제36호(1875. 5).

의 어려움 속에서 목숨을 걸고 조선 문명론을 고민하고 글로 써야 했다는 것이다. 따라서 유길준의 조선 문명론은 후꾸자와 유끼찌의 일본 문명론보다 훨씬 조심스럽고 복잡한 전통과 근대의 복합화를 모색하고 있다.

19세기 조선의 문명 개념 도입이 일차적으로 개화지식인에 의해 일본으로부터 이루어지고 나서 이차적으로 문명 개념의 폭넓은 사용이 이루어지는 데에는 무술정변(1898)의 좌절을 맛보고 일본으로 망명한 량치차오(梁啓超)가 일본 문명론의 영향을 받아 쓴 글들이 조선의 개신 유학자들에게 미친 영향이 컸다.

중국의 영국주재공사였던 꿔숭타오(郭嵩燾)가 1876년 일기에서 서양에서 국가들을 "civilized, half-civilized, barbarian"으로 분류한다는 것을 소개하면서 발음대로 "色維來意斯得, (哈)甫色維來意斯得, 巴伯比里安"이라고 쓰고 있다. 이 일기가 증명하는 것은 일본이 이미 문명, 반개, 야만 등의 번역어를 사용하는 것에 반해서, 중국은 아직 상응하는 번역어를 가지고 있지 않다는 것이다.[46]

중국에서 처음으로 civilization의 번역어로서 문명을 사용한 것은 량치차오(梁啓超)로 알려졌다.[47] 그는 1896년의 글에서 문명 개념을 도입하고 나

---

46) 郭嵩燾「倫敦與巴黎日記」(岳麓書社出版, 長汀, 1984) 491면; 郭嵩燾「郭嵩燾日記(第三卷)」(湖南人民出版社 1982) 439면.

47) 량치차오(梁啓超) 연구는 중국의 개혁·개방 이후 활발해지고 있다. 丁文江·趙豊田 編「梁啓超年譜長論」(上海人民出版社 1983)으로 출판되었으며, 이어서 李華興·吳嘉勛 編「梁啓超選集」(上海人民出版社 1984); 李國俊 編「梁啓超著述繫年」(上海復旦大學出版社 1986); 林志鈞 編「飮氷室合集」12冊(中華書局出版 1936)의 신판으로서 梁啓超「飮氷室合集」12冊(中華書局出版新版 1989); 梁啓超『飮冰室合集』『集外文』上中下三冊, 夏曉虹輯 (北京大學出版社 2005) 등의 중요 연구자료가 출판되었다.

중국의 중요 연구로는 孟祥才「梁啓超傳(救國·學術篇)」(北京出版社 1980: 臺灣風雲時代出版公司影印 1990); 鍾珍維·萬發雲「梁啓超思想研究」(海南人民出版社 1986); 宋仁主 編「梁啓超政治法律思想研究」(新華書店北京發行所 1990); 李喜所·元靑「梁啓超傳」(北京人民出版社 1993); 耿元志, 崔志海「梁啓超」(广朱人民出版社 1994); 吳延嘉,

서 1899년부터 1905년까지 『청의보(淸議報)』 『신민총보(新民叢報)』에 단속적으로 연재했던 「자유서(自由書)」에서 본격적으로 사용한다. 그는 「자유서」 1절 '문야삼계지별(文野三界之別)'에서 세계의 인류가 야만, 반개, 문명의 세 단계로 나누어져 순서를 밟아 상승하는 것이 세계 인민 공인의 진화의 공리라고 밝혔다.[48] 그리고 3개월 후에 쓴 『민국십대원기론(民國十大元氣論)』(일명 문명지정신文明之精神)에서 중국의 문명화를 위해서는 '형질의 문명' 대신에 '정신의 문명'이 필요하다는 것을 강조한다.[49]

일본 문명론의 도움을 받은 량치차오의 중국 문명론은 1900년대 초 단행본, 신문, 잡지 등을 통해 조선의 개신 유학자들에게 커다란 영향을 미치게 된다. 그중에도 『청국무술정변기(淸國戊戌政變記)』 『월남망국사(越南亡國史)』 『이태리건국삼걸전(伊太利建國三傑傳)』 『중국혼(中國魂)』 『음빙실자유서(飮氷室自由書)』 『십오소호걸(十五小豪傑)』 등은 우리말로 번역되어

沈大德 「梁啓超評傳」(百花洲文芝出版社 1996); 陈鵬鳴 「梁啓超: 學朮思想評傳」(北京圖書館出版社 1999); 鄭民 「梁啓超啓蒙思想的東學背景」(上海書店出版社 2003) 등을 들 수 있다.

중국 이외의 중요 연구로는 Joseph R. Levenson, Liang Ch'i~ch'ao and the Mind of Modern China, 1st and 2nd ed. (Cambridge, Mass: Harvard University Press 1953/1959); Hao Chang, Liang Ch'i~ch'ao and Intellectual Transition in China, 1890~1907 (Cambridge, Mass: Harvard University Press 1971); Philip C. Huan, Liang Ch'i~ch'ao and Modern Chinese Liberalism (Seattle: University of Washington Press 1972); Xiaobing Tang, Global Space and the National Discourse of Modernity: The Historical Thinking of Liang Qichao (Stanford: Stanford University Press 1996); Joshua A. Fogel, ed., The Role of Japan in Liang Qichao's Introduction of Modern Western Civilization to China, China Research Monograph 57 (Institute of East Asian Studies, University of California Berkeley, Center for Chinese Studies, 2004); 張明園 「梁啓超与淸季革命」(中央硏究院近代史硏究所 1964); 張明園 「梁啓超与民國政治」(食貨出版社 1978); 狹間直樹 編 「梁啓超: 西洋近代思想受容と明治日本」(東京: みすず書房 1999) 등을 들 수 있다.
48) 梁啓超 「梁啓超文集」, 卷 2.
49) 梁啓超 「梁啓超文集」, 卷 3.

널리 알려졌다.[50]

따라서 19세기 중반 조선의 위정척사적 문명관과 문명개화적 문명관의 갈등은 20세기 초 일본을 전파경로로 하는 개화지식인의 문명 개념과 중국을 전파경로로 하는 개신 유학자의 문명 개념의 접근이라는 새로운 모습으로 전개되었다.

4. 유럽 문명 개념의 등장

일본이 문명으로 번역한 civilization은 유럽 근대질서의 중심세력이었던 프랑스와 영국이 18세기 중반 이래 그들의 삶의 진보성과 보편성에 대한 자기의식을 표현하려고 사용하기 시작했다.[51] 이 용어는 어원적으로는 라틴어의 civis(시민), civilis(시민의), civitas(도시)에서 유래한다. 고대 그리스 도시국가와 로마제국의 삶의 차원에서 civitas는 야만과 문명을 구분지어주는 공간이었다. 따라서 자신들 삶의 양식을 라틴어로 도시화라고 하는 것은 도시 밖의 야만에 대한 도시 안의 문명에 대한 자기우월감의 표현이었다.

Civilization이라는 용어가 오늘날 문명의 의미로서 처음으로 사용된 것은

---

50) 葉乾坤「梁啓超와 舊韓末文學」(고려대학교 박사학위논문 1979) 제3장 구한말에 소개된 량치차오(梁啓超)의 논저, 117~47면.

51) Fernand Braudel, *Grammaire de Civilisations* (The History of Civilization), translated by Richard Mayne (New York: Penguin Books 1993); Norbert Elias, *Über der Prozeß der Zivilisation: Soziogenetische und psychogenetische Untersuchungen* (Frankfurt am Main: Suhrkamp 1976); Jörg Fisch, "Zivilization Kultur" in Reinhard Koselleck, Otto Brunner und Werner Conze (hrsg.), *Geschichtliche Grundbegriffe: Historisches Lexicon zur politisch-sozialen Sprache in Deutchland* (Stuttgart: Klett-Cotta 1989); A. L. Kroeber and C. Kluckhohn, *Culture: A Critical Review of Concepts and Definitions* (New York: Vintage Books 1963); John Rundell & Stephen Mennell, eds., *Classical Readings in Culture and Civilization* (London: Routledge 1998).

1757년에 프랑스혁명의 주요 인물인 미라보(Mirabeau)의 아버지이며 중농학파의 일원이었던 미라보 후작에 의해서였다.[52] 이후 프랑스에서는 civilization이라는 용어가 1770년대에 들어서서 폭넓게 쓰이게 되었다.

프랑스의 역사학자이자 정치가였던 프랑스와 기조(François Guizot)는 1828년에 소르본대학에서 14회에 걸쳐 '유럽 문명사'(Histoire gènerale de la civilisation en Europe)라는 제목으로 문명의 발달이라는 시각에서 로마제국의 멸망 이후의 유럽 역사에 대해 강연을 하였다. 이 강연에서 기조는 civilization이라는 용어가 가지는 첫번째의 중요한 의미로서 진보와 발전을 강조한다. 다음으로, 진보와 발전의 핵심적 내용으로서는 힘과 행복을 생산하고 분배하기 위한 사회의 발전과 능력, 감정, 생각의 면에서 개인의 발전을 강조한다. 그러고 나서 기조는 문명의 양 측면 중에 사회의 진보 측면에서 프랑스를 중심으로 하는 유럽의 역사를 검토한다.[53]

'유럽 문명사'에 이은 '프랑스 문명사'(1828~30) 강의에서 기조는 더 구체적으로 영국은 사회의 발전이 개인의 발전을 앞서 있으며, 독일은 개인의 발전에 비해 사회의 발전이 뒤떨어져 있는 것에 반해서, 프랑스는 사회와 개인의 발전이 동시에 이루어졌기 때문에 프랑스를 유럽 문명사의 중심에 놓는다고 지적한다.[54]

---

52) Mirabeau, L'ami de l'homme (1756).

53) François Guizot, *Histoire generale de la civilisation en Europe* (*The History of Civilisation in Europe*), translated by William Hazlitt (London: Penguin Books 1997). Guizot의 저작과 연구문헌에 관해서는 Pierre Rosanvallon, *Le Moment Guizot* (Paris: Gallimard 1985); Gabriel de Broglie, *Guizot* (Paris: Perrin 2002); Marina Valensise, *François Guizot et la culture politique de son temps* (Paris: Gallimard~Le Seuil 1991); Sister Mary Consolata O'Connor, M. A., *The Historical Thought of François Guizot* (Washington, D. C.: The Catholic University of America Press 1955); Stanley Mellon, ed., *François Guizot: Historical Essays and Lectures* (Chicago: The University of Chicago Press 1972) 등을 대표적으로 들 수 있다.

54) François Guizot, *Histoire de la civilization en France depuis la chute de l'Empire*

프랑스의 역사를 문명사의 틀 속에서 조망하려는 기조의 노력은 프랑스뿐
만 아니라 다른 나라의 지식인들에게도 많은 관심을 불러일으켰다. 동아시
아는 일본의 태정관번역국(太政官翻譯局)의 무로따 아쯔미(室田充美)가 프
랑스 원본을 1872년에 번역하여 1875년『서양개화사(西洋開化史)』라는 이
름으로 인서국(印書局)에서 발행하였다. 그러나 일본 지식인들이 주로 읽은
것은 프랑스 원본이나 무로따 아쯔미(室田充美)의 번역본이 아니라 헨리(C.
S. Henry) 역(1842)과 해즐릿(W. Hazlitt) 역(1846)의 영역본이었고, 그중에도
헨리 역이었으며, 특히 나까미미 히데끼(永峰秀樹)에 의한 헨리 번역본의 중
역이었다.[55]

한편 영국은 프랑스어의 civilité보다 넓은 뜻으로 civility라는 용어를 사용
하고 있었기 때문에 프랑스보다 약간 늦은 1770년대에 들어서서 civilization
이라는 용어가 사용되기 시작하여 19세기 초에는 일반화되었다. 이후 헨리
버클(Henry Thomas Buckle)은 1857년에 영국사를 문명사 시각에서 본격적
으로 분석한『영국 문명사』(History of Civilization in England)라는 미완의
대작을 발표하면서 진보의 핵심 내용으로 도덕과 지성을 강조하고, 그중에
도 지성의 영향이 유럽, 특히 영국의 문명화에 어떻게 이바지했는지를 추적
한다.[56] 버클의『영국 문명사』는 동아시아에서는 일본에서 1874년에『메이

---

romain jusqu'en 1789 (The History of Civilization in France) translated by William
Hazlitt (London 1846).

55) 小澤榮一「文明論之槪略」とギゾの文明史」,『日本歷史』144号(1960. 6); 加藤周一·
丸山眞男『翻譯の思想』日本近代思想大系 15(東京: 岩波書店 1991) 1~120, 416~20
면.

56) Henry Thomas Buckle, History of Civilization in England, 3 vols. (London:
Longmans Green 1868).
버클의 저서와 연구문헌에 관해서는 Helen Taylor, ed., Miscellaneous and Posthumous
Works of Henry Thomas Buckle (London 1872); Henry Huth, The Life and Writings of
Henry Thomas Buckle (New York: Appleton 1880); Giles St. Aubyn, A Victorian
Eminance: The Life and Works of Henry Thomas Buckle (London: Barrie Book Ltd.

로꾸잣시(明六雜誌)』와 『민간잣시(民間雜誌)』에 처음 초역되었으며, 1875년에 정부사업으로 공간되었다.[57]

프랑스와 영국이 자신들의 삶의 진보성과 보편성을 강조하기 위해 civilization이라는 용어를 사용하는 것에 대해서 근대국가 형성에 뒤늦었던 독일은 civilization 대신에 재배한다는 라틴어인 colore에서 유래해서 자연과 대칭되는 Kultur의 개별성을 상대적으로 강조하면서 보편성을 강조하는 civilization과 정면으로 맞서게 된다.[58]

이러한 속에서 후꾸자와 유끼찌를 대표로 하는 일본의 개명지식인들은 기조와 버클의 영향 속에서 자신들의 문명개화관을 형성하고 문명이라는 용어를 사용하기 시작하였다.

5. 조선 문명화의 좌절

19세기 조선은 근대 서양세력과의 만남에서 일차적으로는 서양을 문명이 아닌 금수라고 하고 전통적 부국강병의 자기모색을 시도하게 되나 현실적 한계에 부딪히게 된다. 따라서 저항의 국제정치 대신에 활용의 국제정치를 추진하기 위해 중국형 문명화 모델의 수용을 위한 노력을 시작했으며, 더욱 뒤늦게 일본형 문명화 모델에 관심을 두게 된다.

일본형 문명화 모델에 자극을 받은 개화파 유길준은 조선 최초의 일본과 미국 유학생으로서 조선이 당면하는 국내외 정치현실의 어려움 속에서 이를

1958); Clement Wood, ed., *Henry Thomas Buckle: History of Civilization in England* (New York: Frederick Ungar Publishing Co., 1964).

57) 小澤榮一 「「文明論之槪略」とギゾの文明史」, 『日本歷史』 144号(1960. 6); 加藤周一・丸山眞男 『飜譯の思想』 日本近代思想大系 15(東京: 岩波書店 1991) 121~58, 421~23면.

58) N. Elias, 앞의 글.

극복하기 위해 전통과 근대를 복합화한 조선형 문명화 모델의 가능성을 모색하였다. 그러나 갑신정변의 실패로 말미암아 청국의 영향력이 비정상적으로 커지지만 개화세력은 급격히 약화하였기 때문에, 그는 이러한 노력을 행동이 아닌 『서유견문』이라는 글로 남길 수밖에 없었다. 유길준은 갑오개혁(1894)을 통해 비로소 조선형 문명화의 실천기회를 얻게 되었으나, 첫째, 조선이 겪고 있던 전통과 근대의 갈등, 둘째, 청일 전쟁 이후 청의 영향력 대신 급격하게 커지는 일본의 영향력을 현실적으로 견제하기 어려운 국제적 여건, 셋째, 국내 역량의 효율적 동원 실패, 넷째, 조선형 문명화 모델의 실천전략적 취약성 등으로 19세기 조선의 문명화 모색은 좌절된다.

이후 고종을 중심으로 한 대한제국의 문명화를 위한 마지막 노력이 이루어졌으나, 결국 조선은 20세기 상반기에 종속의 정치현실로서 일본화의 길을 걷게 되었다. 1945년에 2차 세계대전의 종전과 함께 일본화의 종속에서는 벗어나게 되었으나, 미국과 소련을 중심으로 하는 냉전질서의 형성과 함께 한반도의 남과 북은 다시 한번 미국형과 소련형의 문명화 모델을 수용하게 되었다.

한반도가 냉전질서의 어려움을 계속해서 겪는 속에 세계는 21세기를 앞두고 서서히 냉전의 역사를 벗어나서 탈근대 복합국가들의 부국강병을 넘어선 복합 목표를 새롭게 추구하는 신문명의 가능성을 맞이하고 있다. 따라서 한반도는 19세기 유길준이 꿈꾸었던 전통과 근대의 복합화라는 조선형 문명화의 길을 넘어서서 전통, 근대 그리고 탈근대의 복합화라는 21세기 한반도형 문명화의 꿈을 새롭게 꾸어야 할 절박한 상황에 놓여 있다.

서구 권력의 도입

최정운

1. 서론

한국 근·현대사, 특히 근·현대사상사에서 가장 중요한 흐름의 하나는 서구문물 또는 서구문명의 도입이었다. 이 과정을 통해 우리는 새로운 문물과 제도들을 도입하여 새로운 모습으로 단장했을 뿐만 아니라 특이한 역사적 과정으로 말미암아 전통문화의 파괴를 수반하였고, 따라서 우리는 본질적인 변화를 겪게 되었다. 오늘날 한국인의 모습은 근대 이전과는 엄청나게 달라졌다. 서구문명의 수용은 복잡한 구조와 과정을 통해 이루어졌다. 서양문명의 모든 요소가 동일한 싯점에서 동일한 속도로 도입된 것도 아니었고 동일한 동기가 이루어낸 것도 아니었다. 서양문명은 다른 문명들에 비해 대단히 복잡한 구조로 되어 있다. 종교·학문·정치·군사·경제·문화 등이

서울대 외교학과 교수.

분화(分化, differentiation)되어 있고, 그들간의 관계는 지금 이 싯점에서도 간단히 논할 수 있는 문제가 아니다. 더구나 서구문명이 도입된 조선 땅도 문명이나 문화의 진공상태가 아니었다. 당시 조선에 강고한 뿌리를 내리고 있던 주자학(朱子學)은 서구문물에 대하여 강하게 저항하였다. 따라서 서구 문물은 선별적으로 수입될 수밖에 없었고, 많은 경우 왜곡될 수밖에 없었다.

본 연구는 근대 서구문명의 핵심인 권력(power)──더욱 포괄적으로는 힘 (force)──이 어떻게 이 땅에 도입되었는가에 대한 것이다. 어느 문명이나 문화에 나름의 권력과 힘에 대한 관념이 없는 곳은 없다. 그러나 근대 서구문명의 권력 개념은 실로 특이한 것이다. 권력은 근대 서구문명에서 이론(理論)이자 동시에 사상(思想)이며 실천(實踐)을 포괄한다. 근대 서구문명은 '힘'(force)에 대한 독특한 관념에 근거하여 출발하였고 정치사상뿐만 아니라 그 기저를 이루는 종교 그리고 과학 등도 힘과 권력을 떠나서 이해할 수 없다.[1] 더구나 서구의 힘, 권력은 서구열강이 세계를 제패하게 된 결정적인 요인이었고, 따라서 힘, 권력 그리고 폭력은 비서구인들에게는 서구인들의 첫 번째 모습이었다. 서구인들의 힘은 증오의 대상이자 경외(敬畏)의 대상이었다. 서구인들의 힘과 권력은 비서구인들로서는 그들로부터 배우지 않아도 인식될 수밖에 없지만 결국은 그들에게서 배우지 않으면 안되는 것이기도 했다. 그러나 힘과 권력은 서구문명의 출발점이었던 만큼──앞으로 논의하겠지만──그것을 도입해 나가는 과정에는 조선인들은 결국 자신들의 내밀 (內密)한 곳까지 모습을 바꾸어가지 않으면 안되었다. 이런 이유에서 권력 관념의 도입을 사회과학의 형식적 담론(談論, discourse)의 수준에서 논하는 것은 별 의미가 없을 것이다. 현대 사회과학의 권력 개념, 즉 형식적으로 정의(正義)된 개념(槪念, concept, Begriff)은 근대 서구의 권력 관념의 작은 부

---

1) 근대 서구문명 전체의 성격에 대하여 필자는 다음에서 소략하게 논한 바 있다. 崔丁云 (1999b).

분에 불과하며 현실적으로 근대 서구의 권력이 대부분 도입된 후에야 이론화되었다.[2] 이 글은 이론과 사상 그리고 실천을 포함하는 의미에서의 서구 권력의 도입과정을 19세기 후반부터 일제강점기까지의 시기로 제한하여 개괄한다.

논의를 시작하기에 앞서 근대 서구 권력의 특징을 간단히 열거하면 다음과 같다.

첫째, 근대 서구문명에서 권력이란 어떤 사람이 다른 사람에게 어떤 수단으로든지 어떤 행동을 효과적으로 강요하는 것을 말한다. 이는 당연한 명제처럼 보이지만 그렇지 않다. 이러한 권력의 측면은 동양의 전통사상에서는 금기시되던 것이었다. 동양 전통사상에서는 어떤 사람, 예를 들어 왕이나 관리가 자신의 인격을 연마하여 다른 사람들로 하여금 자발적으로 순종하게 하는 것을 정치의 근본으로 삼아왔다.

둘째, 권력에 사용되는 수단은 주로 폭력과 돈, 금력 등 외부에서 작용하는 요인이며, 이들의 사용은 법(法)에 합당하는 한 정당하다. 이러한 수단의 양(量)과 방법 그리고 기술 자체에는 제한이 없으며 이를 확대하고 정교화하는 행위는 전문기술의 영역이다.

셋째, 국가가 다른 국가에 대하여 이를 행사하는 경우 거의 모든 경우에 국제 전쟁법에 직접 위배되지 않는 한 정당하다.

넷째, 권력의 행사는 주로 관료주의적 조직에 의한다. 이러한 조직은 권력의 도구이자 동시에 주체이며, 조직은 위와 같은 권력관계의 총체로서의 제도라 할 수 있다.[3] 아래에서는 이러한 근대 서구 권력의 상대적 특이성을 염두에 두고 도입과정을 기술할 것이다.

우선 다음 장에서는 19세기 이후 동북아시아 제국에서 등장한 부국강병

---

2) 권력 자체에 대한 이론적 연구는 미국에서 '시카고학파'에 의해 1920년대에야 시도되었다.

3) 관료주의, bureaucracy에 대하여는 Weber, 'Bureaucracy'(1978 II)를 참조.

(富國强兵) 사상을 논하며 서구 권력 도입의 컨텍스트(context)를 재구성한다. 다음 장에서는 구한말(舊韓末)까지, 말하자면 국권상실까지 서구 권력의 여러 제도와 부분의 도입시도에 대해 논하기로 한다. 다음은 일제강점기를 통해 식민지 조선에서의 서구 권력의 더 본질적인 부분을 도입하려는 시도들을 논하며 이 글을 마무리할 것이다. 19세기 후반부터 근대 서구 권력의 도입을 시도했던 조선인들은 이 과정에서 더욱 자신들의 본질적인 부분들을 바꾸어 나가지 않으면 안되었다. 근대 서구의 권력은 도구(道具, instrument)의 차원이나 제도(制度, institution)의 차원으로 한정할 수 없다는 점을 여러 차례에 걸쳐 깨달아야 했다.

2. 부국강병론과 도입의 컨텍스트

조선이 겪었던 서구문명 도입의 과정은 절대 순탄하지 않았다. 최초로 문제시된 것은 단연 기독교의 전래였고, 이는 앞으로 서구문명의 여타 부분들이 도입되는 기본 조건들을 형성한 것으로 보인다. 18세기부터 기독교, 특히 천주교(Catholicism)는 어떤 이유에서인지 급속히 우리 사회 곳곳에 깊숙이 전파되었다. 부녀자와 상민들뿐만 아니라 지식계급인 양반들간에도 신속하고도 깊숙이 전파되었고 18세기 말에 이르면 커다란 정치문제로 부각되었다. 18세기 말 정조(正祖)는 천주교를 용인하려 했지만 1791년 신해박해(辛亥迫害)가 일어났고 정조가 죽고 난 후에는 큰 문제로 비화되었다.[4] 정조가 죽고 순조(純祖)가 등극하고 정순왕후(貞純王后)의 수렴청정이 시작되자 곧 1801년 2월에 신유사옥(辛酉邪獄)을 일으켜 남인(南人)들을 제거할 목적으로 천주교도들을 처형했다. 그러자 천주교 탄압에 분노한 황사영(黃嗣永)이

---

4) 이 문제에 대하여는 박현모(2001) 참조.

그해 7월 청(淸)나라에 주둔하고 있던 프랑스함대 사령관에게 보낸 조선을 침공해달라는 편지가 탄로가 난 이른바 '황사영 백서사건'이 일어났다. 이 사건을 기화로 천주교도들은 이제 반역자들로 규정되었고, 12월에는 토사교 문(討邪敎文)이 발표됨으로써 천주교는 공식적인 탄압의 대상이 되었다. 이 때부터 1839년의 기해교옥(己亥敎獄), 1846년의 병오교옥(丙午敎獄) 등으로 이어지며 1866년 병인사옥(丙寅邪獄)으로 서양인 선교사들을 비롯한 수 많은 천주교도가 처형되었다.

기구한 천주교 전래의 역사는 다시 정치적인 사건들로 이어졌다. 병인사 옥을 계기로 같은 해 10월 14일 프랑스함대와 해병대는 강화도를 침공하고 프랑스군과 조선군 사이에는 다음달 11월까지 전투가 계속되었다. 이것이 곧 병인양요(丙寅洋擾)였다. 이어 1871년 6월에는 미국함대와 해병대가 포 격을 가하고 침공해와 치열한 '48시간 전투'가 벌어졌고, 이것이 곧 신미양 요(辛未洋擾)였다. 조선에서는 1840년 아편전쟁에서 청국(淸國)의 패배를 전해 듣고 경악을 금치 못했지만 여전히 간접적인 경험이었을 따름이었다. 그러나 1860년대 후반부터 조선 또한 서구의 위협을 실감하게 되었다. 그러 나 프랑스와 미국이 지속적으로 개입하지 않고 단기적인 침공으로 그치게 되자 당시 대원군(大院君)을 포함한 조선의 지배층은 서구와 서구문물에 대 한 경직된 자세를 오랫동안 견지할 수 있었다. 1871년 대원군(大院君)은 조 선 전국에 척화비(斥和碑)를 세우고 서구를 야만으로 규정하여 서구와 관계 된 모든 것의 수용과 접촉을 금지하였다. 이러한 조선의 태도는 공식적으로 는 1880년대까지 지속하였고, 대부분의 지배층은 20세기 말까지도 이른바 '위정척사'의 입장을 고수하였다. 그들은 조선의 전통적 사상인 주자학(朱子 學)에서 한 발도 물러서려 하지 않았다. 특히 위정척사론자들은 19세기 말까 지 개화와 관련된 거의 모든 것을 비난할 때는 늘 '천주교'와의 연관을 지적 하고는 하였다. 말하자면 위정척사론자들은 그들의 주자학적 윤리체계가 여 하한 서구문물의 도입에 의해서도 손상될지 모른다는 위협을 느꼈고, 이는

70

우리 역사에서 천주교 전례가 남긴 흔적이기도 했다.

서구열강의 소극적 태도와는 달리 일본은 조선에 체계적으로 접근하였다. 일본은 토꾸까와 바꾸후(德川幕府) 이래 조선을 예(禮)에 근거한 천하질서에 따라 조공(朝貢)을 바치며 관계를 유지해왔다. 그러나 메이지유신(明治維新)에 성공하고 나서 일본은 조선과 이전과는 다른 종류의 서구식 근대 주권 국가로서의 관계를 맺으려 했지만 거절당하고 말았다. 그러자 일본은 1874년 4월 대만(臺灣)을 정벌함으로써 제국주의를 시도하였고, 일본 내에서는 정한론(征韓論)이 비등하게 되었다. 그 와중에 1875년 9월에는 그들이 서구인들에게 1850년대에 당했던 바를 조선에 그대로 적용하여 운양호사건(雲揚號事件)을 일으키고 조선을 강요하여 이른바 '강화도조약'을 맺어 개국하게 되었다. 그러자 일본의 진출에 위협을 느낀 청나라는 조선에서 힘의 균형을 유지하기 위해 서구의 여러 나라와도 관계를 맺도록 하였다. 이리하여 1880년대부터 조선은 원치 않았던 이른바 '개국(開國)'을 하지 않으면 안되었다. 그러나 명백하게 조선 대부분의 지배층은 1873년 대원군의 실각 이후 고종이 내린 공식적인 결정과는 달리 위정척사의 입장을 고수하였다.[5] 그러나 개국에 이어 수신사(修信使), 영선사(領選使) 그리고 일본사찰단 등의 파견을 계기로 조선에서는 개화파가 성립되어 국내정치는 전혀 새로운 단계로 돌입하게 되었다. 일본과 청국에서 서구문물을 본격적으로 접한 조선의 일부 지식인들은 이른바 '개화파(開化派)'를 이루어 현실을 타개하려 하였다.[6]

1840년 아편전쟁에서 청(淸)나라의 패배는 동북아시아 전체에 엄청난 충격이었다. 이후 이른바 '부국강병론(富國强兵論)'은 조선에서도 첨예한 새로

---

5) 위정척사파의 입장에 대하여는 이상익(1997)을 참조할 것.
6) 19세기 후반 개화파는 일부 학자들을 따르면 박지원의 손자 박규수(朴珪壽)를 통하여 실학 영향이 전해져 성립된 것으로 주장하기도 하지만 여러가지 정황으로 미루어보면 별로 설득력이 없어 보인다. 말하자면 개화파는 18세기 실학이 발전하여 등장한 것이 아니라 19세기의 절박한 현실에서, 그리고 직접적으로 서양문명의 영향에서 등장한 것이다.

운 이슈로 등장하였다. 물론 부국강병이라는 관념이 전통사상에 없었다고 말할 수는 없다. 중국 고대부터 법가(法家) 전통에서는 영토를 넓히고 군대를 강화해야 한다는 것은 중심 원리였다.[7] 그러나 역사적으로 송(宋)나라 때부터 주자학의 강한 영향으로 '부국강병' 식의 사상은 이른바 '덕치(德治)' 뒤로 밀려나고 '패도(覇道)'로 지탄받게 되었다. 군사력과 경제력의 문제는 동북아시아에서도 분명히 살아있는 현실이기는 했지만 계속 죄악시되고 잊히게 되었고, 현실적으로 군사력을 포함한 모든 폭력적인 문화는 지속적으로 축소되는 운명을 겪게 되었다. 특히 중국의 조공국 위치에 있던 조선은 더욱 심했다. '부국강병'은 고래부터 이어내려 온 것이 아니라 아편전쟁이 계기가 되어 새로 등장한 사상이었다. 조선은 청나라에서 전해진 웨이 위안(魏源)의 『해국도지(海國圖志)』와 서계여(徐繼畬)의 『영환지략(瀛環誌略)』의 영향 아래 군비의 문제가 첨예하게 등장하였다. 이 중국의 저자들은 전쟁에서의 패배의 경험뿐만 아니라 서양인들의 충고에 큰 영향을 받았고, 따라서 '부국강병'이 19세기 중반에 등장한 것은 스스로 자성(自省)에서뿐만 아니라 서구의 권력 관념의 도입으로 이해할 수 있다.[8] 되돌아보면 서구의 권력 또는 국가권력(national power) 관념은 이 저자들에 의해 '부국강병'이라는 한자(漢字) 조어(造語)로 포장되었고, 따라서 서구의 권력 개념은 당시에 그대로 도입된 것이 아니라 전통적 사상언어로 번역되어 전통적 담론(談論)의 틀에 포섭되어 변형·도입되었음을 알 수 있다. 결국 부국강병사상은 서구에서 힘과 권력을 직접 배우려는 사상이 아니라 청나라와 조선으로써 스스로 해결해보려는 시도였고, 지금 돌아보면 서구의 힘과 권력의 깊이와 정도를 과소평가(過小評價)한 결과였다고 볼 수 있다.

조선에서는 누구보다도 부국강병을 본격적으로 실천한 사람은 60여 년간

---

7) 대표적으로 『戰國, 秦策』에 "욕부국자(欲富國者) 무광기지(務廣其地) 욕강병자(欲強兵者) 무부기민(務富其民)"이라는 구절을 들 수 있다.

8) 이에 대하여는 李光麟(1969; 1981) 등을 참조할 것.

의 세도정치(勢道政治)를 마감하고 집권한 대원군이었다. 대원군은 전통적인 유학사상의 틀 안에서 국가를 개혁하고 부국강병을 시도하려 하였고, 따라서 그의 개혁정책은 성공할 수 있는 노선이었다고 평가하기는 어렵다. 더구나 대원군의 과감한 개혁들은 전통적 주자학을 배경으로 한 선비계층의 광범위한 반대와 저항에 직면했다. 대원군은 각종 국가재정과 행정조직에 대한 개혁 외에도 군사력을 강화하기 위해 노력했지만 그가 선택한 수단은 전통적 틀을 벗어나지 않았다. 하지만 대원군의 성급한 개혁은 주자학에서 말하는 덕치(德治)의 정통 노선에서 이탈하고 있었다. 군사력을 증강하려고 신무기 개발에도 노력하였으나 당시 조선인들이 생각해낸 신무기들이란 '깃털로 만든 배' '똥 쏘는 대포[糞砲]' 등의 기상천외한 발상에 불과했다.[9] 말하자면 대원군의 부국강병은 서구 군사력의 기본적인 원리와 성격을 이해하지 못하고 기술과학(technology)과 과학(science)의 깊이를 전혀 이해하지 못한 발상이었다. 어쩌면 이런 방향의 사고는 우리의 신비로운 힘의 신화, 예를 들어 허균(許筠)의 소설 『홍길동전(洪吉童傳)』식 상상력의 연장이었는지 모른다. 이러한 에피소드는 당시 보수적 조선인들의 지적 한계를 나타내고 있다. 당시 중국과 조선의 지식인들은 그들 땅의 모든 인적(人的)·물적(物的) 자원(資源, resources)을 모두 동원하면 서구열강의 침략에 대항할 수 있다는 근거 없는 자신감은 이러한 시도들에 표현되고 있다.[10]

'부국강병'이란 신조어(新造語)는 서구식의 국가형성(State Building)의 과정과는 상반되는 논리를 내포하고 있었다. 말하자면 서양 말인 권력(power), 국력(state power)을 번역하면서 중국 고전(古典)에서 글귀를 따와 고풍스러

---

9) 이에 대하여는 朴齊炯(1883)을 참조할 것.

10) 이러한 측면은 중국은 훨씬 강했던 것으로 보인다. 1880년대까지도 중국에서 나오는 신문 사설들에는 중국은 현재 서구보다 뒤떨어졌으나 그들의 여러 자원을 동원하기만 하면 곧 이길 수 있다는 자신감이 광범위하게 표현되어 있다. 이를 해석하기는 쉽지 않지만 당시 서구에 당한 패배의 모멸감을 만회해보려는 심리적 보상의 의미로 읽을 수 있지 않을까 한다. 방일영문화재단 편(1995. 1)을 참조할 것.

운 단어를 만듦으로써 의도했던 안했던 간에 그 말에는 전통사상적 의미가 담기게 되었고, 따라서 독특한 논리의 연계에 빠지게 되었다. 서구는 왕이 강한 군대, 상비군(standing army)을 만들고 그 군대를 기반으로 세금징수 체계를 만들고 영토를 확장하고 재정을 확보하고 다시 국가는 재력과 폭력을 활용하여 경제를 발전시키는 순서를 밟아 근대국가(modern state)를 이루었다. 그러나 동북아시아 제국들은 '부국강병'이라는 말로는 이러한 절차를 밟는 것이 불가능했다. 동양의 전통사상에서 먼저 강한 군대를 만든다는 것은 패도(霸道)를 취하는 것이며, 따라서 용납될 수 없었다. 먼저 왕에게 덕(德)이 있으면 백성이 부유해지고 그러면 왕실도 따라서 부유해지고 동시에 강한 군대가 백성으로부터 만들어지는 것이 동양 전통사상의 자연스런 논리적 단계였다. 따라서 부국(富國)이 강병(强兵)보다 앞에 오는 것이 순리에 맞는 것이었다. 그러나 동양의 전통사상에서는 백성이 부유하려면 관리들의 가렴주구(苛斂誅求)가 없어져야 했고, 또한 '일하지 않고 먹는 입'이 줄어들어야 했고, 그를 위해서는 국가의 기구가 축소되어야 했다. 말하자면 '부국강병'이라는 말은 처음부터 서양식 '강병부국(强兵富國)', 즉 권력정치(power politics)를 거부한 것이며, 이를 거부하고 유학의 전통적인 언어로 재포장하여 다시 말하자 '부국강병'은 현실적인 실천성을 거의 잃어버리게 되었다.[11]

'부국강병'이란 동양의 선비들이 나름대로 서구의 권력, 특히 국가권력 개념을 도입하려는 시도였지만 처음부터 성공할 수 없었다. 1880년대까지 중국과 조선의 지식인들은 개화를 지지하는 지식인들도 바꿀 수 있는 것은

11) 『한성순보』의 1884년 5월 25일자 사설 「부국설(상)」은 다음과 같이 시작한다. "강하고서 부하지 않은 나라가 없고 부하고서 강하지 않은 나라가 없으니 나라를 강하게 하려면 반드시 먼저 부로부터 시작해야 한다. 부강은 비록 왕도를 말하는 이들의 담론하지 않는 바이나 왕업(王業)을 연구해보면 역시 부강의 범주에서 벗어나지 않는다." 방일영 문화재단 편(1995. 1) 87면. 이 글은 중국 신문에서 인용해 게재한 것이다. 여기에서 부국(富國)을 논하는 것도 백보 양보한 것임을 밝힌다.

'기(器)', 즉 그릇, 도구이지 '도(道)'가 아님을 명백히 밝혔다. 물론 이러한 '동도서기'의 입장은 받아들이는 서구문명의 범위를 계속 넓혀 가는 경향이 있었지만, 다른 한편 담론(談論, discourse)의 체계에서는 전통적 유학, 주자학의 틀에 머무르고 있었다. 따라서 부국강병이라는 주제는 전통사상의 노선에서 벗어나 과감한 개혁을 시도하는 입장에서도 전통사상의 담론을 벗어나지 못하게 되었고, 따라서 부국강병적 개화주의자들은 고립되고 좌절을 겪을 수밖에 없었다. 1880년대 중국과 조선의 지식인들은 나름대로 서구가 강대해진 것을 동양전통식 천운(天運)의 움직임으로 설명하여 부강(富强)을 실천, 즉 국책(國策)의 차원에서 배제하여 이해하는 경향이 나타나기도 했고, 이는 패배주의적인 색채를 띠기도 했다.[12] 이러한 상황에서 수많은 혼혈(混血, hybrid) 담론이 출현했다.

부국강병에 대한 논의가 군사의 문제나 경제의 문제에서 이렇듯 꼬여가고 본질적인 문제로 확대되어가자 조선은——아마 중국의 경우도 크게 다르지 않다고 보이는데——나름대로 독특한 방향으로 문제를 다시 정의하였다. 조선의 지식인들은 1880년대부터 인재(人才)의 문제교육 문제를 본질적 해결책으로 제시하였다. 『한성순보』의 1884년 3월 8일 사설에서는 다음과 같이 주장한다.

또 저들이 부강함을 믿고 오만한 것은 오직 공상(工商)의 이익과 함포(艦砲)의 위혁에서이다. 만일 아시아주에서도 금일에 지사(志士)가 배출되어 1백여 년 된 폐습을 제거하고 천지 사이의 지극히 정대한 도리를 기반으로 도모하되, 천하(天下)의 공변된 마음으로 천하를 공평하게 보고, 또 자들의 군사제

---

12) 예를 들어 『한성순보』 1883년 12월 20일자, 1884년 1월 8일자 사설에서는 '태서 (泰西)'의 강대함을 중국의 운세와 연관지어 설명한다. 당시 중국과 조선의 지식인들은 독특한 역사철학을 개발했다고 말할 수 있을 것이다. 방일영문화재단 편(1995. 1) 47~ 59면.

도, 전선(電線), 주차(舟車) 및 천문(天文), 산학(算學), 광무(礦務), 통상(通商), 경직(耕織) 등의 일을 마음을 써 강구하며, 단점은 버리고 장점은 취하여 오랑 캐라 해도 도외시 말며 중화(中華)라 해서 자긍하지도 말며, 공평을 힘쓰고 사 심을 버리면, 어찌 저들만 부강하고 우리만 쇠미하게 될 이치가 있겠는가.[13]

또한 1884년 3월 18일 「학교」라는 사설에서는 다음과 같이 주장한다.

국가의 치란성쇠(治亂盛衰)와 세도(世道)의 부침(浮沈)은 인재의 많고 적음 에 달려 있는데, 시골 초라한 집이라 해서 어찌 비상한 재주를 지닌 사람이 없 겠는가. 그런 사람들은 위에 있는 사람이 고무하여 이끌어주지 않으면 어떻게 흥기(興起)하겠는가. 내가 서양의 학제를 보고 서양의 부강함이 인재를 양성함 에서 말미암았다는 사실을 미루어 알았다. 단점을 버리고 정점을 쓴다는 말은 고훈(古訓)에 있으며, 인재를 잘 쓰는 것은 옛 성인도 귀하게 여긴 바다. 나라 를 다스리는 데 뜻을 둔 자는 어찌 거울삼아 하나라의 서(序)나 주나라의 상 (庠)제도를 손익(損益)하여 격치(格致), 치본(治本)의 학문을 장려하지 메이지 유신. 사례금을 너무 가혹하게 하지 말고, 죄를 주고 폐하는 것을 그 방식대로 하고, 내쫓고 승진시키는 것을 부지런하고 게으름에 따라 하기를 모두 서양 법 대로 하여 각각 그 업(業)을 배워 현능(賢能)에 따라 분직(分職)하면, 준재들이 날로 창성하여 정치가 밝아지고 우리 도(道)가 광명해질 것은 날짜를 정해놓 고 기약할 수 있으며, 각종 산업을 발전시키는 것은 가람이 공을 들여야 하며, 나라의 부국강병은 금방 이루어질 것이니 무엇을 꺼려서 하지 않겠는가.[14]

여기에서 이미 교육은 바로 부국으로 연결된다. 교육이 발달하면 경제의 모든 분야는 저절로 발전할 것이라는 식의 신비주의적 관념이 표현되고 있

---

13) 방일영문화재단 편(1995. 1) 71~72면. 이 글은 일본 신문을 인용한 것이라고 했으며 언어 또한 일본적이다. 그러나 당시 이 글이 실린 것은 조선 지식인들에게도, 중국 지식 인들에게도 타당한 내용이라 판단되었기 때문일 것이다.
14) 같은 책, 74~75면 참조할 것.

다. 말하자면 그들은 백성에게 무엇을 어떻게 가르칠 것인지 전혀 아이디어가 없었고, 이는 주자(朱子)가 강조한 중국 고대의 교육의 신화에 집착했을 뿐이었다. 조선에서는 1886년경부터 수많은 사립(私立)학교와 관립(官立)학교가 세워졌고, 이에는 개화지식인들뿐만 아니라 외국 선교사들도 결정적으로 이바지하였다. 이러한 교육만능주의는 20세기 초반 국권이 상실되던 싯점까지 지속적으로 강화되어갔다.

그외에도 조선이 서구의 권력정치 관념을 도입하는 데 장애물은 한둘이 아니었다. 말로는 서구의 권력정치의 개념을 알아듣는다 해도 권력정치를 둘러싼 수많은 조건을 이해할 수 없는 경우가 많았고, 나아가서 이러한 조건들은 단기일에 체득(體得)할 수 없는 요소들이었다. 단적으로 서구의 권력, 특히 국권이란 폭력을 배경으로 강제하는 것이며 폭력의 사용은 권력의 기반을 이루는 것이다.[15] 조선은 일본과는 대조적으로 군사력과 폭력 일반을 오랫동안 억눌러왔고, 따라서 조선인들은 권력행사에 대한 직관과 감각을 결여하고 있었다. 서양문명을 도입하는 과정에서 조선의 지배층은 근대 서구식 권력의 중요한 형태인 규율(discipline)을 알지도 못하고 적응하지도 못했으며, 1890년대까지는 적어도 적응해보려는 자세도 되어 있지 않았다.[16] 따라서 조선인들은 한말(韓末)까지 폭력과 그 사용에 대한 합리적인 사고를 하지 못하고 있었다.[17] 그들은 폭력 사용에 대하여 전략(戰略, strategy), 전술(戰術, tactics)에 대한 사고를 전혀 하지 못하고 있었다. 조선의 지배층은 일방적인 폭력 사용을 꾸며내는 각종 음모(陰謀)에는 밝았을지 몰라도 쌍방

15) 폭력(violence)란 현실적으로 결코 물리력의 사용에 제한될 수 없는 포괄적이고 모호한 개념이다. Michaud(1978) 참조. 민주주의 등 이성에 근거한 권력이란 근대의 규범론에 불과할 뿐이다. 이에 대한 대표적인 경우가 Arend(1958)일 것이다.

16) 전형적인 예는 국왕이 관심을 갖고 만들었던 최초의 외국어학교인 육영공원(育英公院)과 최초의 사관학교인 연무공원(鍊武公院)일 것이다. 李光麟(1969). 'Discipline'에 대하여는 Weber(1978); Foucault(1975); Lukes(1986) 등을 참조.

17) 박종성(2001)을 참조할 것.

이 폭력을 사용하는 상황에 대해서는 거의 익숙하지 않았다.

일례로 구한말의 가장 처절한 싸움 가운데 하나는 1894년의 동학농민봉기(東學農民蜂起, 또는 동학란, 동학혁명)였다. 당시 전봉준(全奉準)은 조선 기준에서는 전략가로 보였을지 몰라도 2차 기포(起包) 후에 벌인 일본군과의 무모한 전투는 그의 한계를 여실히 드러내고 있다. 물론 전투의 출발에서나 진행과정에서 동학군은 전통적 민란(民亂)의 형태를 벗어나지 못했다. 말하자면 분노한 농민들의 자발적인 참여와 즉흥적인 조직과 작전으로 일관했다. 더구나 당시 동학군은 미신(迷信)에 근거하여 만용으로 전투에 참여하였고, 전봉준의 모습은 조선 전체에서 '홍길동'의 화신으로 나타났으며, 이는 당시 조선사회가 권력, 특히 폭력의 행사에 대하여 현실적·전략적인 사고를 못하고 있었음을 여실히 드러내고 있다. 그후에도 단발령(斷髮令) 이후, 그리고 을사늑약(乙巳勒約) 이후 한반도 전역은 의병투쟁으로 전쟁터나 다름없었다. 그러나 후대의 비평을 따르면 이 수많은 의병과 의병장은 "자기 죽을 생각만 했지 왜놈들 죽일 생각은 못했다"는 것이다. 1907년 전국 규모로 의병투쟁이 전개되었을 때 러일전쟁을 치른 일본군은 어렵지 않게 일거에 조선의 수많은 의병을 제압할 수 있었다.

물론 조선의 지식인들을 비롯하여 민중 대부분이 비폭력적 문화에만 젖어 있었던 것은 아니었다. 폭력적 변란을 겪고 조선인들은 간혹, 때때로 극도의 폭력지향적인 사고로 전환되고는 했다. 그러나 그러한 폭력주의적 사고 역시 현실성을 내포하지 못한 경우가 대부분이었다. 임진왜란(壬辰倭亂)을 겪고 나서 조선사회의 폭력성을 표출한 대표적인 경우는 허균의 『홍길동전』이었다. 그러나 여기에서 홍길동은 도술을 익혀 엄청난 괴력을 포함하여 축지법, 변신술, 분신술 등 비보편적·환상적 폭력의 주인공이 되어 폭력지향성을 표출하기는 했지만 현실적인 폭력사상을 대변하지는 못했다. 그후 『홍길동전』과 유사한 식의 도술(道術)문학들이 대량으로 씌어졌고, 이 흐름은 18세기까지 연결되지 못했다. 또하나의 유형은 이른바 '군담소설(軍談小說)'의 대표작이라 할 수 있는 작자 미상의 『임경업전(林慶業傳)』일 것이다. 이 작품은 민족의 원한을 단순한 증오와 원한으로서 대상을 외부의 적에게서 조선 내부의 간신배(奸臣輩)들로 옮겨놓는 역할에 그치고 있다. 물론 이러한 간신배들에 대한 복수심 또한 어떤 현실적 혁명전략으로 발전할 수 있는 것도 아니었다. 이후 18세기는 우리 사상사에서 실학(實學)의 시대였다. 그러나 사실상 실학은 하나의 흐름이나 학파를 만들어내지 못하였고 주자학에 대한 비판에 머무르는 경우가 대부분이었다.[18] 나아가서 20세기에 들어와 국권상실기에 단재(丹齋) 신채호(申采浩)는 민족과 물리적 군사력을 동일시하고 고대의 장군들을 영웅으로 제시하여 폭력의 회복을 꾀하였다. 그러나 역시 단재도 분노와 원한 그리고 민족을 위해서 목숨을 걸고 싸워야 한다는 독립투사의 윤리를 강조한 것 외에 전쟁과 투쟁에 대한 합리적인 사상은 전혀 발전시키지 못했다.

전체적으로 조선의 사회·문화적 컨텍스트는 서구의 권력 개념과 관념의 도입에 결코 친화적이지 않았다. 우선 18세기 서구문명의 도입이 시작되던 싯점에서 조선은 주변의 중국, 일본보다 동북아시아 지역 밖의 일, 특히 서구문명에 대하여 아는 것이 거의 없는 상태였다. 이러한 무지는 자연스런 것이라기보다는 제도화된 것이었다. 나아가서 조선에 깊이 뿌리박고 있던 주자학은 서구문명에 대하여 원칙적으로 결코 호의적이지 않았다. 개화파도 대부분 현실의 무게에 의해 '시무(時務)'로써 선택한 것이었지 결코 철학적인 타당성으로 말미암아 서구문명에 접근한 경우는 거의 없었다. 또한 조선의 개화파들은 서구문명을 수용한 때에도 19세기 말까지 나름대로 소화해서 독자적인 담론을 생산해낸 경우가 거의 없었다.[19] 더구나 조선의 지식인들

---

18) 다산 정약용의 경우 서구의 권력 개념을 도입하여 주자학을 과감하게 벗어났다고 주장하는 학자들도 일부 있다. 대표적인 경우로는 배병삼(1998) 참조할 것. 그러나 다산의 주요 저작들은 20세기까지 알려지지 않았다.

19) 개화파의 거두 김옥균(金玉均) 경우도 갑신정변까지, 또 이후 일본에 망명한 시기에도

에서 서구의 권력 개념이 무엇인지 알아듣고 이해는 해도 실제로 실천으로 옮기는 일에도 성공하지 못했다. 이러한 상황이 벌어진 이유는 한편으로는 서구의 권력이란 여타의 많은 조건이 충족되어야 실행할 수 있었고, 다른 한편으로는 서구의 권력 개념은 아직도 서구인들에게도 포괄적으로 이해되지 못할 만큼 다양한 측면이 있기 때문일 것이다.

3. 한말의 서구식 권력의 도입시도

조선 지식인들이 강한 군대란 동양에서 전통적으로 시도되어오던 것과는 전혀 다른 것이라는 사실을 알아차린 것은 일본의 개화지식인들에게서였다고 보인다. 1882년 비로소 고종은 군제를 개편하고 별기군(別技軍)을 창설함으로써 새로운 권력을 현실적으로 수용하였다. 그후 여러 나라 군사교관들이 조선 군대를 훈련했고 조정에서는 여러 나라로부터 무기를 수입하기도 했다. 강한 군대를 만들어야 한다는 발상을 넘어 새로운 신식무기로 무장되고 고도의 기술을 통해 훈련된 다른 군대, 말하자면 서양식 군대의 긴요함을 비로소 느끼게 된 것이다. 더구나 일본인 교관을 초빙함으로써 군사훈련의

거의 글을 남기지 못했음은 특기할 만한 사실이다. 이는 김옥균뿐만이 아니라 개화파의 선생이었다고 알려진 박규수도 마찬가지였다. 이들보다 한 세대 아래인 유길준과 박영효는 일본과 미국에서 유학한 이후에 1880년 말에야 글을 남겼다. 그러나 이들은 글은 분석해보면 서구사상의 언어와 전통사상의 언어가 서로 융합되지 못하고 혼합된 채로 교차적으로 나타나 있다. 따라서 개화파의 독자적인 사고체계, 말하자면 동서양의 사상이 소화된 단일한 사고체계는 나타나지 못했다고 판단된다. 유길준의 경우 실천적 개혁안에 대하여는 시무로서 주장하고 있으며, 다른 한편 이론적인 면에서는 독자적인 전선을 상정한다고 판단된다.

강재언은 1890년대 후반기에 가면 개화파들의 논거가 중국 고전으로 바뀐다고 말한다. 강재언(1891) 173~74면. 이러한 현상이 나타나는 이유는 1890년대 후반을 갈수록 담론을 통합적으로 체계화하려는 노력이 있었기 때문으로 풀이된다.

기술은 아무나 할 수 없는 특수한 기술과 지식의 영역이라는 관념을 받아들이게 되었다. 또한 같은 해에 일본사찰단이 극비리에 일본으로 떠나고, 또한 영선사(領選使)가 청나라로 파견되어 일본과 청나라를 통해 들어온 서양문물을 시찰하고 배워온다는 행위를 공식화하였다. 물론 이러한 시도는 당시 고종과 그 주변의 진보적 지식인들에게 제한된 것이었고 조선사회를 지배하고 있던 전통적 양반들 대다수에게는 받아들여질 수 없었다.

그러나 별기군 및 여러 개혁의 시도는 임오군란으로 말미암아 수포로 돌아갔다. 이러한 상황에서 '개화파'는 소수의 강한 사명감이 있는 음모집단으로 나타났다.[20] 1884년 12월 4일 갑신정변은 개화파가 습득한 새로운 권력 개념의 일편을 드러내고 있다. 우선 김옥균이 이끄는 개화당 청년들이 시도한 '쿠데타'(coup d'état)라는 권력장악의 기법은 단연 조선적이라 볼 수 없다. 물론 이것은 일본적이라 볼 수도 있으나 어쨌든 김옥균이 일본사찰단으로 일본을 다녀오고 서구문물을 계속 접한 후에 구상한 것임에는 분명하다. 또한 그들이 제시한 개혁안은 그들은 국가조직은 전통적인 관례에서 벗어나 근대 서구식 합리성(rationality)에 근거한 관료주의적(bureaucratic)인 조직이 되어야 함을 드러내고 있다.[21] 그러나 기본적인 정치권력의 성격에 관한 한 모호한 측면을 보여주고 있다. 갑신정변은 그들의 첫 요구는 대원군의 복귀였고 대원군의 권위주의적 리더십을 개화를 위한 정치적 조건으로 경외하고 있음을 감안하면 정치적 차원에 관한 한 그들의 행위는 '혁명적'이라고 보기는 어려울 것이며 서구식 권력 도입의 시도로 단정하기도 어려울 것이다.[22]

---

20) 임오군란이 수습되고 나서 국왕은 전국적으로 나랏일을 개선하기 위한 상소를 받았다. 당시 개화에 대한 상소는 전체의 약 1/6이었다고 한다. 따라서 최대한 전국 지식인의 약 1/6 정도가 급진·온건을 포함한 개화파였다고 추정할 수 있을 것이다.

21) 그들의 개혁안을 민주적 또는 민권적으로 이해하는 것은 이념적 편견의 소치라 할 것이다. 막스 베버(Max Weber)에 따르면 rational bureaucracy는 가장 효율적인 권력의 도구(instrument of power)이다. Weber(1978).

22) 朴齊炯(1883); 李光麟(1969) 등을 참조할 것.

다음으로는 김옥균의 유명한 말에서 그의 권력 관념이 서구적이었음을 알 수 있는 대목이 있다. 물론 김옥균이 글을 거의 남기지 않아 전체적인 사상을 분석해볼 기회는 없지만 증언에 의하면 늘 김옥균은 "일본인들이 동양의 영국이 되고자 하니 우리는 동양의 프랑스가 되어야 한다"는 말을 했다고 한다. 그는 상당히 근대 서구적인 국제정치관을 갖고 있었음에는 분명하다. 단적으로 김옥균은 서구의 세력균형(勢力均衡, Balance of Power)의 관념이 있었고, 이는 분명히 전통적인 조선의 국제정치관과는 판이한 것이었다. 1880년 수신사로 일본에 갔던 김홍집(金弘集)이 청국공사에서 받아온 『조선책략(朝鮮策略)』에 대한 일반적인 반응이 당시 조선 지배층의 국제정치관이었다고 본다면 당시 김옥균의 생각은 그들과는 대조적인 근대 서구적인 국제정치관이었다는 점에 의문이 없다. 나아가서 세력균형뿐이 아니라 그 밑을 흐르는 국력(國力, national power)의 관념은 당시 전통적인 조선의 중화사상(中華思想)과는 또한 판이한 것이었다. 주자학적 관념에 따르면 군사력에 의존한다는 것은 이적(夷狄), 즉 오랑캐의 '힘'이었고 단지 '예(禮)'에 근거함으로써만 진정한 힘을 가질 수 있다는 것이었다.

1880년대 갑신정변을 전후한 시기부터 당시에 우리 역사에서 최초로 등장한 신문들에는 경제에 대한 논의가 무성함을 볼 수 있다. 1880년대의 신문들은 일본과 청나라의 신문들을 참조하여 만들고, 어떤 경우는 그대로 옮겨 싣는 경우도 많아 이러한 경제력에 대한 생각이 누구의 것인지를 밝히기는 쉽지 않다. 그러나 당시 상업이 발달해야 한다는 사상은 강력하게 개진되었고, 이는 명백히 근대 서구적인 권력 개념의 핵심적인 부분임에는 분명하다. 어떤 경우는 직접적으로 조선의 전통적인 '사농공상(士農工商)'의 서열 원리 그 자체를 공격한 때도 없지 않았다. 그러나 1880년대의 이러한 논의들을 살펴보면 근대 서구적인 경제정책 또는 재정정책은 실현화할 수 없음이 명백하다. 1880년대 초부터 조선은 서구제국과 관계를 맺고 정동을 중심으로 서구의 외교관과 선교사들이 상주하는 상황이었다. 더구나 갑신정변으

82

로 말미암아 위치를 확보한 미국인 의사이자 선교사 앨런(Horace N. Allen)에 의하여 광혜원(廣惠院) 설립된 이후 서구인들 충고의 결정적인 부분은 경제가 발전해야 한다는 것이었다. 따라서 당시 조선의 선각자들은 경제와 상업 문제 또는 화폐의 문제에 관심을 기울이게 되었다. 그러나 대부분의 이러한 논의들은 '부국(富國)'이라는 동양전통적인 유학의 언어틀로 흡수되게 되었다. 물론 경제가 발달하고, 상업이 발달하고 백성이 잘살아야 한다는 것은 동서고금(東西古今)에 이론(理論)이 없을 수 없었다. 그러나 서구식 자본주의 경제에 대해서 전통적인 주자학은 수용할 수 없다는 입장이었다. 즉 전통적 사상에 따르면 사회가 사람들의 욕망에 의해 지배된다면 이는 바로 금수(禽獸)의 길이며 곧 오랑캐가 되는 길이었다.

그보다 못지않게 중요한 것은 백성이 잘사는 길은 전통적인 주자학에 따르면 부당한 착취가 없어야 하며, 이를 위해서는 국가의 권력이 축소되어야 한다는 것이었다. 직접적으로 이전에 대원군의 정책에 대한 기억이 생생한 상태에서 국가에 의한 조세의 확대는 격렬한 반발에 부딪히게 되어 있었다. 말하자면 위에서도 잠시 언급했듯이 부국이 되려고 국가가 권력을 사용하여 경제를 발전시킨다는 발상은 벽에 부딪히게 되었다. 결국 조선의 지식인 대부분에게 경제를 발전시키는 길은 몇 되지 않았다. 우선 급한 대로 외국에서 차관(借款), 즉 빚을 얻어 개혁정책을 시도하거나 당시 외국인들에 의해 발견되고 있었던 조선의 지하자원을 개발하여 재원을 조달하는 수밖에 없었다.[23] 전자는 물론 조선 멸망의 길을 재촉하는 것이었고, 후자는 대부분의

---

23) 『한성순보』는 1884년 5월 25일자와 6월 4일자에 중국의 『만국공보(萬國公報)』에서 인용하여 「국부설」 상·하를 실었다. 여기에서 국부의 가장 쉬운 방법은 자원의 개발, 특히 지하자원의 개발이라고 주장한다. 이 글들은 중국의 경제개발에 대하여 낙관론을 표명하고 있으나 물론 내심은 급한 상황에 있다는 것을 알 수 있다. 방일영문화재단 편(1995. 1) 87~94면. 『한성순보』 또한 1886년 6월 31일자 사설 「논개광제일(論開礦第一)」에서 조선은 지하자원 개발을 서둘러야 한다고 단언한다. 또한 1886년 9월 13일 사설 「논개광(論開礦)」에서는 구체적인 방법을 제시한다. 방일영문화재단 편(1995. 1)

조선 지식인들이 많은 기대를 걸고 있었다. 그러나 지하자원은 여러 경로를 통해 급속히 외국인들 손에 채광권(採鑛權)이 넘어갔고, 1890년대에 들어서면 외국인에 의한 채광권을 둘러싸고 배타적 국수주의(國粹主義)가 급등하게 되었다. 이러한 상황의 발전은 다시 쇄국적(鎖國的) 분위기로 몰아가게 되고 국가의 경제력 확대의 문제는 자가당착에 빠지게 되었다.

1880년대에는 외국인 군사교관을 초빙하고 외국에서 무기를 수입하여 새로운 서양식 군대를 만들어보려는 노력이 한편에서 꾸준히 시도되었다. 그러나 신식군대에 대한 조정(朝廷)과 정부관리들의 관심과 지원은 늘 설립할 때는 왕성하였지만 지속하지 않아 신식군대 훈련기관은 지속할 수 없었다. 조선 조정은 외국 교관의 훈련에 대한 예산지원이 전혀 이루어지지 않았다. 나아가 무기수입은 여러 나라에서 온갖 총, 대포, 탄약 들을 계획 없이 들여와 군대훈련은 혼란에 빠지고 말았다. 더구나 국내에서 무기를 생산해보겠다는 노력은 끝내 이루어지지 못했다. 1894년 일본 군대가 서울을 점령했을 때 모든 무기는 탈취당하고 군대는 있으나 없으나 마찬가지였다. 외국에서 교관과 무기를 들여와 서구식 군대를 만들어야 한다는 관념은 일부에 있었지만, 지속적으로 지원이 이루어지지 않아 결코 성공할 수 없었다.[24] 1894년 일본이 청국을 물리치고 주도권을 잡은 후 조선은 신식군대를 양성하는 시도는 더는 현실화되지 못했다.

1880년대 또하나의 흐름은 근대적 외교(外交)의 개념이었다. 이러한 발상은 『조선책략』을 둘러싼 소동으로 한때 수그러들었지만 1882년부터 시작된 청나라 북양대신(北洋大臣) 리홍장(李鴻章)의 주선에 의한 서구 제국과의 수교와 서구 지식인들과의 지속적인 접촉의 결과였다. 전통적인 동북아질서에서 국제관계란 사대자소(事大字小)의 원리에 따른 예(禮)에 따른 접촉이었

119~20, 134~36면.

24) 이에 대하여는 李光麟(1969) 159~202면을 참조할 것.

다. 조선으로서 큰 나라인 중화세계의 중심인 중국에서 학문을 배우고 예를 다해 섬기고 본받음으로써 세계에서 자신의 문명에서의 위치를 확인하는 행위가 나라간의 관계의 모든 것이나 다름없었다. 명(明)나라가 망하고 청(淸)을 오랑캐로 섬기기를 거부하였을 때에도 기본적인 태도에는 변화가 없었다. 청이 조선을 침략하여 강제로 조공(朝貢)을 바칠 것을 강요한 이후 조선의 선비들은 자신들이 중화의 진정한 중심이라고 주장하고 소중화사상(小中華思想)을 전개하였다. 따라서 실제로 조선 선비들은 조선후기에는 독립국으로서의 의식이 있었다고 말할 수 있다.[25] 그러나 이 경우에도 서구식 외교의 관념은 없었다. 서구의 외교란 국력의 일부이자 이를 바탕으로 한 전략적 움직임이었다. 말하자면 서구의 외교란 단순히 친선(親善)과 교린(交隣)의 차원을 넘어 전략적 구상과 전쟁과 평화를 둘러싼 전략적 행위의 총체적이었고, 따라서 전문적(專門的) 행위와 연구영역이었다.

1881년 고종은 통리기무아문(統理機務衙門)을 설치함으로써 외교를 전담하는 부서를 설치하여 각종 조약(條約) 교섭 등을 담당케 하여 근대적 외교의 문을 열었다. 이어서 1883년부터는 서양 언어, 특히 영어를 교육하기 위한 학교를 설립하여 통역관을 육성함은 물론 양반집 자제들에게 영어를 가르칠 것을 시도하였다. 특히 국제법 당시 '만국공법(萬國公法)'에 대한 관심은 서구의 국제정치의 장(場)에 본격적으로 나서고자 하는 의지를 표출하고 있었다.[26] 물론 당시 조선 지식인들은 만국공법에 대하여 제대로 이해하지 못하였고, 여전히 전근대적인 시각에서 만국공법에 많은 기대를 걸고 있었다. 특히 조선은 여러가지 조건으로 말미암아 군사력의 증강을 기대하기 어려웠고, 따라서 독립을 위해서는 서구열강들과의 외교에 의지하는 수밖에 없었다. 그러나 조선의 지식인들에게 세력균형(勢力均衡)과 '합종연횡(合從

---

25) 이에 대하여는 이상익(1997)을 참조할 것.
26) 조선에서의 만국공법에 대한 이해에 대하여는 다음을 참조. 金容九(1993).

連衡)을 구별하는 데는 상당한 시간이 걸렸다. 외교라는 인접 국가와 서구열 강과의 전략적인 관계수립과 술수라는 행위에 조선의 지식인들이 기대를 걸게 된 것은 단연 임오군란 이후 청국의 영향력이 증대하며 독자적인 부국강병의 길이 좌절되면서부터였다고 보인다. 이런 맥락에서 『만국공법』에 대한 관심이 증대하고, 이윽고 1880년대 중반부터는 '조선 중립화론'이 등장하게 되었다. 이 중립화론은 조선의 일부 지식인들이 조선을 주변 열강의 합의에 따라 영원히 권력의 게임에서 배제함으로써 안보를 확보하고자 하는 나름대로 국제적 권력작용을 이용한 묘책이었고, 이러한 발상은 해방 이후까지 지속하였다.

국가권력의 기본 작동원리로서, 그리고 제도로서의 근대 법(法) 개념의 도입은 1894년 청일전쟁에 이은 갑오경장(甲午更張) 때부터였다. 전통적 유교국가에서 법의 의미와 서구식 근대국가에서 법의 의미는 전혀 다른 것이었다. 서구식 근대국가는 특히 19세기 이후의 민족국가에서 국가는 법적 존재였다. 국가는 보편적 법에 근거하여 권력과 폭력을 행사하며, 법에 근거하는 한 정당한 것이었다. 또한 법은 늘 새로 만들어지는 것이며 그 절차와 주체는 법이 정하는 것이며 무엇보다 그 언어는 명쾌하고 합리적인 언어로 구성되어 추호의 혼란도 없어야 하는 것이었다. 그에 비하면 유교 국가에서 법의 위치는 애매한 것이었다. 국가가 법에 따라 다스려진다는 것은 수치스러운 일이며 최악의 상황에 한하는 것이었다. 또한 법이란 조선의 경우 명나라의 법전을 사용한다는 것에는 별 수치스러움이 없었고, 그것은 동양의 전통에는 입법의 개념이 없었기 때문이기도 했다. 서구의 법은 헌법(憲法)을 포함하여 국가권력의 작동원리와 나아가서 국민의 삶의 모든 부분을 규정하는 강제적 규범이었고, 이러한 법 개념은 갑오경장을 통하여 도입되었고, 따라서 국가는 이제 인(仁)과 덕(德)으로 백성을 다스리는 군자(君子)의 도(道)의 발현이 아니라 일정한 규범을 기준으로 하여 강제력을 발동하는 제도가 되었다.

법으로 나라를 다스린다고 함은 권력의 작동이 전혀 다른 원리에 의해 다스려짐을 의미하는 것이었다. 무엇보다 국가권력은 원칙적으로 신분제도에 근거하지 않음을 의미하는 것이었다. 관리임용에서 문벌을 철폐한다는 것을 넘어 법에 의한 국가란 심오한 변화를 의미하는 것이었다. 우선 피지배계급에서는 폭력의 행사는 원칙에 따라야 하며, 그 원칙은 피지배자들의 동의를 얻어야 한다는 것을 의미하였다. 이는 곧 '독립협회'에 의한 '민권운동(民權運動)'으로 발전하게 된다. 그러나 반면 지배계급에는 국가는 그들을 덕으로 이끌 뿐만 아니라 국가운영을 위하여 강제력을 동원할 수 있다는 것을 의미하게 되었다.

1880년대 갑신정변의 실패 후 개화당들은 정치무대에서 자취를 감추었으나 생존자들은 미국, 일본 등지에서 나름대로 서구 문물과 문명을 연구해왔고, 갑오경장은 그들의 목소리와 행동들이 표출될 수 있는 절호의 기회였다. 김옥균은 1894년 3월 상하이에서 암살되었으나 박영효는 1894년 신정부가 구성되지 바로 귀국하였고 곧 서광범도 미국에서 도착하였다. 그리고 유길준은 오랜 연금상태에서 풀려나 입각하였다. 특히 박영효와 유길준이 남긴 중요한 글들로 1880년대 후반부터 개화당들의 사상의 일면을 볼 수 있다. 유길준과 박영효는 공히 서구의 자유주의 사상을 도입하였다. 특히 유길준은 갑신정변 당시 미국에서 체류하며 학문에 전념하여 미국식 자유주의의 진수를 소개한다.[27] 또한 유길준은 『서유견문(西遊見聞)』에서 체계적으로 자신의 사상을 소개한다. 이 책은 우리 근대사에서 유일한 이론적 정치사상 저술이며, 따라서 우리의 근대사상사 연구에서 가장 중요한 자료임이 분명

---

27) 조선과 일본의 사상을 이해하면서 조선의 경우 자유주의를 전파한 유길준과 서재필(徐載弼)은 미국에서 교육받았다는 사실은 대단히 중요하다. 일본의 개화사상가들은 후꾸자와(福澤)를 필두로 하여 영국의 자유주의, 특히 밀(John Stuart Mill)의 영향을 받았다. 미국의 자유주의와 영국의 자유주의는 당시부터 이미 상당히 다른 색채를 띠고 있었고, 이는 조선과 일본의 사상사를 연구하는 데 있어 중요한 부분이지만 간과되어왔다.

하다. 유길준의 경우는 이 책에서 과격한 개혁안을 구상한 것도 아니었고, 또한 국가권력의 문제에 천착한 것도 아니었다. 그의 일차적인 관심은 조선을 문명된 나라로 만드는 일이었고, 그에게 문명이란 "인간세상의 천만 가지 사물이 지극히 선하고도 아름다운 경지에 이르는 것"이라 하여 미학적 범주에 있는 것이었다.[28] 말하자면 격조있는 일류 국가로 전체적인 수준을 올리는 것이 그의 목표였다. 그가 촛점을 맞춘 것은 당시 전통적 지식인들이 이해할 수 있도록 그들의 언어로 새로운 사상을 소개하고, 전통적 사상체계의 논박을 시도하고 나아가서 나름대로 전통사상과 서구 근대사상의 접목을 시도한 것이었다. 물론 이 책에서 그는 이 모든 목적을 달성했다고 볼 수는 없다. 오히려 이 책은 동양의 정치언어와 서양의 담론이 얼마나 융합되기 어려운 것이었는지를 보여주고 있다. 박영효는 일본 망명생활 당시 고종에게 보낸 이른바 『건백서(建白書)』를 통해 그의 나름대로 고민한 바를 나타낸 바 있다.

근대 서구의 자유주의는 유길준과 박영효에게 공히 국민교육의 중요성을 일깨워주었다. 김옥균은 갑신정변을 일으키며 신분철폐를 공포할 당시 어떤 사상을 구체적으로 갖고 있었는가는 알 길이 없지만 1880년대 말 개화파의 사상에서 이는 명백히 표출되고 있다.[29] 전통 주자학의 입장에서 19세기 중반의 위기상황에서 백성은 위험한 피치자에 머물고 있었다. 그들은 공통으로 "백성들의 동요(動搖)를 막아야 한다"는 점을 강조해왔다. 그러나 이 개화파들은 자유주의적 관점에서 국가의 권력, 힘의 핵심적 실체라는 점을 명백히 밝히고 국민교육을 개혁의 일차적인 과제로 제시하게 되었다. 백성이 교육을 받음으로써 그들은 나라에 대한 충성심, '애국심'을 가질 수 있고, 또

---

28) 유길준(1889) 325면.
29) 유길준의 『서유견문』은 1895년 갑오경장 이후에 출판되었지만 초고(草稿)는 1889년 경에 완성되었다고 한다. 박영효의 「건백서(建白書)」 또한 1888년경에 쓰여졌다는 것이 통설이다.

한 건전한 경제생활을 통해 건전한 육체를 가꿀 수 있고, 이에 근거해서 만 나라는 강한 힘을 가질 수 있다는 것이었다.[30] 물론 이러한 입장은 자유주의 적이기도 하지만 전통적 유학의 '하은주삼대(夏殷周三代)'의 신화와 일관된 부분이기도 하여 자신감있게 표출했을 것이다. 유길준은 교육과 국력의 관 계를 다음과 같이 정리한다.

> 옛말에도 "사람이 많이 모이면 하늘도 이긴다"고 하였다. 온 나라 인민들이 저마다 나라의 중요한 사람이라고 자처하여 사니 우뚝 솟아오르는 기세를 이 룬다면 천하에 이러한 기세를 꺾을 자가 어디 있겠는가. 그러므로 인민들에게 지식이 필요하니 지식은 교육하지 않고는 얻을 수가 없다. (나라에서) 교육하 는 규모를 명백히 정하여 권리의 근본을 가르치는 것도 다 이 때문이다.[31]

유길준의 교육에 대한 생각은 전통적인 사상으로 표현되고 있으며 1880 년대의 생각에서 별로 진전한 것은 없어 보인다. 그러나 곧 유길준은 교육이 국력에 중요성을 주장하기보다는 교육받지 못한 백성의 위험함을 서양의 역 사, 특히 프랑스대혁명의 예를 들어가며 지적한다. 그는 단적으로 야만을 "교육을 받지 못하여 지식이 깨우치지 않"은 사람들로 정의하여 교육은 국 가가 성립하고 국가권력이 작동하기 위한 기본 조건으로 제시하였다.[32] 유 길준은 다음과 같이 말한다.

---

30) 사실 '애국' 또는 '애국심'이라는 말은 『독립신문』에서 간혹 쓰이기 시작하여 애국계 몽운동기에 널리 쓰인 말이었다. 아마 이 말은 일본에서 만들어져 조선으로 도입된 말로 보인다. 특히 일본은 '자유민권운동'에서 많이 쓰였던 말이었던 것으로 보인다. 이 말은 유길준의 『서유견문』에도 등장하지만 주로 국민의 정체성(identity)과 충성심과 유사한 뜻으로 쓰인다. 특히 그는 학자들에게 애국심이 중요하다고 주장한 점을 보면 역시 충성 심의 범주에서 나타나고 있음을 확인할 수 있다(1889, 267~73면).
31) 같은 책 103~104면.
32) 같은 책 137면.

국민은 교육을 받아야 하며, 교육으로서 나라의 근본을 삼아야 한다. 만약 국민들이 배우지 못하여 자기의 이익이나 욕심만 좇고 나라의 큰 근본이 무엇인지 모르게 되면 이러한 법을 시행할 수가 없게 된다. 그 까닭은 다름이 아니라 국민들이 교육을 받지 않았기 때문에 교육이 나라의 근본이 된다는 이유를 알지 못하고, 일 만들기 좋아하는 자의 환상으로 비웃기 때문이다.[33]

유길준에게 교육이란 경제력이나 군사력을 강화하는 수단이 아니라 최소한의 국가권력이 작동하기 위한 조건이었다. 따라서 그는 국민교육은 정부가 세금을 걷어 강제로 집행해야 한다고 주장한다. 오히려 유길준은 나라가 부강해지려면 교육이라는 차원보다는 학문연구를 강조한다. 서구가 그토록 강해진 것은 바로 학문연구가 앞선 까닭이며 학문연구를 발달시키려면 위해서는 정부가 필요한 일을 담당해야 한다는 것이었다. 그러나 한편 그는 한 나라의 국력을 배양하는 기능을 지적하기에 앞서 "6대주의 여러 나라와 5색 인종의 구별 없이 온 세계 사람들에게 널리 베푸는 이익"을 강조한다.[34]

그러나 유길준과 박영효는 모두 수많은 개혁안을 제시했다는 특징을 갖는다. 이 국가권력을 무력으로 순식간에 탈취하여 개혁을 생각했다면 유길준과 박영효는 모든 기존의 국가권력을 이용하여 사회 전체적인 개혁을 추진해야 한다는 식의 접근을 시도하였다. 그렇게 보면 유길준과 박영효는 공히 자신들이 생각하는 개혁을 위한 전략적 구상이 없었다고 말할 수 있다. 특히 유길준의 『서유견문』 경우에는 제목 자체가 풍기는 분위기와 마찬가지로 위기의식이 거의 나타나지 않고 있다. 그렇게 보면 유길준과 박영효는 공통으로 권력이나 폭력의 문제 그리고 전략적 자세가 체화되지 않은 개혁파들이라고 보아야 한다. 특히 유길준은 자신이 책에서 밝힌 입장과는 달리 단발령(斷髮令)에 개입한 것을 보면 얼마나 전략·전술적 사고를 결여하고 있었는

---

33) 같은 책 196~97면.
34) 같은 책 197면.

지를 알 수 있다. 물론 이러한 입장은 갑신정변의 실패와 그에 따른 엄청난 댓가를 되돌아보며 당시 조선의 문제는 구조적이며 일거에 해결할 방도가 없다는 반성에 근거하는지도 모른다.

이 갑오경장에 참가했던 개화파의 입장은 보수적이며 신중한 개혁주의의 노선을 벗어나지 않았다. 있는 그대로의 조선의 백성은 당시 동학농민전쟁에서 보는 바와 같이 대단히 위험한 존재들이었고 제대로 교육되지 않는 한에는 결코 정치에 참여할 수 있는 존재들이 아니었다. 또한 이러한 개혁은 외국에서 새로운 문명, 문물을 받아들이는 한에서 가능한 것이었다. 외세에 의존해야 한다는 것은 단순히 우리가 '매국노'였기 때문이라 치부할 수는 없지만 그들의 전략에는 피할 수 없는 현실이었다. 특히 당시 조선의 지배층 대부분은 개혁에 반대하는 입장이었고, 이들을 척결하지 않고는 새로운 국가를 건설한다는 것은 불가능한 일이었다. 그들은 국내정치에서 뚜렷한 기반이 없는 상태에서 아래부터 위까지 대부분 계층을 적대시하지 않으면 안되었다. 이러한 상황에서 그들이 일본인들의 유혹에 의해 저지른 최대의 악수(惡手)는 단발령이었다. 그들에게 단발령은 상투에 목숨을 거는 전통적 유학자층을 영원히 거세(去勢)할 수 있는 묘수(妙手)로 보인 지 사실 오래되었는지 모른다.[35] 그러나 그 시기의 선택은 일본인들에 의한 것이었으며 개화파는 단발령에 따른 전국적인 저항으로 말미암아 영원히 조선의 정치무대에서 추방되고 말았다. 단발령에 의해 일어난 의병들의 눈에 상투 없는 개화파들은 일본의 앞잡이로 규정되었고 결국 우리의 민족주의는 전혀 다른 방향으로 발전하게 되었다.

이 시기에 새로운 종류의, 어쩌면 '민주주의적 권력'을 시도한 것은 갑신

---

35) 단발령, 즉 상투를 자른다는 것은 이미 갑신정변의 개혁안 말미에 포함된 것이었다. 또한 최익현(崔益鉉)을 포함하여 수구파들은 개화파들이 단발령을 단행할지 모른다는 두려움을 갖고 있었다는 증거가 있다. 따라서 단발령은 결코 즉흥적인 조치는 아니었고 문제는 언제 실행하는가 하는 것이었다.

정변 후에 미국으로 망명하여 의사가 되어 1896년에 귀국한 서재필이 이끄는 개화파들이었다. 서재필은 갑신정변과 같은 쿠데타에 의한 권력탈취의 실패를 반성하고 전혀 다른 방법으로 국가구조 개편과 개혁을 시도하였다. 그가 선택한 방법은 '독립협회'라는 조직과 『독립신문』이라는 근대적 언론기관이었다. 서재필은 두 제도를 통해 사람들을 동원하고 '여론(輿論)'을 형성하여 조선의 국가기관을 포위하여 그들의 의사를 관철하자는 것이었다. 이러한 권력기법은 단적으로 서구적인, 특히 서구의 자유주의적 전략이었다. 물론 서재필이 동원하려는 사람들은 어떤 범주로 불러야 할 것인가는 불투명했다.[36] 크게는 모든 조선 백성을 대상으로 했고 현실적으로는 나랏일에 관심이 있는 지식인들을 대상으로 할 수밖에 없었지만 그 범위를 넓히려고 『독립신문』은 순 한글로 표기하여 한문교육을 받지 않은 사람들도 그 대상으로 삼으려 했다.

『독립신문』은 한편으로는 여론을 형성하여 정부에 압력을 가하고, 다른 한편에서는 국민을 계몽하는 전략을 함께 구사하였다. 후자는 특히 장기적으로 민족 또는 국민의 형성에 결정적인 영향을 미치게 되었다. 독립협회와 『독립신문』이 시도한 근대 권력은 국가권력밖에 존재하는 민중들 또는 민족 구성원들간에 그들만의 공간과 시간을 만들어내는 것이었다. 그리고 그 시간과 공간의 내부는 언어로 채워지는 것이었다. 형식적으로 언어의 내용에는 규제가 없었지만 그들에게는 당연히 개화적인 것, 서구적인 것 그리고 민중적이었다. 언어의 형식이 비록 종종 주자학적이기도 했지만 이는 교신을 위한 것이었고, 내용은 주로 서재필이 미국에서 배워온 자유주의로 채워지는 경우가 대부분이었다. 나아가서 이 제한된 시간과 공간에서 나온 말들은 그 내부에서 증폭(增幅)되어 힘을 얻어 국가의 정책과 구조를 변화해갈 수 있다는 것이었다. 이 여론의 힘은 서재필로서는 김옥균이 갑신정변에서 시

---

36) 『독립신문』의 계급적 대표성의 문제는 여전히 논쟁거리이다. 이나미(2001)를 참조.

도했던 쿠데타의 대안(代案)이었다. 그리고 이러한 전략은 이들의 키워드인 '독립'의 수단이었다.[37]

독립협회는 뜻을 같이하는 지도급 인사를 중심으로 시작되었고 곧 정부관리들도 포함하여 나갔다. 독립협회가 시도한 독창적인 권력제도는 토론회(討論會)였고, 이는 『독립신문』의 여론 주도와 일관된 전략이었다. 여러 계층의 사람이 우리나라가 나아가야 할 방향에 대해 광범위한 의견을 개진하여 여론을 결집하려는 것이었다. 이 토론회에는 역사학자들에 의하면 지식인들뿐만이 아니라 광범위한 하층민들도 참여했다는 것이다. 나아가서 독립협회는 국가의 정책이 협회에 대하여 적대적으로 변하자 1898년부터는 새로운 수단을 썼다. 만민공동회(萬民共同會)는 기존의 토론회가 정치적 상황에서 변질한 것으로 이해될 수 있다. 만민공동회는 바로 현재까지 한국 정치에서 중요한 정치행위인 시위(示威, demonstration), 즉 '데모'의 효시였다. 이러한 특정한 정치적 목적을 갖춘 반(半)-폭력적 집단행동은 동학란 때 나타난 농민군들과는 의미와 행태를 달리하는 것이었다. 오히려 이러한 시위는 조선의 전통적인 집단 상소(上疏)의 맥을 잇는 것으로 이해할 수 있으나 그와는 또다른 폭력적 요소와 민중적 요소를 가미한 것이었다. 말하자면 우리 역사에서는 집단 상소와 민란의 중간에 있는 형태로 이해할 수도 있지만 또한 서구 근대사에 나타난 각종 시위, 예를 들어 참정권 확대운동 등의 도입으로 이해할 수도 있을 것이다. 이러한 시위는 결국 수구파들이 보부상들을 동원하여 공격하게 되자 민중폭력의 형태로 발전하게 되었다. 1898년 독립협회의 마지막 단계에서 서울은 연일 전쟁터를 방불케 했고 대중시위는 우리 역

---

37) 독립협회와 『독립신문』에서의 '독립'의 개념은 깊이 연구해보아야 할 주제임이 틀림없다. 그들의 독립은 단재 식의 '비아(非我)'와 대립하는 의미의 '아(我)'라는 민족주의적 주체성의 의식의 단계에 있었다고 말할 수는 없다. 『독립신문』은 우리나라의 왕이 다른 나라의 왕과 같은 지위에 있는 것이라는 형식적 정의를 제시하고 있으나 이보다는 무언가 실체적 개념이 있었다고 상정하지 않을 수 없다.

사에서 중요한 정치적 권력행사의 방법으로 자리잡게 되었다. 시위는 집단적으로 의견을 개진하는 언어행위로 폭력행사를 목적으로 하지는 않지만 유사시에는 집단적 폭력행사로 발전할 수 있다고 기대하는 언어와 폭력이 공존하는 독특한 정치행위였다. 1919년 3·1운동 또한 민중시위의 또 한차례의 반복이었고, 시위는 해방 후 지금 현재까지도 반복되는 우리 사회의 전형적인 정치행위로 자리잡고 있다.

독립협회 초기의 토론회는 공공적(公共的, public) 언어공간을 확보하여 이성적(理性的) 여론(輿論, public opinion)을 창출하여 권위(authority)——권력의 한 형태로서——를 획득하려는 고전적 자유주의적 기법이었다.[38] 그러나 이러한 시도가 성공할 수 없었던 근본 이유는 여론은 세상을 움직이는 권력의 실체가 아니라 서구 부르주아 지배의 이념이자 보조수단에 불과했고, 부르주아 계급지배가 존재하지 않는 조선 땅에서는 전혀 세상을 움직일 수 없었다는 것이다. 조선에는 서구에서처럼 여론이 힘이 될 수 있는 조건이 없었다고 말할 수 있다. 이러한 상황에서 언어는 폭력을 장착하고 '시위'라는 행위를 창시했다. 독립협회와『독립신문』은 이 땅에 '이데올로기의 시대'를 열었다.

독립협회의 이러한 활동에 맞서 수구파들은 폭력을 동원했고, 따라서 만민공동회의 '평화적 시위'는 자연스럽게 시가전으로 발전하였다. 조선의 당시 상황에서 독립협회와『독립신문』의 초기 접근은 서구 자유주의 원칙에 따른 이상주의적인 권력의 이론을 시도한 것이었다. 그러나 당시 사회 전체적으로, 그리고 그들 자신에게도 이러한 이상주의적 권력이론이 적용될 수 있는 여건은 전혀 마련되어 있지 않았다. 정부의 탄압에 버티는 힘이 있는 계급도 없었고, 독립협회도『독립신문』도 독자적인 힘을 갖고 있지 못했다.

---

38) 'Public opinion' 'publicity'의 부르주아 자유주의에서의 역사적 이념적 의미에 대하여는 Habermas(1962)를 참조할 것.

독립협회 회원들은 폭력적 대결에 익숙하지 않았고 곧 패배하고 소멸하는 수밖에 없었다. 민주주의적 권력의 실험은 당시 실패였다.

독립협회의 이러한 활동의 와중에서 권력, 힘의 또하나의 측면이 발견된다. 이러한 대중운동의 와중에 수자의 힘이 새삼스럽게 개화파들에게 발견된 것이다. 『협성회회보(協成會會報)』는 1898년 1월 15일 「단합하면 힘이 생긴다」는 사설에서 다음과 같이 말한다.

약한 물건이라도 여럿을 합하면 힘이 생기고 단단한 물건이라도 분파하여 여럿을 만들면 힘이 약하여지는 법이라. 실이 비록 약한 것이로되 여러 겹을 합하여 큰 줄을 만들면 능히 큰 짐승이라도 결박할 수가 있으며 땅덩이 비록 후대하여 능히 만들을 자생하고… 사람의 힘이 또한 그러하니 여럿이 합심하면 아무 일이라도 성취하기 쉽고 힘이 외로우면 아무 일이라도 성취하기 어려운지라. 한 사람의 집안으로 말할지라도 온 집안사람이… 그러하되 집안이 일심이 되는 것은 다만 서로 사랑하는 데서 생기는 것이니 만일 집안사람들이 사랑치 아니할 지경이면 자연 이심들이 될 것이요 이심들이 될 지경이면 서로 쟁투하는 폐단이 생길지니 집안이 그 지경에 이를 지경이면 필경 패망할지라. 그런 고로 집이 화목하여야 만사가 이루어진다 하였느니라. 나라 일이 또한 그러하니 대저 치국하는 도리가 치가하는 도리와 별로 다를 것이 없으니 온 나라 사람이 물론 관민하고 일심으로 나라를 위하여야… 사농과 공상이 비록 관원들과 같이 공사는 보지 아니하더라도 임금을 사랑하고 나라를 위하는 마음은 관원이나 일반이라. 그러한즉 무슨 기회든지 있는 대로 자기의 심력을 다하여 나라를 도와야…[39]

'협성회'란 당시 최초로 만들어진 배재학당(培材學堂) 학생회의 이름이었고, 이는 학생들이 학교라는 공식 기관을 떠나 단합하여 활동해야 한다는 새로운 종류의 정치조직인 셈이었다. 물론 이 조직은 독립협회라는 조직의 영

---

39) 방일영문화재단 편(1995. 1) 457면.

감에 의한 것으로 보이며, 앞으로 조선에 각종 사설단체가 정치적 목적을 띠고 만들어지는 계기가 된다. 이러한 단결의 문제는 후대에 미묘한 문제로 발전한다. 이러한 조직은 민족적 단결의 매개체로서 만들어지지만 곧 분파주의 문제가 등장하는 계기가 되기도 한다.

그러고는 곧이어 '매국(賣國)'이라는 새로운 정치용어가 등장한다.[40] 이전에 『독립신문』에서 '역적'이라는 말이 종종 사용되었지만 이 말은 전통적인 어휘 일부였다. 그러나 이 '매국'이라는 말은 좀더 적극적인 의미, 즉 자신의 개인적 이해를 위해 남의 나라를 위해 일하는 것을 자기 나라를 남의 나라에 팔아먹는 행위에 비유한 것으로써 '단합'이라는 주제에 적극적으로 반대되는 말이었다. 이 말은 을사늑약 전후에 빈번히 쓰이고 있었다. 이러한 언어가 등장하자 애국과 교육의 문제는 상당히 다른 의미가 있게 되었다. 이전에는 애국과 충성은 얼마나 하는가, 하지 않는가의 문제였다면 이 싯점부터는 애국과 충성을 하지 않는 자는 다른 나라를 위해 자기 나라를 팔아먹을 사람으로 비추어지게 되었고, 따라서 애국을 위한 교육은 절체절명의 문제로 등장하게 되었다. 경험적으로 1904년 10월에는 이용구(李容九)를 중심으로 동학 출신들을 주축으로 한 진보회(進步會)가 창설되고 또한 일진회(一進會)도 결성되어 이들은 '친일적'인 노선으로 치닫게 되어 애국심을 확보하는 문제는 더욱 급박하게 되었다. 또한 '매국'이라는 말의 등장으로 말미암아 정부 고관들의 사적(私的) 이해관계가 국가에 대한 충성심과 고민하고 있다는 관념이 보편화하였다고 말할 수 있다. 다시 이 문제 역시 애국과 충성이란 적극적으로 부과해야 한다는 문제의식이 표면화됨을 알 수 있다.

1898년 독립협회와 『독립신문』이 국가권력의 탄압에 의해 소멸하자 20세기 초에 들어와서는 새로운 권력이 시도되었다. 그것은 다름 아닌 1906년

---

40) 『협성회회보』 1898년 1월 30일자 사설에 등장한다. 방일영문화재단 편(1995. 1) 458면.

4월에 출범한 대한자강회(大韓自強會) 등이 중심이 된 이른바 '애국계몽운동(愛國啓蒙運動)'이었다. 이 운동 또한 대한자강회 외에도 『황성신문(皇城新聞)』『대한매일신보(大韓每日申報)』 등이 가세한 전국적인 흐름이었다. 대한자강회의 설립 소이(所以)는 바로 '자강(自強)', 즉 스스로 강해져야 한다는 것이었다. 즉 '힘'이 운동의 의미와 목적 그 자체였고, '실력(實力)'은 바로 그들의 모든 언어의 '키워드'였다.[41] 이렇게 보면 독립협회와 『독립신문』이 갑신정변의 다른 길이었다면 애국계몽운동은 독립협회와 『독립신문』의 실패에 대한 반성에서 출발한 것이었다. 그들은 이제 '힘', 현실적 힘— 정치권력의 탄압을 극복할 수 있는 스스로 힘—의 중요성을 발견한 것이다. 실력이라는 의미는 오랜 기간을 거쳐 다져지는, 언제 어디서, 어떤 조건하에서도 변하지 않는 내면적인 힘, 무언가 깊은 곳에서 우러나오는 힘을 의미한다고 볼 수 있을 것이다. 이 운동의 촛점은 국민교육과 산업발전이었다.

우선 '애국'이라는 말은 『독립신문』에도 간혹 사용되었던 말이지만 20세기에 오면 애국계몽운동의 '키워드'로 부각되었다. 기본적으로 『독립신문』과 독립협회가 기르고 동원하려고 했던 것은 우리 국민의 이성(理性), 즉 생각하고, 판단하고 말하는 능력이었다고 볼 수 있다.[42] 그리고 행동하고 싸우

---

41) '자강'이라는 말은 중국에서 양무론(洋務論)에서 많이 쓰이던 말이며 조선에는 『조선책략』을 통해 들어왔다. 물론 20세기 초에 조선에서 이 말은 상당히 다른 컨텍스트에서 쓰였다. 1880년대 조선은 중국에서 들어온 '자강'이라는 말은 곧 일본에서 들어온 '개화'로 대체되었다. 이광린(1969) 33~36면.

42) Publicity 또는 public opinion은 서구사상에서도 이성의 한 유형이었다. Habermas (1962).
우리의 개화사상사에서 '이성'의 문제는 다음 기회에 본격적으로 시도될 것이다. 단적으로 이성의 문제는 조선이나 일본이나 중국에서 본격적으로 논의되지 못했다. 그 이유는 단적으로 전통사상에서 이성에 해당하는 부분이 절대 없지 않았기 때문이었다. 그러나 전통사상에서 정확히 이성에 해당하는 부분은 없다. 당시 유사한 의미로 한때 쓰였던 말이 있다면 그것은 후꾸자와 유끼찌(福澤諭吉), 유길준, 박영효 등의 글에서 나타나는 '통의'라는 말일 것이다. 이 말은 19세기 말에 잠시 사용되다가 사라졌다. 하여튼 이성

는 육체는 이성적 판단의 자연스런 결과라 여겼을 것이다. 그러나 우리나라에서 '힘', 정치권력을 만들어내려는 개혁가들은 20세기에 들어오면 이성보다는 '애국'이라는 감성(感性)을 동원하려 했다. 또한 1880년대부터 20세기 초까지 애국의 의미 또한 미묘한 변화를 겪고 있었다. 유길준에게 애국이란 '충(忠)'과 유사한 말이었다면 20세기에 들어오면 애국이란 나라를 위해 싸우는 맹렬한 정신을 의미하게 되었다. 또한 애국계몽운동이 교육에 촛점을 맞춘다는 것은 국민의 힘이란 즉각 동원할 수 있는 능력보다 오랜 시간을 두고 쌓아 올라가는 지적·감정적·육체적 요소에 관심을 두는 것이었다. 나아가서 이 시기에 오면 사회적 다원주의(Social Darwinism)의 영향이 나타나기 시작한다. 세계를 약육강식(弱肉强食)의 밀림으로 이해하고 생존하려면 명분이나 법보다는 싸우는 힘을 길러야 한다는 자각이 이 운동의 기본 전제였다. 그리고 이 육체적 힘은 이성, 감성, 육체의 오랜 단련을 통해서만이 가능하다는 것이 20세기 개화파들의 사상이었다.

애국계몽운동은 당시 외관상으로 교육만능주의로 나타났지만 이 시기의 교육사상은 결코 지성주의(知性主義, intellectualism)를 의미하는 것이 아니었다.[43] 오히려 나라의 부름에 즉각 반응하는 육체를 만드는 것이 그들의 실질적인 목표였다.[44] 그러나 이러한 흐름은 우리 근대사에 중대한 또하나의 개화현상을 창출하게 되었다. 그것은 바로 역사와 소설 쓰기가 이러한 계기에서 공식적으로 정치적 의미가 있는 운동으로 출발하고 있다. 오히려 이는

과 관련된 것은 동북아시아 제국의 경우 한때 시도되다가 사라져버렸다.

43) 이 시기 교육사상의 특징은 일본과는 달리 서양 학문과 동양 학문을 전혀 구별하지 않고 무차별적으로 다루었다는 것이다. 그들은 확실히 무엇을 어떻게 가르쳐야 한다는 명쾌한 생각이 없었다는 것이다. 강재언(1981) 284~86면.

44) 『대한매일신보』는 을사늑약 직전에 다음과 같이 쓰고 있다. "國家權力은 他人에게 不讓ㅎ기로 人民의 義務를 슴ㄴ니 此는 無他라 知識이 開明ㅎ야 國家榮辱이 곳 自己榮辱됨을 認知ㅎ는 緣故라./今에 大韓人民은 此日을 當ㅎ야 果然何如흔 境遇에 臨迫ㅎ얏ㄴ뇨. 他人의 奴隸와 獸畜이되미 卽目下必至之勢라."(방일영문화재단 편, 1995. 2, 328면)

98

좀더 정확히 말하면 '신화(神話, myth) 만들기'라고 해야 할지 모른다. 『대한매일신보』는 1905년 10월 12일 다음과 같이 선언하였다.

各其社會中에서 一般會員을 愛國熱心으로 一致養成코져 ᄒ면 先히 東西各國近代史記와 有名ᄒ 人物의 事蹟과 各種學業의 文字를 或國漢文을 交用ᄒ야 譯述ᄒ며 或純國文으로 以ᄒ며 或小說로 以ᄒ야 或歌謠로 以ᄒ야 曉解ᄒ기를 便易케 ᄒ며 感觸ᄒ기를 探切케 ᄒ야 一般會員이던지 其他人民이던지 廣爲授讀ᄒ야 作業之暇에 或朗讀ᄒ며 或討論ᄒ야 其滋味를 得ᄒ게 ᄒ면 不過十種內外間에 感化力이 滋長ᄒ야 知識의 開發도 되고 愛國熱心이 一致奮發ᄒ야 一等開明ᄒ 人種이 되리니 諸般社會ᄂ 此事에 注意勉力홈을 十分切望ᄒ노라.[45]

이 시기부터 조선사회에서 정치적으로 문화적으로 허용되지 않던 소설 쓰기가 공식적으로 사회와 국가를 위해 장한 일로 규정되었고, 바로 이러한 선언은 '신소설(新小說)'의 등장으로 이어지게 된다. 나아가서 이 근대적 글쓰기의 출발은 영웅담으로 나타나게 되었다. 위에서 지적한 바대로 위기의 타개책으로 인물, 지사(志士)의 요청은 카리스마적인 영웅설화의 시대를 열었다. 당장 이러한 글쓰기의 목표는 애국심을 고양하기 위함이었다고 볼 수 있겠지만 장기적으로 이는 우리 민족의 초상을 계속 다시 그림으로써 우리 민족문화를 바꾸어 나가는 중심적인 수단이 되었다.

애국계몽운동의 또하나의 중대한 목적은 경제발전이었다. 그러나 이 시기에는 단순히 시장을 형성하고 상업을 장려한다는 수준이 아니라 기업가를 육성해야 한다는 것이었고 다시 말하면 자본의 축석이었다. 즉 추상적인 의미에서의 경제력 또는 국가의 세원(稅源)을 늘인다는 뜻이라기보다는 구체적으로 독자적인 권력, 힘을 발휘할 수 있는 사람들, 어쩌면 우리가 '부르주

---

45) 방일영문화재단 편(1995. 2) 328면.

아'이라 할 수 있는 힘있는 계급을 만들어야 한다는 것이었다. 구체적으로는 일본 자본과 정부의 탄압에 대항할 수 있는 민족자본의 육성을 목표로 하였다. 애국계몽운동은 독립협회와는 달리 사실상 국가의 개혁을 일차적 목표로 한 것은 아니었다. 오히려 이들의 목표는 훨씬 더 장기적이었다. 어쩌면 이 시기에 개화파의 후예들은 정부, 국가에 대하여 더는 기대할 수 있는 형편이 아니었고 국민을 계몽하여 독자적인 힘의 주체로 만들어야 한다는 의미가 더 컸다고 말할 수 있고, 그런 의미에서 국권상실 이후에도 계속 이어지는 준비론(準備論)과 맥을 잇고 있었다. 애국계몽운동은 이러한 힘을 기르는 현실적인 활동에서 시간과 역사의 의미를 새삼스럽게 발견하게 되었다.

과연 20세기 초에 이 시기에 이르면 신문 사설들에 '권력(權力)'이라는 말이 사용되기 시작한다.[46] 이 말은 'power'의 번역어로 정확히 언제 누구한테 연원되었는지는 확실하지 않으나 주자학자들간에는 의도적으로 사용되지 않던 말이었음이 분명하다. 이 말은 러일전쟁을 전후하여 우리의 정치담론에 등장하기 시작했다고 말할 수 있다. 이 말은 어쩌면 '실력'이라는 말과 일정한 관계를 맺은 말로 세상 돌아가는 일을 뒤에서 조종하는 인물 또는 세력이라는 뜻으로 쓰인 것으로 보인다. 우리 지식인들이 나름대로 국가와 권력에 대하여 체계적이고 현실적인 사유를 시작한 것은 갑오경장이 실패하고 독립협회 또한 실패로 끝나고, 러일전쟁 이후 일제의 강점이 가시적으로 진행되던 시기였고 대한자강회를 위시한 애국계몽운동은 이러한 힘과 권력에 대한 때늦은 자각을 담고 있었다.

애국계몽운동에서의 교육과 물리적 힘이 만나는 곳은 자연스럽게 1907년부터 신민회(新民會)에 의해 추진된 군사학교의 설립이었다. 19세기 말 수차례에 걸친 폭력적 투쟁의 좌절, 말하자면 동학농민전쟁의 패배와 만민공동

---

46) 예를 들어 『대한매일신보』 1904년 9월 22일자에 "한국에서 미명한 정부를 개량하고 주의함은 실로 감격한 일이나 외국에 권력이 너무 태다한 까닭에 지금 형편은 도리어 전권에 연존이 없이 되었는지라."(방일영문화재단 편, 1995 2, 295면)

회의 붕괴 그리고 지속적인 의병투쟁의 좌절은 폭력의 행사라는 것은 단순히 자연발생적 분노의 폭발로는 성공할 수 없는 일이라는 점을 뼈저리게 느끼게 되었고, 독자적인 장기적 준비와 교육이 없이는 불가능한 일이라는 합의에 도달하게 되었다. 경술국치를 전후하여 한국의 독립지사들간에는 준비론자들과 즉각 투쟁론자들의 갈등은 그간에 많이 논의되어왔다. 그러나 역사적으로 살펴보면 이들간에는 상이한 점보다는 공통적인 점이 더욱 많았다는 것을 알 수 있다. 그들은 결국 같은 세대들이었다.

이러한 새로운 힘, 민족의 힘을 찾는 노력은 러일전쟁과 을사늑약의 싯점을 전후하여 민족주의(nationalism)로 결집하였다. 1905년을 전후로 한 우리의 민족주의는 동학과 위정척사파의 애국계몽운동에의 합류를 기점으로 등장하였다. 당시 『황성신문』 『대한매일신보』에 논설위원으로 활약하던 단재 신채호를 중심으로 우리는 '민족(民族, nation)'으로 재정의되었다. 중국과도 다르고 그리고 일본과도 다른 우리 민족은 신분의 격차를 뛰어넘어 5천년 동안 독자적인 삶을 유지해온 민족이라는 실체로, 그리고 무엇보다 '주체(主體)'로 등장하게 되었다. 그리고 단재는 우리를 주체 또는 '아(我)'로 정의하자 곧 우리의 역사는 군사력과 전쟁의 역사로 재편되었다. 그는 한편으로 우리의 고대사를 전쟁의 역사로 재구성하고, 다른 한편으로는 우리의 모범으로서 을지문덕, 이순신, 최영 등 영웅적 장군의 모습들을 신화로 창조하였다. 그리고 조선의 역사는 문약(文弱)에 빠진 부패한 시절로 치부되고 당대의 조선 정치사를 민족사에서 배제하고 조선의 지배이념인 유학 등 지성의 전통들은 우리 민족의 국수(國粹)에서 배제하였다. 단재에게 우리 민족은 위대한 폭력의 주체이며, 오랜 기간 폭력으로써 생존해왔고, 우리 민족이 살아갈 수 있는 유일한 길은 모두가 목숨을 걸고 폭력적 투쟁의 길로 나서는 것이었다. 그에게 교육과 지성—그 자신의 고대사 연구를 포함하여—의 의미는 목숨을 걸고 싸움터로 나서는 결의를 다지는 일과 우리는 민족으로서 하나임을 확인하는 일뿐이었다.

단재의 민족주의 사상은 서구의 민족주의를 도입한 것으로 결코 볼 수 없다. 당시 서구의 민족주의는 단재적인 사상을 옹호할 수도 있었겠지만 반대로 마찌니(Giuseppe Mazzini)적 민족주의는 경술국치를 옹호하는 사상적 근거가 되기도 했다. 1906년 신소설 작가 이인직은 그의 『혈(血)의 누(淚)』에서 미국에 유학하는 젊은 남녀에 대해 다음과 같이 말한다.

옥련이는 아무리 조선 계집아이이나 학문도 있고 개명한 생각도 있고, 동서양으로 다니면서 문견(聞見)이 높은지라. 서슴지 아니하고 혼인 언론 대답을 하는데, 구씨의 소청이 있으니, 그 소청인즉 옥련이가 구씨와 같이 몇해든지 공부를 더 힘써 하여 학문이 유여한 후에 고국에 돌아가서 결혼하고, 옥련이는 조선 부인 교육을 맡아 하기를 청하는 유지(有志)한 말이라. 옥련이가 구씨의 권하는 말을 듣고 조선 부인 교유할 마음이 간절하여 구씨와 혼인 언약을 맺으니, 구씨의 목적은 공부를 힘써 하여 귀국한 뒤에 우리나라를 독일국(獨逸國)같이 연방도를 삼되, 일본과 만주를 한데 합하여 문명한 강국을 만들고자 하는 비사맥 같은 마음이요, 옥련이는 공부를 힘써 하여 귀국한 뒤에 우리나라 부인의 지식을 넓혀서 남자에게 압제받지 말고 남자와 동등한 권리를 찾게 하며, 또 부인도 나라에 유익한 백성이 되고 사회상에 명예있는 사람이 되도록 교육할 마음이라.[47]

과연 이인직은 이후 경술국치를 주도한 인물이 되었다. 그가 매국노가 된 것은 서구에서 당시에 지배적인 민족주의를 받아들인 결과였는지 모른다. 단재의 민족주의는 단순히 당시 서구의 민족주의를 수용한 것이라 볼 수 없다.[48] 오히려 그의 민족주의는 서구의 폭력으로서의 권력사상에 극단으로 집착하여 조선의 주자학과 정반대의 사상에 다다른 경우라고 보아야 할지

---

47) 이인직 「혈의 누」, 이인직·이해조·안국선·신채호 『신소설』, 한국소설문학대계 1 (동아출판사 1995) 61면.
48) 당시 서구 민족주의의 역사적 흐름에 대하여는 Hobsbawm(1994)를 참조.

모른다.

유길준은 갑오경장이 실패하고 일본으로 망명하고 나서 조선 최초로 권력 문제에 대한 체계적 담론을 담는 라트겐의 『정치학』을 번역했다. 여기에서 유길준은 독창적 이론을 제시한 것은 아니었지만 세계 각국의 여러 국가 형태를 소개했다. 그리고 을사늑약 이후 서구의 권력 개념이 적어도 형식적으로는 거의 모두 시도되었던 싯점에 『국민수지(國民須知)』『국가학(國家學)』 등의 정치학적 저술들이 출판되었고, 이윽고 1907년에 안국선의 『정치원론』이 출판되었다.[49] 당시 정치학은 지금의 정치학과는 전혀 다른 헌정사(憲政史)와 유사한 체계로서 권력구조를 연구하는 학문이었다. 이러한 저술들은 우리 지식인들에게 여러 다른 권력구조를 가진 정부의 형태들을 선택의 여지로 제시하였다. 이로써 형식적인 차원에서 서구의 권력 개념은 경술국치 직전에 어쩌면 이제는 후회해도 소용없던 싯점에서 거의 수용이 완료된 셈이었다.

서구의 권력은 개항기(開港期)부터 꾸준히 도입되었다. 많은 지식인은 실제로 기존의 국가를 서구 근대국가의 모습에 따라 바꾸려고 했다. 이 시기에 사실상 우리가 아는 사회과학 개념으로서 서구 권력 개념의 중요한 부분은 거의 다 도입되었던 것으로 보인다. 그러나 사상으로서 실천으로서 권력의 여러 중요한 부분은 일제강점기를 통하여 계속 도입되고 시도되어야 했다. 이러한 사상과 실천으로서의 권력 관념을 습득하지 않고는 서구의 권력이론은 실현될 수 없었다. 일제강점기를 통해 시도된 이러한 노력은 우리 민족을 폭력과 권력의 주체(主體, subject)로 만드는 일이었고, 이것은 바로 우리의 '민족형성'(nation building)의 과정이었다.[50]

---

49) 김학준(2000) 참조.

50) 'Nation building'이라는 말은 일반적으로 국가형성을 의미하지만 여기에서는 의도적으로 '민족형성'이라는 말을 사용했다. 우리의 민족주의는 국가가 없는 상태에서 이루어졌고, 따라서 분리하여 생각해야 한다. 우리 학계에서는 일반적으로 민족주의를 민족국

4. 식민지시대의 권력사상

조선이 일본의 식민지가 되어 멸망하자 조선 지식인들 가운데는 이에 대한 책임문제가 자연스럽게 대두하였고, 이는 주자학을 대체하는 현실주의적 권력론과 낭만주의(浪漫主義, romanticism)로 표출되었다. 예를 들어 1918년 신소설가 이해조는 소설 두 편을 내놓았다. 하나는 『홍장군전(洪將軍傳)』이며, 다른 하나는 『한씨보응록(韓氏報應錄)』이었다. 이해조는 세조(世祖)의 왕위찬탈을 다루었다. 즉 힘이 있고 또 힘으로 나라를 잘 다스릴 사람이 왕이 되고 그를 도운 홍윤성, 한명회——그간 주자학적 역사관에서 악인으로 평가되던 사람들——의 업적을 칭송하는 이야기였다. 이로써 이해조는 우리 역사에서 최초로 정치권력과 윤리의 문제를 분리한 사람, 즉 조선의 마키아벨리(Machiavelli)로 이해할 수 있을 것이다. 이러한 마키아벨리적인 사상은 식민지 조선에서 넓게 전개되었다고 볼 수는 없으나 맥을 이어가고 있었다. 유사한 맥락에 있는 작품으로는 1931년에 신문에 연재되었던 김동인(金東仁)의 『운현궁의 봄』일 것이다. 여기에서 김동인이 묘사한 대원군 이하응은 권력을 잡으려고 자신의 참모습을 숨기고 모든 수모를 참고 견디어 드디어 목적을 이루는 초합리적(超合理的) 정치적 조선인이었다. 물론 이러한 작품들은 니힐리즘(nihilism)의 표현임에는 의문의 여지가 없다. 김동인에게 대원

가 건설의 시도, 즉 국가라는 외형을 만들려는 시도로만 다루고 있으나 민족의 내면적 주체성을 독자적으로 형성하려는 사상적 시도는 전혀 다루지 않는다. 아래에서 논의되는 부분은 우리 민족의 내면적 주체 형성을 위한 시도에 해당하는 부분이며, 따라서 앞으로 민족주의 연구에도 참조되어야 할 부분이라고 본다. 예를 들어 김영작(1989) 등이 이어 속한다.

주체의 내면의 문제에 관하여 미셸 푸꼬(Michel Foucault)는 서구 철학을 비판한다. 즉 주체의 내면의 문제는 서구 철학에서는 직접 다루어지지 않았고, 그 이유는 주체는 서구에서 권력(power, pouvoir)의 결과로서 형성되어왔을 뿐이었기 때문이라는 것이다. 말하자면 푸꼬에 따르면 서구사상에서 주체성, 즉 주체의 내면적 성격은 권력의 연장일 따름이다.

104

군은 한탕주의로 살아가던 1920년대 자신의 모습의 정당화일 수 있었고, 스스로 모든 비양심적 행위를 정당화할 수 있는 자위이기도 했다. 그러나 이러한 마키아벨리즘의 대두는 식민지로 전락한 조선인에게 힘의 중요성을, 어떤 죄를 짓는다 해도 결과의 중요성을 계몽시키는 현실주의의 교육이었다.

그외에도 몇가지 방면에서 국가를 잃은 우리 민족을 투사로 만들려는 노력이 한말의 민족주의의 연장선상에서 대규모로 시도되었다. 단재의 민족주의는 우리 민족은 투사가 되어야 한다는 형식적 규정에 머물렀다. 겉보기에는 상반되어 보이지만 이 투사의 내면을 형성하려는 노력은 다른 방향에서 시도되었다. 우선은 도산(島山) 안창호(安昌浩)의 흥사단(興士團)은 외견상 단재의 민족주의와 대조를 이루고 있었다. 도산은 우리 민족 개개인이 일상생활에 충실하라고 요구했다. 각자 맡은바 직업적 소임에서 일가견을 이루어 실력을 이룰 때만이 독립을 위한 투쟁이 승리할 수 있다는 것이었다. 이러한 입장은 우리 민족에게 서구의 프로테스탄티즘을 도입하려는 것으로 이해할 수 있다. 도산은 기독교도로서 그리고 미국에서 교육받은 프로테스탄트 노동윤리를 도입한 것이었고, 이는 조선 사람들을 근대 서구 역사의 주인인 '부르주아'(bourgeois)로 만들려는 시도였다.[51] 한마디로 도산의 이러한 입장은 우리 민족을 쉬지 않고 '터미네이터'(terminator)처럼 일하고 싸우는 종교적 윤리와 의무감으로 무장한 존재로 만들려는 노력이었다. 물론 이러한 전사가 되려면 조선인들도 서구 부르주아 같은 고독한 내면적 고뇌를 장착해야 했고, 이는 분명히 전통적 조선인과는 다른 인물이 되어야 하는 것이었다.

당시 이러한 서구식 내면의 도입은 문제시될 수 없었다. 단재는 그의 역사 철학을 철저한 주관주의(主觀主義)로 정립하여 '아(我)'라고 하는 공간을

---

51) 프로테스탄티즘(Protestantism)과 서구의 부르주아(bourgeois)에 관하여는 Weber (1904~1905); 崔丁云(1999a)을 참조할 것.

창조했지만 이 '아'는 '비아(非我)'와 투쟁한다는 것으로 규정될 뿐이었다. 그리고 그 '아'라는 공간에 채워질 내용, '정신(精神)'에 대하여는 '아'의 반복적 확언(確言)과 '비아'와의 끈질긴 투쟁 외에는 단재에서는 아무것도 규정되지 않았다. 단재는 다음과 같이 말한다.

> 非我를 征服하여 我를 表彰하면 鬪爭의 勝利者가 되어 未來 歷史의 生命을 이으며, 我를 消滅하여 非我에 貢獻하는 자는 敗亡者가 되어 過去 歷史의 陳跡만 끼치나니, 이는 古今 歷史에 바꾸지 못할 原則이라. 勝利者가 되려 하고 失敗者가 되지 않으려 함은 人類의 通性이어늘, 매양 豫期와 違反되어 勝利者가 아니되고 失敗者가 됨은 무슨 까닭이뇨. 무릇 先天的 實質부터 말하면 我가 생긴 뒤에 非我가 생긴 것이지만, 後天的 形式부터 말하면 非我가 있은 뒤에 我가 있나니, 말하자면 朝鮮民族——즉 我——이 出現한 뒤에 朝鮮民族과 相對되는 苗族·支那族 등——非我——이 있었으리니, 이는 先天的인 것에 속한 자이다.
>
> 그러나 만일 苗族·支那族 등——非我——의 相對者가 없었더라면 朝鮮이란 國名을 세운다, 三京을 만든다, 五軍을 둔다, 하는 등——我——의 作用이 생기지 못하였으리니, 이는 後天的인 것에 속한 자라. 精神의 確立으로 先天的인 것을 護衛하며, 環境의 順應으로 後天的인 것을 維持하되, 兩者의 一이 不足하면 敗亡의 林에 歸하는 고로, 猶太의 宗敎나 突厥의 武力으로도 沉淪의 禍를 免치 못함은 後者가 不足한 까닭이며, 南美의 共和와 埃及의 末世의 興學으로도 衰頹의 患을 救치 못함은 前者가 不足한 까닭이니라.[52]

단재는 '정신'의 내용에 대하여 '아'가 '비아'를 위해 싸워 존속할 수 있는 한 모든 것을 정당화할 준비가 되어 있었다. 심지어 그는 국가를 부정하는 한이 있어도 투쟁은 더욱 격렬히 계속되어야 했다.[53]

---

52) 신채호 『단재신채호전집(상)』(단재신채호선생기념사업회 1977) 32~33면.
53) 단재 신채호는 후기에 아나키즘(anarchism)적 글을 남겼다. 예를 들어 신채호 「조선혁

106

다른 한편으로는 도산의 추종자였던 춘원(春園) 이광수(李光洙)를 비롯한 일련의 문학가들의 독특한 시도가 있었다.[54] 일제의 통제가 서서히 안정되어가자 국내에서는 정치적인 차원의 활동을 벌일 수 없었고, 따라서 일견 비정치적인 '문화적(文化的)' 수준에서의 활동만이 우리의 민족주의가 나아갈 수 있는 유일한 방향이었다. 이들은 단적으로 서구의 낭만주의·자연주의·현실주의 문학을 조선에 도입했다. 그러나 그들의 시도는 단순히 문학이라는 전문 예술만을 목적으로 한 것은 아니었다. 그간 우리 근대문학의 정치사상적 의미는 간과되어왔으나 그들의 목표는 장기적으로 고도의 정치적 함의를 갖는 것이었다. 우리 민족을 바꾸어야 한다는 것은 춘원만의 생각이 아니었다. 우리 민족의 새로운 내면을 창조하려는 노력은 우리 역사에서 최초로 본격적으로 전통문화에 대한 가차 없는 비난과 파괴를 수반하였다.

우선 춘원은 1917년 장편소설 『무정(無情)』에서 남녀간의 '사랑'을 새로운 이야깃거리로 도입했고 이에 전 조선은 열광했다. '사랑이야기'는 명백하게 근대 서구문학에서 도입한 것이었다. 그러나 춘원에게 사랑이야기는 단순히 통속소설의 차원에서만 시도한 것은 아니었다. 그가 사랑이라는 주제를 통해 시도한 것은 우리 민족, 특히 젊은이들의 몸과 의식을 자극하려는 것이었고, 이를 통해 '속 사람'으로 깨어나도록 함이었다. 말하자면 이성(異性)에 대해 욕망과 사랑을 느낌으로 말미암아 새롭게 태어나는 느낌, 그리고 온몸에 느끼는 새로운 활력, 그 힘을 통해 우리 민족에 생명력을 불어넣겠다는 것이었다. 춘원은 『무정』에서 사랑을 느끼며 새로워진 주인공 이형식을 다음과 같이 묘사한다.

형식은 이제야 그 속에 있는 '사람'이 눈을 떴다. 그 '속눈'으로 만물의 '속

명선언」, 『단재신채호전집(하)』(단재신채호선생기념사업회 1977) 35~46면과 미완성 소설 『용과 용의 대격전』, 이인직 외 『신소설』, 514~35면 등이 있다.
54) 한국 근대문학에 대한 논의는 대부분 최정운(2000a; 2000b)을 참조할 것.

뜻'을 보게 되었다. 형식의 '속 사람'은 이제야 해방되었다.

　마치 솔씨 속에 있는 솔의 움이 오랫동안 솔씨 속에 숨어 있다──또는 갇혀 있다가 봄철 따뜻한 기운을 받아 굳센 힘으로 그가 갇혀 있던 솔씨 껍데기를 깨뜨리고 가이없이 넓은 세상에 쑥 솟아나 장차 줄기가 되고 가지가 나고 잎과 꽃이 피게 됨과 같이 형식이라는 한 '사람'의 씨 되는 '속 사람'은 이제야 그 껍질을 깨뜨리고 넓은 세상에 우뚝 솟아 햇빛을 받고 이슬을 받아 한이 없이 생장하게 되었다.

　형식의 '속 사람'은 여물은 지 오래였다. 마치 봄철 곡식의 씨가 땅속에서 불을 대고 불었다가 안개비만 조금 와도 하룻밤에 쑥 움이 나오는 모양으로, 형식의 '속 사람'도 남보다 풍부한 실사회의 경험과 종교와 문학이라는 수분으로 흠뻑 불었다가 선형이라는 처녀와 영채라는 처녀의 봄바람 봄비에 갑자기 껍질을 깨뜨리고 뛰어난 것이다.

　누가 '속 사람이 무엇이뇨'와 '속 사람이 어떻게 깨는가'의 질문을 제출하면 그 대답은 이러하리라.

　'생명이란 무엇이뇨'와 '생명이 나다 함은 무엇이뇨'의 질문에 대답할 수 없음과 같이 이도 대답할 수 없다고, 오직 이 '속 사람'이란 것을 알고 '속 사람이 깬다'는 것을 알 이는 오직 이 '속 사람'이란 것을 아로 '속 사람이 깬다'는 것을 알 이는 오직 이 '속 사람'이 깬 사람뿐이리라.[55]

　물론 이러한 새로운 육체와 의식의 자극은 단순히 이성간의 관계에만 해당하는 일이 아니라 우리 민족과 나라를 사랑하는 마음에도 동일하게 적용될 수 있다는 의미를 내포한 것이었다. 춘원이 평생을 통해 계속 사랑이라는 주제에 몰두한 것은 바로 그의 민족주의였고, 이는 나름대로 도산의 사업과 맥을 잇는다고 의식하고 있었다. 그가 주창했던 '민족개조(民族改造)'란 바로 이를 두고 한 말이었다. 이러한 시도는 춘원뿐만 아니라 나도향을 포함한

---

55) 李光洙 『無情──李光洙全集 1』(又新社 1979) 58면. '속 사람'이라는 말은 『無情』에서만 사용했다.

많은 낭만주의 문학가에게는 문학의 의미였다. 나아가서 남녀간의 사랑의 에로틱한 요소와 민족에 대한 사랑을 직접 연관시킨 예로는 만해(萬海) 한용운의 유명한 '님'에 대한 시(詩)들과 육당(六堂) 최남선(崔南善)의 『백팔번뇌(百八煩惱)』 등을 들 수 있을 것이다. 그들이 의미한 것은 구호의 반복으로서의 '애국'을 넘어서 감동으로써, 그리고 몸과 마음이 다시 깨어나고 가슴이 뛰는 생명력있는 애국을 말한 것이며, 이를 통해 민족의 새로운 힘, 권력을 만들어내고자 했던 것이다.

1920년대부터 시작된 자연주의 문학의 거두는 단연 김동인(金東仁)이었다. 그의 첫번째 작품들의 주제는 약한 인간들이었고, 문제는 어떻게 인간이 강해질 수 있는가였다. 즉 아무리 연약한 여자라 해도 내면의 의지와 힘을 기르는 문제, 즉 주체성을 형성하는 것이 그의 자연주의 문학의 선언이었다. 김동인은 1919년 초 최초의 단편소설 「약한 자의 슬픔」에서 다음과 같은 구절로 작품을 마감한다.

'그렇다!' 나도 시방은 강한 자이다. 자기의 약한 것을 자각할 그때에는 나도 한 강한 자이다. 강한 자가 아니고야 어찌 자기의 약점을 볼 수가 있으리요?! 어찌 알 수가 있으리요?! (그의 입에는 이김의 웃음이 떠올랐다.) 강한 자라야만 자기의 약한 곳을 찾을 수가 있다.

약한 자의 슬픔! (그는 생각난 듯이 중얼거렸다.) 전의 나의 설움은 내가 약한 자인 고로 생긴 것밖에는 더 없었다. 나쁜 아니라, 이 누리의 설움, 아니 설움뿐 아니라 모든 불만족, 불평등이 모두 어디서 나왔는가. 약한 데서! 세상이 나쁜 것은 아니다! 인류가 나쁜 거소 아니다! 우리가 다만 약한 연고인 밖에 또 무엇이 있으리요. 지금 세상을 죄악세상이라 하는 것은 아 세상이, 아니! 우리 사람이 약한 연고이다! 거기는 죄악도 없고 속임도 없다. 다만 약한 것!

약함이 이 세상에 있을 동안 인류에게는 싸움이 안 그치고 죄악이 안 없어진다. 모든 죄악을 없이 하려면 먼저 약함을 없이 하여야 하고, 지상낙원을 세우려면 먼저 약함을 없이 하여야 한다.

...

그렇다! 강함을 배는 태(胎)는 사랑! 강함을 낳는 자는 사랑! 사랑은 강함을 낳고, 강함은 모든 아름다움을 낳는다. 여기, 강하여지고 싶은 자는, 아름다움을 보고 싶은 자는, 삶의 진리를 알고 싶은 자는, 인생을 맛보고 싶은 자는 다 참사랑을 알아야 한다.

만약 참 강한 자가 되려면은? 사랑 안에서 살아야 한다. 우주에 널려 있는 사랑, 자연에 퍼져 있는 사랑, 천진난만한 어린아이의 사랑!

'그렇다! 내 앞길의 기초는 이 사랑!'[56]

물론 김동인은 자연주의 작가로서 그의 일관된 주제는 오히려——서양의 자연주의 문학이 대부분 그렇듯이——인간의 본능과 욕망이었고 타락하는 비정상적인 인간들의 이야기였다. 이러한 인간의 본능은 사랑의 반대편으로서 우리 민중의 약한 면을 드러냈지만, 다른 한편 우리 민족으로 하여금 영혼의 반대편, 육체와 본능과 정념에 눈뜨는 계기를 마련했다. 자연주의 문학의 흐름은 우리 민족을 육체적인 존재로, 관능적인 존재로 재구성하고 있었다. 성적 욕망에 사로잡힌 인간, 광적인 정열의 화신, 이러한 모습들은 적어도 당시 조선인들에게는 새로운 인간, 자신 모습의 발견이었고 이는 조선인의 새로운 생명력이었다. 이러한 흐름은 일연의 당시 식민지 조선의 데까당스(décadence)를 표현하기도 하지만, 다른 한편 욕망의 주체로서 우리 민족의 새로운 모습을 창조해 나갔다.

1930년대에 이르면 남녀간의 사랑과 성적 관계를 다루는 근대문학들은 나름대로 문턱을 넘어 새로운 종류의 인간형들을 창조해냈다. 그들의 공통점은 끝없이 싸워 나가는 전사들이었다. 1933년 춘원은 그의 『유정(有情)』에서 비극(悲劇, tragedy)의 문턱을 넘었다. 주인공들은 끝없이 달아오르는 불륜의 애욕과 욕망을 이성(理性)으로 싸워가며 스스로 죽음의 길을 택함으

---

56) 金東仁 「약한 자의 슬픔」, 『金東仁全集 1』(朝鮮日報社 1987) 61~62면.

로써 애욕과 이성(理性), 이 양자의 순수함을 위한 순교자가 되었다. 이러한 비극으로써 춘원은 근대 서구 사랑의 도입을 통해 근대 서구인의 내면적 주체성을 조선에 도입한 것이다. 춘원이 도입한 근대 서구인의 내면이란 바로 고독한 프로테스탄트를 넘어 이성과 본능이 동시에 장착되어 끝없는 투쟁을 벌이는 이원화(二元化)된 내면으로서 이는 주자학이 형성해왔던 전통적 조선인과는 전혀 다른 인간형이었다. 『유정』에서 주인공 최석(崔晳)은 자신의 마음을 다음과 같이 고백한다.

　　그러나 열정의 파도가 치는 곳에 산은 움직이지 아니하오? 바위는 흔들리지 아니하오? 태산과 반석이 그 흰 불길에 타서 재가 되지는 아니하오? 인생의 모든 힘 가운데 열정보다 더 폭력적인 것이 어디 있소? 아마도 우주의 모든 힘 가운데 사람의 열정과 같이 폭력적 불가항력적인 것은 없으리라. 뇌성, 벽력, 글쎄 그것에나 비길까. 차라리 천체와 천재가 수학적으로 계산할 수 없는 비상한 속력을 가지고 마주 달려들어서 우리의 귀로 들을 수 없는 큰 소리와 우리가 굳다고 일컫는 금강석이라도 증기를 만들고야 말 만한 열을 발하는 충돌의 순간에나 비길까. 형아. 사람이라는 존재가 우주의 모든 존재 중에 가장 비상한 존재인 것 모양으로 사람의 열정의 힘은 우주의 모든 신비한 힘 가운데 가장 신비한 힘이 아니겠소? 대체 우주의 모든 힘은 그것이 아무리 큰 힘이라고 하더라도 저 자신을 깨뜨리는 것은 없소. 그렇지마는 사람이라는 존재의 열정은 능히 제 생명을 깨뜨려 가루로 만들고 제 생명을 살라서 소지를 올리지 아니하오? 여보, 대체 이에서 더 폭력이요 신비적인 것이 어디 있단 말이요
　　이때 내 상태, 어깨 뒤에서 열정으로 타고 섰는 정임을 느끼는 내 상태는 바야흐로 대폭발, 대충돌을 기다리는 아슬아슬한 때가 아니었소 만일 조금만이라도 내가 내 열정의 고삐를 늦춤을 준다고 하면 무서운 대폭발이 일어났을 것이요.[57]

57) 李光洙 『有情―李光洙全集 4』(又新社 1979) 50~51면.

춘원은 엄청난 에너지가 화산처럼 분출하고, 또 그 화산의 폭발을 억제하는 거대한 억제력을 모두 갖춘 인간을 창조했고, 이 인물은 삶을 지탱하지 못하고 이 힘들을 그대로 간직한 채 비극적 죽음의 길을 가야 했다. 춘원이 이룩한 비극의 의미는 바로 이 본능적 정념과 이성의 불멸(不滅)을 지키는 순교자의 운명이었다.

춘원이 이렇게 비극의 문턱을 넘자 그 죽음에서 새로운 종류의 인물들이 태어나기 시작했다. 1938년 춘원의 『사랑』의 여주인공 석순옥은 잔인한 춘원의 끝없는 학대를 견디어내는 순수한 사랑을 위해 사는 초인적 전사였다. 또한 1936년 심훈의 『상록수』는 사랑의 비극적 좌절에서 태어나는 초인적 민족계몽주의자의 탄생설화였다. 1930년대 후반이 되면 사랑이야기들에서부터 새로운 종류의 인물들, 끝없이 역경을 견디어내고 지치지 않고 싸우는 새로운 종자(種子)의 투사들이 나타난다. 이들은 뿌리 없이 하늘에서 떨어진 존재들이 아니었다. 그들은 새로운 내면, 근대 서구인인의 내면에 뿌리박은 생명력을 내장한 새로운 끈질긴 조선 민족이었다. 이들은 근대 서구인의 내면을 갖추었다는 측면에서는 단재와 민족주의자들이 바랐던 조선 민족의 투사들은 아니었다 하더라도 그들은 바로 단재가 바라던 끈질긴 투사이자 권력의 주체였다. 식민지 조선에서 이러한 새로운 근대 서구식 전사들이 태어날 수 있었던 조건은 19세기까지 조선에서 수많은 피를 흘리며 진행되었던 기독교의 전래였다고 판단된다. 기독교를 통해 조선인들은 삶과 죽음에 대해 새로운 관념을 갖게 되었고, 죽음을 넘어서는 부활이라는 생명의 관념은 새로운 민족의 주체성이 형성되는 조건이었다.[58]

또 한편 근대문학가들은 자신들의 직업 그 자체로 말미암아 스스로 강한 인간이어야 하는 근대인들이었다. 그런 의미에서 그들 자신 또한 새로운 타

---

58) 참고삼아 언급하면 기독교가 널리 전파되지 못했던 일본의 경우는 서구식 비극이 도입되지 못했고 그들은 상당히 다른 독특한 주체성을 만들어냈다. 崔丁云(2000a).

입의 조선인들이었다. 현대의 많은 문학비평가는 춘원이 작가로서 얼마나 잔인했는지를 지적한다. 그처럼 작품의 주인공들에게 상상하기 어려운 엽기적 시련을 부과한 작가는 많지 않았다. 한편 김동인은 자신의 작품의 주인공을 끝내 죽이지 못하여 비극을 써내지 못하는 자신에 실망하였다고 한다. 강하지 못한 자신에 대해 실망한 그는 스스로 비극적인 방탕한 '데까당스' (décadence)의 삶을 향하게 되었는지 모른다. 식민지 조선의 한 '종자(種子, species)'를 이루었던 수많은 '데까당트'(décadent) 지식인은 그들이 본래 무책임한 인간이어서가 아니라 오히려 스스로 강한 인간으로 다시 태어나야 한다는 시대적 절박함이 만들어낸 실패작이었는지 모른다. 조선 땅에 서구식 비극을 창조한다는 것은 작가에게나 독자들에게나 비탄의 질곡을 넘어 영웅으로 다시 태어나야 하는 엄청난 시련이었다. 모든 작품을 '해피엔딩' (Happy ending)으로 끝내고 원혼(冤魂)을 남기지 않으려는 따뜻하고 고요한 마음으로 살아가려 했던 조선인들에게 잔인한 비극을 만들고 감상해야 한다는 것 자체가 우리가 모두 강한 존재로 다시 태어나야 하는 엄청난 시련이 아닐 수 없었을 것이다. 우리 근·현대사의 수많은 '멜로드라마'는 비극을 정복해보려는 끊임없는 시도였는지 모른다. 식민지 조선의 상황에서 서구식 비극에서 자신들의 고통의 극적(劇的) 의미를 찾으려는 노력을 통해 조선 민족은 언젠가 복수의 날을 위해 끝없이 참고 견디는 끈질긴 노예전사로 다시 태어나고 있었다.

1930년대에 식민지 조선에 등장한 또하나의 영웅신화는 벽초(碧初) 홍명희(洪命熹)의 『임꺽정(林巨正)』이었다.[59] 이 작품은 1928년부터 1940년까지 『조선일보』에 연재되어 장안의 화제가 되었다. 사실 이 소설이 어떤 이유에서 이토록 높은 인기를 누렸는가는 논리적으로 설명하기 어렵다. 그 이유는 아마 당시 그 작품이 식민지 조선 사람들 가슴에 맺힌 그 무엇인지를 공명

---

59) 『임꺽정』에 대한 논의의 대부분은 崔丁云(2001)을 참조할 것.

시켰기 때문일 것이다. 백정 출신인 임꺽정은 천하장사였고, 그의 힘은 어느 『수호전』의 영웅들도 당해낼 수 없는 수준이었다. 그러나 무엇보다 그는 타고난 '반골(反骨)'이었다. 그는 모든 권위를 부정했고 대들지 않고는 배기지 못하는 저항하는 인간의 표상이었다. 그러나 동시에 그는 끝없는 욕망, 소유욕의 화신이기도 했다. 그는 모사인 서림이와 그 부하의 유혹에 빠져 산채를 내려와 서울에 와서는 따라 아내를 셋을 얻고 기생첩까지 얻는 등 전과는 전혀 다른 호색한(好色漢)으로 변신한다. 그러고는 다시 우여곡절 끝에 자신의 본래 모습을 다시 찾아 저항의 영웅으로 되돌아간다. 그는 저항하는 조선인이요, 무한한 능력의 소유자이며 끝없는 욕망의 주체였다.

춘원의 인물들이 새로운 조선의 부르주아였다면 벽초의 임꺽정은 새로운 조선 '민중(民衆)'의 탄생이었다. 임꺽정이라는 인물의 내면은 위에서 논한 서구식 애정소설이 추구하던 바와 공통적인 구조로 되어 있었다. 한편으로는 비이성적 본능이, 다른 한편에서는 그를 억제하는 이성이 장착된 전형적인 근대 서구인의 내면을 장착한 인간이었다. 이성과 비이성이 혼합되지 않는 채로 한 개인의 내면에 장착되어 그는 마음속은 끊임없는 욕망과 초인적 이성이 서로 불꽃을 튀기며 반응하며 끊임없이 에너지를 만들어가며 끝없이 투쟁하며 자신을 팽창하는 그런 종류의 인간성이다. 근대 서구의 전형적 인간형은 그 자체 스스로 힘을 생산하는 반응장치(反應裝置, reactor)였고, 조선의 근대문학가들은 그러한 인간형을 우리 민족에게 이식(移植)한 것이었다. 이러한 근대 서구식 인간형은 슈펭글러(Oswald Spengler)가 제시한 서구문명의 파우스트적(Faustian) 인간형이었다.[60] 이러한 근대 서구인은 근대 서구 권력의 핵심이었다. 그는 궁극적으로 힘, 권력의 생산자로, 그 자체 무기(武器)로, 그리고 힘의 주체로 고안된 것이었고 우리의 근대문학가들은 이를 도입한 것이었다.

---

60) O. Spengler(1918~22).

춘원의 사랑이야기 주인공들은 대부분 톨스토이(Tolstoy)의 이상주의 (idealism)에서 영감을 얻어 만들어졌다고 볼 수 있다. 벽초의 『임꺽정』은 훨씬 복잡한 경우였다. 또한 우리의 토속적 '민중'영웅인 것처럼 나타났지만 그 내면의 구조와 부품은 대부분 근대 서구 문화에서 수입한 것이었다. 한 인물이 다른 인격체처럼 변신하는 전체 구조는 괴테(Goethe)의 『파우스트』 (Faust)에서 착안한 것이며, 임꺽정의 이성(理性)으로서 저항의 본능은 20세기 초반을 풍미하던 프랑스 철학자 베르그송(Henri Bergson)의 '엘랑 비탈' (Élan vital)의 개념에서, 그리고 끝없는 욕망의 주체로서의 측면은 『돈 후앙』 (Don Juan)의 전설에서 원용하여 조립한 독창적 인조인간이었다. 물론 춘원과 벽초의 인물들은 근대 서구인의 모형과 동일하지는 않았다. 그들은 나름대로 식민지 조선의 현실에 적용한 변형들이었으나 이들은 공통으로 끊임없이 싸우는 끈질긴 전사로서 새로운 조선인으로 고안된 인물들이었다.

일제강점기를 통해 서구문물의 도입에 앞장섰던 우리의 지식인들, 특히 문학가들은 단순히 순수문학을 즐기던 사람들이 아니었다. 이들은 어두운 시대에 번민하는 사상가들이었고, 이들이 자임했던 일은 우리 민족의 새로운 내면을 만들어가는 일이었다. 이들의 내면이란 단순히 고요하고 행복한 삶을 사는 그런 내면이 아니라 전투에 임할 수 있는, 새로운 권력의 주체가 될 그런 내면이었다. 근대에 들어 우리 민족은 단순히 단군의 자손뿐만이 아니라 우리 자신을 위해 싸우는, 우리의 욕망을 이루려고 끝없이 싸우는 민족의 권력이었다. 일제강점기를 거쳐 우리의 민족주의는 우리 민족을 온몸이 무기인 투사로 만들었고, 결국 새롭게 만들어진 우리의 모습은 언젠가는 벌어져야 하는 일제와의 마지막 투쟁을 위해 제작한 신무기들이었다.

그러나 일제강점기를 통해 만들어진 우리 민족의 전사들은 심각한 결함을 안고 있음을 간과해서는 안된다. 서구에서 도입한 권력의 장치로서 우리의 주체성은 근대 서구인의 주체성과 결정적으로 다른 부분이 있었다. 바로 우리의 주체성 안에는 이성(理性, reason), 근대 서구의 이성이라는 핵심 부품이 빠져 있었다는 것이다. 우리의 근대문학가들은 낭만주의, 자연주의, 현실주의를 막론하고, 서구문명에서 정열, 욕망, 본능 등은 엄청나게 도입했지만 서구의 이성을 도입한 경우는 거의 없었다. 임꺽정은 주체성의 구조 내부에서 이성의 자리를 저항의 본능이 대체하고 있다. 일제강점기에 조선의 지식인들은 저항 이외에는 다른 정치적 이성이란 필요하지 않다고 여겼을지 모른다. 이성의 위치를 차지한 저항의 본능이 이성의 역할, 즉 욕망의 본능과 대응하며 작동하려면 독특한 장치가 필요했다. 말하자면 하나의 서구적 주체성으로 작용하려면 저항의 본능과 욕망의 본능은 서로 섞이지 않도록 분리되어야 했고, 그 사이에는 칸막이가 있어야 했다. 이를 위해 벽초가 개발한 장치는 바로 반지성주의였다. 우리의 민중 임꺽정은 사악한 지식인들의 유혹을 떨치고 저항의 본능을 순수하게 유지하기 위해 야만인(野蠻人)으로 남아야만 했다. 춘원 주인공들의 경우는 이성이 절대 없지 않았다. 그의 『유정』의 주인공 최석은 불타는 불륜의 애욕을 그의 윤리적 이성으로 억제하였고, 그는 이 갈등에서 탈진하여 사랑과 이성의 순교자가 되었다. 그러나 그 이성은 애욕의 본능에서 그 반대항으로 파생(派生)되어 나온 것이다. 나아가서 그의 이성이란 내면적 양심(良心, conscience)이라기보다는 사회적 윤리, 더 직접적으로는 학교 교장으로서, 교육자로서의 체면, 남들의 시선을 의식하는 자기통제에 불과했다. 다시 말하면 그의 이성이란 내면화된 사회적 역할에 대한 의식이었고, 실은 내면화된 외부적 권력의 결과에 불과한 것이었다. 이러한 이성의 부재는 춘원과 벽초에게만 해당하는 일이 아니었고, 이 세대들에게 특유한 것도 아니었다. 조선사회에서나 식민지 조선에서나 개인의 양심적 판단이란 위험한 것이었을 것이다. 이성이란 오직 조국, 민족 또는 가족 등의 집단에 맡겨야 하는 것이었다. 근대 이후 우리 민족은 욕망의 주체로서 폭력의 주체로서만 개인화되어가고 있었다.

나아가서 춘원이 만든 인물들의 내면과 벽초가 만든 인물들의 내면은 결코 동일하지 않았다. 춘원의 내면의 이성은 배타적인 사회적 지위를 주변 사회로부터의 고독을 통해 의식하는 부르주아적 위선에 찬 의식이었다면, 벽초의 내면은 지배계급에 대한 원한과 본능적 저항으로 가득 찬 민중적 의식이었다. 그런 면에서 이 두 유형의 내면은 대칭되고 고민하는 관계에 있었고, 이 두 유형의 공존은 우리 근대사에 잠재해온 계급투쟁을 보여준다. 그러나 이 두 유형은 공통으로 우리 근대 민족주의의 특질을 나타낸다. 이 둘은 모두 배타적인 의식으로 우리 민족 안에서 '타자(他者, the other)'를 설정한다. 춘원은 그 '못난 조선인'들을 배제하고 있으며, 벽초는 민중을 억압하는 지배계급을 '반역자'들로 규정한다. 이 두 가지 유형은 모두 사랑에서 출발한다. 춘원은 아름답고 고귀한 그대를 사랑했고, 벽초는 소박한 조선 민중들에 대한 사랑이 작품 전체에 흐르고 있다. 그러나 이 사랑들은 또한 증오의 벽을 쌓고 있었다.

5. 맺음말

서구의 권력은 서구인들조차 정의하기 어려우리만치 복잡하고 동시에 다양한 모습을 갖고 있다. 그들의 신학·전설·과학·철학·예술 등 모든 사유와 지식 분야에 폭넓게 펼쳐져 있으며, 시대에 따라 독특하게 이론화되어 오기는 했으나 이러한 이론화의 작업은 현실을 늘 따라잡지 못했다.[61] 그들은 한편으로 권력과 폭력의 사용을 합리화해왔지만 동시에 신비화해왔고 나아가서 죄악시해오기도 했다. 서구의 현실에서 권력과 폭력은 어디에나 있는 것이며, 근대 서구인의 내면의 독특한 구조 또한 권력과 폭력의 주체이자 도구로서 만들어져 왔다.[62] 서구인들에게 국가의 합리적 법적 권력만이 권

---

61) 근대 서구에서 예술에 표현된 파시스트적 권력 개념이 표현된 예에 대하여는 崔丁云 (1997)을 참조할 것.
62) 서구의 주체성과 권력의 문제에 대하여는 Foucault(1975; 1976)를 참조할 것.

력의 모든 것이 결코 아니었다. 권력은 여전히 신비스런 아우라(Aura)에 둘러싸인 것이었고 마술적 요소 또한 적지 않았다. 근대에 들어오면 부르주아(bourgeois) 계급은 힘의 독특한 주체로서 발전해왔고 이에서 도출된 민족(nation)이라는 인간의 집단은 권력, 즉 힘을 위해 창조된 것이었다. 부르주아 인간형은 결코 행복한 삶을 사는 마음의 평정을 하는 인간이 아니라 불안정한 정서에서 매일 싸워야만 하는 내부에 반응장치를 장착한 전사였다. 근대 서구인은 단적으로 힘, 권력을 위해 그야말로 권력이라는 전사회적 실체가 만들어낸 인조인간이었다.

오히려 권력 개념에 관한 한 한국을 포함한 동아시아 지역의 사상이 특이한 경우였을 것이다. 유학, 특히 주자학은 오랫동안 온 사회를 비무장화하고 폭력성을 제거해가며 '문명화'하려 했고, 무력·폭력을 야만의 것으로 비난해왔다. 이러한 상황에 부닥친 조선에 서구의 권력 개념 폭력 사용의 기법을 도입한다는 것은 절대 쉽지 않은 일이었고, 긴 역사적 여정을 거쳐야만 가능한 일이었다.

부국강병론은 중국과 조선 지식인들로서는 그들이 발견한 서양의 힘을 스스로 나름의 방식으로 이루어보겠다는 노력이었다. 이러한 시도는 서구문명에서 힘의 위치와 깊이를 제대로 파악하지 못했던 결과였다. 결국 이러한 시도는 한편으로는 정통 주자학자들과의 갈등을 자초했으며, 또다른 한편으로는 정통 주자학을 떨쳐버리지 못함으로써 소기의 성과를 이루지 못했다. 동양과 서양의 문명은 기초부터 전혀 다른 원리에 따라 이루어졌음이 드러나기 시작했고, 부국강병론은 몰락할 수밖에 없었지만 장기적으로는 동양과 서양의 다른 문명을 혼합하여 독특한 나름의 제삼의 문명을 이루겠다는 영원한 과제로 남게 되었다.

부국강병론이 실패하자 조선의 개화파들은 서구 권력의 여러 제도를 실용적으로 필요에 따라 도입하려 하였고, 이러한 시도들은 국권상실기까지 지속하였다. 이들은 처음에는 기존의 국가권력을 폭력 등을 동원하여 서구식 근대국가의 모습에 따라 수정해보려 하였지만 성공하지 못했다. 서구의 여러 제도는 전혀 다른 토양에서 작동하지 못했다. 독립협회는 서구의 이상에 따라 국가 밖에서 민중들의 여론을 형성하여 국가를 움직이고 사회를 개화해보려 했지만 결국 실패하고 권력의 본질인 폭력의 중요성을 드러내는 데 그치고 말았다. 독립협회는 우리 역사에서 최초로 근대식 '시위' '데모'라는 권력행위를 창시했고 우리 근대사에서 이념의 시대를 열었다. 애국계몽운동은 서구 권력의 본질에 더욱 접근하였고 민족주의는 우리 근대사에서 최대의 발견이었다. 폭력과 권력의 체계적 성격을 이해하고 즉각적인 동원에 앞서 장기간의 준비와 다각적인 사회계몽운동이 필요함을 인식하게 되었다. 그러나 이러한 서구 권력의 본질을 엿보게 된 때는 너무 늦었다. 이미 조선은 국권을 상실했고 최후의 투쟁은 전설만을 남기고 말았다.

만주, 러시아, 중국에서는 민족 독립을 위한 투쟁이 전개되었지만 조선 땅에서는 일제의 통제 아래 모든 정치적 행위는 이루어질 수 없었다. 조선 땅의 지식인들은 '문화'라는 행위를 통해 다른 차원의 투쟁을 벌여 나가야 했고, 이에 가장 중요한 일은 서구문명의 중요한 부분인 예술, 특히 문학의 도입과 재생산이었다. 이러한 일은 심오한 정치적 의미가 있는 것이었다. 위에서 지적했듯이 우리 민족주의 형식의 내용, 우리 민족의 새로운 내면을 만들어내는 일이었다. 이 내면이란 기존 조선의 문화를 부정하고 근대 서구의 내면을 도입하여 끊임없이 싸워 나갈 수 있는 새로운 유형의 조선인을 만드는 것이었다. 근대 서구인의 내면이란 이성과 본능이 하나의 내면 안에 장착되어 끊임없이 갈등을 벌이며 새로운 힘을 만들어가는 힘을 만들어내는 장치였다. 서구의 사랑, 욕망, 본능 등의 도입은 일제강점기를 통해 우리 민족의 자화상을 새롭게 그려가고 있었다. 내면이란 근대 서구문명에서 힘, 권력의 가장 내밀한 부분이었고, 조선 지식인들은 서구 권력의 내밀한 부분을 발견했던 것이다.

나아가서 더욱 본질적인 문제는 서구의 권력 개념을 이론적으로 머리로 이해한다 해도 한국인들에게 권력과 힘의 논리를 체화(體化), 즉 몸으로 체득하는 일은 더욱 긴 시간을 요하는 일이었다. 일제강점기 때까지도 조선 문화의 비폭력적 성격은 지속되었다. 이러한 문화가 여전히 모습을 드러낸 대표적인 경우는 위에서 언급했던 나름대로 극단적 폭력주의, 반지성주의(反知性主義)를 표출했던 『임꺽정』이었다. 임꺽정은 홍길동의 합리화였다. 홍길동의 수많은 신비한 능력이 삭제되고, 임꺽정은 '천하장사', 즉 근육의 힘만으로 이루어진 영웅이었고, 그런 의미에서 분명히 폭력의 내용은 합리적이며 그런 의미에서 근대적이었다. 그러나 임꺽정은 『수호전(水滸傳)』 등 당시에 존재하던 어떤 장사(壯士)들보다도 더욱 신화적인 장사였고, 그는 따라서 싸울 상대가 없었다. 소설 전체를 통해 주인공은 진지하게 싸울 맞수가 없었고, 따라서 작품 전체에 폭력적 성격은 거의 존재할 자리가 없었다. 그는 타고난 저항하는 민중이요, 그야말로 '반골'이었지만 전략이나 음모하고는 거리가 먼 '순수한' 저항의 영웅이었다. 소설에서 유일하게 전략을 꾸미는 임꺽정의 모사(謀士) '서림이'는 배신하였고, 따라서 합리적 사고와 전략은 사특(邪慝)한 인간으로 추방당하고 말았다. 폭력은 여기에서 우리 밖에 존재하는 위대한 궁극적 해결책으로, 그러나 우리 안에는 여전히 낯선 요소로 나타나고 있다. 이러한 식민지 조선의 폭력의 상징적 위상은 또다시 외세의 등장과 관계되고 있었다고 생각해볼 수도 있을지 모른다. 임꺽정은 순수한 토박이 조선인이지만 동시에 홍길동과 같은 카리스마적 외계인(外界人)이기도 했다. 우리 한국인이 스스로 폭력과 권력의 주체로 만들어진 것은 폭력이 난무하던 해방공간을 거쳐 1950년부터 3년 동안 한국전쟁을 겪은 후에야 비로소 가능한 일이었다.

일제를 통해서 얼개가 갖추어진 우리 민족의 힘, '생명력'은 실패로 끝난 이야기일 수 없었다. 1945년 우리 민족이 해방되고 3년 후 서구식 법적 권력으로 대한민국을 건국하고 민족상잔의 전쟁을 겪었다. 그리고 우리 민족, 민중은 독재와의 끝없는 투쟁의 장정에 나섰다. 문제는 우리가 일제를 통해

120

만들어온 민족의 힘은 계속 독자적으로 법적 권력에 대응하여 그 힘을 발휘했다. 기존의 국가권력으로 제압할 수 없는 민족의 저항은 더욱더 강한 국가권력을 키워왔고, 또한 민족의 저항은 결코 국가권력에 제압될 수 없었다. 우리의 지성계는 이러한 민족, 민중의 힘을 찬양해왔고 키워왔다. 우리의 민족주의, 우리 민족의 힘의 주체성은 국가권력에 저항하는 본능적 프로그램을 장착하게 되었다. 그 국가가 이제 일본이든 미국이든 또는 우리 민족의 국가든 별로 상관이 없이 저항은 주로 조건반사적으로 이루어져 왔다.

참고문헌

강만길 「東道西器論의 재음미」, 『韓國民族運動史論』(一潮閣 1985).

姜在彦 저, 鄭昌烈 譯 『韓國의 開化思想』(比峰出版社 1981).

金東仁 『金東仁全集』 전4권(朝鮮日報社 1987).

김병철 『한국근대번역문학사연구』(을유문화사 1975).

_____ 『한국근대서양문학이입사연구(上·下)』(을유문화사 1980~82).

김영작 『한말 내셔널리즘 연구—사상과 현실』(청계연구소 1989).

金容九 「西洋國際法理論의 朝鮮傳來에 관한 小考」, 『泰東古典硏究』 第十一集 (1993) 499~522면.

_____ 『세계관 충돌과 한말 외교사, 1866~1882』(문학과지성사 2001).

김용직 『한국 근·현대 정치론』(풀빛 1999).

金允植 『한국문학의 근대성과 이데올로기 비판』(서울대학교출판부 1987).

_____ 『한국문학의 근대성 비판』(문예출판사 1993).

김학준 『한말의 서양정치학 수용 연구—유길준·안국선·이승만을 중심으로』 (서울대학교출판부 2000).

남경희 『주체, 외세, 이념—한국 현대국가 건설기의 사상적 인식』(이화여자대학 교출판부 1995).

노영택 『한말 국민국가 건설운동과 국민교육』(신서원 2000).

朴泳孝 「朴泳孝 上疏文(資料)」, 丁仲煥 編 『亞細亞學報』 第一輯(1965) 709~40면.

朴齊炯 저, 李翼成 譯 『近世朝鮮政鑑(上)』(探求堂 1981).

박종성 『강점기 조선의 정치질서―忍從과 저항의 단층변동』(인간사랑 1997).

_____ 『한국정치와 정치폭력―해방 후 권력과 민중의 충돌』(서울대학교출판부 2001).

朴贊勝 『한국근대정치사상사 연구』(역사비평사 1992).

박충석 『한국정치사상사』(삼영사 1982).

박현모 『정치가 정조』(푸른역사 2001).

방일영문화재단 편 『韓國新聞社說選集』 전4권(방일영문화재단 1995).

배병삼 「다산 사상의 정치학적 해석」, 『茶山의 사상과 그 현대적 의미』(韓國精神文化研究院 1998) 407~87면.

배성찬 편역 『식민지 시대 사회운동론 연구』(돌베개 1987).

愼鏞廈 『獨立協會研究』(一潮閣 1976).

_____ 『申采浩의 社會思想研究』(한길사 1984).

_____ 『韓國民族獨立運動史研究』(을유문화사 1985).

신일철 『동학사상의 이해』(사회비평사 1995).

申采浩 『丹齋申采浩全集(上・中・下)』(丹齋申采浩先生紀念事業會 1977).

兪吉濬 저, 허경진 옮김 『서유견문』(한양출판 1995).

_____ 저, 한석태 역주 『유길준 정치학』(경남대학교 출판부 1998).

_____ 『兪吉濬全書』 전5권(一潮閣 1995).

李光麟 『韓國開化史研究』(一潮閣 1969).

_____ 『한국개화사상연구』(一潮閣 1981).

李光洙 『李光洙全集』 전9권(又新社 1979).

이균영 『신간회연구』(역사비평사 1993).

이나미 「19세기 말 개화파의 자유주의 사상―『독립신문』을 중심으로」, 『한국정치학회보』 35집 3호(가을호), 2001, 29~47면.

李相益 『서구의 충격과 근대한국사상』(한울아카데미 1997).

李用熙 外『韓國의 民族主義』(한국일보사 1975).

이인직·이해조·안국선·신채호『신소설』, 한국소설문학대계 1(동아출판사 1995).

張志淵·申采浩·朴殷植 저, 李在銑 譯註『애국부인전/乙支文德/瑞士建國誌』(한국일보사 1975).

趙東一『민중영웅 이야기』(문예출판사 1992).

주요한 편저『安島山全書』(흥사단출판사 1999).

진덕규 편『한국의 민족주의』(현대사상사 1979).

千二斗『한의 구조 연구』(문학과지성사 1993).

崔南善『육당 최남선 전집』전15권(현암사 1973).

崔丁云「권력의 반지: 권력담론으로서의 바그너의 반지 오페라」,『國際問題硏究』第21號(1997) 131~66면.

_____ 1999a,「새로운 부르주아의 탄생: 로빈슨 크루쏘의 고독의 근대사상적 의미」,『정치사상연구』창간호, 9~51면.

_____ 1999b,「서구의 이성, 과학, 진보」,『思想』(겨울호): 90~111면.

_____ 2000a,「현대 사랑의 정치사회적 의미」,『전통과 현대』13호(가을호): 75~95면.

_____ 2000b,「사랑의 재현: 전통적 사랑이야기와 근대적 사랑이야기의 차이의 의미」,『문화과학』24호(겨울호): 269~97면.

_____「한국 반지성주의의 기원과 의미―『임꺽정』의 사상 분석」(한국정치사상학회 월례발표회 논문 2001).

韓元永『韓國開化期 新聞連載小說研究』(一志社 1990).

洪命熹『임꺽정』전10권(사계절 1985).

Apter, David E., ed. *The Legitimation of Violence*. London: Macmillan 1997.

Arend, Hannah, *The Human Condition*. Chicago: University of Chicago Press 1958.

Deleuze, Gilles & Félix Guattari, 1972T. *Anti‑Oedipus: Capitalism and Schizophrenia*. Minneapolis: University of Minnesota Press 1983.

Foucault, Michel, *Surveillir et punir*. Paris: Gallimard 1975.

_____ *Histoire de la Sexualité 1: volonté de savoir*. Paris: Gallimard 1976.

Habermas, Jürgen, 1962. *The Structural Transformation of the Public Sphere, Trans Thomas Burger.* Cambridge: Cambridge University Press 1989.

Hobsbawm, Eric J. *Nations and Nationalism since 1780.* Cambridge: Cambridge University Press 1994.

Lukes, Steven, ed. *Power.* New York: New York University Press 1986.

Michaud, Yves, 나정원 옮김 『폭력과 정치』(인간사랑 1990).

Scalapino, Robert A. & Chong-Sik Lee. 1972: 한홍구 역 『한국 공산주의운동사 I: 식민지시대 편』(돌베개 1986).

Sorokin, Pitrim. 1937~41. *Social and Cultural Dynamics*, Intro. Michel P. Richard. New Brunswick: Transactions Books 1985.

Spengler, Oswald. 1918~22. *The Decline of the West*, 2 vols, Trans. with Notes by Charles Francis Atkinson. New York: Alfred A. Knopf 1932.

Weber, Max. 1904~1905. *The Protestant Ethic and the Spirit of Capitalism*, Trans. Talcott Parsons. New York: Charles Scribner's Sons 1976.

_____ 1978. *Economy and Society*, 2vols, Edited by Guenther Roth & Claus Wittich. Berkeley: University of California Press.

Wolin, Sheldon S. 1960. *Politics and Vision: Continuity and Innovation in Western Political Thought.* Boston: Little, Brown and Company.

근대한국의 주권 개념

신욱희

1. 서론

탈근대로의 역사적 전환이 논의되는 현 싯점에서 주권(sovereignty)은 학문과 실천의 영역에서 모두 새로운 주목의 대상이 되고 있다.[1] 근대정치 개념 중에서 주권만큼 포괄적인 동시에 다의적인 것도 드물 것이다. 주권의 대외와 대내적 측면, 그리고 형식과 실질적 차원의 주권은 각기 서로 다른 분석이 있어야 한다. 냉전 이후 주권 문제를 새로운 시각에서 재검토하는 국제정치학자인 크래스너(Stephen D. Krasner)는 근대적 주권의 의미를 국내적 주권, 상호 의존적 주권, 국제법적 주권, 웨스트팔리아적(Westphalian) 주권 등 네 가지로 구분한다.[2] 서구의 주권 개념은 라틴어의 전치사 super(~위의)와 형용사인 superus(~의 위에 있는)에서 유래하는데, 이는 기본적으로 존엄성(majestas)과 그에 의한 지배(imperium), 그리고 그 권위의 소재로서의 인민

서울대 외교학과 교수.

(populus)이라는 세 요인으로 이루어졌다.[3]

하지만 절대적이고 자율적인 권위로 표현되는 주권은 사실상 극히 상대적이며 제한적이었다는 주장이 제기되고 있다. (국가)주권은 내정불간섭의 원칙에 따르는 것으로 묘사되나 실질적으로는 끊임없이 침해되어왔기 때문에 주권은 존재하나 구속력은 약한 '조직적 위선'(organized hypocrisy)이라는 것이다.[4] 이에 반해 주권(국가)은 그 본질은 유지된 채 속성이 전환되는 것으로 보아야 한다는 전환론의 입장도 존재한다.[5] 하지만 두 논의는 모두 실체가 아닌 개념으로서의 주권을 역사적 시각에서 조망해야 한다는 점에는 공감한다. 「변화하는 세계와 개념사」에서 소개하는 코젤렉(Reinhart Koselleck)의 개념사 방법론은 이러한 역사적 조망에 이바지하게 될 것이다.[6]

하지만 이러한 개념사를 생산자가 아닌 소비자 입장에서 고찰하려면 추가적 논의가 필요하다. 이용희 교수가 제시하는 '권역'과 '전파'의 이론은 이를 위해 적절한 틀을 제공한다.[7] 그에 따르면 정치과정에 대한 구체적인 이해는 특정한 사회현상을 '정치'로 관념하는 특정한 시기와 장소의 전체적인 구조 속에서 행해져야 한다는 것이다. 그는 일정한 정치행위의 의미가 보편

---

1) 이 문제에 관한 다양한 논의는 『세계정치』 제25집 1호(서울대학교 국제문제연구소 2004) '주권과 국제관계' 특집을 참조할 것.
2) 크래스너에 의하면 국내적 주권은 한 국가 내의 공적 권위의 조직과 그에 의한 효율적 통제를, 상호 의존적 주권은 국경을 통과하는 흐름을 통제하는 공적 권위의 능력을, 국제법적 주권은 국가나 다른 개체 사이의 상호 인정을, 그리고 웨스트팔리아적 주권은 국내적 권위의 구성에서 외부적 행위자의 배제를 각각 지칭한다. S. Krasner, *Sovereignty: Organized Hypocrisy* (Princeton: Princeton University Press 1999) 9.
3) N. Onuf, "Sovereignty: Outline of a Conceptual History," *Alternatives*, 16 (1991).
4) S. Krasner, 앞의 책 1장.
5) S. Smith, "Globalization and the Governance of Space: A Critique of Krasner on Sovereignty," *International Relations of the Asia-Pacific*, 1~2 (2001).
6) 코젤렉에 관해서는 이 책 「변화하는 세계와 개념사」를 참조할 것.
7) 이용희 『일반국제정치학(상)』(박영사 1964) 제2장.

타당하게 받아들여지는 권역을 국제정치권이라고 지칭하며, 그 형성은 강력한 정치적 세력을 매개로 하여 특정한 관념이나 제도가 한곳에서 다른 곳으로 전파됨으로써 이루어진다고 지적하는데, 19세기 말 동아시아의 사례는 전파를 통한 새로운 권역 형성의 모습을 잘 드러내준다.

이 논문은 위와 같은 문제의식에서 19세기 말에서 20세기 초 조선에 근대적 주권 개념/관념이 도입되는 과정을 고찰하고자 한다. 본문의 첫 부분에서는 개념으로서의 주권이 도입되고 사용되는 예를 살펴보고 나서 그 개념이 실제 정치적 변화의 양상과 접합되는 측면을 알아보고, 전통적인 국권 개념 용례와 비교할 것이다. 둘째 부분에서는 김윤식, 유길준, 윤치호의 저작을 바탕으로 서구 근대질서의 표상으로서 주권 개념이 당시의 지식인들에게 수용·변용되는 방식을 저항·구성·순응이라는 세 유형으로 구분해서 검토할 것이다.

2. 개념의 도입과 사용

(1) 『만국공법』과 개화파들의 용례

주권 개념의 조선 도입은 구미의 국제법, 즉 『만국공법』이 번역되어 전해지면서 이루어졌다. 선교사 마틴(William A. P. Martin)은 휘튼(Henry Wheaton)의 『국제법 요강』(Elements of International Law, 1836)을 1864년에 한역하면서 sovereignty를 주권이라는 새로운 조어로 번역했다.[8] 『만국공법』이 조선에 전해내려 온 것은 1864년에서 1876년 사이에 청에 왕래하던

---

8) 휘튼은 서양법 언어를 번역하면서 중국에 있는 용어를 빌려 사용하거나 기존 용어가 없을 때는 중국학자들과 상의해서 조어하였는데 주권은 후자에 속한다는 것이다. 최종고 『한국의 서양법수용사』(박영사 1982) 290면.

조공사절에 의해서 반입되었을 것으로 추정한다. '만국공법'이라는 용어는 1876년 음력 1월 20일 『고종실록』에 실려 있는 신헌(申櫶)의 보고문에서 처음 등장하며, 최초 전래 사실에 대해서는 1877년 일본의 대리공사 하나부사 요시모또(花房義質)가 예조판서 조영하에게 『만국공법』을 기증했다는 기록이 남아 있다.[9]

『만국공법』에서는 주권을 나라를 다스리는 최고의 권력〔治國之上權〕으로 정의하고, 대내적 차원〔在內之主權〕과 대외적 차원〔在外之主權〕으로 구분한다. 대내적 차원의 주권은 타국의 간섭을 받지 않고 국내의 일을 '자주'로 하는 것을 말하고, 대외적 차원의 주권은 타국의 명에 따르지 않고 '자주'로 각국이 전쟁과 평화교제를 할 수 있는 것을 지칭하였다. 1874년 당시 동래부 훈도였던 안동준의 상소에서 "금지각국통상(今之各國通商)은 세계지공법(世界之公法)이니"라는 구절이 나오는 것을 보면 이미 당시 공법적인 지식과 이에 따른 국가주권에 의한 외교통상의 관념이 존재했음을 알 수 있다.[10]

하지만 조선의 『만국공법』은 그 도입과정이 청과 일본을 통해 이루어졌기 때문에 두 나라의 번역 문헌에 의존하였고, 독자적인 번역과 체계적인 이해를 거치면서 수입된 것은 아니었다. 또한 개화파와 척사파의 논의가 크게 갈려 있었으며, 개화파 내에서도 청국적인 국제법관과 일본적인 국제법관의 대립으로 말미암아 포괄적인 논의가 이루어지지 못하였다. 그리고 공법 적용의 현실적인 필요성에도 '만국교제지도(萬國交際之道)'라는 자연법적인 원리를 중심으로 도입이 이루어짐으로써 경험적인 관념보다는 규범적인 관념의 형태로 수입되었다는 한계를 지닌 측면도 있었다.[11]

---

9) 장형원 「19세기 조선의 주권 개념 수용과 형성」, 서울대학교 외교학과 논문집 『19세기 조선의 근대 국제정치 개념 도입사』(1995) 58면.
10) 김봉진 「조선의 만국공법 수용에 관한 일고찰」(서울대학교 외교학과 석사학위논문 1985) 33면.

주권에 대한 공식적인 소개는 관보로 발간되었던『한성순보』와『한성주보(漢城周報)』에서 나타나는데, 주권 개념이 직접 쓰인 것은 대내적 차원에서 국민주권 개념을 설명하기 위해서였다.『한성순보』제11호는 중국『공보』를 거론하면서 "상고하건대 서양 각국에서 행한 여러가지 제도의 가장 중요한 요점으로 움직일 수 없는 기초는 나라를 다스리는 주권이 국민에게 있고, 모든 권력이 국민에게서 나와 시행되는 것"이라고 기술하였다. 하지만 개별 국가의 독립과 평등의 관념 또한 등장하는데,『한성주보』제6호는

아프리카와 오세아니아 이 두 주는 거의 다 유럽 각국에 병탄되어 이른바 독립국이라는 것이 없다. … 간혹 태국, 페르시아 등등의 나라가 지금까지 독립을 보전하고 있지만… 유독 스스로 지키고 있는 나라는 우리나라와 중국, 일본뿐인 것이다. 이 세 나라가 어떻게 해야 독립 자강하여 영원히 걱정 없을 것을 보장할 수 있겠는가.

라고 이야기하며,『한성순보』제13호는

우리나라는 아주에서 가장 작은 나라이지만 인구에 있어서는 중국과 일본을 제외하고는 우리나라처럼 많은 나라가 없다. 만약 상하가 마음을 합하여 함께 외무에 부지런하면 천하 국가들과 병립할 수 있지 않을까 싶다.[12]

라고 말하면서 동아시아에서의 대외적 주권의 위협 상황과 그 보전의 방책에 대하여 논한다.

당시 조선에 주권 개념의 도입과 사용은 청을 중심으로 한 사대와 조공의 전통질서에서 조약과 국제법의 서구 근대질서로의 이전을 의미하였고, 이는

---

11) 장형원, 앞의 글 59면.
12) 이상의『한성순보』『한성주보』의 내용은 같은 글 68~70면에서 재인용.

'세계관 충돌'의 형태를 띠었다.[13] 새로운 관념의 전파와 수용에 적극적이었던 개화파들은 이를 더 실천적인 견지에서 나라의 자강의 필요성과 함께 거론하기 시작하였다. 김옥균은

> 자래로 청국이 스스로 (조선을) 속국으로 생각해온 것은 참으로 부끄러운 일이며 나라가 진작의 희망이 없는 것은 역시 여기에 원인이 없지 않다. 여기서 첫째로 해야 할 일은 기반(羈絆)을 철퇴하고 독전자주지국(獨全自主之國)을 수립하는 일이다. 독립을 바라면 정치와 외교를 불가불 자수자강해야 한다.[14]

라고 강조하였다. 박영효도 "법이 혹독한 까닭에 나라의 주권을 외국에 빼앗기게 되는 것입니다. … 외국과 교류할 때 주권을 잃거나 국체에 손상을 입혀서는 안되는 일입니다"라고 주권의 개념을 사용하면서

> 비록 만국의 공법과 세력균형, 공의가 있기는 하지만 나라에 자립자존(自立自存)할 힘이 없으면 반드시 영토의 삭탈과 분할을 초래하게 되어 나라를 유지할 수 없게 됨으로 공법공의는 본시 믿을 것이 못됩니다.

라고 지적하여 현실주의적 입장을 피력한다.[15]

---

13) 김용구 교수는 이를 동양의 예와 서양의 공법 충돌로 묘사하면서 강화도조약으로 가시화된 위정척사파와 개화파의 대립은 임오군란 이후 고종이 전교를 통해 현재 상황이 더는 중국이 천하를 호령하는 세상이 아니라 열강이 병존하는 시대라고 이야기함에 따라 일단락되었다고 말한다. 김용구『세계관 충돌의 국제정치학: 동양 예와 서양 공법』(나남출판 1997) 제4장.
14)「조선개혁의견서」,『김옥균전집』(아세아문화사 1979) 110~11면.
15) 박영효「내정개혁에 대한 상소문」.

(2) 강화도조약에서 대한제국까지

조선에 주권 개념의 도입은 단순한 단어의 전래가 아닌 새로운 대외관계의 규범과 규칙의 전파를 뜻하였고, 이는 구체적인 역사적 사건들과 연결된 것이었다. 일본은 1876년의 강화도조약(조일수호조약) 제1조에 "조선국자주지방(朝鮮國自主之邦) 보유여일본국평등지권(保有與日本國平等之權)"이라고 표기하여 청으로부터의 자율성을 명시하였다. 이는 당시 기존의 '정교자주(政敎自主)' 원칙으로부터 종주권에 대한 강조로 대조선정책을 변화시키고 있던 청을 견제하고 자신의 세력확대를 용이하게 하려는 의도에 의한 것이었다. 하지만 조선정부는 1877년 청에 대한 보고에서 "소방(小邦)이 상국(上國)에 복사(服事)하는 것은 천하 공지의 사실이다. 그러나 병자조약에서 소방을 자주국(自主國)이라고 한 제1조는 일본이 마음대로 자서하여 강요한 것"이라고 하면서 종속관계를 유지하려는 입장을 취한다. 이는 한편으로는 청국을 통해 서양과 일본을 견제하려 했던 조선의 고민을 보여주는 것이라고도 할 수 있다.

이후 더욱 본격화된 청의 조선에 대한 통제와 일본의 조선을 통한 대륙진출의 모색 사이의 갈등은 청일전쟁을 통한 무력적 충돌에 의해서만 정리될 수 있었다. 청이 "상국의 체면상 속방의 어려움을 보고만 있을 수 없다"는 명분 아래서 파병을 하자 일본은 청에 조선을 청의 속방으로 인정한 적이 없다는 회답을 보내고, 조선 정부에 이에 대한 해석을 요구하였다.[16] 조선은 아래와 같은 답신을 보내 애매한 입장을 취한다.

> 병자수호조규 제1관(강화도조약 제1조)에 조선은 자주국으로 일본과 더불어 평등한 권리를 가진다는 일절이 있다. 본국은 입약한 이래 양국의 교제, 교섭

---

16) 정용화 『문명의 정치사상: 유길준과 근대한국』(문학과지성사 2004) 226~27면.

사건에서 자주, 평등의 권리로 관리했다. 이번에 중국에 청원한 것 또한 우리 나라의 자유의 권리에 의한 것일 뿐 조일조약에 위배된 적이 없다. 본국은 조 일조약에서 정립된 것을 준수했다. 또한 본국이 내치, 외교에서 자주국이라는 것은 중국도 알고 있는 바이다.[17]

이와같은 이중적인 상황은 청일전쟁의 결과 청이 패퇴하면서 종결되었다. 청은 시모노세끼 조약 제1조를 통해 일본 측의 요구대로 조선의 자주독립을 인정하고, 조선정부에 요구해오던 조공의례를 모두 철폐한다고 선언하였다. 일부 개화파들은 이러한 사태의 전개를 조선이 형식적인 주권을 갖게 된 것 으로 인식하였다. 1896년 『독립신문』 사설에서는 "일본이 두 해 전에 청국 과 싸워 이긴 후에 조선이 분명한 독립국이 되었으니"[18]라고 말하고, "하나 님이 조선을 불쌍히 여기셔서 일본과 청국이 싸우게 된 까닭에 조선이 독립 국이 되어야 지금은 조선 대군주 폐하께서 세계 각국 제왕과 동등이 되시고 그런 까닭에 조선 인민들도 세계 각국 인민들과 동등이 되었는지라"[19]라고 이야기한다. 또다른 사설은 "세계에서 가장 천한 청국에 소국으로, 지금은 세계 각국과 동등이 되어 각국에서들 이왕에는 영사만 보내더니 지금은 전 권공사와 대리공사들을 보내고, 각국 정부에서 조선정부 대접하기를 자주 독립한 정부로 대접하고… 공문상에도 대조선국이라 하니"[20]라고 쓰면서 다 른 나라들의 조선에 대한 인식의 변화를 피력하였다.

이와같은 자주독립에 대한 기대는 이후 대한제국의 수립으로 좀더 구체화 한 모습을 띠게 된다. 1896년 조선은 독자적인 연호인 건양을 채택하였고, 이어 고종은 1897년 국호를 대한제국으로 고치고 황제에 올라 연호를 다시

---

17) 『구한국외교문서-日案』 2, 656~57면; 같은 책 228면에서 재인용.
18) 『독립신문』 1896년 4월 18일자.
19) 『독립신문』 1896년 6월 20일자.
20) 『독립신문』 1896년 9월 12일자.

광무라고 칭하였다.[21] 그해 『독립신문』은 "조선이 세계만국이 오늘날 독립 국으로 승인하여 주어 조선 사람이 어떤 나라에게 조선을 차지하라고 빌지 만 아니하면 차지할 나라 없을지라. … 만약 어떤 나라가 조선을 침범코자 하여도 조선 정부에서 세상에 행세만 잘하였을 것 같으면 조선을 다시 남의 속국 되게 가만둘 리가 없는지라"[22]라고 말하면서 국제법적 주권의 의미를 언급한다.

하지만 한편으로는 다음과 같이 형식적 주권의 한계를 지적하는 글도 등 장하였다.

나라가 독립이 되고 아니되고는 한 사람에게 달린 것이 아니라 전국 인민에 게 달렸다. … 나라를 보존하는 힘이 조선 사람에게 있지 아니하고 타국을 믿 고 있으며 조선이 자주 독립이 되었다고 하더라도 조선 사람이 총 한 방 놓지 않았다. 자주 독립하겠다고 원한 일도 없건마는 남(일본)이 시켜주어 오늘날 조선이 말로는 세계 각국과 동등이라 하나 실상을 볼 것 같으면 조선이 어찌 독립국이리요. 남이 억지로 시켜준 독립인 까닭에 말로만 자주 독립이요, 실상 인즉 이왕에 청국에 매여 있을 때보다 더 외국의 지휘를 들으니… 남이 벌어 서 준 자주독립을 잃지나 말고 지키기나 하여야 할 것이다.[23]

이러한 문제점을 보완하기 위한 방책으로 아래에서 나타나는 것처럼 왕권 의 유지에 대한 전통적 인식과 민권의 중요성에 대한 근대적 인식이 함께 표출되었다.

나라가 나라 됨은 두 가지가 있다. 첫째가 스스로 서서 다른 나라에 의지하 지 않고 힘입으려 아니함이요, 둘째가 스스로 닦아 정사와 법을 온 나라에 행

---

21) 이 과정에서 1880년에 번역된 『공법회통(公法會通)』이 칭제상소에 활용되었다.
22) 『독립신문』 1897년 5월 25일자.
23) 『독립신문』 1897년 7월 27일자.

하는 것이다. 이 두 가지가 하나님이 우리 대황제폐하에게 주신 큰 권(權)이라 이 권(權)이 없은즉 그 나라도 없다. … 스스로 서는 것에 대해 말하자면 재물 정사는 마땅히 남에게 사양치 않을 것이거늘 늘 남에게 사양하여왔고 군사의 권은 마땅히 스스로 잡을 것이로되 남이 잡게 하여왔다. 스스로 닦는 것으로 말하자면 나라라고 칭함은 그 전장과 법도가 있음이라. 지금 우리에게 전장이 있다고 할 수 있는가. 옛 법은 폐지되었고 새 법은 비록 정해져 있으나 아직 행해지지 아니한즉 이것은 있어도 없는 것과 같다.[24]

나라라고 하는 것은 사람을 두고 이름이니… 사람이 토지를 의지하여 나라를 세울 때 임금과 정부와 백성이 동심 합력하여 나라를 세웠다. … 백성의 권리로 나라가 된다고 하나 3천년 이래로 전국 권리를 정부가 주장함으로써 백성은 그런 권리가 있는 줄도 몰랐다. 동양 풍속이 나라를 정부가 독점하는 고로 나라가 위태로울 때에도 백성은 권리가 없음으로 나라의 흥망을 전부 정부에게 미루고 수수방관만 하게 된다. 그러므로 나라 힘이 미약하여 나라가 망하는 폐단이 자주 생기게 된다. 그리고 그 나라 망하는 형상을 보면 종묘사직을 바꾸고 임금을 바꾸고 나라 이름을 고칠 뿐이고 정부와 백성은 그대로 두는 고로 그 정부 자손이 새 나라에서 도로 벼슬하고 백성들도 그새 나라에서 도로 세금을 내는 고로 나라 망하는 데 관심이 없으니 어찌 한심하지 않겠는가. … 해외 강국이 와서 나라를 빼앗는데 종묘사직과 임금과 나라 이름은 그대로 두고 사람의 권리와 토지의 이익과 소출만 가져가고 또 총명 강대한 백성을 옮겨다가 두고 주장을 한다. 이러고 보면 사람은 권리가 없어지고 토지는 이익과 소출이 없어지면 정부와 백성은 무엇을 가지고 나라 노릇을 하며 무엇을 하여 생명을 보존하리오. 그런즉 지금 구하는 방략은 창졸간에 백성의 권리를 모두 주어 나라 일을 하게 할 것도 아니요, 관민이 합심하여 정부와 백성의 권리가 높아진 후에야 대한이 억만년 무강하다고 나는 생각한다.[25]

---

24) 『독립신문』 1898년 2월 24일자.
25) 『독립신문』 1898년 12월 15일자.

결국 당시 지식인들은 조선이 형식적인 주권은 갖추었을지라도 그를 지탱할 실력은 아직 미비하며, 따라서 실질적인 주권 획득을 위한 노력이 필요하다는 것을 자각하고 있었다고 하겠다.

(3) 국권 개념과의 비교

조선의 이전 용례에 보면 '자주(自主)'라는 용어가 서구의 '자유' 개념과 유사한 의미로 쓰였음을 알 수 있다. 예를 들어 다산은 인간의 자기결정권으로서의 자주지권(自主之權)을 논하였고,[26] 중국이나 일본에서도 자유의 개념을 이야기하면서 이 용어를 사용하였다고 한다. 하지만 조어 번역어인 주권 개념과 가장 유사한 뜻으로 쓰인 기존 단어는 '국권'이었다고 할 것이다. 아래에서 보이는 것과 같이 1885년의 거문도사건에 관한 김윤식과 타국의 외교관들 사이의 서한에서 그러한 용례가 등장한다.

> 거문도에 대한 문제는 귀국의 국권에 관계되는 중대한 문제인 것 같습니다. 그래서 곧 영국 대신의 비밀편지를 보았는데 단지 만약의 경우에 대응하게 한 것이라고만 말하였습니다. 그러니 생각하건대 영국이 방비하겠다고 말한 나라가 가령 귀국과 우호조약을 체결한 나라라면 관계되는 바가 더욱 크지 않겠습니까.[27]

> 귀 공사는 영국의 행위를 과연 어떻게 봅니까. 비록 작은 섬이기는 하지만 관계되는 점이 중대하므로 경솔히 남에게 빌려줄 수 없습니다. 우리 동맹관계가 있는 각국에서 반드시 공평한 논의가 있을 것이니 아무쪼록 우리나라를 위하여 마음과 힘을 다하고 공정한 의리에 따라 국권을 보전할 수 있게 하는 것

---

26) 김한식 『실학의 정치사상』(일지사 1979) 343면.
27) 일본 대리공사의 김윤식에 대한 회답편지(고종 22/03/29), 『CD-ROM 고종순종실록』 (서울시스템주식회사 1998) http://www.koreaa2z.com/silok5.

이 어떻겠습니까.[28]

조선이 국제법적인 주권을 사실상 박탈당하는 1905년 을사늑약의 사례에서도 이를 국권의 상실로 묘사하고 있음을 알 수 있다.

이번에 한국과 일본 두 제국 사이에 새로 체결된 조약이 비록 추호도 황실의 존엄과 내정의 자주에 관계가 없는 것이기는 하지만 국권을 잃고 나라의 체면을 손상시킨 것으로 말하면 자못 이루 다 말할 수 없는 것이 있는 것입니다.[29]

폐하를 모신 자리에서 오늘날의 나라 형세는 구천이 온 나라를 섬기던 때보다 오히려 더한 것이 있으니 임금과 신하 상하 모두가 분발하여 죽을힘을 다해서 속히 국권을 널리 회복하기 위해 애써야지 하루라도 그럭저럭 세월을 보내지 말아야 한다는 문제를 눈물을 머금고 말씀 올리고 물러나왔습니다.[30]

경술국치 이후 『매일신보』 기사는 "통감부에서 신문 제호 중 한국의 국권을 상징하는 명칭은 고치게 하여 『대한신문』은 『한양신문』으로, 『대한매일신보』는 『매일신보』로, 『황성신문』은 『한성신문』으로, 『대한민보』는 『민보』로, 『대동공보』는 『대동신보』로 각각 제호를 고치다"[31]라고 씌어 있어 국권이 오늘날의 대외적 주권과 거의 동일한 개념으로 사용되고 있었다는 것을 보여준다.

---

28) 김윤식의 중국 총판과 각국 공사에 대한 편지(고종 22/04/07), 『CD-ROM 고종순종실록』.
29) 권중현의 상소(고종 42/11/18), 『CD-ROM 고종순종실록』.
30) 이용태의 상소(고종 42/11/26), 『CD-ROM 고종순종실록』.
31) 『매일신보』 1910년 8월 31일자, 한국역사정보통합시스템 http://kh2.koreanhistory.or.kr/index.jsp.

3. 관념의 수용과 변용

전술한 것과 같이 주권은 하나의 개념이라기보다는 근대정치를 표상하는 관념이자 당시의 문명표준(standard of civilization)의 성격을 띠는 것이었다. 따라서 조선에 주권 개념의 도입은 곧 포괄적인 관념의 수용 문제였고, 이는 유교와 기독교, 그리고 전통적인 동아시아 정치질서와 근대적인 서구 정치질서 사이 선택의 문제를 제기하였다. 이와같은 양상은 대외적으로는 사대질서와 공법질서 간의, 좀더 구체적으로는 청에 대한 종주권 체제와 서구와 일본이 제시하는 새로운 국가 간 체제 사이의 택일을 요구하는 모습을 띠게 되었다.

한 사회의 엘리뜨 계층이 갖게 되는 관념은 그를 통해 한 사회의 정체성이 만들어지고 새로운 공동체의 상이 제시된다는 점에서 중요하다. 19세기 조선의 지식인들에게 주권 관념으로 대표되는 새로운 질서관의 수용은 그 대응에서 저항과 구성, 그리고 순응의 다양한 형태를 보여주게 된다.[32] 서구를 야만으로 간주하고 무조건적인 척사의 태도를 보인 쪽과 자신의 정치적 이익만을 고려하여 외세에 편승하려 했던 세력을 제외한다면, 당시의 관료나 지식인들은 이전의 규범과 새로운 규범, 그리고 주어진 현실과 명분체계 사이에서 각기 다른 고민을 하였다. 아래에서는 김윤식, 유길준, 윤치호의 논지를 통해 이러한 주권 관념의 상이한 수용과 변용의 양식이 갖는 특징을 비교하고자 한다.

---

32) 여기서 '구성'이란 저항의 입장과 순응의 입장 사이에서 양자를 전략적으로 결합하려
   는 복합적인 대응방식을 지칭한다.

(1) 김윤식: 저항의 한계

　대표적인 개명유학자였던 김윤식은 기본적으로 전통질서의 범주에서 근대를 수용하려 하였으며, 이는 그의 동도서기론을 통한 소극적인 개국논리에서 잘 나타난다.[33] 이러한 입장의 대외적인 측면은 중국과 사대관계의 틀내에서 미국 및 다른 국가와의 공법적 관계의 수립 가능성을 모색한 그의 양득/양편론으로 표현되었다. 김윤식은 자주와 독립, 속방과 속국을 구별하여 자주는 가하되 독립은 불가하며, 조선은 속방이나 속국은 아니라는 입장을 취하였다. 그에게 속방은 전통적 사대질서에서 조공하고 책봉을 받는 국가이기는 하지만 정교내치(政教內治)에서 자주권을 행사하는 나라였다. 그보다 속국은 근대적 의미의 보호국을 뜻하는 것으로 김윤식으로서는 받아들일 수 없는 상황이었다. 따라서 아래에서 보는 것처럼 조선이 속방임을 명시하는 것이 자주권을 유지하면서 실질적으로 나라의 안보를 보장받는 방법이라고 생각하였다.

　　(조선이 중국의 속방이라는 것을) 각국에 성명하고 조약에 대서해놓으면 후일 (중국은) 우리나라 유사시 힘써 도와주지 않으면 천하의 웃음거리가 될 것이며, 각국은 중국이 우리나라를 담임하는 것을 보고 우리를 가볍게 보지 못할 것입니다. 또한 그 밑에 자주권의 보유를 기재해두면 각국과 외교하는 데 무해하여 평등권을 사용할 수 있을 것입니다. 자주권 상실의 걱정도 없고, 사대의 의에도 배반되지 않으니, 가히 양득(兩得)이라고 하겠습니다.[34]

---

33) 장인성 교수는 19세기 동아시아의 개국논리로 세 가지를 들고 있다. 보편적 도의 수용을 위한 적극적 선택, 도덕적 선의 실천을 위한 적극적 선택, 그리고 자주독립의 유지를 위한 소극적인 선택인데, 이 중 김윤식은 셋째 논리를 택했다. 그에게 서양의 교(教)는 사(邪)이기 때문에 배제하고, 그 기(器)는 이용후생의 이(利)인 까닭에 받아들인다는 것이다. 장인성 『장소의 국제정치사상: 동아시아 질서변동기의 요코이 쇼난과 김윤식』 (서울대출판부 2002) 제7장.

또한 김윤식은 리홍장(李鴻章)이 속방 조항에 관한 의견을 묻자 "중국에 대해서는 속국이나 각국에 대해서는 자주라고 하는 것이 명분이 바르고 말이 순리에 맞아 실제와 이치에 모두 양편(兩便)하니 매우 좋을 것 같다"[35]고 답하였다.

김윤식의 이러한 입장은 전통과 근대의 이중적 국제질서의 구상이라기보다는 나름의 권력정치적 고려에 근거한 것이었다고 할 수 있다. 하지만 또한 그에게 중요했던 것은 의리와 신(信)의 문제였다. 김윤식의 의리는 "중용(中庸)이라고 할 때의 중(中)을 지칭하는 것"으로 소중화론자들이나 위정척사파의 그것과는 다른 것이었고, 공법에 대한 신은 자강에 한계가 있는 조선이 택해야 할 불가피한 선택으로 간주하였다. 하지만 그의 친청(親淸) 사대노선에 기반을 둔 상대적인 저항의 노선은 이후 정세의 변화에 따라 변화가 불가피하였고, 그 한계는 그가 의리의 소재를 청에서 일본으로 변화하게 된 사실에서 드러나고 있다.[36] 유학자인 김윤식에게 균세는 합종연횡의 다른 표현이었고, 공법은 의리와 신의 또다른 형태였다. 하지만 전환기에서 속방의 인정은 궁극적으로 근대적 의미의 주권을 창출하거나 전통적 의미의 국권을 유지하는 방법이 될 수는 없었다.

(2) 유길준: 구성의 좌절

김윤식과 비교해볼 때 유길준은 기본적으로 근대의 범주에서 전통질서를

---

34) 金允植『陰晴史』, 57~58면. 김윤식은 중국의 옛 조공국이었던 베트남, 미얀마, 유구가 모두 공법체제에 편입되면서 주권을 상실한 예를 들어 자신의 주장을 정당화하였다. 정용화 「전환기 자주외교의 개념과 조건: 19세기 말 조선의 대청외교의 이론적 고찰」, 『국제정치논총』, 43-2(2003) 206~207면.

35) 金允植『陰晴史』, 52~53면.

36) 김성배 「김윤식의 정치사상 연구: 19세기 조선의 유교와 근대」(서울대학교 외교학과 박사학위 논문 2001) 제4장.

부분적으로 인정하는 모습을 보인다. 그는 당시 조선이 처한 이중적 세계질서 상황을 다음과 같이 다소 부정적인 의미가 있는 양절(兩截)의 용어로 묘사하였다.

수공국이 연즉 제국을 향하여 동등의 예도를 행하고 중공국을 대하여 독존한 체모를 천하리니 차는 중공국의 체제가 수공국반 제 타국을 향하여 전후의 양절이오 수공국의 체제도 중공국반 제 타국을 대하여 역 전후의 양절이라 수공국급 중공국의 양절체제를 일시함은 하고오. 형세의 강약은 불고하고 권리의 유무를 지관하느니 강국의 망존은 자제하고 약국의 수모는 공법의 보호가 시존한지라. 연한 고로 여시불일한 편체는 공법의 불행으로 약자의 자보하는 도니 강자의 자행하는 기습을 조성하기 위하여는 공법의 일조도 불설함이라.[37]

그는 자신이 처한 형세에서 강대국의 침략을 면하려고 본심에 맞지 않는 조공을 하는 중공국과 자주할 권리가 전혀 없는 속국을 구별하고, 중공국은 하나의 독립국으로서 다른 나라들과 동등하게 조약을 맺을 권리를 갖는다고 주장하였다. 이는 결국 약소국의 자주의 권리(주권)에 대한 강조로 이어진다. 그는 『서유견문』의 방국의 권리부분에서 『만국공법』의 원리를 설명하면서

고금의 여러 공법 대가들은 어떠한 나라나 국민이든지 관계치 않고, 그 나라를 자주적인 방법으로 다스리고 있을 경우, 그 나라는 주권을 가진 독립국으로서 주권이라 하는 것은 한 나라를 관제하는 최대의 권리라고 말했다. … 따라서 국내외적인 여러 관계를 자주적으로 결정하며, 외국의 지휘감독을 받지 않는 나라야말로 참다운 독립국인 것이다.[38]

---

37) 『유길준 전서 I: 서유견문』(일조각 1971) 117면.
38) 같은 책 89~90면.

방국의 교제도 역시 공법으로 조제하여 천지의 무편한 정리로 일시하는 도를 행한즉 대국도 일국이오. 소국도 일국이라 국상에 국이 경무하고 국하에 국이 역무하여 일국이 국 되는 권리는 피차의 동연한 지위로 분호의 차수가 불생한지라.[39]

라고 말하고, 김윤식과는 달리 자주·독립·평등을 결합한 대외적 주권의 원칙을 본격적으로 제시한다.

조선을 공법상의 독립국으로 인정받게 하려는 유길준의 또하나의 노력은 그의 『중립론』이라고 할 수 있다. 그는

한 나라가 약소하여 자력으로 중립의 성책을 지킬 수 없으면, 이웃 나라들이 서로 협의하여 행하기도 함으로써 자국 보호의 방책으로 삼기도 하니, 이는 부득이한 형세에서 비롯된 것으로 공법이 허용하고 있는 바다.[40]

라고 지적하면서 형식적 주권의 유지를 위한 강대국의 신의의 역할을 중시하였다. 유길준은 결국 이와같은 주장을 통해서 청의 조선에 대한 속국 주장을 반박하고 조선의 독립적 지위를 관철하려 하였다. 이는 전통적 질서의 불가피한 유산을 수용하면서 궁극적으로는 근대적 질서로의 이행을 모색하려 했던 것이었으며, 권력정치적 요인에 대한 이해 아래서 규범의 역할을 효과적으로 활용하려 했던 시도라고 볼 수 있다. 그는 주권의 대내적 측면에서도 인민주권과 민권에 대해 유보적 입장을 취하고 군민공치론을 피력하면서 절충적인 입장을 취하였다.[41]

---

39) 같은 책 108면.
40) 『유길준 전서 IV: 정치경제편』(일조각 1971) 326면. 이는 청이 주도하여 조선을 중립화하는 것이 바람직하다는 내용이었는데 당시 외교를 담당하였던 김윤식에 의해서 받아들여지지 않았다.
41) 자세한 내용을 보려면 정용화(2004) 3부를 참조할 것.

하지만 유길준의 이러한 구성(構成)의 시도는 19세기 말의 상황전개에 따라 난관에 봉착하였고, 20세기 초에 이르러서는 일본에 대한 편승으로 기울게 되었다. 물론 이는 독립을 유지할 수 없게 된 국내적인 역량 부족의 문제에 따른 것이기도 하나, 뒤에 서술되는 윤치호의 사례와 마찬가지로 대내적 비관론에 치우친 대외적 종속의 합리화라는 측면이 등장하게 되었던 것이다. 그는 19세기 말의 상황을 다음과 같이 서술하였다.

병자년(丙子年) 조약은 (일본이) 우리와 좋게 지내면서 우리의 독립을 인정한 것이었지만 우리는 꿈을 꾸듯이 혼미하였고 갑신년(甲申年)의 일은 우리의 사변과 관련하여 우리를 독립에로 격려한 것인데도 우리는 서로 흘겨보면서 반대하였습니다. 갑오년(甲午年)의 일청전쟁으로 말하면 제 나라에서 우리나라에 안팎으로 변란이 있는 것을 보고 우리가 자체로 지켜내지 못할까봐 걱정하여 분연히 의리를 내세워 군사를 대신 일으켜 가지고 우리의 독립을 보장하려 한 것이었는데 우리나라의 조신들은 서로 틀려서 단합되지 못하고 의심하면서 안정되지 못하였습니다.[42]

그 결과 을사늑약은 아래와 같이 이유를 주게 되었다.

저 나라(일본)는 수수방관하면서 우리나라가 자동적으로 떨쳐 일어날 것을 기다릴 수 없고 한편으로는 우리나라의 무모한 외교가 또 어떤 화근을 일으켜 저 나라까지 끌어다가 헤아릴 수 없는 구렁텅이에 빠뜨릴지 모르기 때문에 광무(光武) 9년 11월의 협약에 의하여 우리나라의 외교권을 넘겨받았습니다.[43]

이와같은 맥락에서 조선의 주권과 독립에 대한 일본의 역할은 다음과 같이 미화되었다.

---

42) 벼슬을 사양하는 유길준의 글(순종 00/10/23), 『CD-ROM 고종순종실록』.
43) 벼슬을 사양하는 유길준의 글.

지난날 우리나라의 독립은 우리 자체로 한 것이 아니고 한때에 남의 힘을 받아 움직인데 불과했으므로 그 움직임이 그치자 우리의 독립도 절반의 면모는 감추어졌습니다. 그러므로 우리가 진정한 독립을 하려면 마땅히 먼저 그 실력을 준비하여 세계 만국에 보여야 하고 일본 한 나라만 향해서 하는 것이 아닙니다. 저 나라에서도 언제 우리가 정식으로 독립되는 것을 원치 않은 적이 있었겠습니까. 저 나라에서는 인정하였지만 우리가 하지 않았고 저 나라에서는 격려하였지만 우리가 하지 않았습니다. 그러므로 저 나라에서는 끝내 추세워 주었지만 우리는 그래도 해내지 못하였습니다. 비단 해내지 못했을 뿐만 아니라 도리어 주권의 권한을 남에게 주고 칼을 거꾸로 잡았으므로 저 나라에서는 단연코 그만둘 수 없는 사정에 의하여 우리와 오늘과 같은 협약을 맺은 것이 사실은 우리의 독립을 보호한 것이고 파괴한 것이 아니라 우리의 독립을 도와준 것이고 빼앗은 것이 아니었습니다.[44]

유길준은 "나라는 반드시 자기 스스로 정벌한 다음에야 남이 정벌하고 사람은 반드시 자기 스스로 업신여긴 다음에야 남이 업신여기는 법"이라는 맹자의 말을 인용하면서 아래에서 보이는 것과 같이 현실 수용과 장기적인 자강의 입장을 취한다.

나라를 보전하고 백성을 편안하게 하는 종묘사직의 큰 계책으로 말하면 그것은 원래 망할 수 있다고 경계하고 자기를 아는 식견을 가지는 데 달려 있는 것입니다. 혹시라도 쓸데없는 의심을 품어 저들에게 환심을 잃거나 저들의 분노를 사지 말고 성심성의로 신뢰하면서 서로 도와 착한 일을 하고 의좋게 지내면서 유익한 일을 함께하여 밤낮없이 부강한 경지에 도달하도록 노력해야 할 것입니다.[45]

---

44) 벼슬을 사양하는 유길준의 글.
45) 벼슬을 사양하는 유길준의 글.

결과적으로 주권 획득을 향한 유길준의 구성모색은 국제정세와 내부 상황으로 말미암아 좌절되고 말았고, 이는 국제사회와 식민주의라는 근대 국제질서의 양면성과 힘의 불균등상태에서 규범의 역할 한계를 잘 보여주는 사례가 되었던 것이다.

(3) 윤치호: 순응의 결과

윤치호는 유길준보다 좀더 분명하고 적극적으로 전통으로부터의 탈피와 근대로의 이행을 주장하였다. 그에게 청과 조선의 전제정치로 대표되는 전통질서는 혐오의 대상이었다. 윤치호는 청을 만이(蠻夷)의 손 혹은 돈미(豚尾)라고 하면서 아래와 같이 청으로부터 자주와 독립을 공지의 사실로 천명한다.

> 우리가 내치외교를 자주(自主) 하는 것은 천하가 다 아는 바로 청국에서 일찍이 허락한 것이었다. 우리나라에서 만약 이치를 가지고 따진다면 청국을 어찌 두렵다고 하겠는가.[46]
> 우리나라가 미영제국과 조약 맺은 날부터 곧 독립국이 된 것이다. 세상에 어찌 속국과 더불어 평등한 조약을 맺을 이치가 있겠는가. 지금 우리나라는 독립 여부를 따질 필요가 없고 다만 나라 강하게 하는 데 주의함이 옳은 것이다.[47]

유교를 사대적인 종속윤리이자 압제적인 계서체계의 원리로 간주하였던 윤치호는 억압과 부패가 만연한 조선조에서 개혁의 희망을 발견하지 못하였다. 그에게 독립은 다른 나라와 구별되는 독자적인 개별국가의 유지만을 뜻하는 것이 아니었으며, 대내적으로 어떠한 형태의 국가로 독립인가 하는 점

---

46) 김봉진, 앞의 글 재인용.
47) 『윤치호 일기』 1884년 11월 19일.

이 마찬가지로 중요하였다. 따라서 밖으로는 국권을 유지하고 안으로는 문명화된 국가를 건설하려 하는 이른바 '개화독립론'이 윤치호 사상의 요체를 이루었다.[48] 이러한 이유에서 그는 주권의 대내적 측면인 민권을 강조하였지만, 당시의 조선 인민에 대해서는 극히 비관적인 견해를 가지고 있었다. 즉 윤치호는 근대국가의 주체를 당시의 인민들이 아니라 미래의 '개화국민'으로 상정하고 교육계몽을 강조하게 된다.

그러나 그의 '국민국가로의 독립론'과 '전제국가로의 독립무용론'은 모순을 갖는 것이었고, 기독교적이고 사회진화론적인 그의 문명관은 대외적 상황의 변화 속에서 쉽사리 '문명국 지배하의 개혁론'으로 연결되었다.[49] 후꾸자와 유끼찌(福澤諭吉)가 문명화의 필연성을 인정하면서도 그를 일본의 독립을 달성하기 위한 수단으로 생각했던 것에 반해, 윤치호는 대세에 따라 '선문명화, 후독립'의 논리를 전개하게 되었다.[50] 다시 말해서 윤치호는 근대적 주권 관념을 가장 충실하게 수용하였지만, 역설적으로 국권의 상실은 그에게 절대적인 관심사가 아니었던 것이다.

이와같은 입장은 일본과의 합방 이후에 지속하였다. 윤치호는 일본의 식민지 정책에 대해서 비판적인 자세를 견지하였지만 항일운동에 대해서도 부정적인 의견을 표시하였다.[51] 그는 "우리가 강해지는 법을 모르는 이상 약자로 사는 법을 배워야 한다"[52]고 말하고, "조선인이 필요 이상으로 일본인을 적대시하게 되면 상황은 더욱 악화될 것이다. 우리는 법보다 주먹이 가깝다는 속담을 기억해야 하고, 물 수 있을 때까지는 짖지도 말라는 냉철한 교훈

---

48) 유영열 「개화기 윤치호 연구」(고려대학교 사학과 박사학위논문 1984) 제2편.

49) 『윤치호 일기』 1894년 9월 28일.

50) 정용화(2003) 본론을 볼 것.

51) 윤치호는 일본의 부도덕성과 조선인의 저열한 민족성에 대해 양비론적 입장을 취하면서 민족성 개조를 위한 비정치적 성격의 실력양성론을 고수하였다. 김상태 「일제하 윤치호의 내면세계 연구」, 『역사학보』 165호(2000).

52) 『윤치호 일기』 1919년 1월 29일.

을 유념해야 한다"[53]고 지적하였다. 결국 윤치호는 '자치'를 통해 조선의 내적인 힘을 기르고 궁극적인 '독립'을 준비해 나가야 한다고 생각하였지만, 그 가능성은 전적으로 일본의 의도에 달린 것이었다. 청일전쟁을 야만과 문명 사이의 전쟁으로 보았던 그의 인식과 서양에 대한 윤치호의 동경심과 열등감의 결합은 이후 일본의 인종주의적 기치에 대한 지지로 발전하였다. 윤치호는 한편으로 개별국가를 넘어서는 문명과 인종의 범주를 고려하였다고 할 수 있지만, 이는 대외적 주권의 획득과 유지라는 당시의 절박한 목표와는 오히려 상충하는 것이었다.

크래스너는 19세기 동아시아에 관한 논문에서 조선의 사례를 규범과 국내정치적 동기가 우세하게 되면서 '적합성의 논리'(logic of appropriateness), 즉 명분이 '결과의 논리'(logic of consequences), 즉 실리를 압도한 것으로 설명한다.[54] 하지만 김윤식, 유길준, 윤치호의 저작에서는 모두 이들이 정도의 차이는 있지만 권력요인과 국제정치적 목표를 고려한 사실이 잘 나타나 있다. 또한 이 세 사람의 차이가 새로운 질서에 대한 저항, 구성, 순응으로 이어지는 당시 상황의 시기적 변화를 보여주는 것이기도 하다. 당시 조선의 지식인들은 그 방식은 각기 상이하였지만 열강 사이에서 국권을 보존하면서 근대국가에 필요한 역량을 키우고자 노력하였다.[55] 그러나 이러한 '시간과의 싸움'은 결과적으로 조선에 유리한 양상으로 돌아갈 수 없었던 것이 사실이었다.

---

53) 『윤치호 일기』 1920년 11월 14일.

54) S. Krasner, "Organized Hypocrisy in Nineteenth-century East Asia," *International Relations of the Asia-Pacific*, 1-2 (2001). 결과의 논리는 모든 정치적 행동을 합리적인 계산으로 간주하는 반면, 적합성의 논리는 그를 규칙과 역할 그리고 정체성의 산물로 이해하는 차이를 갖는다.

55) 이와같은 점에서 조선의 사례는 서론에서 논의된 '조직적 위선론'과 '전환론' 중 후자의 논의에 가깝다고 하겠다. 즉 나라의 권리라는 본질은 계속 존재하면서 그 시대적인 전환이 요구되었다고 볼 수도 있다.

4. 결론과 현대적 의미

주권에 대한 이론적 고찰은 개념 혹은 관념으로서의 근대적 주권이 실제적인 현실과는 큰 차이가 있음을 알게 해준다. 특히 개념이나 관념의 생산자가 아닌 소비자의 입장에서는 그러한 명분과 실제 사이의 간극을 명확하게 인식하는 것이 매우 중요한 일일 것이다. 19세기 조선은 개국 이후 새로운 질서가 전파되는 과정에서 대외적이고 형식적인 주권에 대해 기대를 하게 되었으나, 이에 관련된 대내적이고 실질적인 주권의 조건은 충족할 수가 없었다. 이러한 개념의 도입은 강화도조약, 청일전쟁, 대한제국이라는 구체적인 역사적 사례와 연결되는 것이었다. 개념의 사용을 넘어서는 포괄적인 관념의 수용 문제에서 당시 지식인들은 주어진 체계와 새로운 체계 사이에서 동시대에서, 혹은 시기적인 변화를 따라 다양한 대응의 모습을 보여주었다. 이는 단순한 규범이나 국내정치적 고려에 그친 것이 아니라 복잡한 권력정치와 국제정치적인 사고에 기반을 둔 것이었으나, 궁극적으로 대내외적인 역량의 부족 문제를 해결할 수는 없었다.

21세기에 우리는 새로운 세계정치의 시대를 맞고 있다는 주장이 등장한다. 이는 우리에게 새롭게 등장하는 문명표준을 이해하고, 이에 기반을 둔 외세의 활용과 국내 역량 강화, 그리고 제도개혁을 위한 새로운 전략을 수립해 달라고 요구한다.[56] 19세기 말 국제정치가 궁극적인 목표로 주권의 개념을 전파하였다면, 21세기 초 세계정치에서 주권의 절대성은 약도 되고 독도 될 수 있는 파마콘(pharmacon)적인 대상일 수도 있다. 우리는 새롭게 도래하는 질서에 대해서도 일방적인 저항이나 순응이 아닌 또다른 형태의 구성을 모색해야 하며, 이는 오히려 주권에 대한 탄력적인 인식과 다양한 거너번스(governance)의 고려가 있어야 한다. 즉 단일영토국가와 웨스트팔리안

---

56) 하영선 편 『21세기 한반도 백년대계』(풀빛 2004)를 참조할 것.

적 주권을 넘어서는 다변화된 이차적 상징(second image diversified)에 대한 논의가 필요할 수도 있으며, 이는 한미동맹의 재편이나 북한 문제의 해결이라는 구체적인 사례를 통해 우리에게 새로운 해답을 요구하게 될는지도 모른다.

근대한국의 부국강병 개념

김영호

1. 서론

이 글은 「변화하는 세계와 개념사」에서 설명하는 코젤렉(Reinhart Koselleck)의 방법론과 연구성과에 주목하면서 구한말 조선에서 부국강병 개념의 수용과 변화 과정을 설명하려는 데 그 목적이 있다. 이 개념은 구한말 당시 조선에서 새롭게 등장한 것은 아니었고, 춘추전국시대(春秋戰國時代) 중국에서 전통적으로 널리 사용되고 있었다. 그 점에서 이 개념에 대한 연구는 '사회' '개인' '주권' 등과 같이 전해내려 온 용어가 없는 개념사 연구보다는 용이하다는 이점이 있는 것이 사실이다. 부국강병은 개념사 연구에서 서구의 '자유'라는 개념의 도입과 수용과 여러가지 측면에서 비슷하다고 할 수 있다. 서구의 '자유' 개념이 도입되기 전 동양에서는 '제멋대로'라는 부

성신여대 정치외교학과 교수.

정적인 의미가 있는 '자유'라는 용어가 존재하고 있었다.[1] 이러한 전통적 의미의 자유 개념은 서구의 자유 개념 도입과정에서 일정한 범위에서 분수에 맞게 자신의 권리를 행사할 수 있다는 긍정적인 의미가 있는 것으로 재해석되었다. 자유라는 개념과 같이 부국강병도 이러한 의미의 변화를 겪은 개념으로 볼 수 있다.

조선왕조는 성리학적 정치이념하에서 덕치를 바탕으로 왕도정치(王道政治)의 실현을 중시했기 때문에 부국강병의 추구는 부정적인 것으로 인식되었다. 부국강병은 "식은 잿더미"에 불과하다는 최익현의 지적이 이러한 부정적 인식을 바로 보여준다.[2] 부국강병의 추구를 목적으로 삼는 정책은 패도(覇道)로서 배격되었다. 그런데도 조선 건국 초기, 임진왜란 등과 같은 침략전쟁 직후, 정조 집권기 등은 부국강병에 대한 논의가 조선 내부에서 활발하게 진행된 적이 있었지만 부국강병이 국가의 최우선 과제로 떠오른 것은 아니었다. 이 개념이 조선사회 내부에서 완전히 새롭게 재해석되는 계기는 서구 국가들의 동양과 조선으로의 팽창에 의해 마련되었다.

서구의 팽창과 충격에 직면한 구한말 조선에서 부국강병 개념은 더는 부정적이고 냉소적인 의미로 해석되지 않고 국가의 생존을 위해 적극적으로 추구되어야 할 국가정책으로서 긍정적인 의미가 있었다. 나아가 부국강병을 실현하기 위한 구체적 방법론을 둘러싸고 조선 내에서는 여러 정치세력 사이에 심각한 갈등양상이 전개되었다. 당시 조선사회의 정치세력들은 청, 일본, 러시아 등 주변 열강들과의 연계 내지는 관계 단절을 부국강병 실현의 중요한 조건의 하나로 보았다. 이러한 입장의 차이는 척사와 개화의 형태로 표출되었다. 이러한 사실에 비추어볼 때 개념의 변화를 특정 사회 내부의 구조적 변화와의 관련하에서 추적하는 코젤렉의 연구와는 달리 구한말 조선의

---

1) 야나부 아키라 저, 서혜영 옮김 『번역어 성립사정』(일빛 2003) 169면.
2) 최익현 저 「역적을 치고 의복 제도의 복구를 청하는 소」(1895년 6월 26일), 민족문화추진회 편 『국역면암집』(솔출판사 1997) 141면.

부국강병 개념사는 서구라는 외부적 충격과 서구문명의 전파에 대한 대응의 형태로서 조선에 의한 부국강병 개념의 수용과 변화 과정에 촛점을 두지 않을 수 없다.

이 글은 구한말 조선에서의 부국강병 개념의 의미변화 과정을 『조선왕조실록』 『고종순종실록』 『한성순보』를 중심으로 살펴보고자 한다. 우선 『조선왕조실록』에 나타난 부국강병에 대한 조선 국왕들과 집권세력들의 인식을 검토할 것이다. 이 과정에서 부국강병은 패술(覇術)로서 부정적으로 인식되고 있고, 그러한 인식은 성리학의 핵심 교과서인 『맹자(孟子)』에 대한 강연(講筵)에서 되풀이되고 있다는 사실을 보여줄 것이다. 다음으로 이 글은 부국강병 개념은 대원군 집권기와 고종 시기에 들어오면서 조선왕조의 최우선 정책으로 전환되면서 긍정적인 의미변화를 겪게 된다는 사실을 보여줄 것이다. 또한 이 글은 구한말 집권층의 지원으로 출간된 『한성순보』 『한성주보』에 대한 분석을 통하여 부국강병의 긍정적인 인식전환과 그 실현을 위한 구체적 방법론에 대한 구한말의 다양한 논의를 살펴볼 것이다. 결론적으로 이 글은 구한말 조선에서 부국강병 개념의 의미변화가 갖는 이론적 함의를 논의할 것이다.

2. 부국강병에 대한 조선의 전통적인 인식

부국강병(富國强兵)의 해당하는 글자 그대로 나라를 부유하게 하고 군사력을 강화시킨다는 뜻이다. 영토국가의 성립과 함께 소수의 강대국에 의한 병존체제가 유지된 중국의 춘추전국시대에 부국강병 개념이 널리 사용되었다. 『대한화사전(大漢和辭典)』에 따르면 『전국(戰國), 진책(秦策)』에 "국가를 부유하게 하려는 자는 그 영토를 넓히는 데 힘쓰고, 군대를 강하게 하려는 자는 그 백성을 부유하게 하는 데 힘써야 한다(欲富國者, 務廣其地, 欲

强兵者, 務富其民)"는 표현이 등장한다. 춘추전국시대에 영토는 국부의 원천이 되었으며 기존의 영토를 방어하고 확장하려면 강력한 군대가 필요했다. 군사력은 국부를 낳고 다시 국부는 군사력을 강력하게 만든다는 논리가 발전하게 되었다. 당시 열국들은 부국강병을 이룩하려고 관제, 병제, 경제제도 개혁을 단행했다. 이 과정에서 부국은 강병의 재정적 원천이라는 인식이 확고하게 자리잡게 되었다.[3]

춘추전국시대가 끝나고 진과 한에 의한 제국체제가 성립되면서 한나라에 의해 유교가 정치이념으로 정식으로 채택되고 난 이후 부국강병은 배척되어야 할 부정적인 의미가 있게 되었다. 유교의 경전인 『맹자』, 「양혜왕」 편은 왕이 인의(仁義)에 기초한 왕도정치를 근본으로 삼아야 하며 부국강병과 같은 이(利)를 중시해서는 안된다는 점을 강조한다. 맹자는 부국강병의 추구는 하극상과 끊임없는 전쟁으로 점철되는 난세의 시발점이고 부국강병과 같은 이(利)에 대한 논의 자체가 유교적 이념에 상반되는 것이라는 점을 강조한다. 그렇다고 해서 제세안민(濟世安民), 부국안민(富國安民) 등의 개념에서 보는 것처럼 백성의 생존에 대한 기본적인 물질적 욕구를 충족하고 왕조의 재정을 튼튼히 하려고 부국은 여전히 중요한 의미가 있었다. 춘추전국시대와는 달리 부국이 군사력의 강화를 위한 물질적 토대가 되어야 한다는 인식은 유교적 정치질서하에서 부정되었던 것이다. 주자의 성리학을 지배이념으로 삼았던 조선은 부국강병에 대한 부정적인 인식은 왕조에 따라 약간 차이가 있지만 매우 강했다고 볼 수 있다.

『조선왕조실록』에서 '부국강병'에 대한 키워드 검색을 할 경우 이 개념이 사용된 예가 매우 적다는 것을 알 수 있다. 또한 이 개념이 인용된 경우라고 할지라도 그 의미는 매우 부정적으로 사용되고 있다. 그 구체적인 예들을 살펴보면 다음과 같다. 『조선왕조실록』, 「중종편」에 보면 중종은 다음과 같이

---

3) 이춘식 『사대주의』(고려대출판부 1997) 168면.

지적한다.

"임금이 부국강병(富國强兵)에 뜻을 두는 것은 커다란 잘못이다. 호조(戶曹)로 하여금 못쓸 곡식을 민간(民間)에 분급(分給)하고 백성들로부터 쌀을 거두어들이게 하는 것도 실로 백성이 그 부(富)를 축적하도록 하는 임금의 도리에 어긋나는 것이다. 또 군사를 강하게 하고자 하여 위호(衛號)를 가설하였으되 보솔(保率)이 도리어 부족하니 이 또한 무익한 일이다."[4]

또한 중종 때의 참찬관 조광조는 부국강병의 문제점을 다음과 같이 지적한다.

"왕안석(王安石) 같은 자는 학술(學術)이 정밀치 못하여 제왕의 대도(大道)를 알지 못하고 도리어 부국강병(富國强兵)의 패술(覇術)을 본받고자 하였으니, 학자가 단순히 부국강병으로 계책을 삼는다면 이것을 어찌 유자(儒者)라 할 수 있겠습니까?"[5]

중종과 조광조의 지적에서 보는 것처럼 부국강병 자체를 패술로 치부하고 매우 부정적으로 본다는 사실을 알 수 있다.

부국강병에 대한 부정적인 인식은 그 개념 자체에 대해서 직접적으로 논의하지 않고 특정의 주장을 설명하기 위한 구체적인 예로서 그 개념이 인용될 경우에도 그대로 드러나고 있다. 선조시대에 율곡 이이(李珥)는 『맹자』에 관해서 진강한 후 다음과 같이 말한다.

"세대(世代)마다 각기 숭상한 바가 있었습니다. 전국시대(戰國時代)에 숭상

---

4) 『조선왕조실록』 중종 13년 2월 26일(이하 실록은 모두 동방미디어의 한역본에서 인용하였다).
5) 『조선왕조실록』 중종 13년 4월 28일(동방미디어 역).

한 것은 부국강병(富國强兵)에 있었으므로 전쟁에 이기고 공략하여 탈취하는데 그쳤습니다. 서한(西漢) 때의 순후한 풍조라든가 동한(東漢) 때의 절의(節義), 서진(西晉) 때의 청담(淸談) 등이 모두 한 시대의 사조였습니다. 임금으로서는 한 시대의 사조(思潮)가 어떠한지를 살펴서 그 사조가 잘못되었으면 마땅히 그 폐단을 바로잡아야 하는 것입니다. … 정치를 하려면 먼저 시대를 잘 인식해야 합니다. 임금이 잘하려는 의욕이 있어도 권신이 국정을 독단하거나 전쟁이 일어나 소란스러우면 아무리 뜻이 있다 하더라도 다스리는 일을 성취하기 어렵습니다."[6]

이러한 이이의 지적에 대해서 선조는 전국시대에도 맹자가 제(齊)나라와 위(魏)나라에 왕도정치 실시를 권유했다는 사실을 지적하고 비록 전란이 일어나는 시기라고 하더라도 왕도를 행할 수 있다는 사실을 강조한다. 또한 선조 때의 부제학 유희춘(柳希春)은 변설(辯舌)의 폐단을 지적하면서 부국강병을 구체적인 예로 들고 있다.

"'변설'이란 자기의 사심(私心)으로 기뻐하고 성내며 좋아하고 미워하는 것인데, 임금이 조금이라도 편벽된 사심이 있으면 소인들은 반드시 영합하여 기망하는 것입니다. 진 효공(秦孝公)이 부국강병(富國强兵)을 바라자 상앙이 질경(疾耕)·역전(力戰) 같은 피를 흘리고 뼈를 깎는 법을 만들었고, 진시황(秦始皇)이 포악 무도하자 이사(李斯) 또한 공론을 싫어하며 분서(焚書)하도록 권하고 옛것을 가지고 오늘날을 비난하는 자는 멸족(滅族)하도록 권했습니다."[7]

이상의 예에서 볼 수 있는 것처럼 부국강병 개념은 그 자체로서도 부정적인 의미가 있었을 뿐만 아니라 추구되어서는 안될 부정적인 정책 혹은 사례로서 조선왕조 집권층 내부에서 원용되고 있음을 알 수 있다. 특히 선조는

6) 『조선왕조실록』 선조 2년 8월 16일(동방미디어 역).
7) 『조선왕조실록』 선조 7년 1월 21일(동방미디어 역).

임진왜란과 정유재란을 거친 후 조선이 처한 경제적 어려움이 부국강병의
제약요인이 되고 있고, 강병책을 먼저 추진하는 것이 능사가 아니라는 사실
을 지적한다.

"옛 사람이 부국강병(富國强兵)이라고 하였으나 부강만을 위주로 해서는 안
되고 반드시 축적이 있은 후에야 일을 성취할 수 있다. 그런데 천하에 어찌 이
처럼 가난한 나라가 있겠는가. 흡사 여염의 궁핍한 집과 같아 하나의 진보(鎭
堡)를 경영하기도 이처럼 쉽지 않다. 내가 보건대 전조에는 매우 부유하였는데
우리나라는 어째서 이처럼 가난한지 알 수가 없다."[8]

선조 이후 정조 때에 들어서서 부국강병의 개념이 이전보다 긍정적으로
해석되는 사례가 나타나고 있다. 그러나 구한말 조선시대와는 달리 부국강
병이 국가정책의 최우선적으로 전면에 나서는 것은 아니었다. 정조는 당시
영남지역의 작황에 대한 보고를 받는 자리에서 다음과 같이 지적한다.

"양남(兩南)은 나라 재정의 근본인데 영남의 절반이 하납(下納)으로 돌아갔
으니, 어찌 통탄스럽지 않은가. 사람들은 일반적으로 부국강병을 패도(覇道)라
고 말한다. 만약 제 선왕(齊宣王)처럼 영토를 넓혀 진초(秦楚)의 조회를 받으
려 한다면 이는 물론 왕자(王者)가 마땅히 힘쓸 바가 아니나, 영토 안에서 재
물을 여유있게 하고 백성을 부유하게 만들며 병사를 훈련시켜 침략자를 막는
것에 있어서야 어찌 왕도니 패도니 하는 것을 따질 것이 있겠는가."[9]

정조는 부국안민과 방어용 군사력 증강에는 긍정적인 인식을 하고 있었지
만 부국강병책을 통한 팽창정책에는 명백하게 반대하고 있음을 알 수 있다.
이상에서 살펴본 것처럼 부국강병에 대한 조선의 전통적인 인식은 매우

---

8) 『조선왕조실록』 선조 38년 9월 28일(동방미디어 역).
9) 『조선왕조실록』 정조 15년 7월 17일(동방미디어 역).

부정적이었다는 사실을 알 수 있다. 정조의 경우처럼 왕도와 패도라는 단순한 이분법적 사고를 벗어나서 외침을 막기 위한 군사력의 증강 필요성을 역설한 경우에도 춘추전국시대와 같은 적극적인 부국강병책을 주창하는 수준까지는 이르지 못했다는 것을 알 수 있다.

3. 구한말 조선의 부국강병 개념에 대한 인식의 전환

구한말 조선의 부국강병에 대한 인식의 전환은 중국의 정세에 의해 직접적인 영향을 받았다. 중국에서 부국강병이 또다시 지배세력의 관심사로 떠오르기 시작한 것은 아편전쟁 이후이다. 특히 웨이 위안(魏源)은『해국도지(海國圖志)』에서 해방론(海防論)을 전개하여 중국의 군사적 방위의 우선순위를 서북의 육방(陸防)에서 탈피하여 동남아시아 지역인 남양 국가들과 일종의 대영국방위연합체 결성을 주창했다.[10] 해방전략을 실현하기 위해 웨이 위안은 해군력의 증강을 제안하고 중상주의적 정책을 통하여 군사력을 강화할 것을 주장했다. 이러한 그의 사상은 이후 중국에서 전개된 양무론에 많은 영향을 끼치게 된다.

중국사회에서 제국의 건설 이후 부국강병보다는 덕치를 강조한 유교이념이 등장한 것과 마찬가지로 조선에서도 유교이념이 지배의 명분으로 등장하면서 법가식의 부국강병 개념은 퇴조하게 되었다. 더욱이 명의 몰락과 청의 등장 이후 조선은 소중화(小中華)를 표방할 정도로 오히려 중국보다 더욱 유교적 이념에 집착했기 때문에 부국강병 개념 사용을 극도로 자제했고, 그 결과 공개적으로 부국강병을 실현하려고 시도하지 않았다. 설령 그러한 시

---

10) 조병한「청대의 사상」, 서울대학교 동양사학연구실 편『강좌 중국사 Ⅳ』(지식산업사 1989) 290면.

도가 있었다고 하더라도 그것은 국내 정치질서를 유지하기 위한 군사력 양병의 수준을 벗어나지 못했다.

또한 중국의 조공적 질서하에 속해 있던 조선은 부국강병을 적극적으로 추구할 수 없는 여러가지 대외적인 제약을 안고 있었다. 당시 전통적으로 조선이 처해 있던 국제 정치현실은 사대자소(事大字小)라는 예의 원리에 기초하고 있었다. 그런데 사대자소의 원리는 국제 정치질서를 구성하는 하나의 명분에 불과했고, 실질적으로는 중국의 압도적인 힘의 우위에 기초해 있었다. 따라서 조선에 의한 부국강병책의 추구는 조공체제에서 조선이 독립적 노선을 추구하려고 한다는 의혹을 살 수 있었다. 그 결과는 오히려 조선의 독립과 안전을 저해할 것이기 때문에 조선은 부국강병책을 추구할 수 없었을 것이다. 조선은 부국강병책을 채택하기보다는 전통적 화이질서하에서 자신의 안전을 확보하는 것이 더 나았을 것이다. 따라서 부국강병책은 대내외적 조건들에 의해 제약받으면서 조선사회의 주요한 정치이념으로 등장하지 못했다.

그런데 구한말 조선에서 부국강병의 개념이 긍정적 의미로 재해석되고 조선의 여러 국내 정치세력이 부국강병 실현을 위한 구체적인 방식들을 모색하게 된 것은 서구세력의 팽창에 직면하여 유교이념과 조공체제에 입각한 조선의 안전과 독립 확보방식이 뚜렷한 한계점에 도달했다는 것을 인식하기 시작했기 때문이다. 물론 위정척사파를 대표하는 최익현은 청일전쟁 이후 갑오개혁이 진행되고 있던 싯점에서도 전국시대에 사용되던 부국강병이라는 개념을 부정적으로 인식하고 소중화의 명분을 당당하게 지켜 나갈 것을 주장한다.

> "대체로 부강이라는 말은 그 유래가 오랩니다. 변사들의 입에 오려 내려서 전국시대의 싸움에 성패를 가름했으나, 그 이미 감계가 환하고 이미 식어버린 잿더미여서 실로 다시 남의 집이나 나라에 화를 입히게 할 수는 없습니다."[11]

그러나 위정척사파의 주장은 서구의 팽창에 직면하여 조선의 독립을 지키는 데 뚜렷한 한계가 있었다. 아편전쟁과 애로우전쟁을 통하여 중국이 서구 국가들에 패배하게 된 것을 목격하게 되면서 조선 내에서는 유교이념과 중국 중심의 조공체제가 조선의 안전과 독립을 확보하기 위해 부국강병책을 실현해 나가는 데 장애가 된다는 주장이 제기되기 시작했다. 유교이념을 지켜야 한다는 이념국방적 차원을 벗어나서 서양의 과학과 기술을 받아들여야 하고, 조선이 처한 국제 정치현실이 중국 중심의 안정적 조공질서가 아니라 과거 중국의 '소전국(小戰國)'보다 더 약육강식의 '대전국(大戰國)'이라는 사실을 인식하게 되면서 부국강병 개념은 조선사회에 긍정적 의미로 재해석되기 시작했다.

대원군은 자신의 섭정기 10년 전체를 부국강병을 이룩하려고 노력한 시기로 평가한다.[12] 대원군이 부국강병을 국가정책의 최우선순위에 두었다는 사실을 공식적으로 표명한 것은 과거와 달리 부국강병 개념이 부정적인 의미가 있는 것이 아니라 적극적으로 추진되어야 할 긍정적인 의미로 재해석된다는 사실을 보여주고 있다. 대원군에 의해 시작된 구한말 부국강병책은 이미 돌이킬 수 없는 대세가 되었다. 서양세력의 침입으로 말미암아 위기의식에서 비롯된 부국강병책은 포군의 대대적인 증설, 새로운 무기개발 등으로 이어졌고, 이러한 강병책은 대원군의 실각 이후에도 지속하였다.

대원군 섭정기 이후 고종의 친정체제 시기로 들어오면 부국강병 개념은 조선이 적극적으로 추진해야 할 국가정책으로서 긍정적인 의미로 해석된다는 사실을 알 수 있다. 일본과의 조약체결 문제가 논의되고 있을 싯점에 판부사(判府事) 박규수(朴珪壽)는 부국강병의 필요성을 다음과 같이 역설한다.

"다만 생각건대 3천리 강토가 안으로는 정사를 잘하고 밖으로는 외적의 침

---

11) 최익현, 앞의 글 141면.
12) 연갑수 『대원군집권기 부국강병정책 연구』(서울대학교출판부 2001) 1면.

입을 막는 방도를 다하여 부국강병(富國强兵)해지는 성과를 얻는다면 어찌 감히 함부로 수도 부근에 와서 엿보며 마을대로 위협할 수 있겠습니까.”

고종 친정기 부국강병의 개념은 더는 패도 혹은 잡술로서 배척되어야 할 대상으로서의 의미는 찾아볼 수 없고, 조선이 최우선적으로 추진해야 할 정책의 의미로서 긍정적으로 재해석되고 있다.

고종은 일본을 다녀온 수신사 김홍집과 한 대담에서 “스스로의 힘을 키운다는 것은 바로 나라를 부강하게 하는 것을 말하는가”라고 묻자 김홍집은 다음과 같이 답한다.

“단지 나라를 부강하게 하는 것뿐만 아니라 스스로의 힘을 키우기 위해서는 우리의 정사와 교화를 잘 닦아서 우리의 백성과 나라를 보존하고 외국과의 불화가 생기지 않도록 하는 이것이 바로 실지로 스스로의 힘을 키우는 첫째가는 급선무인 것입니다.”

김홍집은 부국강병을 위해서는 내정의 개혁과 대외관계 재설정의 필요성을 지적한다. 나아가 김홍집이 일본에 있는 청나라의 관리가 러시아의 팽창정책에 대해 우려한다는 사실을 지적했을 때 고종은 다음과 같이 답한다.

“그 사람들이 비록 우리나라와 한마음으로 힘을 합치자고 하나 이것을 어찌 깊이 믿을 수 있겠는가. 우리도 역시 부강해질 방법을 강구해야 할 뿐이다.”

고종의 지적은 다른 나라에 의존하기보다는 자체의 부국강병책을 통하여 조선의 생존과 번영을 모색해야 할 필요성을 역설한 것으로 볼 수 있다. 부국강병에 대한 고종의 긍정적이고 적극적인 인식은 이상에서 살펴본 이전 조선왕조 시기의 왕들의 부국강병에 대한 부정적인 인식과 좋은 대조를 이룬다. 그 결과 고종기 조선은 중앙군을 증강하고 도성의 방비를 강화하는 강병책을 추진하게 된다. 또한 조선은 지방 포군을 증강하고 양무서적을 활용하여 무기개발에 적극적으로 나서게 된다. 군비증강을 위해 재정 확충의 중요성을 인식하고 세재개혁을 적극적으로 추진함으로써 부국이 단순히 부국안민의 물적 토대가 아니라 강병을 위한 재정적 기초가 된다는 현실인식에 도달하게 된다.

대원군과 고종의 부국강병에 대한 인식의 변화는 고종의 재정적 지원으로 박영효와 유길준이 창간한 『한성순보』에서 더욱 구체적으로 드러나 있다. 이 신문은 세계열강들의 국력의 수준과 지표를 구체적으로 소개하고, 부국과 강병의 상호 연관성을 지적하고, 나아가 부국강병의 구체적 방법론 등을 자세하게 설명한다. 다음의 논설은 조선의 생존을 위해 군사력 증강의 필요성과 재정 확보의 중요성을 역설한다.

"대저 병(兵)이란 흉기이다. 그러나 그것이 흉한 것인 줄 알면서도 반드시 양성하는 것은 마음대로 폭력을 쓰기 위해서가 아니라 난(亂)을 저지하기 위해서이다. 오늘날에 있어서 급선무이기도 하지만 병만 단순히 양성할 수만은 없다. 반드시 재정이 충분해야 한다. 이로써 각국에서 혹은 세금을 무겁게 거둬들이기도 하고, 혹은 국채를 많이 모집하여 비용에 충당하는 데 그 수효가 매우 크다."[13]

또한 『한성순보』는 부국과 강병의 밀접한 연관성에 관한 논설을 여러차례 싣고 서구열강들의 부강은 이러한 인식에 기초한다는 사실을 지적한다. 당시 여전히 유교적 사고하에서 부국강병에 대해 부정적인 인식을 하던 유교 식자층의 인식전환을 도모하기 위해 이 신문은 공자와 맹자의 부민에 대한 주장을 재해석하여 부구강병책의 필요성을 역설한다. 이러한 내용은 다

---

13) 「各國 軍費 및 國債」, 『한성순보』 1883년 12월 29일자.

음의 두 기사에 잘 나타나 있다.

"대체로 부란 강에서 나온 것이요. 강은 또한 부를 이루는 것으로, 부와 강이 서로 인연(因緣)하고 강과 부가 서로 도와서 다시 일국의 부강으로 말미암아 천하의 부강을 겸병하고, 천하의 부강을 수합하여 일국의 부강으로 돌렸으니, 이것이 바로 태서(泰西)의 부강이 드디어 천하에 으뜸이 되고, 천하의 부강이 모두 태서에 손색을 보이게 된 것이다. 그런데 하늘이 과연 저들에게만 후하게 하고 우리에게는 치우치게 인색한 것인가. 오직 저들에게는 먼저 액운을 내렸다가 나중에 형통하게 하였을 뿐이다."[14]

"강하고서 부하지 않은 나라가 없고 부하고서 강하지 않은 나라가 없으니 나라를 강하게 하려면 반드시 먼저 부로부터 시작해야 된다. 부강은 비록 왕도를 말하는 이들의 담론하지 않는 바이나 왕업을 연구해보면 역시 부강의 범주에서 벗어나지 않는다. 『주례(周禮)』는 태평을 이룩하는 책이지만 거기에 말한 것이 모두 나라를 풍족히 하는 도가 아닌 것이 없고 공자도 "백성이 부해진 뒤에 가르친다"고 하였으며, 맹자도 "백성을 부하게 해야 한다"고 하였다. 공자와 맹자 같은 성현도 국가를 경영하는 데 한결같이 부민으로 근본을 삼았으니 이 공맹의 말씀에서 백성의 생업이 이루어지지 않고서는 훌륭한 정치가 될 수 없다는 뜻을 볼 수 있다."[15]

『한성순보』의 부국강병의 필요성에 대한 강조는 당시 대외정세의 현실적인 인식에 기초한다. 이 신문은 만국의 전략적 상호 연관성을 강조하고 당시의 정세는 춘추전국시대와 유사하다는 점을 강조한다. 이러한 인식은 다음의 논설에 잘 나타나 있다.

---

14) 「中西時勢論」, 『한성순보』 1884년 1월 8일자.
15) 「富國說(上)」, 『한성순보』 1884년 5월 25일자.

"옛날의 천하와 지금의 천하는 동일한 천하이다. 그러나 천하의 시국은 옛 천하의 시국과 지금 천하의 시국이 따로 있다. 대개 옛 천하는 스스로 한 나라를 잘 지키면 서로 편안하고 무사했으나, 지금의 천하는 만국이 혼동하여 따로 원략(遠略)을 도모하고 있다. 이 때문에 옛 천하를 지금의 천하와 비교할 수 없으며, 지금의 천하는 다시 옛 천하로 돌아갈 수 없다. 옛 천하는 스스로 한 나라만 잘 지키면 서로 편안하고 무사했기 때문에 한 나라의 치란(治亂)은 한 나라에 그쳤으며, 한 나라의 치란으로 천하만국이 휴척(休戚)을 같이한 일은 없었다. 그러나 오늘의 천하는 만국이 혼동하여 따로 원략(遠略)을 도모하기 때문에 한 나라의 치란이 한 나라에만 그치지 않고 천하만국과 밀접한 관계가 있게 된다. 옛 천하는 한 나라의 치란이 한 나라에만 그쳤으므로 그 나라 풍속의 오륭(汚隆)이 우리와 아무런 상관이 없었고 정교(政敎)의 잘잘못도 우리와 아무런 관계가 없었다. 그러나 지금의 천하는 한 나라의 치란이 한 나라에만 그치지 않기 때문에 동서의 열강들이 세계의 도성에 공사(公使)를 특파하는가 하면, 서로 다투어서 오주(五洲)의 항(港)에 상점을 개설하고 있다. … 또한 남의 나라의 틈을 엿보고 남의 흠을 이용하여 교류할 만하면 교류하고, 병탄(幷吞)할 만하면 병탐해버린다. 생각하건대 오늘날 지구 전체는 또한 전쟁을 하던 춘추시대나 종횡이 무상하던 전국시대와 같다."[16]

이러한 대외정세는 국가들 사이에 일종의 안보딜레마를 유발하여 국가들로 하여금 군비증강에 힘을 쏟게 한다는 점을 『한성순보』는 지적한다. 또한 국력과 군사력의 상대적 우열이 국가의 생존에 직결된다는 점을 지적하고, 조선도 이러한 대외정세의 영향에서부터 자유로울 수 없다는 사실을 강조한다. 이러한 내용은 다음의 사설에 잘 나타나 있다.

"이제 천하(天下)의 각국들이 한결같이 군비에만 뜻을 두어 서로 우세하려고 힘써 다툰다. 갑이 함을 제조하면 을은 포를 만들어 혹 상대편이 예리하고

---

16) 「論希臘難」, 『한성순보』 1886년 5월 31일자.

내가 둔하여 강약이 서로 나타나면 모두 속으로 근심을 안고 편히 잠잘 수 없는 까닭에 각국들이 새로 군함 만드는 것이 해마다 불어난다. … 이러한 것들은 종합해서 생각해보면 경비가 매우 많이 들어서 갑작스럽게 계획하기는 어려운 일이다. 그러나 혹 어떤 나라가 여기에 마음을 두지 아니하면 반드시 저쪽은 강하고 나는 약하게 될 것이다. 저쪽은 강하고 나는 약하게 되면, 저쪽은 생존하고 나는 멸망하게 된다는 것은 새삼스레 설명을 듣지 않아도 자연히 상대적으로 나타나기 때문에 만국의 군주들이 서로 밤낮으로 근심하고 두려워하여 오히려 미치지 못할까 염려하니, 그리고 싶어서가 아니라 시대의 형세가 그렇게 만든 것이다."[17]

『한성순보』는 부국강병책의 당위성을 역설한 다음 구체적인 부국강병의 방법론을 제시한다. 우선 중화주의 사상에서 과감히 탈피하여 서양을 이적시하지 말고 서양의 선진적 제도와 과학기술을 겸허한 마음으로 받아들일 것을 강조한다. 이 점은 다음의 사설에서 잘 지적된다.

"또 저들이 부강함을 믿고 오만한 것은 오직 공상(工商)의 이익과 함포(艦砲)의 위력에서이다. 만일 아시아주에서도 금일에 지사(志士)가 배출되어 1백여 년 된 폐습을 제거하고 천지 사이의 지극히 정대한 도리를 기반으로 도모하되, 천하의 공변된 마음으로 천하를 공평하게 보고, 또 저들의 군사제도·전선·주차 및 천문·산학·무(務)·통상·경직(耕織) 등의 일을 마음을 써 강구하며, 단점은 버리고 장점은 취해서 오랑캐라 해서 도외시 말며 중화라 해서 자긍하지도 말며, 공평을 힘쓰고 사심을 버리면 어찌 저들만 부강하고 우리만 쇠미하게 될 이치가 있겠는가."[18]

나아가 『한성순보』는 부국강병을 위해 교육의 중요성, 교통시설의 확충,

17) 「各國新製軍艦表」, 『한성순보』 1883년 12월 29일자.
18) 「歐洲 각국의 兵備 일람표」, 『한성순보』 1884년 3월 8일자.

항해술의 발전 등을 구체적으로 제시한다. 그 구체적인 내용은 아래의 사설에서 살펴볼 수 있다.

　"국가의 치란성쇠와 세도의 부침은 인재의 많고 적음에 달려 있는데, 시골 초라한 집이라 해서 어찌 비상한 재주를 지닌 사람이 없겠는가. … 준재들이 날로 창성하여 정치가 밝아지고 우리 도가 광명해질 것은 날짜를 정해놓고 기약할 수 있으며, 각종 산업을 발전시키는 것은 사람이 공을 들여야 하며, 나라의 부국강병은 금방 이루어질 것이니 무엇을 꺼려서 하지 않겠는가."[19]

　"운수술(運輸術)의 사회에 공헌함이여. 국내외 물산(物産)의 교환이 이것으로 인하여 성행하며, 피차간의 인간친목이 이것을 연유하여 더욱 독실하며, 부국강병의 책(策)이 이것으로 인해 점점 성취되므로 문명개화의 근원이 이것을 인하여 점점 발전된다. 만일 사회에 운수의 편리함이 없다고 한다면 재권(財權)과 이원(利源)이 모두 일어날 수 없을 것이며 만풍융속(蠻風戎俗)도 변경할 수 없을 것이다."[20]

　"예부터 연해(沿海) 각국이 천하에서 부강하게 된 이유는 세 가지 뛰어난 것이 있어서이다. 첫째는 해률(海律)이 잘 정리되어 있었고, 둘째는 선박이 많았으며, 셋째는 항해술이 점차로 정밀하게 되어서이다. 옛날 하란(荷蘭, 네덜란드)이 상업으로 국가를 일으키고 서반아(西班牙, 스페인)가 병력으로 위엄을 떨친 것과 영·미 양국이 부성(富盛)으로는 5대양주에 으뜸이라고 하는 것은 모두 여기에서 벗어나지 않는다. 그렇다면 항해에 대한 일이야말로 힘써 강구해야 하지 않겠는가."[21]

　『한성순보』에 나타난 부국강병에 관한 일련의 논설들은 조선후기 부국강

---

19) 「學校」, 『한성순보』 1884년 3월 18일자.
20) 「泰西의 運輸論」, 『한성순보』 1884년 2월 17일자.
21) 「航海說」, 『한성순보』 1884년 7월 13일자.

병의 개념이 춘추전국시대의 법가적 의미로 재해석된다는 사실을 보여주고 있다. 국가의 경제력이 백성의 생존에 대한 기본적 욕구를 충족해주고 유교적 질서를 유지하기 위한 물적 토대로서가 아니라 대외적으로 조선왕조의 생존과 유지를 위한 강병의 물질적 기초로서 적극적으로 이해되기 시작했다. 국가의 안전을 지키려면 강력한 군사력이 필요하고 이러한 군사력을 뒷받침하려면 경제력의 발전이 필수적이라고 하는 식으로 부국과 강병의 연관성이 강조되면서 구한말 조선에서의 부국강병 개념은 조선사회의 근본적인 변화를 예고했다. 경제력의 발전을 도모하려면 조선의 정치사회적 개혁과 서구의 선진과학과 기술의 적극적 도입이 필요했다는 점에서 부국과 강병의 연관성에 대한 인식은 부국강병을 실현하기 위한 방식을 둘러싼 논쟁을 유발하게 된다.

서구에서도 부국강병에 관한 논의는 동양만큼이나 오랜 역사를 갖고 있다. 중국의 전국시대와 같이 영토국가 다수가 등장하여 중앙정부가 존재하지 않는 무정부적 질서를 창출한 서구에서는 부국과 강병의 연관성이 부국강병이 아니라 국가이익(national interest)라는 개념에 의해 포착되었다. 이 개념은 프랑스의 로앙(Henri Rohan)이 리슐리(Richelieu)에 재상에게 헌정한 저서에서 구체화하였다.[22] 영토국가 중심의 웨스트팔리아 체제가 성립해가고 있던 당시에는 영토가 국부의 주요한 원천이었기 때문에 국가의 영토를 방어하고 확장하려면 강력한 군대가 필요했다. 결국 군사력은 부를 낳고 부는 군사력을 강력하게 만든다는 순환적 논리로 발전하게 되면서 서구의 근대국가는 식민지국가라는 모순된 모습을 보이게 된다. 국가의 안전과 팽창이라고 하는 국가이익을 실현하려면 모든 수단과 방법을 동원할 수 있다는 주장은 국가이성(reason of state) 사상에 의해 구체화한다.

---

22) Henri Rohan, *A Treatise of the Interest of the Princes and States of Christendom*e, Henry Hunter, trans. and printed by Ric. Hodgkinsonne (London 1641).

평등한 개별 국가들 사이의 관계를 상정하는 서구적 국제 정치질서와는 달리 동양의 조공체제는 중국 중심의 위계질서를 갖고 있었기 때문에 개별 국가의 존재를 강조하는 국가이익 개념보다는 부국강병 개념이 중국과 조선에서 더욱 보편화하였다. 그런데도 구한말 조선에 재등장하기 시작한 부국강병 개념은 위정척사파를 제외하고는 대부분의 세력에 의해 조선 자체의 안전과 독립을 중화질서의 틀을 벗어나서 확보하는 방법을 모색했기 때문에 중화질서의 유지라는 보편적 관념보다는 조선의 독립이라는 개별적 이해관계가 두드러지게 된다. 이러한 경향은 서구의 팽창에 직면하여 중국이 조공체제의 종주국으로서 주어진 역할을 수행하지 못함으로써 더욱 심화하였다. 이러한 사실은 조선의 부국강병 노력은 조선이 처한 국제 정치질서에 대해 순응하든지, 아니면 그 질서에 정면으로 도전하든지 하는 선택을 강요받지 않을 수 없었다는 것을 보여준다. 갑신정변은 임오군란 이후 조선을 완전히 속국화하려는 중국의 노골적인 정책에 반발하면서 조선의 부국강병을 실현하려는 대표적인 예 가운데 하나이다. 이처럼 조선의 부국강병책 추구는 국제 정치구조의 압도적인 영향과 제약을 받지 않을 수 없었다.

구한말 부국강병 개념의 정의는 단순히 특정 개념의 의미를 규정하기 위한 차원에 머무르는 것이 아니었고, 주변 국가들과의 연관성이 대단히 중요한 의미를 띠었다. 또한 부국강병의 실현방식에 따라 조선 내의 여러 정치세력 사이의 역관계는 실질적으로 변화하게 될 것이다. 따라서 부국강병 개념의 정의와 그 실현방식의 모색은 미래의 조선 정치현실에 직접적인 영향을 끼치게 된다. 이처럼 개념사 연구는 과거와 현재의 체험을 포착하는 데 그치지 않고 변화해가는 현실과 미래를 이해하는 데 도움을 준다. 조선 내 여러 정치집단이 나름대로 부국강병 방식을 제시하고 그것을 정치적 슬로건화함으로써 부국강병 개념을 둘러싼 논쟁은 어의적 정의의 차원을 뛰어넘어 정치사회사의 단면을 포착하고 조선사회의 미래를 이해하는 데 결정적으로 이바지하게 된다.

166

부국강병 방식에 대한 입장 차이에 따른 조선의 지배세력 분화와 논쟁이 구체화하기 전에 대원군은 서구열강의 팽창에 직면하여 대외적으로는 쇄국정책을 추진하면서 대내적으로는 왕권 강화정책의 일환으로 조선의 군사제도 정비를 통해서 강병책을 추구했다. 대원군 집정 당시 조선의 가장 대표적 무장이었던 신헌(申櫶)이 병인양요 다음해인 1867년 군제개혁안을 제시했다. 또한 당시 조선은 청에서 진행되던 해방과 육방 논쟁의 영향을 받고 경기도 해안의 방위를 위해 군함과 수뢰포를 제작하여 강병책을 추구했다. 그런데 이러한 강병책은 조선의 정치사회적 개혁과 서구의 기술도입을 사전에 차단한 상태에서 시행되었다는 점에서 뚜렷한 한계점을 갖고 있었다.

대원군이 추구한 강병책이 갖는 한계점이 있는데도 그의 정책은 이념국방을 우선시하는 위정척사론자들의 주장보다는 진일보한 것이었다. 위정척사론자들은 군사력의 강화 문제를 전통적인 유교이념의 방위와 불가분의 것으로 파악함으로써 완전히 명분론적인 차원에서 부국강병을 파악하는 잘못을 범한다.[23] 이념국방에 대한 강조는 군사력과 경제력의 연관성에 대한 인식에 장애가 되었다. 또한 위정척사파는 서구와의 교역이 조선의 전통적 경제질서와 그것에 기초하는 유교적 질서를 파괴하리라 판단하고 폐쇄적이고 자족적인 조선의 기존 경제질서의 유지를 주장함으로써 부국안민적 차원의 인식수준을 벗어나지 못한다. 결국 조선에서 부국강병의 실현은 경제력과 군사력의 동시적 발전이라는 물질적 차원보다는 이념적 차원에서 인식의 전환이 선행되어야만 했다.

위정척사파의 또다른 문제점은 서유럽에서 발생한 무정부적 국제 정치질서가 전세계적으로 팽창하는 싯점에서 조선 중심의 소중화적 명분론에 집착하고 있었다는 데서 발견된다. 메이지유신을 통해 부국강병에 성공한 일본이 군사력을 앞세워 동양에서 신중화를 건설하기 위해 나섰을 때 최익현의

---

23) 김영작 『한말내셔널리즘 연구』(청계연구소 1989) 75면.

단식 사망에서 보는 것처럼 소중화의 명분론은 비극적 최후를 맞게 된다. 위정척사파와는 달리 김윤식과 어윤중(魚允中)과 같은 개화파 관료들은 조선의 부국강병을 기존의 중화질서의 틀 내에서 달성해야 한다고 보았다.[24] 이들의 입장은 유길준이 『서유견문』에서 주장하듯이 당시 조선이 처한 양절체제적 현실을 인정함으로써 중국에 의존하여 조선의 독립을 보장받음과 동시에 서구 국가들과 독자적으로 통상조약을 체결하여 부국의 길을 모색하는 것이었다. 이러한 동도서기론자들의 부국강병책은 중국 중심의 국제질서에서 벗어나 일본과 연대하여 조선의 부국강병을 급격하게 달성하기 위해 갑신정변을 일으킨 김옥균 중심의 급진개화파들의 부국강병 방식과는 좋은 대조를 이룬다. 위정척사파, 동도서기파, 급진개화파의 부국강병 방식을 그들의 국제 정치질서에 대한 인식과 관련하여 살펴본 이상의 분석은 당시 조선의 부국강병 실현은 국제 정치구조상에서 어느정도 조선이 자율적인 공간을 확보할 수 있는지에 달렸다는 것을 보여준다. 위정척사파와 개화파가 조선을 감싸 안은 국제 정치질서에 대한 반발을 통한 부국강병책을 모색했다고 한다면, 동도서기파는 주어진 국제 정치상황을 자신들의 목적에 맞게 이용하면서 자율적 공간을 확보하면서 점진적으로 국내적 개혁을 통해 부국강병을 실현하고자 했음을 알 수 있다.

조선이 일본과 강화도조약을 체결한 이후 제1차 수신사로 일본에 파견된 김기수(金綺秀)는 당시 일본의 사정을 보고하는 글에서 일본은 경전보다는 부국강병을 급선무로 삼고, 국방력의 증강과 산업의 발전을 위해 서구의 기술을 적극적으로 도입한다고 적고 있다. 그후 제2차 수신사로 일본에 파견된 김홍집은 그 임무를 마치고 귀국한 후 고종과의 문답에서 자강(自強)과 부국강병의 연관성을 설명한다. 김홍집은 자강은 단순히 부강만을 의미하는

---

24) 이완재 「초기개화사상의 대청인식」, 『경희사학』(박성봉 교수 회갑기념 논총) 588~90면.

것이 아니라 전통적인 유교적 도덕질서와 정치제도를 유지한 바탕 위에서 군비의 증강과 서구 선진기술의 도입을 통하여 서구열강의 위협에 대처하는 것이라고 주장했다. 결국 부국강병은 그 자체가 목적이 아니라 자강을 위한 수단에 불과해진다. 자강의 목적은 서구의 국가들처럼 팽창적인 대외정책을 추구하는 것이 아니라 소국 조선의 안전과 독립을 유지하려는 것이다. 따라서 김홍집의 부국강병의 개념은 그 발전단계에서부터 이미 팽창적 성격을 내포하는 서구적 부국강병의 개념과는 상당한 차이점을 보여준다. 또한 그의 부국강병책은 조선의 왕조체제와 유교적 이념의 보존을 강조한다는 점에서 조선 정치체제의 개혁을 통한 부국강병의 방안을 제시한 유길준 등 개화파의 주장과도 좋은 대조를 이룬다.

김홍집이 갖고 들어온 『조선책략』은 조선이 자강책을 도모하기 위한 대외적 조건으로서 친중국·결일본·연미국의 일종의 동맹책을 제시한다. 황준헌(黃遵憲)은 당시의 국제정치를 전국시대보다 더 심한 약육강식의 현실로 인식하고 별과 바둑알처럼 퍼져 있는 열국들 사이의 세력균형 유지가 각국의 독립을 보전하기 위한 방식임을 역설한다.[25] 조선이 위의 세 나라와 동맹조약을 체결하여 러시아를 견제하고 동아시아에서 세력균형을 유지함으로써 조선의 독립은 유지될 수 있다고 황준헌은 지적한다. 또한 이러한 대외적 조건을 유지하면서 조선은 각국과 무역을 증대하고, 중국에 학생들을 파견하여 신식 군사기술과 무기제조법을 배워 부국강병을 도모할 수 있다고 지적한다. 이러한 황준헌의 주장은 국제 정치구조의 압도적 영향하에 놓여 있는 조선이 주변 열강들이 일종의 세력균형을 유지할 때 대내적 개혁을 통한 부국강병책을 추진할 여유가 생길 수 있다는 사실을 지적한다는 점에서 아주 중요한 의미가 있다.

1881년 일본사찰단의 일원으로 일본을 방문하고 돌아오는 길에 청을 방

---

25) 황준헌 저, 조일문 역주 『조선책략』(건국대학교출판부 1988) 21면.

문하여 청의 양무운동을 직접 접하고 되돌아온 어윤중은 고종과의 문답에서 당시 국제정세는 부국강병만을 도모하던 중국의 전국시대와 비슷하고, 춘추 전국시대를 '소전국(小戰國)'에 비교한다면, 현재는 '대전국(大戰國)'에 비유할 수 있다고 지적했다. 여기서 대전국은 중앙정부가 존재하지 않는 무정부적 질서를 상징하는 것인데, 이러한 상황에서 일본이 추구하는 적극적인 부국강병책은 시세에 부합하는 것이라고 주장한다. 따라서 그는 조선도 서구의 선진기술을 적극적으로 수용하고, 국내의 상공업을 진흥하며, 국민개병제를 시행하여 적극적인 부국강병책을 실시해야 한다고 주장했다. 이러한 부국강병책을 추진에 필요한 재원을 조달하려면 재정관할권의 중앙집권화를 이룩하고 해운업을 진흥하고 관세자 주권을 회복할 것이 중요하다고 그는 강조했다. 어윤중의 부국강병론에서는 위정척사파들이 집착한 이념국방의 문제가 완전히 극복되고 있음을 알 수 있다.

유길준은 『서유견문』 제5편에서 유럽과 미국이 아시아 국가들보다 부강한 이유를 양자의 정치제도의 차이점에서 찾는다. 그는 아시아에는 군주체제가 많고, 유럽에는 군민공치 체제가 보편적이고 미국에는 공화체제가 발달해 있다고 적고 있다. 이러한 사실에 비추어볼 때 유길준은 군주체제보다는 군민공치의 입헌군주제와 공화제가 부국강병을 달성하는 데 효율적인 정치제도라고 보고 있음을 알 수 있다. 이러한 사실은 유길준이 조선의 정치체제의 근본적인 개혁 없이는 부국강병을 통한 조선의 안전과 독립을 확보할 수 없다는 결론에 이르렀다는 것을 보여준다.

『독립신문』은 문명부강과 부국강병을 동시적으로 사용하면서 허학을 없애고 실학을 숭상하는 것이 부국강병의 지름길이라는 사실을 강조한다.[26] 공업과 상업을 진흥시킴으로써 군사력을 키울 재력을 확보하는 것이 급선무임을 『독립신문』은 강조한다. 또한 이 신문의 사설은 부강의 방책은 영토의

---

26) 『독립신문』 1898년 6월 14일자.

대소, 군사의 다소, 재정의 풍박에 달린 것이 아니라 정부와 백성이 일심되는 데 있다는 사실을 강조함으로써 조선 정치체제의 개혁이 부국강병의 중요한 조건임을 역설한다.[27] 나아가 이 신문의 사설은 나라의 강약이 운수에 있고 사람에게 있는 것이 아니라는 일종의 운명론적 사고방식을 비판하고 철도, 윤선, 전선, 우체, 신문 등을 적극적으로 도입하여 조선의 문명화를 통한 부국강병책을 적극적으로 추진할 것을 권고한다.[28]

4. 결론

조선지도층의 부국강병에 대한 긍정적 인식은 서구의 충격이라는 외적 요인에 의해 촉발되었다. 앞에서 살펴본 바와 같이 조선의 대응방식은 크게 세 시기로 나누어볼 수 있다.

1863년부터 시작되는 대원군 집정 10년, 1873년부터 시작되는 고종 친정 10년, 그리고 갑신정변 이후 세 시기로 나누어볼 수 있다. 조선의 개혁과 부국강병과 관련하여 셋째 시기 이후가 지금까지 주요 관심의 촛점이었다. 그러나 유교적 부국강병 개념이 근대적 개념으로 전환을 이루는 시기는 첫째 시기였다는 점에서 개념사적 차원에서는 이 시기가 가장 중요하다고 할 수 있다. 또한 이 시기는 부국강병에 대한 인식의 전환을 바탕으로 하여 부국강병을 구체화하기 위한 구체적인 방안들이 모색되었던 때였다. 그런데도 재정 확보의 어려움, 위정척사파의 반대 등 국내 정치적 어려움에 직면함으로써 대원군의 부국강병책은 소기의 성과를 거둘 수 없었다. 특히 대원군은 유길준이 주장한 바와 같은 군민공치 형태의 제도개혁을 통해 사회를 통합하

---

27) 『독립신문』 1899년 5월 9일자.
28) 『독립신문』 1899년 9월 13일자.

고 국력을 결집해 나가야 한다는 수준의 인식에까지는 도달하지 못한 명백한 한계점을 안고 있었다.

또한 제2기에 해당하는 고종 친정시기에는 군제개편이 대대적으로 이루어졌지만 궁정 수비와 수도 수비에 촛점이 두어졌다. 또한 고종은 외국 교관을 데려오고 서양식 군대훈련의 중요성을 강조함으로써 조직적인 군의 신식화에는 성공하지 못했다. 고종의 친정기 다음의 셋째 시기는 임오군란 이후 위안스카이(袁世凱)에 의한 청의 군정이 실시되었던 시기로서 조선의 부국강병책 추구는 대내외적으로 뚜렷한 한계에 직면하고 말았다. 따라서 개념사를 통해 본 구한말 조선의 부국강병사는 임오군란 이전 시기가 조선의 독립적 역량구축의 가장 중요한 시기였다는 점을 보여준다.

임오군란 이후 조선은 다양한 형태의 균세정책을 추진했지만 부국강병을 통해 일정 수준의 국력 확보에 실패함으로써 동북아지역에서 독자적인 세력 균형의 한 축을 형성할 수 없었다. 또한 임오군란 이후 조선에 대한 청의 군정은 갑신정변을 촉발하여 개화세력의 몰락을 가져오는 배경적 조건을 구성했다. 또한 청의 군정은 조선에서 청일 양국의 군사적 충돌을 불가피하게 함으로써 일본 조선 지배의 발판을 제공했다. 삼국간섭 이후 조선은 러시아를 중심으로 하는 또다른 균세정책을 추진하지만 역부족이었다. 이 시기『독립신문』은 정치개혁을 통한 국력의 결집을 호소했지만 이러한 요구는 고종과 기득권 세력에 의해 받아들여지지 못했다. 부국강병 개념에 대한 인식의 전환에도 조선 지도층은 자강을 실현하고 독립의 기반을 마련하는 데 결국 실패하고 말았다.

근대한국의 세력균형 개념

장인성

1. 머리말: 세력균형과 개념

'세력균형'(balance of power)[1]은 국제법, 주권과 함께 근대국가 체제를 움직이는 주요 원리이자 정책이다. 유럽의 근대 국제체제에서 세력균형은 강대국간의 갈등과 분쟁을 가져오기도 했고, 국제체제의 안정과 평화를 가져오기도 했다. 세력균형은 강대국이 경쟁국의 힘을 억지하고 자국에 유리한 국제질서를 형성하고 유지하려는 의도의 소산이었지만, 때로 약소국의 생존을 보장하는 원리나 정책으로 작동하기도 했다. 유럽의 세력균형 현상은 19세기 중·후반 서세동점으로 유럽의 국제정세에 관한 정보가 증대하고 유럽 국제관계의 성격이 알려지면서 동북아인들에게 인지되기 시작했다. 또한 동북아 국제체제가 중화체제에서 주권국가 체제로 이행하면서 세력균형의 개

서울대 외교학과 교수.

넘도 수용되었다. 세력균형은 근대 동북아 국제관계를 규율하는, 즉 동북아의 안정과 평화를 보전하고 국가생존을 보장하는 질서원리 혹은 외교정책 원리였다.

한국인들도 1860년대 무렵 서세동점과 양요를 경험하면서 국제관계에 작동하는 세력균형을 인지하기 시작했고, 1870년대 말 80년대 초반 조약체제에 편입되면서 새로운 질서원리로 받아들였다. 세력균형은 구한말뿐 아니라 냉전기에도 동북아지역의 안정과 평화, 그리고 한국의 생존에 필요한 유력한 질서원리로 간주하였다. 한국인들에게 세력균형은 질서원리나 정책이었을 뿐 아니라 국제정치 관념의 중요한 표상이었다. 한국인들의 세력균형 개념은 세력균형을 요체로 하는 근대국가 체제의 속성을 공유하는 한편 한국이 동북아에서 경험한 역사적 특수성을 내포한다.

근대한국의 세력균형 개념은 어떻게 수용되었으며 어떤 내용과 성격을 지니고 있었을까. 세력균형 개념이나 관념은 장소적·상황적 여건과 한국인들의 국제정치 경험에 따라 어떠한 변용을 보였을까. 이 논고에서는 이러한 물음에 대한 답변을 시도한다. 세력균형은 근대 이래 한반도 국제관계를 규정하는 가장 중요한 정책원리이자 질서원리였고, 한국인의 국제정치관의 요체였다. 근대한국의 세력균형 개념과 관념의 성격과 특질, 장소적 함의를 밝힐 수 있다면 한국인의 국제 관념의 성격을 이해하는 데 도움이 될 것이다. 아울러 현대 동북아의 세력균형을 성찰하는 데도 일정한 시사를 얻을 수 있을 것이다.

세력균형 개념이나 관념을 어떻게 포착할 것인가. 개념은 사회적 맥락에서 생성되는 것이므로 개념의 사회사적 존재방식을 포착하는 데는 개념사적

---

1) 이 글에서 세력균형을 'balance of power'의 번역어나 개념으로 사용하거나 유럽(혹은 동북아) 근대국가 체제의 원리나 현상을 지칭하는 경우 인용부호를 붙여 '세력균형'(동북아의 경우 '균세')라 표기한다. 근대 주권국가 체제의 일반적인 운용원리 혹은 정책을 가리키는 보통명사로서 사용할 경우에는 인용부호를 생략한다.

접근이 유용하다.[2] 세력균형 개념은 국제사회의 경험에서 생성된 것이며, 따라서 근대 국제사회 혹은 근대국가 체제의 (국제)사회사적 맥락 속에서 파악되어야 할 것이다. 그런데 근대한국(넓게는 비서구사회)의 경우 세력균형 개념은 그 원리와 정책을 산출하는 국제체제의 경험을 통해 스스로 획득한 것이 아니라 외부에서 주어진 것이다. 따라서 유럽의 세력균형을 근대 국제관계사의 맥락에서 포착하는 방식[3]은 근대한국(혹은 동북아)의 맥락에서는 한계를 가질 수밖에 없다. 여기서 개념의 형성과 운용에 주체적으로 관여하지 못하고 소외된 장소에서는 개념의 의미가 (재)해석되고 변용되는 양상, 즉 관념에 주목해야 할 것이다. 또한 개념의 수용과 변용은 문화 수용과 변용의 관점에서도 포착될 수 있지만,[4] 근대한국의 세력균형이 실천의 문제가 아니라 이해와 규범의 문제인 한, 그 수용과 변용은 관념의 차원이 중시될 수밖에 없다. 여기서 세력균형을 표상하는 언어들이 특정 콘텍스트 속에서 어떤 의미가 있고 발화되는지 그 모습에 유의해야 할 것이다.[5]

---

2) 개념사에 관해서는 Reinhart Koselleck, *Futures Past: On the Semantics of Historical Time* (Cambridge, Mass: MIT Press 1985); Melvin Richter, *The History of Political and Social Concepts: A Critical Introduction* (New York: Oxford University Press 1995). 국내에 개념사를 소개하고 적용한 연구로는 하영선 「문명의 국제정치학: 19세기 조선의 문명 개념 도입사」, 국제관계연구회 편 『근대 국제질서와 한반도』(을유문화사 2003)가 있다.

3) 유럽의 세력균형에 관한 연구는 사실(정책)에 기초한 역사적 분석과 성찰적 접근, 그리고 통계적 연구로 나눌 수 있다. 역사적 분석으로는 Edward V. Gulick, *Europe's Classical Balance of Power* (Ithaca: Cornell University Press 1955), 성찰적 접근으로는 Ernst Haas, "The Balance of Power: Prescription, Concept, or Propaganda," *World Politics* 5-4 (July 1953); Martin Wight, "The Balance of Power," H. Butterfield and M. Wight eds., *Diplomatic Investigations* (London: Allen & Unwin 1966) 등이 대표적이다.

4) 히라노 겐이치로 저, 장인성·김동명 옮김 『국제문화론』(풀빛 2004)은 국제관계를 문화 수용과 변용의 관점에서 파악한다. 문화 수용과 변용을 개념의 차원으로 확장했을 때 '국제 개념사'의 영역도 상정될 수 있을 것이다.

세력균형의 개념과 관념은 구분할 필요가 있다. 개념과 관념은 사회적 생성물이자 사회를 보는 틀을 제공한다. 사물이나 현상을 표상하거나 그것을 파악하는 준거인 개념이나 관념은 그것을 둘러싼 사회의 관행과 기억을 내포하며, 언어를 통해 표상된다. 그렇다면 개념이나 관념은 언어에 내재한 관행과 기억을 사회적 맥락 속에서 읽어야만 파악될 수 있을 것이다. '개념'(concept)은 어떤 사물이나 현상을 나타내는 확립된, 혹은 널리 양해되는 언어로 표현된 표상을 뜻한다. 달리 말하면 사물이나 현상을 나타내는 객관화된 언어 혹은 논리적 실재라 할 수 있다. '관념'(idea)은 이러한 개념을 생성하는, 혹은 그것을 둘러싸고 생성되는 주관적인 생각들을 의미한다. 개념이 사회적 합의나 정의(定義)를 통해 생성된다면 관념은 그러한 개념을 이해하고 해석하는 주관이라 말할 수 있다. 이처럼 개념과 관념을 구분하는 까닭은 이질 문화에서부터 미지의 개념이 수용될 때 수용자 측은 거기에 내포된 관념들을 제대로 포착하지 못하고 자기 문화에서 생성된 유사한 관념을 투사하여 그 개념을 이해하는 경우가 적지 않기 때문이다. 수용된 개념은 관념에 의해 변용되며, 관념은 변용된 개념을 생성한다. 이 글에서 '세력균형 개념'은 원리나 정책으로서의 세력균형 자체를 지칭하며, '세력균형 관념'은 그러한 세력균형을 이해하고 받아들이는 주관적 생각을 가리킨다.

---

5) James Tully, ed., *Meaning and Context: Quentin Skinner and His Critics* (Cambridge: Polity 1988); 제임스탈리 저, 유종선 옮김 『의미와 콘텍스트』(아르케 1999); J. G. A. Pocock, *Politics, Language and Time: Essays on Political Thought and History* (New York: Atheneum 1971).

2. 세력균형 개념의 수용: '균세'

(1) '균세' 개념의 수용

한국인들은 19세기 중반 서세동점을 계기로 유럽의 근대국가 체제를 인지하면서 세력균형 현상을 알기 시작했고, 주권국가 체제를 받아들이면서 세력균형 원리를 수용하였다. '균세(均勢)'는 주변 열강의 역학관계 속에서 자주독립을 추구해야 했던 근대 한국인들에게 힘의 균형을 추구하는 국제관계의 객관적 실재와 자주독립의 주관적 이념을 표상하는 언어였다. '균세'는 'balance of power'의 번역어였다. 근대한국의 세력균형 개념 형성은 이 번역어가 개념으로서 수용되는 양상과 이 개념이 동북아 국제관계와 한국의 국제정치적 위상에 맞게 변용하는 양상을 통해 포착할 수 있다. 두 양상은 각각 '개념의 수용'과 '개념의 내면화(토착화)'라 할 수 있다.

세력균형이라는 '개념의 수용'은 '균세'를 번역어로서 수용하는 과정과 이 '균세'를 국제정치 개념으로서 수용하는 과정을 거쳤다. 이 두 과정은 겹치지만 의미상 구분된다. '균세'의 '번역어로서의 수용'은 텍스트(『만국공법』 『조선책략』)에 기술된 '균세'라는 미지의 언어가 텍스트의 사회적·정치적 영향력, 미지의 언어에 효용성을 제공하는 국제 정치상황의 출현, 그리고 새로운 언어의 수용을 허용하는 양해의 틀(유교 관념)이 상호작용하면서 개항기 한국의 새로운 언어로서 정착한 과정이다. 한편 '국제정치 개념으로서의 수용'은 '균세' 개념에 유럽 국제정치와 동북아 국제정치의 실재가 투사되는 동시에, 이 개념(인식틀)을 통해 국제정치를 이해하고 해석하는 관념이 형성되는 과정이다. 유럽의 경험을 이해하고 국제정치적 함의를 발견하는 과정이기도 하다.

한편 세력균형의 '개념의 내면화' 혹은 '개념의 토착화'는 '균세' 개념이 조선의 국제정치적 조건과 위상, 규범 등에 의해 재해석되거나 장소에 적합한 의미를 덧붙이게 되는 변용과정이다. 장소성과 적실성을 제공한 계기는 한국·중국·일본의 세 행위 주체와 러시아·영국·미국 등 열강이 관여하는 동북아 국제체제의 역학구조, 조선의 국제정치적 위상, 유교 관념과 조선의 자주독립 의지 등이었다. 이 토착화 과정에는 영향력있는 텍스트뿐 아니라 유럽 국제사회의 경험과 동북아 국제정치의 현실이 작용하였다. 개념의 토착화는 유럽의 경험을 발견할 뿐 아니라 동북아의 경험이나 한국의 경험을 모색하는 과정이었다.

먼저 번역어로서의 수용과정을 살펴보기로 하자. 번역어 '균세'의 수용은 우선 『만국공법』을 매개로 이루어졌다. 『만국공법』(1865)은 청국 동문관(同文館)에서 서양서 한역을 담당했던 윌리엄 마틴(William A. P. Martin)이 헨리 휘튼(Henry Wheaton)의 『국제법 요강』(Elements of International Law, 초판 1836)을 한역한 것인데, 마틴은 이 책에서 'balance of power'를 '균세'로 번역하였다. 『만국공법』은 발간 직후 한국과 일본에 전해내려 왔다. 한국에는 1866년에 들어온 것으로 알려졌는데,[6] 이 텍스트가 의미가 있게 된 것은 개항(조약체제의 수용)을 전후하여 국제법 수요가 커지면서였다. 이 과정에서 '균세'는 'balance of power'의 번역어로서 유통되었다.

그런데 자연법론자였던 마틴은 『만국공법』에서 국제법의 자연법적 성격을 부각시켰다. 그는 구미의 『만국공법』이 소국의 자주독립을 보전한 사례들을 예시하면서 세력균형의 자연법적 공공성을 강조하고자 했다. 마틴은 '균세의 원리(均勢之法)'를 대국이 세력을 '균평(均平)'하게 만들고 소국이 이에 의뢰하여 안전을 확보할 수 있는 '태평의 요술(太平之要術)'로 규정하였다.[7] 이 규정은 휘튼의 원저에는 없던 것인데, 마틴이 세력균형의 자연법

---

6) 이광린 「한국에 있어서의 『만국공법』의 수용과 그 영향」, 『동아연구』 1호(서강대 동아문제연구소 1982).

7) 『萬國公法』 卷 1, 12張. 원문은 다음과 같다. 蓋歐羅巴亞美利加諸國 奉耶蘇之敎者 與亞細亞阿非利加之回回等國 交際往來 彼雖敎化 向迥異 亦屢棄自己之例 而從吾西方之

178

적 성격을 강조하고자 일부로 할주(割註)의 형태로 삽입한 것이었다.[8] '균세' 개념의 탄생은『만국공법』의 자연법적 국제법의 이미지와 밀접히 결부되어 있었던 것이다. '균세'는『만국공법』의 법적 공공성을 실현하는 정치적 공공성을 나타내는 표상이었다. 이러한 만국공법관과 균세관은 1880년대 개혁론에 큰 영향을 미친 정관응(鄭觀應)의『이언(易言)』에도 구현되어 있었다.[9] 번역어 '균세'는『만국공법』이 전해내려 온 때부터 인지되었을 수도 있지만, 강화도조약(1876)과 서양열강과의 수호조약 체결(1880년대 초반)을 계기로 국제법이 필요해지면서 정치가나 식자층에게 알려졌다.

텍스트는 개념 수용의 발단을 제공하지만 텍스트 자체가 개념의 사회적 유통을 의미하는 것은 아니다. 텍스트가 많은 사람에 공유되고 사회적 비평 (찬사나 비난)의 대상이 되었을 때 텍스트의 정치언어는 사회적으로 확산되고 개념으로서 정착된다. 번역어 '균세'의 사회적 확산과 개념화에 이바지한 텍스트는 황준헌(黃遵憲)의『조선책략』이었다. 이 책자는 수신사 김홍집(金弘集)이 일본에서 가져온 것으로, 조선정부에 '친중(親中)·결일(結日)·연미(聯美)'의 외교정책과 '자강'정책을 권유한 논책이었다. '친중·결일·연미'의 균세론은 한국을 서양 국가에 개방하여 위협세력인 러시아와 부상세력인 일본을 견제함으로써 동북아에 세력균형 질서를 구축하고, 이를 통해 중국의 조선 종주권을 재정립하려 했던 리홍장(李鴻章)의 동북아정책에서 나왔

公法 卽如土耳其波斯埃及巴巴里諸國 近遵通使之例 而與我互相遣使也 歐羅巴諸國 常以土耳其之自主不分裂 與均勢之法 <u>所謂均勢之法者 乃使强國均平其勢 不恃以相凌 而弱國賴以獲安焉 實爲太平之要術也</u> 大有相關 故與土國 互相公議盟約 土國因而服歐羅巴之公法也 歐羅巴亞美利加諸國 奉耶蘇之敎者 與中國邇來亦共議和約 中國旣弛其舊禁 與各國交際往來 無論平時戰時 要皆認之 爲平行自主之國也(밑줄은 인용자).

8) 金容九「朝鮮における萬國公法の受容と適用」,『東アジア近代史』第2號(1999) 40.『만국공법』의 한역 과정에서 마틴과 조력자들이 유교 개념들을 의도적으로 사용한 점에 관해서는 이근관「동아시아에서의 유럽 국제법의 수용에 관한 고찰:『만국공법』의 번역을 중심으로」,『서울국제법연구』제9집 2호(국제법연구원 2002)를 볼 것.
9) 김용구『세계관 충돌의 국제정치학: 동양 禮와 서양 公法』(나남출판 1997).

다. '균세'는 '친중·결일·연미'를 정당화하는 논리로서 동원되었다. 『조선책략』은 필사본의 형태로 중앙뿐 아니라 지방 유생사회까지 유포되고 개화론자와 척사론자들 간에 개방개혁 논쟁을 불러일으켰는데, 이 논쟁을 통해 '균세' 개념은 개항반대자들(위정척사론자)까지도 그 정확한 의미를 포착할 정도로 널리 유포되었다.

이 텍스트는 공론화 과정을 통해 '국제정치 개념으로서의 수용'을 유발하였다. 『조선책략』의 사회적 유통과 정치쟁점화는 식자층에 근대적 국제정치관을 각인시켰고 '균세' 원리에 대한 이해를 높였다. 또한 '균세' 개념이 다른 근대 언어보다 먼저 수용된 것은 근대 국제체제가 한국의 생존방식을 규정하고 이와 관련된 개방개혁 논쟁이 벌어지는 콘텍스트가 있었기 때문이었다. '균세'는 현실 국제정치와 한국의 생존방식에 대한 이해가 높아지면서 실감성을 높였다. 1880년대 초반은 청국에서 국제정치론과 국제정보가 다량으로 유입되는 시기였다.[10] 개항을 통해 세계정치에 연루되기 시작하고 국제정보가 급증하면서 국제정세에 관한 실감성은 높아졌다. 그 실감성은 '균세'가 세계정치에서 작동하는 원리와 실제를 정확히 인식하는 데까지 고양되었다.

1883년 『한성순보』의 한 기사는 뒤에 제시할 인용문(제3장 제2절)에서 볼 수 있듯이, 프랑스와 안남 간의 분쟁이 단순히 양국 문제가 아니라 유럽의 세력균형과 결부된 국제현상이며, 동아시아 지역이 지구적 세력균형에 포섭되어가는 국제 정치현실에 대한 정확한 이해가 있었음을 보여준다. 이러한 이해는 "지금 유럽에서 건국한 나라가 열다섯으로 대소와 강약의 차이는 있으나 그다지 큰 차이는 없으므로, 혹 두 나라가 전쟁하면 모든 나라가 흔히 약소한 나라를 도와서 한 나라만 우뚝 강대해지지 못하도록 하니, 이는 바로 『만국공법』에서 말하는 균세법이다"고 말하듯이 『만국공법』의 '균세법'에서

---

10) 이에 관해서는 이광린 『한국개화사 연구』(일조각 1985)를 참조할 것.

출발하면서도 '상호 맹약'과 '계엄'의 동맹전략을 정교히 구사하는 유럽 열강들의 세력균형 정책을 정확히 파악하고 세력균형이 권력정치의 소산임을 드러내고 있다.[11] 이 기사는 중국의 『호보(滬報)』와 '각국 근신(近信)'을 종합하여 작성한 것인데, 국제정세에 관한 당시 지식수준을 보건대 한국 식자층이 공유한 것으로 볼 수 있다. 이 기사는 '균세'가 이미 '번역어로서의 수용' 국면을 넘어 '국제정치 개념으로서의 수용' 국면에 들어서 있었음을 보여준다.

'균세' 개념의 수용과 변용은 단순한 문화현상이 아니다. '균세'가 활자매체를 통해 '공간(公刊, 공공화)'되는 과정에는 정치권력이 정책의 형태를 띠고 간여했다. '균세' 개념은 한반도의 안보를 모색하는 전략적 의미가 있었기 때문에 자기 문제로서 급속히 유포되었다. '균세' 개념은 이미 『조선책략』에 표출된 중국의 세력균형 정책과 이를 둘러싼 논쟁을 통해 정책 이미지를 강하게 띠었다. 특히 동북아공간에 실재적 혹은 잠재적 위협세력이 상정되고 이에 대응하는 전략적 사고와 정책이 제시되는 상황에서 세력균형 개념의 전략적·정책적 함의는 강해졌다. 개화지식인들은 정책원리로서 균세 개념을 받아들여 개항을 주장했다.

그런데 '균세'가 권력 개념이나 정책 개념으로 이해될 때 '균세'의 규범적 함의는 옅어지게 마련이다. 뒤에서 상술하겠지만 유럽 '세력균형'의 권력적 속성에 대한 이해가 깊어질수록 '균세'는 이념(규범)과 현실(권력)의 편차 때문에 취약성과 허구성을 드러내지 않을 수 없다. 박영효(朴泳孝)가 "네덜란드와 터키는 원래 미약한 나라가 아니었는데, 둘 다 자국의 혼란 때문에 혹은 분열되고 혹은 축소되어 다시 일어서지 못했다. 비록 만국공법과 균세공의(均勢公義)가 있다고는 하지만 나라에 자립자존의 힘이 없으면 뺏기고 분

---

11) 「오스트리아, 프러시아, 이태리가 동맹하다」, 『한성순보』, 제5호(신영연구기금 1983) 67~68면.

열되어 유지할 수 없게 된다"[12]고 말했을 때 규범원리(公義)로서의 '균세'는 국제사회의 권력정치 앞에서 한계를 드러내고 있다.

(2) 균세와 세력균형

'균세' 개념의 수용과 정착은 세력균형 관념의 수용과 정착을 뜻한다. 그런데 개념은 관념을 표상하지만 개념의 부재가 반드시 관념의 부재를 의미하지는 않는다. 균세 개념이 일반화되기 이전에도 세력균형에 관한 관념이 전혀 없었던 것은 아니다. 1860, 70년대 박규수는 세계정치를 '춘추열국'과 같은 '제강병치(諸强竝峙)'의 구조와 '회맹정벌(會盟征伐)'의 관계로 파악하면서 "정(鄭)나라가 진(晉)과 초(楚)나라 사이에 있는 것과 같은" 소국 조선을 '동양의 유추(紐樞)'로 설정하면서 미국과 '맹약'을 맺어 '고립의 환'을 벗어나야 한다고 생각했다.[13] 세력균형에 해당하는 용어는 쓰지 않았지만 세력균형 관념을 읽을 수 있다. 서양과의 조약체결을 권유하는 리홍장(李鴻章)의 제안을 거부했던 이유원(李裕元)의 답신에서도 세력균형 관념이 엿보인다. 후술하듯이 개항기에 국제관계에서의 국가간 동맹을 '합종연횡(合從連衡)' 관념으로써 파악하는 경향이 보였는데, 이것도 세력균형 관념의 표현이다. 일본과의 접촉에서도 세력균형 관념이 제시되었다. 1876년 이노우에 가오루(井上馨)는 조선과의 수호를 추진하면서 권력정치의 국제사회에서 자주독립의 방법은 '동맹'을 많이 맺어 '우내의 권형〔宇內之權衡〕'을 보전하고 '고립자수(孤立自守)'를 피해야 한다고 주장했다.[14]

번역어 '균세'의 수용은 세력균형 관념의 형성을 촉발했지만 수용 자체가

---

12) 박영효 「개화에 대한 상소」(1888), 『근대한국 명논설집』(『신동아』 1966년 1월호 부록, 동아일보사 1966) 16면.

13) 金允植의 案文 『朴珪壽全集(上)』(아세아문화사 1978) 466~67면.

14) 「倭人答書」(1876), 『龍湖閒錄』四(대한민국국사편찬위원회 1980) 393면.

자연세계나 정치세계의 균형현상에 대한 기존 관념에 의존했을 수도 있다. 세력균형 현상은 개념 혹은 용어로 명목화되기 이전에 보편적으로 존재하는 자연현상일 수 있다. 세력균형 현상은 고대 인도와 그리스에서 이미 인지되었다. 흄(David Hume)은 세력균형을 유지한다는 원칙은 '상식'(common sense)과 '분명한 추론'(obvious reasoning)에 근거한 것이며, 고대 이래 실천되어온 것이라 말한다.[15] 중국의 '춘추전국(春秋戰國)'이나 일본의 '전국(戰國)'과 같은 상호 적대적 상황에서도 힘의 우위나 균형을 확보하려는 전략적 사유는 자연스럽게 생성된다. 특히 힘의 균형을 모색하는 삼자관계에서는 더욱 그렇다. 고구려, 백제, 신라 삼국 간의 '정립(鼎立)' 상태에서 나제(羅濟)동맹이나 나당(羅唐)연합이 모색된 것이 그 예다. 이 '정립' 개념은 청일전쟁 이후 부활하고 있다.

규범원리로서의 번역어 '균세' 개념이 정책 논쟁에도 불구하고 조선에 원만히 수용되었던 까닭은 마틴이 창출한 '균세'라는 언어가 유교의 권력 관념이나 균형 관념과 통하는 점이 있었기 때문일 것이다. 흔히 인문사회과학의 개념들은 자연과학 용어와 달리 기왕의 관념을 갖고 수용되고 해석되는 경향이 있다. 주자학의 이념과 규범이 강했던 유교사회에서는 특히 그렇다. 원래 유교 관념에는 힘이나 권력의 균형을 추구하는 경향이 강했다. 지금의 '힘'에 해당하는 '권(權)'이란 말은 원래 '저울질한다'라는 뜻인데, 세(勢)·힘·세력, 작용·능력, 권도, 임시방편 등 다양한 의미가 있었다.[16] 주자는 '권'의 권모술수론적 해석의 가능성을 비판하면서 '권'을 '경〔常道〕'을 지키면서 사물과 시세에 따라 행동하는 '중(中)'을 취하는 행위로 보았다.[17] '저

---

15) James E. Dougherty and Robert L. Pfaltzgraff, Jr., *Contending Theories of International Relations*, 2nd ed. (New York: Harper & Row 1981) 23면.

16) 諸橋轍次 『大漢和辭典』(東京: 大修館書店 1955~1960) '權' 項 참조.

17) 한유(漢儒)는 이를 '경(經)', 즉 '상도(常道)'에는 반하지만 좋은 효과를 얻을 수 있는 비상조치로 파악했지만, 주자는 이 해석이 권모술수론을 낳을 수 있다고 비판하면서 '권'을 '경〔상도〕'을 지키면서 사물과 시세에 따라 행동하는 '중(中)'을 취하는 행위로

울질한다'는 '권'의 원뜻이 균형을 취하려는 권력 개념에 투영되었던 해석이라 하겠다.

권력을 '저울질하여[錘, 衡]' 균형[中]을 취하려는 의식은 규범으로써 권력을 규율하려는 정치관으로 연결된다. 유교 정치관에서 권력은 권력자(군주)가 균분(均分, 사민士民의 경제적·정치적 안정)을 실현하여 인륜적인 삶을 구현하는 데 필요한 수단이었고, 권력자(군주)는 위협이나 술책보다는 도덕적 감화력[仁]에 기초한 덕치(德治)를 통해 백성을 교화하는 존재로 간주하였다. 그러나 실제 현실정치에서는 세습군주제로 말미암아 권력의 편중화와 세속화가 진행되었다. 또한 규범과 '민심[天命]'으로써 권력을 제어하려는 명분은 상존했지만, 권력은 정치술수나 정치욕구를 실현하기 위한 수단으로 권모술수의 부정적 이미지를 띠었다.[18] 즉 유교사회에서는 권력을 제한하려는 규범적 권력 개념(이념)과 권모술수적 권력 개념(실제)이 공존하였다.

19세기 유럽의 '세력균형' 개념은 권력을 지배력, 영향력, 강제력 등으로 파악하고 도덕과 권력을 분리하여 권력 자체의 균형을 추구하는 것이었다. 에른스트 하아스(Ernst Haas)는 유럽의 '세력균형'에서 '힘의 배분' '평형' '패권' '안정과 평화' '불안정과 전쟁' '권력정치' '역사의 보편원리' '정책결정의 체계 및 지침' 등 여덟 가지 뜻을 추출하는데,[19] '보편원리'를 빼고는 모두 국제권력의 존재방식과 제어에 관한 것으로서 규범의 의미는 약하다. 유교사회의 서세동점(혹은 서력동점)은 어떤 의미에서는 이러한 유럽의 권력

보았다(장인성 『장소의 국제정치사상』, 서울대학교출판부 2002, 226면). 한편 세력, 위력, 힘, 권위, 형세 등을 가리키는 '세(勢)'라는 말은 인간의 의지를 넘어선 주어진 객관적 형세를 가리키는 중립적 개념이지만, 인간사나 정치현상에 가해지는 다소 부정적 의미의 강제력(force)을 뜻하는 경우도 많았다.

18) 이상익 「유교와 자유민주주의」, 강정인 외 『민주주의의 한국적 수용』(민음사 2002) 236~44면.

19) Ernst Haas, "The Balance of Power: Prescription, Concept, or Propaganda," *World Politics* 5 (July 1953) 447~59면.

적 '세력균형' 개념이 유교사회의 규범적 권력 개념에 부과되는 과정이었다. 마틴은 권력을 제어하는 예수교의 기능을 지적하면서 'balance of power'의 권력적 속성을 완화하기 위한 자연법적 규범을 상정하고 '균세'라는 조어를 통해 세력균형의 규범적 함의를 강조했는데, 여기에는 이질적 개념의 수용을 원활히 하려는 의도가 들어 있었다.

'균세'는 유교의 권력 관념에 부응하는 중국식 한자어였다. 'balance'의 번역어 '균(均)'은 '평형'의 뜻만이 아니라 토지의 공평한 분배를 통해 '안민(安民)'——가성의 경제적·정치적 안정, 곧 '태평'——을 모색하는 유교이념을 담은 '균분(均分)' '균평(均平)'[20]에 쓰이는 '균'의 의미를 연상했을 것이다. '균세'라는 한자 신조어는 마틴의 의도대로 규범과 공공성을 중시하는 조선 유학자들의 정치 관념에 부합되었고, 국제정보와 지식의 급증에 따른 근대적 국제 관념의 성장, 중국의 균세정책, 문호개방이라는 상황과 맞물려 확산하였다. '균세'는 번역어로서의 생경함을 벗어버리고 세력균형의 원리와 정책을 표상하는 일반명사로서 친밀감을 더해갔다.

그런데 권력지향적 '세력균형' 개념을 규범적 '균세'로 치환하여 규범원리로서 관념하게 하는 가장 중요한 요인은 유교이념의 영향뿐 아니라 소국 조선의 취약한 국제정치적 위상과 자주독립에 대한 의지였다. 관념은 자기 존재의 현실을 드러내는 행위이다. 세력균형 개념에 대한 규범적 관념(해석)은 주권이 취약한 상태에서 세력균형의 주체가 되기 어렵고, 객체가 되기 쉽다는 소국의 현실과 자의식에서 비롯한다. 소국의식이 강한 장소(topos)에서는 규범은 권력을 견제하고 비판하는 유력한 수단이 된다. 여기서 권력의 취약성 때문에 규범에 의탁하는 국제정치 관념이 '균세'를 규범적인 개념으로 상상하게 하는 착시현상이 나타난다.

---

20) 유학사와 중국사상사에서의 '균(均)'의 개념에 관해서는 溝口雄三 『中國の思想』(東京: 放送大學教育振興會 1991)을 참조할 것.

근대한국에서 '균세'라는 용어가 생명력이 길었던 이유는 아마도 규범을 요구하는 현실, 즉 세력균형의 국제체제와 소국의 국제정치적 위상이 지속하였기 때문일 것이다. 일본의 경우와 대비된다. 서양열강의 위협에 직면했던 바꾸후 말기의 만국공법 수용단계에서는 번역어 '균세'가 일반적이었지만, 부국강병이 본격화되는 1880년대 이후에는 이 용례는 거의 보이지 않게 된다. 서양어-일어 대역사전인『철학자휘(哲學字彙)』[21]를 보면 용어 변화의 추세를 대략 짐작할 수 있다. 'balance of power'의 역어로는 1884년판에 '국세평균(國勢平均)'이란 말이 처음 나온다. 우에끼 에모리(植木枝盛)가 '국세(國勢)의 평형'[22]이란 용어를 썼던 때다. 1912년판에는 '권력평형, 권세평형, 권력평균, 균세'이란 역어들이 보인다. '균세'라는 역어는 1881년판과 1884년판에는 없고, 1912년판도 최저 순위로 나와 있는데, 여기서 '균세'라는 번역어가 메이지시대에 거의 쓰이지 않았다고 추정할 수 있다.[23] '균세' 용어의 쇠퇴는 1870년대 후반 이후 부국강병을 추진하고 국가권력과 대외주권을 강화하면서 규범적 만국공법관이 약해지고, 'international law'의 번역어가 '만국공법(萬國公法)'에서 '국제법(國際法)'로 바뀌었던 과정과 관련이 있을 것이다.

　대역사전에는 보이지 않지만 원래 사물의 경중에 따라 균형을 잃지 않게 하는 저울추를 뜻했던 '권형(權衡)'도 세력균형을 지칭하는 용어로 자주 사용되었다. 앞서 보았듯이 1876년에 이노우에 가오루가 사용한 용례가 보이며, 1880년대 일본 언론에서는 유럽·아시아 간 세력균형을 '구아(歐亞)의

---

21) 井上哲次郎 편찬, 1881년판(초판), 1884년판(수정증보판), 1912년판. 각 판본 명칭은 다음과 같다. 『哲學字彙』(1881), 『改訂增補 哲學字彙』(1884), 『英獨佛和 哲學字彙』(1912).

22) 植木枝盛『無上政法論』(1880).

23) 한편 'power'는 '세력, 권위'(1881), '권세, 세력, 권위'(1884), '위력, 권세, 세력, 권위'(1912)라는 역어가 쓰였고, 'balance'는 '형평'(衡平, 1881), '평형'(1884), '평형, 평균, 균형'(1912)으로 되어 있다.

권형'으로 표기한 용례도 있다. 분명하지는 않지만 '세력균형(勢力均衡)'이란 조어가 사용된 것은 일본이 세계정치무대에 등장했을 무렵으로 추정되는데, 이전에 한자문명권의 '권형'도 세력균형을 가리키는 말로 사용되었던 것이다. 근대한국에서는 '권형'은 언론의 사회적 책임과 관련한 '평윤공정(平允公正)의 권형',[24] 정치적 힘의 균형을 표현한 '의각권형(犄角權衡)'[25] '무역의 권형(무역 수지균형)'[26] '남녀의 권형(남녀 균형)'[27] 등의 용례에서 보듯이 일본과 달리 원래의 의미인 '균형'의 뜻으로 쓰였다. 1920년대 열강간의 해군균형을 '권형'[28]으로 표현한 용례도 보이지만, 이것도 '세력균형'보다는 '균형'의 의미에서 쓰인 것이었다.

근대한국과 일본에서 '균세' 용어의 생명력에 차이가 있었던 까닭은 근대화 과정에서 중국제 언어와 일본제 언어가 보인 언어권력의 차이에서 비롯하기도 하겠지만, 부국강병의 차이와 이에 따른 국가주권의 차이로 말미암아 양국의 국제정치적 위상이 달라졌기 때문일 것이다. 근대한국에서 '세력균형'이라는 번역어가 보편화한 때는—예컨대 『동아일보』 1924년 1월 10일자 「세력균형의 양대 진영」이라는 사설에서 엿볼 수 있듯이— 일제강점기에 들어서였던 것으로 보인다. 제국-식민지 공간에서 일본제 '세력균형'이 새로운 번역어로서 언어권력을 획득했을 때였다. 그리고 '세력균형'은 해방 이후 냉전체제가 전개되는 가운데 언론과 학계의 언설들에서 집단 안보체제와 동북아 국제정치를 설명하는 핵심 개념으로 자리잡게 된다.[29]

---

24) 「言論의 權衡」, 『皇城新聞』 1908년 8월 21일자.

25) 「日政府에 權衡」, 『대조선독립협회회보』 제8호(1897. 3).

26) 『每日申報』 1915년 2월 13일자; 『朝鮮總督府官報』 1915년 7월 12일자 등.

27) 『朝鮮總督府官報』 『朝鮮總督府統計年報』 등에 보인다.

28) 「米國의 造船計劃, 日英과 權衡을 維持할 範圍에서」, 『東亞日報』 1922년 7월 22일자.

29) 일간지와 잡지에서 다수 확인된다. 논문의 경우 李東洲 「勢力均衡과 國際聯合」, 『學風』 제9호(1950. 1)가 눈에 띈다.

3. '균세'의 장소성

(1) '전국'과 '합종연횡'

세력균형 개념을 수용하고 재해석하는 과정에는 텍스트나 유교이념뿐 아니라 국제체제나 국제질서도 관련이 있었다. 주권국가 체제는 체제의 성격이나 행위자의 행동원리가 중화체제와는 상이한 국제체제였다. 중화체제는 서계적·일원적 천하관에 기반을 둔 중심(중국)이 존재하고 중심과 주변은 '자소사대(字小事大)' 관계로, 주변끼리는 '교린'관계로 연결되는 국제체제였다. 운용원리인 사대주의는 예교(禮敎) 관념에 입각한 예법(禮法)의 권위와 명분을 중시한 세계적 국제주의였다. 이와 달리 주권국가 체제는 평등적·다원적 국가관에 따라 대국들이 경합적으로 공존하고, 소국들이 그사이에 점철하는 국제체제였다. 운용원리인 세력균형은 군사력을 토대로 상호 견제를 중시하는 강국주의의 국제 정치원리였다.[30] 중화체제에서 주권국가 체제로의 이행은 체제의 성격과 행위자의 행동원리가 변하는 것을 뜻한다.

새로운 국제체제와 세력균형 개념을 받아들이는 과정에서는 기억 속에 존재하는 전통적 질서 관념들이 동원되었다.[31] 동북아인들은 대국들의 경합적 공존과 군사적 강국주의의 세계를 접하였을 때 '전국(戰國)' 상황을 떠올렸다. 세력균형의 긴장과 투쟁이 벌어지는 주권국가 체제는 만국투쟁이 일상화된 지구적 규모의 '전국'으로 상상이 되었다. 박규수나 박영효, 김윤식 등 개명지식인들은 만국투쟁의 국제사회를 보면서 중국의 '춘추전국' 상황을 떠올렸고, 바꾸마쓰(幕末) 지식인들은 에도시대 이전에 있었던 '전국'시대 무사들의 할거상태를 상기해냈다. 이질적 국제체제를 포착하는 준거 혹은

---

30) 이용희 저, 노재봉 역 『한국의 민족주의』(서문당 1977) 155~73면.
31) 이하 '전국'과 '합종연횡'에 관한 논의는 장인성, 앞의 책 116~32면 참조.

매개로서 역사적 기억 속에 있는 유사한 국제질서나 질서관념이 작용했던 것이다.

체제의 운용원리 혹은 국가의 행동원리인 세력균형도 '전국' 이미지에 맞게 상상이 되었다. 한국의 지식인들은 '전국' 이미지에 전략적 동맹관계를 표상하는 '합종연횡'의 관념을 투영했다. 전략적 동맹을 상상한다는 것은 상상이 된 '전국'이 반드시 무질서인 것이 아니며 어떤 질서를 지향한다는 무의식을 내포하고 있음을 암시한다. 강위(姜瑋)는 1874년 동지사행 이후 국제문제를 '종횡(縱衡)'의 관점에서 논하였고, 박규수도 '전국' 상황에 대해 '합종연횡'의 발상에 입각한 대응을 모색하였다. 『조선책략』의 균세론도 '합종연횡' 이미지와 중첩되어 받아들여졌다. 미국과의 '수호(修好)'는 조선의 자주독립을 보증하는 '합종연횡'의 행위로 이해되었다. 만국공법은 '전국'적 국제사회를 규율하는 '합종연횡'을 이루는 법적 근거였고, '합종연횡'은 주권국가 체제의 세력균형(동맹)을 읽어내는 정치적 준거였다.

근대한국의 '합종연횡'에 관한 상상력은 세력균형 관념의 장소성을 드러낸다. 이 상상력은 일본과 중국의 경우와 달랐다. '전국'의 비유는 비슷하게 나타났지만 대응방식은 달랐기 때문이다. 유럽의 세력균형 체제를 일본 전국시대의 할거체제와 결부하여 생각했을 때 바꾸마쓰(幕末) 무사들은 개체적 전투력과 생존의지에 충만한 무사들의 만국투쟁적 질서를 상상했다. 그리고 '전국'적 만국투쟁 이미지는 부국강병을 통해 주권을 확보하고 서양국가의 위협에 대항하려는 개체적 · 주체적 생존의식을 낳았다. 청국의 경우는 서양국가(미국)를 끌어들여 러 · 일을 견제하는 동북아 세력균형——'균세지국(均勢之局)'——을 구상하는데, '이이제이(以夷制夷, 혹은 '이적제적以敵制敵'이나 '원교근공遠交近攻)'를 동원하였다. '이이제이' 관념에는 화이질서관의 대국 관념이 남아 있었다. 일본과 중국의 경우와 달리 1870, 80년대 소국 관념과 결부된 한국 지식인들의 '합종연횡' 관념은 대국과의 동맹이나 외교정책의 신중함(prudence)을 추구하는 전략 관념의 표현이었다.

'합종연횡'의 동맹 관념은 국제체제 변동과정에서 나타나는 불안 (insecurity)이나 이 불안을 극복하려는 심리에서 나왔다. 19세기 유럽의 세력 균형이 경쟁국이나 적국의 강대화나 그 가능성에 대한 불안에서 성립했다면, '합종연횡'의 전략적 사유는 '고약(孤弱)' '격절(隔絶)' '고립'(박규수) '고립무원(孤立無援)' '고립과조(孤立寡助)'(김윤식)의 상황에 대한 불안에서 비롯된다. 김윤식은 '합종연횡'의 국제사회에서 '고립무원'의 상태에서 분쟁을 일으킨다면 패망을 자초하기 때문에 만국공법을 준수하고 대국과 동맹을 맺어 '고립무원'이나 '고립과조'의 상태를 벗어나야 한다고 주장하였다. 유길준의 연미(聯美)론도 외부 열강과의 동맹을 통해 고립을 벗어나려는 것이다. '고립의 환'을 벗어나기 위한 '합종연횡(동맹)'은 소국의식의 소산이었다.[32]

국제체제의 변동은 체제원리가 '예'와 '사대'에서 '공법'과 '균세'로, 한국의 이상적 존재방식이 '금령자주(禁令自主)'에서 '자주독립(自主獨立)'으로 변용하는 과정이었다. '자주'의 의미는 '사대'에 의한 자주(autonomy)에서 '독립'에 의한 자주(sovereignty)로 바뀌고 있었다. 다만 1880년대는 중화체제와 주권국가 체제가 병존하고 사대 관념과 주권 관념이 공존한 시기였다 (조공의 공식 폐기는 1894년 갑오개혁 때였다). 때문에 '사대'와 '균세'는 양립하면서 긴장관계에 있었다. '고립'의 불안과 이를 극복하려는 '합종연횡'의 발상은 쇠락하는 '사대'와 불확실한 '균세' 사이에서 생성된 것이었다. '고립'의 불안을 해소하기 위해 문명개화론자들은 '사대'를 '균세'로 대체하고자 했고, 동도서기론자들은 '사대'와 '균세'의 공존을 생각했으며, 전통론자(위정척사론자)들은 '균세'를 부정하고 '사대'를 견지하려 했다.

'사대'와 '균세'의 양립과 긴장은 중국과 일본의 역학관계에 의존할 수밖에 없었다. 고립을 벗어나기 위한 '합종연횡'의 동맹은 부국강병을 통해 주권의 자율성을 높이지 않는 한 수동적 · 비주체적 세력균형이 될 수밖에 없

---

32) 장인성, 앞의 책 119~23면.

었다. '사대'와 '균세'의 공존과 긴장은 청일전쟁 이후 청국의 패전으로 '사대'가 종식되면서 해소된다. 하지만 그것은 문명개화론자들의 의도가 실현된 것을 의미하지는 않았다. 일본과 러시아가 동북아 세력균형을 주도하고, 일본이 한국의 주권을 침해하는 상황이 이어졌기 때문이다. 이 콘텍스트에 들어서면 세력균형 관념은 후술하듯이 '정립(鼎立)' 관념으로 내면화된다.

(2) 규범과 권력의 사이

'전국' 이미지와 '합종연횡' 관념은 세력균형을 전략적 차원에서 이해하고 있었음을 보여준다. 세력균형이 규범원리일 뿐 아니라 권력정치의 정책이나 전략으로 기능을 한다는 사실은 이미 1870년대부터 간파되었다. 질서변동기의 주체는 자기 존재가 불확실할 때 원리(규범)와 현실(권력)의 어느쪽에 집착하는 것이 보통이다. 하지만 주체 역시 질서변동과 함께 변동하기 때문에 어느 한쪽을 고집하는 일은 쉽지 않다. 세력균형은 기본적으로 힘의 논리이기 때문에 마틴처럼 종교적 신념에 따라 '균세'의 자연법적 공공성을 확신하는 예는 찾기 어렵다. 소국의 안전을 보장해준다는 '균세'원리의 규범성은 원리적이라기보다는 장소적이며, 따라서 '균세'의 규범성은 절대적 원리가 아니라 '원리의 현실적 한계'라는 비판에 직면할 수밖에 없는 쪽으로 귀착될 수밖에 없다.

개항기 한국인의 세력균형 관념은 '지리'에 의존하는 장소성을 중시했다. 이유원은 '강약상유(強弱相維)'를 실천하는 만국공법의 기능이 영국과 프랑스가 러시아의 침략에서 터키를 구해낸 사례에서는 작동했지만, '고약(孤弱)'과 '격절(隔絶)'의 상황에 부닥친 류큐(오끼나와)나 조선의 경우에는 잘 적용될 것으로 보지 않았다. '강약상유'는 세력균형 혹은 세력균형을 위한 동맹이나 원조의 뜻을 내포한다. 이유원은 지리와 세력균형의 상관성을 의식했던 것이다. '강약상유'(세력균형 혹은 동맹)의 유럽적 함의와 동북아적 함의가 다른 것은 규범이나 원리가 달라서가 아니라 장소가 다르기 때문이다. 이유원의 주장은 만국공법의 보편적 공공성을 부각하여 터키 사례를 보편화함으로써 균세정책을 실현하려 했던 리훙장(李鴻章)의 균세관을 비판한 것이었다. 해양(태평양)으로 말미암아 지리적 격절과 연미(聯美)의 상관성에 관한 논쟁도 세력균형(동맹) 관념의 장소성을 보여준다. 위정척사론자들은 '합종연횡'이 중원(中原)과 같은 지리적 조건에서나 가능하다는 이유를 들어 미국과의 수호를 반대했다. 개화론자의 경우 유길준은 지리적 격절을 초월한 동맹이 가능하다고 본 반면, 강위는 동맹의 지리적 한계를 중시했다.[33] 장소적 특수성에 따른 공적 기능의 한계에 대한 인식은 소국 관념의 표현일 수 있다.

그러나 장소적 특질에 따른 '균세'의 자연법적 원리와 실제 적용 사이의 간극, 즉 '원리의 현실적 한계'는 국제사회의 권력정치적 속성이 더 적나라하게 드러났을 때 규범 대 권력의 이항대립으로 전개될 가능성이 있다. 1880년대 초반 중국의 신문과 외신을 통해 유럽 국제사회와 동남아 국제관계의 현실을 상세히 전했던 『한성순보』의 한 기사에서 그 가능성을 볼 수 있다.

지금 유럽에서 건국한 나라가 열다섯으로 대소와 강약의 차이는 있으나 그다지 큰 차이는 없으므로, 혹 두 나라가 전쟁하면 모든 나라가 흔히 약소한 나라를 도와서 한 나라만 우뚝 강대해지지 못하도록 하니, 이는 바로 만국공법에서 말하는 균세법이다. 그러나 오스트리아 등 세 나라는 모두 유럽에서 큰 나라로 상호 맹약을 체결하고 게엄을 게을리하지 않으니, 그 소견과 사려가 매우 높고 멀다 하겠다. ··· 오스트리아, 이탈리아의 지세는 러시아와 프랑스에 접근해 있어서 러시아가 오스트리아를 공격하면 이탈리아가 지원하고 프랑스가 이탈리아를 공격하면 오스트리아가 지원하여 서로 의각지세(犄角之勢)가 되고

---

33) 장인성, 앞의 책 122면.

함께 적개심을 나누곤 한다. … 대저 독일은 프랑스에 승리하고도 확장된 국력을 끝까지 보존하는 데 늘 유의하였으므로, 다시 오스트리아, 이탈리아 두 나라와 연합하여 복심(腹心)을 체결하고 서로 순치(脣齒)가 되어 국가의 어려움을 함께하려 한 것이다. 그렇지 않으면 앞으로의 보거지세(輔車之勢)를 형성할 수 없고, 프랑스의 보복지계를 해소시킬 수 없기 때문이다. 프랑스에서 이세 나라의 우호가 견고하여 이간할 수 없음을 알므로 '원교근공'하는 계책을 포기하고, 몰래 국토개척을 도모하여 아프리카주의 모든 나라와 전쟁을 벌이다가 다시 월남에 손을 뻗쳤으니, 그들의 의도는 외부를 점거하여 웅도(雄圖)가 실현되고 병력이 정예해진 뒤에 기회를 보아 전력을 기울여 독일을 탈취하자는 데 있다. … (프러시아로서는) 지구상의 크고 작은 모든 나라를 모두 맹약에 넣고 사신들을 파견, 좋고 나쁜 일을 함께하여 제각기 그 영토를 지키고 그 평화를 누리도록 하는 한편 강자가 약자를 침략하거나 많은 수효가 적은 수효를 억압할 경우에는 제3국의 입장으로서 시비를 가려 화의시키고, 만약 여기에 응하지 않는 자는 여러 나라가 연합 공격함으로써 상호 인연이 되고 상호 견제가 되도록 해야 한다. 이상은 호보(滬報)와 각국 근신(近信)에 보인다.[34]

여기에는 보불전쟁 이후 프랑스의 '보복지세'에 대비하기 위해 동맹국들과 '의각지세(犄角之勢)' '보거지세(輔車之勢)'를 구성하는 비스마르크의 세력균형 정책이 상세히 그려져 있다. 세력균형이 규범원리가 아니라 힘의 원리로 전략의 차원에서 인식되었음을 잘 보여준다. 이 언설은 '균세'가 『만국공법』의 원리상으로는 강대국이 약소국의 생존을 돕고 특정 국가의 대국화를 막는 법칙이라는 사실에서 출발하지만 유럽 국제관계의 실상을 통해 실제로는 '균세'가 유럽 열강들, 특히 강대국 프러시아가 작위하는(balancing) '상호 인연'과 '상호 견제'의 권력관계와 책략의 소산이며, 이러한 권력관계가 지구적 규모의 세력균형을 유발하고 있음을 잘 드러내고 있다.

---

34) 「오스트리아, 프러시아, 이태리가 동맹하다」, 『한성순보』, 67~68면.

이것은 단순한 유럽 정치의 소개가 아니라 1880년대 조선의 개명지식인들에게 공유된 정보였다. 보불전쟁 이후 유럽 세력균형 체제의 현실뿐 아니라 프러시아에 대한 '프랑스의 보복지계'가 안남, 버마 등 동남아 국가들의 생존을 위협하고 안남분쟁을 일으키는 동아시아 국제 정치현실은 '균세'의 권력적 측면을 부각할 수밖에 없었을 것이다. 여기서 '균세'의 규범적 측면과 권력적 측면이 분화될 수밖에 없다. 박영효는 규범과 권력의 분화를 극명히 드러냈다. 앞에서 보았듯이 박영효는 권력정치의 국제사회에서 '균세'가 소국의 안전을 보장해준다는 것은 허구에 불과하며, '만국공법'과 '균세공의'의 공적 기능은 규범상 당연한 것이 아니라 권력(자강)에 의해 확보된다는 인식을 보였다.

박영효의 주장처럼 '자강(혹은 '자립자존의 힘')'은 주권국가의 생존력을 갖추기 위한 조건이며 균세와 함께 '고립'의 불안감을 해결할 수 있는 유력한 수단이다. '자강'은 '만국공법'과 '균세공의'의 규범성을 회복하려면 필요하다. 국가주권이나 동맹이 균형을 이룰 때 '균세'의 규범원리가 작동할 수 있으며, 소국의 안전을 보장하는 규범(혹은 명분)이 기능을 할 수 있을 때 국가주권은 보전될 수 있기 때문이다. 권력이 규범을 창출할 수 있을 때 세력균형론은 권력론으로 성립하지만 스스로 권력을 갖지 못하고 타자의 권력을 통제할 수 없을 때 세력균형론은 권력에 대항하는 규범론의 성격을 띤다. 세력균형이 순전히 권력작용이라는 현실을 인지했다 해도 세력균형을 규범의 관점에서 포착하려는 노력이 무의미한 것은 아니다. 규범은 권력을 비판하는 유력한 수단이고 소국은 이러한 규범에 의존할 수밖에 없기 때문이다.

4. 세력균형 개념의 변용: '정립'

(1) '중립': 외재적 세력균형

권력정치의 국제사회에서 주권국가로서 행동하고 주체적으로 세력균형을 운용할 수 있는 '자주'와 '자강'을 제대로 갖추지 못할 때, '균세'의 규범이 현실의 권력을 제어하지 못할 때 소국 조선은 어떠한 선택을 할 수 있을까. 갑신정변 실패 이후 갑오개혁과 광무개혁 등 '자주'와 '자강'을 위한 개혁이 시도되었지만, 청국과 일본, 러시아와 일본의 권력투쟁이 동북아 국제관계를 규정하고 열강의 권력투쟁이 청일전쟁, 러일전쟁의 국제폭력으로 귀결되는 콘텍스트에서 한국은 '고립'될 수밖에 없었다. 세력균형이 열강의 역학관계를 의미하고 조선이 '자주'와 '자강'의 부족으로 세력균형의 객체가 되었을 때 '균세'가 국제행동의 정책원리로서 내면화될 가능성은 약해질 수밖에 없다. 여기서 '중립'과 '정립'의 세력균형론이 나타난다.

중립 구상은 세력균형의 주체적 실천이 거의 불가능한 소국의 장소적 특질에서 나왔다. '중립'은 대국의 세력균형 정책에 의존할 수밖에 없다는 한계를 갖지만, 부국강병에 기반을 둔 주체적 자주독립이 어려운 상태에서 강구될 수 있는 발상이었다. 중립 구상은 이미 갑신정변 이듬해인 1885년에 유길준에 의해 제시되었다. 유길준은 다음과 같이 주장하였다.

> 우리나라는 땅이 아시아의 인후(咽喉)에 처함은 유럽에서 벨기에의 경우와 같고, 지위가 중국의 공방(貢邦)임은 터키에 대한 불가리아의 경우와 같다. … 불가리아를 중립으로 삼은 조약은 유럽 대국들이 러시아를 막으려는 계책에서 나온 것이고, 벨기에를 중립으로 삼은 조약은 유럽 대국들이 서로 스스로를 지키는 방책이다. 이로써 논하면 우리나라가 아시아의 중립국이 되는 것은 실로 러시아를 막는 큰 계기이며, 또한 아시아 대국들이 서로를 지키는 정략이다.[35]

조선의 중립은 주권국가 체제와 조공체제가 공존이나 중첩되는 콘텍스트에서 모색된, 그리고 유럽의 경험에서 유추된 조선의 생존전략이었다. 유길준은 유럽 국제관계에서 불가리아의 중립이 역외 열강(러시아)과의 세력균형에서 나왔고, 벨기에의 중립이 역내 열강간의 세력균형에서 성립된 것임에 주목하였다. 그리고 역외 세력균형과 역내 세력균형의 이중구도를 아시아에 적용하여 조선의 중립을 역외 세력인 러시아를 막고 아시아 열강의 상호 균형을 유지하는 전략으로서 정당화한다. 그런데 유길준은 불가리아와 벨기에의 중립이 주체적 선택이 아니라 유럽 국제정치의 소산이라는 사실을 알았고 열강 때문에 조선의 주체적 중립이 한계가 있다는 점을 숙지하였다. 그래서 1885년 싯점에서 일본에 맞서 갑신정변을 진압하는 힘을 가졌던 중국을 후견국가로 삼는 친중중립론으로 귀착시켰던 것이다.[36] 친중중립론은 중국의 우세를 의식한 중립구상이었다.

그런데 한반도 주변 열강이 힘의 균형을 이루게 되면 더욱 주체적인 중립의 발상이 제시된다. 독립협회 지식인들은 1890년대 중·후반 러·일 간의 균세가 성립한 콘텍스트('균세지국均勢之局')에서 조선의 자주독립을 위해서는 세력균형을 이용하여 '중립'의 자세를 취해야 한다고 주장하였다.

가령 말할진대 강한 나라는 만국공법을 버리고 대포 한 자루만 쓸지라도 약한 나라는 만국공법을 쓰는 것이 관중할 바이로다. 만국과 맹약을 함께할 때에는 간난하고 부한 나라가 섞여 살매 부국의 재물 많은 세력과 빈국의 넓이 사귀는 수단이 화동하여 지내는지라. 빈약한 나라에서 범백 일은 갖추지 못하고 병비만 베푼들 병비만 믿고 어찌 거만하며 어찌 외국을 겨으리요. … 다른 나라의 힘을 의지하려 말고 힘입으려 하지 말고 다른 나라와 동등 지위와 동등

---

35) 兪吉濬 「中立論」(1885), 『兪吉濬全書 Ⅳ』(일조각 1971) 320~21면.
36) 같은 글. 김옥균도 갑신정변 실패 후 친중중립론을 얘기한 적이 있다. 金玉均 「與李鴻章書」(1886), 『金玉均全集』(아세아문화사 1979).

행세와 동등 권리와 동등 법률이 있은 연후에야 가히 자주 독립국이라 칭할 것이라. … 각국과 사귀는 데는 팔방미인의 정태와 풍신 좋은 장부의 두렷한 처사로 행하야 편벽되이 사귀지 말고 동편 서편에 연합하야 화친하고 서로 제 어하는 세를 얽은 즉, 이는 보호중립에 가까운지라. 중립으로 독립에 이르기는 정치가에 용이한 수단이로다.[37]

'중립'은 특정 열강에 치중하지 않고 '원근' '강약'에 관계없이 모든 열강과 '평등의 예'로써 교섭하며, 만국공법을 준수하여 우의를 두텁게 하고, 적대관계에 있는 두 열강(러시아와 일본) 양쪽과 '연합' '화친'을 맺어 "서로 제어하는 세를 얽"음으로써 조선을 보전하는 '보호중립'의 외교를 가리킨다. 여기서는 세력균형을 만들어내는 주체적 중립외교의 가능성이 발견된다. 그러나 주체적 다자 외교를 지향하는 '보호중립'은 강대국의 '대포 한 자루(권력정치)'에도 '만국공법'으로써 대응해야 한다는 규범론에 기반을 두며, 법제도의 문명화(civilization)와 "팔방미인의 정태와 풍신 좋은 장부의 두렷한 처사"와 같은 정치가의 예의범절(civility)에 의존한다. '보호중립'은 유길준의 '친청 중립'보다 주체적인 것처럼 보이지만, 실제로는 러·일 세력균형의 콘텍스트에서 그 세력균형에 주체적으로 관여할 수 없는 한계에서 나온 것이었고, 그래서 규범론으로 흐를 수밖에 없었다.

'중립'은 주변 열강의 세력균형을 전제로 한다. 따라서 중립론은 일본의 힘의 우위(지역패권)가 동북아 세력균형을 대체했을 때 파탄할 수밖에 없었다. 특히 보호조약 체결 이후 문명개화론자들은 대국 의존론을 생존논리로서 제시하였다. 청국 우위의 콘텍스트에서 친청 중립을 구상했던 유길준은 이 콘텍스트에 들어서면 일본 의존적인 평화론을 내세운다. 일본은 한국의 자강과 국권 회복을 통해 '동양의 영원평화'를 보전하기를 원하며, 한국은 '문명'과 '부강'을 통한 '광복'을 달성하는 과정에서 일본과 '지성(至誠)'의

---

37) 『독립신문』 1898년 1월 20일자 사설.

평화'를 보전해야 한다는 주장이었다. '평화'는 일본의 대한정책에 대한 우호적인 협조 혹은 '대국' 일본에 대한 묵종을 뜻했다. '균세'는 이러한 '평화'를 저해하는 요소로 간주한다. 유길준은 '균세'를 믿고 일본에 '경거망동' 해서는 안된다고 경고하였다.[38] 다른 외세를 끌어들여 일본에 대응하려는 세력균형 정책은 부정되었던 것이다.

문명개화론자들이 제시한 '중립' 관념은 세력균형에 대한 민감성을 높이고 세력균형을 동북아 맥락과 근대한국의 상황에 체화하는 세력균형 개념의 자기화를 얼마간 실현하였다고 볼 수 있다. 그러나 '중립'은 열강간 세력균형을 전제로 하는 한, 그리고 '문명'과 '자강'을 토대로 그 세력균형에 일정한 영향을 행사할 수 있는 자율성을 갖지 못하는 한 열강간 세력균형의 존재양태와 열강의 동북아 국제관계에 좌우될 수밖에 없는 성질을 지닌다. '중립'은 세력균형의 주체인 대국들이 만들어내는 세력균형의 부산물일 수밖에 없고, 따라서 비주체적이고 제한적이며 가변적일 수밖에 없었다. 소국의 영속적 중립——이른바 '영구 중립'——은 세력균형이 전략이나 정책의 수준을 넘어 국제체제의 수준에서 안정성과 지속성을 확보할 때 가능한 것이다.

(2) '정립': 내재적 세력균형

세력균형의 내면화 또는 토착화는 열강의 세력균형을 중시한 중립론과 달리 동북아공간 내부의 세력균형을 중시하는 또다른 구상에서 전개되었다. '정립(鼎立)' 혹은 '정족(鼎足)'의 발상이 그것이다. '정립' '정족' 개념은 국제체제의 관점에서 동북아공간의 세력균형을 포착하고 조선을 세력균형의 주체로 상정하는 데 사용되었다.[39] '정립' '정족' 개념은 1890년대 중반 이

---

38) 兪吉濬「平和光復策」(1907), 『兪吉濬全書 Ⅳ』, 277~79면.

39) '정립' '정족' 개념에 관해서는 장인성「근대동아시아 국제정치와 '인종'」, 국제관계 연구회 엮음 『근대 국제질서와 한반도』(을유문화사 2003) 참조.

래 1920년대에 걸쳐 보였는데, 일본이 청일전쟁 이후 세력을 팽창하고 제국을 형성한 시기에 해당한다. '정립' '정족'은 일본이 지역패권국가로 성장해 가는 콘텍스트에서 일본에 대응하는 논리로서 제시되었다. 이 개념은 개화 지식인들도 보였지만, 특히 유학자들(위정척사파, 개신 유학자들)이 적극적으로 사용했다. 과거 '균세'와 균세적 동맹을 거부했던 위정척사론자들은 일본의 세력팽창에 직면하자 만국공법을 일본을 비판하기 위한 근거로 받아들였고 '정립'의 세력균형론을 조선의 생존논리로서 적극적으로 내세웠다.

'정립' '정족' 개념은 한·중·일 '동양 삼국'과 삼국이 이루는 동북아공간, 그리고 삼국의 관계방식으로 구성된다. '정립'은 '동양(동북아)'을 보전하기 위한 세력균형, 동양 삼국의 자율성, 그리고 동양 삼국의 연대성이 요체였다. '동양'은 동북아 삼국과 삼국의 관계망으로 구성되는 지정·지문화적 공간이자 '서양'에 대항하는 안보공간이었다. 근대한국의 '동양' 개념은 대외팽창의 수준에 따라 지리적·인종적 범주를 확장하여 나갔던 근대 일본의 '동양' 개념과는 달리 동북아의 지리적 공간과 동양 삼국의 '민족'에 한정되었다.[40] 정립론자들은 이러한 지정·지문화적 공간, 안보공간 속에서 한·중·일 삼국의 자율성과 연대성을 토대로 '동양평화', 즉 동북아의 안정과 평화를 보전하고자 했다. '정립' '정족'은 근대한국의 위상과 관점이 투사된, 그리고 동북아 국제정치에 의존하는 근대한국인의 국제정치관을 표상하는 언어였다.

'정족'은 세 발 가운데 어느 한쪽이 무너지면 솥 자체가 기능을 할 수 없고 다른 두 발도 무너질 수밖에 없다. 동서양간 세력균형과 역내 세력균형은 솥(연대)과 솥발(균형)의 관계처럼 맞물려 있다. 역외 세력균형을 위한 연대협력은 역내 세력균형이 전제되어야만 했다. 개명유학자 이기(李沂)의 언설을

---

40) 장인성 「자기로서의 아시아, 타자로서의 아시아: 근대조선 지식인에 나타난 '아시아' 와 '동양'」, 『신아세아』 제5권 3호(신아세아질서연구회 1998); 大熊英二 『單一民族神話 の起源』(東京: 新曜社 1995) 174~76면.

빌려 말한다면 '정립' '정족'은 "동양 삼국은 정족지세(鼎足之勢)를 이루고 있어 한 나라가 망하면 모두가 기울어진다. … 지금 한국이 망하면 귀국(일본)이 그 다음에 망하고 귀국이 망하면 청국이 또 망하게 되어 동양전국(東洋全局)이 하나도 빠짐없이 와해될 것이다"[41]와 같은 상황을 상정한다. '정립'의 존재방식과 그 성립조건은 다음과 같다.

> 大凡鼎이라 ᄒᆞᄂᆞᆫ 것은 三足이 具혼 故로 能히 安定自立의 勢를 保有흠이라. … 顧我韓日淸은 處在東洋一局ᄒᆞ야 人族이 原是同種이요, 文詞가 亦係一致요, 風俗이 太半恰似ᄒᆞ니, 其固有혼 相愛의 同情이 宜乎與他迥別뿐더러 況迨此西勢東漸ᄒᆞᄂᆞᆫ 日에 脣齒輔車의 關係가 至密且重혼 地에 居흠이라. 斷當 協心平和에 聯合實力이 鼎의 三足을 具흠과 如혼 然後에야 可히써 東洋全局을 保全흠은 智者를 不待ᄒᆞ고 能辦홀배라.[42]

정립은 솥 세 발로 동북아의 '안정 자립의 세'를 보전하는 것, 즉 '동양평화'와 삼국의 자주독립을 보장하는 원리다. '정족'의 성립조건은 동북아 삼국이 공유하는 '동양일국(東洋一局)'에 처한 지리적 특성, 인종적 동질성, 문화적 유사성이다. 이 세 조건은 다른 지역과 차별화되는 "서로 사랑하는 같은 정"을 유발하며, 서세동점의 상황은 동양 삼국의 '순치보거(脣齒輔車)' 관계를 요구한다. 정립의 목표는 '협심평화'와 '연합실력'을 통해 '동양전국(東洋全局)'을 보전하는 것, 즉 '동양평화'의 확보에 있다. '협심평화'는 동양 삼국의 역내 세력균형을 보전하는 것이며, '연합실력'은 연대를 통해 외부(유럽 열강)의 위협에 대응하는 역외 세력균형을 뜻한다. 연대협력은 역외 국가들에 대항하여 동양 삼국의 자주독립을 확보하는 조건으로서 역외 세력균형을 확보하는 방책이며, 그러한 연대협력은 역내 세력균형을 통해 삼국

---

41) 『海鶴遺書』 5卷 文錄三 書牘 與日本伯爵大隈信書 甲辰.
42) 李奎濚 「東洋協和도 亦智識平等에 在홈」, 『西友』 제15권(1908년 2월) 35면.

200

의 자주독립이 확보되었을 때 가능하다. '정치연맹(鼎峙聯盟)'[43]은 규범적 연대와 권력적 세력균형의 복합을 표상한다.

역외 세력균형과 역내 세력균형의 이중 구도는 유길준의 『중립론』의 경우처럼 유럽 국제사회에서 도출되고 있다. 예컨대 "지금 저 서방의 강자는 같은 대륙에서는 세력균형(勢釣力敵)을 이루어 강하지 않지만 다른 대륙에 가면 성위(聲威)를 빛내고 떨쳐 강하게 나온다. 같은 인종끼리는 땅은 다르고 덕은 같아 으뜸이 되지 못하지만 다른 인종에 대해서는 의기가 오로지 굳세어 으뜸을 이루니 이것이 서방의 강함이다"[44]라는 언설에서는 유럽의 경험에서 역내 세력균형과 역외 세력균형의 모델을 포착하려는 의지를 읽을 수 있다. 그러나 유길준의 『중립론』과는 달리 정립론에서는 이중의 세력균형에 삼국의 연대협력과 자주독립에 관한 발상을 결부시키고 역외와 역내의 세력균형을 상관적으로 포착하는 관점이 두드러진다. 유길준은 불가리아의 '중립'을 대외적 세력균형의 모델로 보았지만, 정립론에서는 일본의 패권화가 진행되는 콘텍스트에서 불가리아의 '독립'을 유럽 평화와 결부시키면서 '동양의 평화'를 이루려면 한국의 독립이 필요하다는 견해가 제시되었다.[45]

역외 세력균형을 위한 연대협력의 의식은 '균세' 개념이 출현할 때부터 보였다. '순치(脣齒)' '보거(輔車)'——'순망치한(脣亡齒寒)' '순치상의(脣齒相依)' '보거순치(輔車脣齒)' '보거상의(輔車相依)'——등 동양 삼국의 상호 의존성을 표상하는 언어들은 주로 청국과 일본이 자국의 안보를 위해 동원한 양자관계의 지정학적 유대를 강조하는 지정학적 개념으로 나타났다. 그런데 1890년대 중·후반 러시아가 '상상된 위협'에서 '실제의 위협'으로 다가서면서 조선 지식인의 연대감정과 결부되었고, 다자(삼국)간 상호 의존을 표상하는 국제관념으로 받아들여졌다. 자주독립을 위해 상호 의존관계 속에

---

43) 閔泳徽가 高宗에게 올린 글 『高宗實錄』 高宗 44年 1月 15日條.

44) 「世界平和가 在東洋(續)」, 『皇城新聞』 1906년 12월 11일자 논설.

45) 「勃牙利獨立會議에 對하야 我韓問題를 提出할 事」, 『大東共報』 1909년 1월 17일자.

스스로를 자리매김해야 하는 현실이 전개되었기 때문이다. 인종적·문화적 유사성을 표상하는 '동문동종(同文同種)'도 연대협력을 정당화는 근거로서 동원되었다. '보거순치'와 '동문동종' 개념은 연대의식을 생성하는 근거라기보다는 생존을 위한 연대의 필요성에서 작위된 것이었다.

'정립' '정족' 개념은 일본의 권력에 의해 조선의 자주독립과 동북아의 평화(동양평화)가 위기에 처했을 때 소국 조선의 생존논리로서 제기되었다. 문명개화의 상대적 후진성과 방어적 안보관념이 강했던 조선의 지식인들은 역내 균세를 통해 생존을 모색하려 했고 균세에 입각한 연대협력을 통해 역외 위협에 대응하고자 했다. '정립' '정족'은 동북아 국제관계 현실의 표현이 아니라 일본의 압도적 영향력을 배제하려는 당위적 명분이었다. 정립론은 한국, 중국, 일본의 세 행위자로 구성되는 동북아 국제체제의 구조와 행위자 간 관계를 세력균형의 관점에서 보는 비판적 성찰이었다. '중립'과 '정립'은 둘 다 세력균형을 중시한 관념이었지만, '중립'은 조선이 주체가 되지 못하는 외재적 세력균형에 의존하였기 때문에 지역패권에 대한 비판이나 긴장감을 결여했던데 비해, '정립'은 조선을 주체에 포함한 내재적 세력균형을 통해 독립을 유지하려는 긴장감이 있었기에 지역패권에 대한 주체적 비판이 가능했다. '정립' '정족'은 서세동점의 상황에서 동북아의 평화와 안정을 추구하는 바람직한 동북아 국제사회를 표상한다.

'정립'은 세력균형 관념을 동북아 국제체제의 구조와 주체(행위자)의 조건에 맞추어 동북아공간에 내재화하는 국제관념의 표상이었다. 세력균형으로서의 '정립' 개념은 주권국가 체제와 그 운용원리인 세력균형 개념이 착근되는 과정에서 한국, 중국, 일본의 행위자와 그 행동방식으로 구성되는 동북아 국제체제의 구조를 보는 시선이 성립했음을 시사한다. '정립' 관념을 통해 세력균형은 소국 조선의 생존조건으로 내면화 혹은 토착화되었던 것이다. 다만 동양 삼국의 발전단계, 주권의 수준, 안보관념이 상이한 상황에서 '정립'이 현실적으로 실현될 가능성은 없었다. 또한 '정립' '정족'은 반드시 힘의 동등한 균형을 의미하는 것은 아니었다. 정립론자들도 연대협력과 대외방위를 통해 동양의 평화와 번영을 달성하려면 발전된 일본의 지도(맹주)적 역할이 필요하다는 점은 인정했다. 일본의 지역패권을 인정하고 내정 지도까지도 용인하는 문명개화론자도 있었지만, 일본에 대해 동양을 연합하고 황인종을 보호하는 의무를 요구하고 '정족'의 동양평화를 유지하라고 요구하는 주장46)이 일반적이었다.

현실과 이상의 괴리는 현실에 대한 비판을 수반한다. '정립'이 실현되기 어려웠을 때 '만국공법'은 '동양평화'를 파괴하는 일본의 이기적 대외행동을 비판하고 일본에 '신의'와 공공성을 요구하는 규범적 준거로서 부활한다. 1900년대 후반 현실지향적인 국제정치관을 가졌던 문명개화론자들은 일본이 지역패권을 장악해가는 동북아 현실을 인정하고 이러한 현실에 추종하는 자세를 보였다. 반면 전통론자들은 세력균형을 동북아공간에 내면화한 '정립'의 논리를 통해 일본의 폭력과 패권에 대항하고 조선의 자주독립을 보전하려는 강한 의식을 가졌다. 그리고 여기서 만국공법이 일본의 대외행동을 비판하고 세계만국에 공공성을 주창하는 근거로서 제시되었다.47) '만국공법'의 규범성과 공공성은 전통론자들에 의해 부활했던 것이다. 지난날 '균세'를 부정했던 전통론자(위정척사론자)들이 '정립'의 세력균형 관념을 강하게 주창하게 된 반면, 과거 '사대'를 부정했던 문명개화론자들이 신흥대국 일본과의 의존관계를 중시하게 된 것은 역설적인 현상이다.

---

46) 『海鶴遺書』 5卷 文錄一 論辯 三滿論 甲辰.

47) 장인성 「근대동북아 국제사회의 공공성과 만국공론: 근대한국의 경험과 관점」, 『정치사상연구』 9집(한국정치사상학회 2003).

5. 맺음말: 세력균형의 형해화 그리고 부활

'정립' 관념은 동북아 삼국의 자주독립을 전제로 성립하는 것이기 때문에 논리상으로는 조선이 주권을 상실했을 때 소멸해야만 했다. 그러나 '정립' 관념은 국권을 상실하고 나서도 당분간 지속되었다. 이러한 사실은 '동양평화'를 다룬 『동아일보』의 한 사설(1920년)에서 확인된다. 사설자는 '동양평화'를 '외부적 동양평화'와 '내부적 동양평화'로 구분한다. '외부적 동양평화'는 '동양' 이외의 '국민'이 동양을 침범하지 못하게 하여 동양평화를 보전하며, 각자 실력을 길러 '정의'를 행하고 동양이 단결하여 천하의 '불의'를 일소하는 데 있다. '내부적 동양평화'는 "동양 3개 지방의 상호간 또는 각 지방 내의 평화"를 뜻하는데, 이를 위해서는 '동양 3개 지방'간의 평등과 권리·존엄의 상호 존중, 상부상조, 자연개척과 인지(人知)계발이 요구된다. '동양평화'는 '순치'관계에 있는 한·중·일 '3개 지방'이 폭력이나 무력에 의존하지 않고 각자 '화락한 중심'이 되어 '공존상재(共存相在)'하는 가운데 '진보'를 이룩하는, 즉 "일본만의 평화와 발전이 아니라 동양 3개 지방의 평화와 발전"을 모색하는 데 있다. 각 민족은 '평등한 지위'를 갖고 '자유적 정신'으로 '연합'해야 한다.[48] 이러한 내용을 담고 있다.

국권이 상실된 상황에서 '정립'의 주체는 '지방' 혹은 '민족'으로, 국가의 '자주독립'은 민족의 '평등한 지위'로 바뀌어 있고, 이에 따라 역내 세력균형은 '지방'간, '민족'간 '평등'으로 변질하여 있다. 그러나 '외부적 동양평화' '내부적 동양평화'의 발상은 '정립'의 역외 균세와 역내 균세의 논리에 맞닿아 있다. 동양 3개의 '지방' '민족'이 자율적인 행위주체로서 '공존상재'하고 '단결'을 이루면서 '평화와 발전'을 달성한다는 발상, 주체의 평등성과 자율성, '동양평화'의 안과 밖의 존재방식, 윤리적 비판수단으로서의 성격,

---

48) 「東洋平和의 要諦」, 『東亞日報』 1920년 6월 25일자 사설.

공존과 균형의 존재방식에 관한 성찰은 '정립'의 유산이다. '동양평화'의 진정성을 판별하는 '정의' 대 '불의'의 준거에서도 유교 규범론의 잔영이 보인다. 정립 관념과 진보·자유·평등 관념의 결합은 당시 윌슨의 민족자결주의와 민주주의론의 영향 때문일 것이다. '진보'와 '평등' '자유적 정신' 등 근대 관념은 새로운 국제윤리가 모색되는 콘텍스트에서 '정립' 관념의 변용을 유발하였다.

그러나 '지방' '민족'의 '평등한 지위'에 기반을 둔 '공존상재'는커녕 '지방' '민족'의 생존 자체가 불확실성을 높여갔을 때, 정립과 균형의 관념은 입지를 상실하고 형해화(形骸化)할 수밖에 없었다. 같은 신문 1925년 사설에서는 "동양의 평화는 동양인의 인화(人和)에 있으며 동양의 인화는 지리적 또는 역사적 인군(人群)생활의 자연상태와 경계를 각자 인정함에 있다"고 역설하면서 조선인은 조선에서 조선인으로, 일본인은 일본에서 일본인으로 살아야 한다고 주장한다.[49] 민족의 사회생활 공간마저 인정받지 못하고 '지방' '민족'의 존재 자체가 위협을 받는 제국공간이 진전되고 있었으며, 연대와 균형을 추구한 '정립' 관념이 소멸하고 있었음을 암시한다. 1920년대는 번역어 '세력균형'이 세력균형을 표상하는 언어권력을 획득하던 시기였다.[50] 일본의 만주침략과 '공영권' 형성으로 제국공간이 팽창하고, '공영' 관념이 새로운 '대동아'를 창출하려는 콘텍스트가 전개되었을 때 "민족의 지리적 또는 역사적 인군생활의 자연상태와 경계"는 급속히 붕괴하고 '정립' 발상은 파탄할 수밖에 없었다.

일본이 태평양전쟁에서 패배하면서 '대동아'의 '공영' 관념은 붕괴하였다.

---

49) 「日本人의 東洋平和」, 『東亞日報』 1925년 5월 17일자 사설.

50) 대표적인 글로 『동아일보』 1920년 5월 28일자 사설 「일영동맹의 갱신문제」; 若嬰生 「세력균형주의와 국제협조주의」, 『개벽』 46호(1924년 4월)가 있다. 이것은 일본이 세계정치무대에 등장하고 워싱턴회의와 군축회의 등을 계기로 세계정치 수준의 세력균형에 관여하게 된 상황과 연관될 것이다. 번역어 '세력균형'이 부상하고 '정립' 발상이 소멸해가는 상황은 서로 맞물려 있었던 것으로 보인다.

일본제국의 붕괴는 한국의 독립을 수반하였고 동북아의 '정립'을 상상할 수 있는 구조의 부활을 뜻한다. 그러나 냉전체제가 동북아 국제체제를 규정하고 미·소 열강의 권력투쟁이 동북아공간을 규율하면서 '정립'이 상상이 될 여지는 없었다. 냉전체제하에서는 '동북아의 안정과 평화'라는 용어가 '동양평화'를 대체하여 동북아의 세력균형을 표상하였다. 미·소의 '세력균형', 즉 외재적 세력균형이 '동북아의 안정과 평화', 즉 내재적 세력균형을 규정하게 됨에 따라 '정립'의 발상을 구성했던 역외 세력균형과 역내 세력균형의 두 축은 성립할 여지가 없었다.

탈냉전과 동북아 국가들의 발전과 자율성 증대는 이중적 세력균형을 상상할 여지를 제공할 수 있을지도 모른다. 역내 균열을 가져왔던 역외 국가(특히 미국)와 양자관계를 유지하면서 역내 다자간 협력관계를 구성하려는 의지와 실천이 출현하는 가운데, '정립' 개념은 어떤 현재적 함의를 줄 수도 있다. 물론 이 '정립'은 19세기 후반과 같은 것일 수는 없다. '정립'을 출현시켰던 동북아의 국제정치적 조건이 다르며, 특히 공간의 범주와 공간에 대한 상상력이 바뀌었기 때문이다. 그러나 지구적(global) 세력균형과 지역적(regional) 세력균형이 교차하고 외재적 세력균형과 내재적 세력균형이 복합된 동북아공간을 성찰할 때, 또한 역내 갈등과 협력의 모순을 풀어야만 하는 동북아의 향후 과제를 생각할 때 '정립'의 개념과 관념이 일정한 상상을 제공할 수는 있을 것이다. 현대 동아시아 공동체 구상에도 이중적 세력균형, 정립 그리고 연대의 발상이 담겨 있다.

근대한국의 평화 개념 도입사

하영선

1. 머리말

사대와 교린을 기반으로 하는 중국적 천하질서에 오랫동안 익숙해왔던 한반도는 19세기 중반 전쟁과 평화를 기반으로 하는 유럽의 근대 국제질서와 새로운 만남을 겪게 된다.[1] 이러한 새로운 만남의 과정에서 상대적으로 우세한 군사력, 경제력 그리고 명분력을 기반으로 한 구미 중심의 근대 국제질서는 중국적 천하질서를 압도하게 된다. 한국도 새로운 문명표준으로 등장한 근대 국제질서를 본격적으로 받아들여야 했다. 그중에도 새롭게 체험하는 근대 국제질서 속에서 독립국가로 살아남으려면 근대 국민전쟁의 패배자가 아니라 승리자가 될 수 있는 국민부강 국가의 자격을 갖춰야 하고 더욱 적극적으로는 근대평화 개념을 제대로 이해하고 실천에 옮겨야 했다.

정치집단들이 자신들의 이익을 추구하기 위해 조직적 폭력수단을 동원하

서울대 외교학과 교수.

는 전쟁은 인류의 역사와 함께 존재해왔다. 이러한 전쟁을 피해보려는 평화의 노력도 마찬가지로 오랜 역사를 가지고 있다. 그러나 국민국가를 기반으로 한 유럽의 근대 국제질서는 과거의 전쟁과는 규모와 강도 면에서 전혀 새로운 전쟁의 위험성에 직면하게 되었으며, 나폴레옹전쟁을 겪으면서 본격적 국민전쟁의 시대를 맞이하게 된다. 평화의 논의도 새로운 장을 열게 되었다. 마이클 하워드(Michael Howard)는 『평화의 발명』(The Invention of Peace)에서 정치지도자들이 계몽주의 사상가들이 발명한 평화가 실현 가능한 것으로 또 진실로 추구해야 할 목표로서 받아들이기 시작한 것은 지난 2백여 년 사이에 일어난 변화라고 지적한다.[2]

그는 19세기 유럽의 평화를 위한 노력을 다음과 같이 요약한다. "결국 보수주의자들은 평화는 현존하는 질서를 보존함으로써 이루어진다고 믿었던 반면에, 자유주의자들은 경제적·사회적 진보를 통해 바로 그 질서를 변혁해야만 평화가 도래할 것이라고 믿었다고 할 수 있다. 세번째 집단인 민족주의자들은 보편적인 인간의 권리보다는 자신의 존재를 현시하기 위해 싸우고, 현시된 이후에 자신의 존재 자체를 지키려고 하는 민족들의 권리에 정초한 질서를 신봉했다."[3]

이러한 19세기 유럽의 평화관들은 유럽 근대 국제질서의 전세계적 확산과 함께 한국, 중국, 일본의 동양 삼국에서도 전통과 근대의 치열한 각축 속

---

1) 하영선 「변화하는 세계와 개념사」, 『세계정치』 제25집 2호(2004년 가을/겨울); 하영선 「문명의 국제정치학: 19세기 조선의 문명 개념 도입사」, 국제관계연구회 엮음 『근대 국제질서와 한반도』(을유문화사 2003); 하영선 「근대한국의 평화 개념 도입사」, 하영선 편 『21세기 평화학』(풀빛 2003); 하영선 『한국근대국제정치론연구』(근간). 이 글은 「근대한국의 평화 개념 도입사」를 『한국근대국제정치론연구』의 해방론(海防論), 원용부회론(援用附會論), 양절체제론(兩截體制論), 자강균세론(自强均勢論), 국권회복론(國權回復論)이라는 역사적 전개틀에 따라 수정 보완한 것이다.
2) Michael Howard, The Invention of Peace (New Haven: Yale University Press 2000).
3) 같은 책 44~45면.

에서 자리잡게 된다. 그리고 뒤이어 구미의 기독교 평화론, 사회주의 평화론
이 동아시아에 전파되었다. 서양의 근대적 peace 개념이 동아시아에 도입되
면서 평화라고 번역하여 본격적으로 쓰이기 시작한 것은 일본 메이지시대
조직적 평화운동의 선구자인 기따무라 토꼬꾸(北村透谷)가 1889년에 '일본
평화회(日本平和會)'를 창설하고, 1892년 기관지 『평화』를 창간한 이후이
다. 그는 창간사에서 "평화라는 문자는 대단히 새롭다. 기도교인이 아닌 사
람들에게는 더 새롭다. 더구나 평화는 세상의 관심을 끌기 쉽지 않을 도덕상
의 문제이다. 그러나 종교가 이 세상에 존재하고, 인간의 정심(正心)이 세계
를 떠나지 않는 한 우리는 평화가 반드시 원대한 문제라는 것을 믿는다"라
고 말한다.[4]

기따무라 토꼬꾸가 일본평화회를 설립하게 된 것은 퀘이커교도의 모임인
'영국평화회'(British Peace Society)의 윌리엄 존스(William Jones)가 1889년
토오꾜오에서 행한 연설에서 영국평화회를 설명하면서 1871년 보불전쟁의
비참한 상황을 체험에 기반을 두어 전하면서 기독교 평화주의를 주장하는
것에 자극받아 이루어졌다.[5]

---

4) 北村透谷 『「平和」発行之辞』; 家永三郎 編 『日本平和論大系 1』(東京: 日本図書センタ
1993) 314면; 北村透谷 『透谷全集』(東京: 岩波書店 1950) 第1卷; 田畑 忍 『日本の平和
思想』(東京: ミネルヴァ書房 1972); 田畑 忍 編著 『近現代日本の平和思想』(東京: ミネル
ヴァ書房 1993); 村瀬裕也 『東洋の平和思想』(東京: 青木書店 2003) 第III部 日本近代の
平和思想. 기따무라가 '평화(平和)'라는 용어를 처음 사용한 것은 아니다. '평화'는 원래
개인 차원의 평정이라는 의미로 사용되다가 19세기 중반 peace의 번역어로 정착하게 된
다. 이후 점차 국가간의 관계에 사용하게 된다. 예를 들자면 도꾸또미 소호(德富蘇峰)는
『장래지일본(將來之日本)』(1886)에서 세계의 장래상을 '완력세계(腕力世界)'로부터 '평
화세계(平和世界)'로 설명하고 일본의 장래를 논한다. 기따무라는 '평화'라는 개념을 기
독교 평화사상의 시각에서 본격적으로 사용하기 시작했다.
5) 家永三郎 編, 같은 책 424~25면; 石田雄 『日本の政治と言葉(下)』(東京: 東京大学出版
会 1989); Nobuya Bamba, "Kitamura Tokoku: His Pursuit of Freedom and World
Peace" in Nobuya Bamba and John F. Howes, eds., *Pacifism in Japan: The Christian and
Socialist Tradition* (Kyoto: Minerva Press 1978) 35~66면.

평화라는 용어가 한반도에서 국가간에 전쟁이 없는 상태의 의미로 본격적으로 사용되는 것은 1890년대 후반이다. 1880년대의 『한성순보』(1883~84)나 『한성주보』(1886~88)에서 찾아볼 수 없는 평화라는 용어가 1890년대 후반의 『독립신문』(1896~99)에서 처음 사용되고 있다.[6] 그러나 근대한국이 국가간의 관계를 유럽 근대질서의 전쟁과 평화의 시각에서 보려는 노력을 처음 시작하는 것은 제1차 아편전쟁(1840~42) 이후 동아시아에 등장하는 해방론(海防論)과 함께였다. 이런 노력은 제2차 아편전쟁(1856~60) 이후 원용부회(援用附會)의 시각에서 이루어지는 만국공법의 도입과 함께 더 구체적으로 진행된다.

2. 해방론의 평화

중국은 제1차 아편전쟁을 치르면서 영국을 비롯한 유럽 국가와의 전쟁과 평화문제를 새롭게 검토하기 시작했다. 이 시기의 변화하는 중국의 전쟁과 평화관을 가장 잘 보여주는 것은 웨이 위안(魏源)의 『해국도지(海國圖志)』이다. 그는 서문에서 책을 쓴 이유를 "오랑캐로 오랑캐를 공격하고 오랑캐로 오랑캐를 친화적으로 대하고 오랑캐의 장기를 배워서 오랑캐를 제압하기 위한 것(爲以夷攻夷而作 爲以夷款夷而作 爲師夷長技以制夷而作)"[7]이라고 밝혔다.

---

6) 『한성순보』와 『한성주보』의 검색은 동방미디어 CD-ROM(2000)을 이용하고, 『독립신문』의 검색은 한국언론재단(http://www.kinds.or.kr/)의 고신문을 이용했다. 번역을 현대어로 했기 때문에 번역문과 원문의 검색결과는 반드시 일치하지 않으므로 조심스러운 검토가 필요하다. '평화'의 경우 현대어 번역을 검색하면 『한성순보』에 30회, 『한성주보』에 9회 사용된 것으로 되어 있으나 원문을 검색해보면 '평화'라는 단어를 직접 사용하지 않았다.

7) 魏源, 앞의 책 第四冊 1면.

『해국도지』의 일차적 중요성은 중국 입장에서 보자면 책의 제목에서도 나타나는 것처럼 청조 이래 오랫동안 잠재적 위협의 대상으로 신경 쓰고 관리해왔던 북방의 육국(陸國)들 대신에 남방의 해국(海國)들의 중요성을 부각한 것이다. 이 책은 흔히 생각하듯이 19세기 서양의 충격에 대한 중국의 대응이라는 차원의 서양 지리서가 아니라 서양세력들의 진출에 따른 전통 해양아시아의 변화를 분석하고 그 대안을 모색한다.[8] 그리고 특히 중요한 것은 방대한 양의 책 도입부에 있는 아주 짧은 해방론이다. 그는 해방론의 핵심으로 '의수(議守)' '의전(議戰)' '의관(議款)'을 들고 있다. 의수는 외양이나 바다보다 내수를 지켜 오랑캐를 막는 방법과 객병(客兵)을 토착병으로 수사(水師)를 수용(水勇)으로 대체하는 법을 다루고 있다. 의전은 오랑캐를 공격하는 방법으로 오랑캐의 적으로 오랑캐를 공격하는 법과 전함, 화기, 양병·연병법 같은 오랑캐의 장기를 배워 오랑캐를 제압하는 법을 설명한다. 의관은 각국에 호시(互市)를 허용하고 아편에 높은 세를 적용한 무역을 하는 친화적 수단으로 오랑캐를 대하는 법을 설명한다.[9]

웨이 위안의 『해국도지』는 중국의 전통적 전쟁과 평화관과는 다른 새로운 전쟁과 평화관에 기반을 둔 서양세력들의 존재를 일단 현실적으로 받아들이고 있다. 그리고 이 세력들에게서 중국을 어떻게 방어해야 하며, 이들을 어떻게 공격해야 하며, 또 어떻게 친하게 지내야 하는지를 밝혔다. 그러나 분명한 것은 서양의 새로운 전쟁과 평화관을 새로운 문명표준으로 받아들이지 않고 있다. 이러한 해방론은 19세기 중반 한국을 포함한 동아시아 해방론의 전형적 표준이 되었다. 『해국도지』60권본(1847)은 1851년에, 그리고 증보된 1백권본(1852)은 1854년에 일본에 전해졌다. 1854년에서 1856년 사이에 일본에서 『해국도지』의 각종 판본이 21종이나 출판된 것을 보면 일본

---

8) Jane Kate Leonard, 앞의 책.
9) 魏源, 앞의 책 卷 1, 卷 2.

인들의 이 책에 관한 관심의 정도를 쉽게 읽을 수 있다. 이 시기 일본 지식인을 대표할 만한 사꾸마 쇼잔(佐久間象山)과 요시다 쇼인(吉田松陰)도 웨이 위안의 문제의식에 강한 공감을 표시한다.[10]

한국은 『해국도지』 50권본이 간행되자마자 연행사를 통해 국내에 반입한다. 한국의 해방론을 검토하려면 윤종의(尹宗儀, 1805~86)가 쓴 한국판 『해국도지』인 『벽위신편(闢衛新編)』을 주목할 필요가 있다.[11] 윤종의는 『벽위신편』의 서문에서 "사교(邪敎)를 없애는 방법은 마음을 바꾸게 하는 것이 상책이고 외구(外寇)를 방어하는 요령은 적정(敵情)을 캐내는 것이 가장 급선무다(誅邪之法 革心爲上 禦寇之要 鉤情最急鉤情最急)"라는 한마디로 책의 내용을 요약한다. 조선이 당면한 가장 중요한 위협을 천주교의 전파와 이양선(異樣船)의 출몰로 보고 있다.

글의 서문은 다음과 같이 계속된다. "우리나라는 원래 사교(邪敎)를 엄히 다스려 왔는데, 근래에 서양 선박이 빈번하게 출몰했기 때문에 사교(邪敎)에 물든 자들을 누차 제거했으나 서양의 정세를 캐고 또 사망(邪妄)함을 변별해서 오도(吾道)를 밝혀 국세(國勢)를 튼튼히 하는 것은 아직 요원하므로, 나는 이것을 깊이 우려하였다. … 변방의 근심은 날로 커지고 오도(吾道)는 점차 잠식되는데, 아직도 이런 일들을 여사(餘事)로 보아 한가한 얘깃거리로 삼는 것으로 그치고 만다. 이에 나는 『벽위신편(闢衛新編)』 일곱 권을 편집하고, 홀로 한탄한다"라고 쓰고 있다.[12]

윤종의의 『벽위신편』은 책 이름이 벽위로 시작하는 것에서 쉽게 알 수 있듯이 당시 척사론의 전통 위에 서 있다. 그는 「벽위신편총설」에서 유교의 사천지도(事天之道)를 제대로 밝혀 천주교의 무천유인(誣天誘人)을 깨닫게 하

---

10) 王曉秋 저, 신승하 역 『근대중국과 일본: 타산지석의 역사』(고려대학교출판부 2002); 錢國紅 『日本と中國における「西洋」の發見』(山川出版社 2004).

11) 윤종의 『闢衛新編』(한국교회사연구소 1990).

12) 같은 책 7~8면.

는 것이 천주교를 막는 최상의 방책임을 강조한다. 그러나 동시에 책 이름이 신편으로 끝나는 것에 주목할 필요가 있다. 기존의 척사론과는 달리 윤종의는 중국의 척사론과 해방론을 광범위하게 소개하면서 국내 척사론 논의의 지평을 확대했다.

윤종의의 가까운 친구였던 박규수는 「벽위신편평어(闢衛新編評語)」(1848)라는 짧은 글에서 윤종의의 척사론을 좋은 글이라고 평가하면서 천주교 비판에 다소 미흡한 점이 있음을 지적하고 천주교 교리의 사교(邪敎)성과 역사의 침략성을 밝혔다. 그리고 나서 천주교를 막기 위한 대책으로서는 소극적으로 금지하기보다는 적극적으로 서학서를 공개적으로 연구하여 그 사교성을 널리 밝히는 것이 바람직한 것으로 보고 있다. 마지막으로 중국 경전들을 국외에 번역하여 수출하면 언젠가는 서양인들이 깨닫고 바른길로 돌아올지 모른다는 자신감을 보이고 있다.[13] 척사론을 긍정적으로 평가하는 박규수는 동시에 세계지리와 천문관측의 이중 기능을 수행할 수 있는 지세의(地勢儀)를 제작하면서 지은 명(銘)과 서문인 「지세의명병서(地勢儀銘幷序)」에서 해방론의 글을 남기고 있다. 이 서문은 서양의 지원설(地圓說)이 고대 중국에서 시작했다는 주장으로 시작하여 이어서 서양 지리학의 오대주설(五大洲說)을 비판한다.

다음으로 지세의를 제작하면서 『해국도지』를 주로 참고한 이유를 밝혔다. 중국에도 옛날부터 먼 여행을 한 사람들이 있으나, 지도가 전해지지 않았으므로 웨이 위안이 바다를 지키고 적을 살피려고 먼 야만의 구역, 진정과 거짓, 연혁을 요즘 사람들의 직접 견문에 따라 만든 『해국도지』를 참고했다는

---

13) 같은 책, 권 7 「벽위신편총설」 끝에 제목 없이 '균심재왈(筠心齋曰)' 이하의 소주(小註)로 수록되어 있다. 「벽위신편평어」에 대한 주요 연구는 손형부 「'벽위신편평어'와 '지세의명병서(地勢儀銘幷序)'에 나타난 박규수의 서양론」, 『역사학보』 127집(1990); 손형부 『박규수의 개화사상연구』(일조각 1997); 이완재 『박규수 연구』(집문당 1999); 김명호 『환재 박규수 연구』(창비 2008).

것이다. 그리고 마지막의 「지세의명병서」에서는 「벽위신편평어」와 마찬가지로 중국의 도를 국외로 수출하여 언젠가 사방 오랑캐가 머리를 조아리고 돌아와서 같은 문자를 쓰겠다면 오는 자를 받아들이겠다는 포부를 밝혔다.[14]

박규수의 이 시기 글들을 얼른 읽어보면 척사론과 해방론의 전쟁과 평화관이 뒤섞여 서로 모순되는 느낌이 드는 면이 있다. 따라서 학계의 기존 연구들도 적지 않은 해석의 혼란을 겪고 있다. 그러나 경직화되어 있는 척사론은 19세기 전통적인 천하질서무대에 새롭게 등장하는 구미의 국민국가라는 주인공들의 존재 자체를 부정하는 것에 반해서 해방론은 좀더 현실적으로 새로운 주인공의 존재를 일단 인정하고 그 장점과 단점을 충분히 검토하여 좀더 유연한 대응전략을 마련하려는 새로운 노력을 한다. 그러나 여전히 척사론이 주도하는 국내외의 정치풍토에서 새로운 해방론은 서양 주인공의 존재를 조심스럽게 인정할 수는 있으나 서양 주인공의 사고나 행동원칙 그리고 제도를 새로운 문명의 표준으로 받아들일 수는 없었다. 따라서 전통질서가 여전히 문명의 표준인 것을 강조한다.

3. 만국공법의 평화

중국은 제1차 아편전쟁 이후 제2차 아편전쟁(1856~60)을 겪으면서 톈진조약(1858)과 북경조약(1860)을 체결해야 했다. 이러한 새로운 변화 속에서 청은 전통적으로 사대질서를 관리해온 예부(禮部)와 별도로 구미의 근대 외교를 담당하는 총리아문(總理衙門)을 설치해서 이중 외교를 시작해야 했다. 한편 구미열강들은 청을 군사적으로 압박하는 동시에 만국공법의 틀에 따라

---

14) 김명호 「박규수의 '地勢儀銘幷序'에 대하여」, 『震檀學報』 82호(1996); 김명호, 앞의 책.

외교적으로 다루려고 중국에 국제법을 소개하기를 원했고, 청도 구미열강들의 사고와 행동양식이 단순히 폭력적이 아니라 일정한 원칙을 가지고 있다는 것을 인식하고, 만국공법에 대한 관심을 보였다.

당시 청의 정국을 주도하던 공친왕(恭親王)은『만국공법(萬國公法)』간행의 재가를 청하는 상주문(上奏文)에서 중국과 서양제국의 외교교섭에서 상대방이 자주 중국의 법률을 원용하여 중국을 논파하려는 것을 그대로 뒤집어서 서양제국의『만국공법』을 원용하여 상대방을 논파하기 위해『만국공법』이 중요하다는 것을 강조한다.

그리고 청이 구주제국의 행동양식이 단순히 금수와 같이 무력행사에만 의존하는 것이 아니라 만국공법이라고 할 수 있는 법규범에 따르는 면이 있다는 것을 인정한 것이다. 그러나 청은 이러한 규범을 바로 문명의 표준으로 받아들이지 않았으며, 오히려 중국의 오랜 역사 중에 춘추전국시대에 유사한 모습을 찾아볼 수 있다는 부회론(附會論)을 전개했다.

1850년부터 중국에서 활동하던 개신교 미국 선교사 윌리엄 마틴(William A. P. Martin, 丁韙良)은 미국의 국제법학자 헨리 휘튼(Henry Wheaton)의『국제법 요강』(Elements of International Law, 1836)을『만국공법』이라는 제목으로 한역하여 총리아문의 지원으로 1864년 출판했다.[15]『만국공법』은 원

---

15) 이광린「한국에 있어서 만국공법의 수용과 그 영향」,『동아연구』1집(1982); 김용구『세계관 충돌의 국제정치학: 동양 예와 서양 공법』(나남출판 1997); 김용구『세계관 충돌과 한말외교사, 1866~1882』(문학과지성사 2000); 김용구『외교사란 무엇인가』(도서출판 원 2002); 김효전『근대한국의 국가사상: 국권회복과 민권수호』(철학과현실사 2000); 김세민『한국근대사와 만국공법』(경인문화사 2002); 左藤愼一『近代中國の知識人と文明』(東京: 東京大学出版会 1996); 田涛『国際法輸入与晩晴中国』(済南出版社 2001); Lydia H. Liu, "Legislating the Universal: the Circulation of International Law in the Nineteenth Century," in Lydia H. Liu, ed., *Tokens of Exchange: The Problem of Translation in Global Circulations* (Durham & London: Duke University Press 1999); Lydia H. Liu *The Clash of Empires: The Invention of China in Modern World Making* (Cambridge, Mass.: Harvard University Press 2004); Rune Svarverud "The Formation of

용론(援用論)과 부회론의 틀 속에서 중국에 서양 국제법을 구체적으로 알리기 시작했다. 점차 빈번해지는 구미제국과의 관계에서 중국은 서양제국들의 요구를 전통적 천하질서의 논리로서 거부하는 것보다는 상대방의 사고와 행동의 규범논리를 원용하여 상대방을 물리치는 것이 훨씬 효율적이라는 주장이 어느정도 설득력을 발휘했다.

마틴은 『만국공법』 서문에서 중국 사람들이 주장하는 서학동원(西學東源)과 짝을 맞춰 『만국공법』의 기본 원리가 단순히 서양의 전통에서 나온 것이 아니라 중국 고대 춘추전국시대의 국가들 사이에 존재했던 행동의 규범원칙에서도 찾아볼 수 있다는 부회론을 긍정적으로 받아들이고 있다. 그는 1881년 9월 베를린에서 열린 동양학자대회에서 'Traces of International Law in Ancient China'라는 제목의 강연을 했다. 중국은 이 강연에 커다란 관심을 보였다. 왕펑짜오(汪鳳藻)는 이 내용을 중국어로 번역하여 1884년 동문관에서 『중국고세공법논략(中國古世公法論略)』이라는 제목으로 출판했다.[16] 이러한 원용부회론은 중국에서뿐만 아니라 한국에서도 상당한 설득력을 발휘했다.

일본은 1857년 11월 미국과의 통상교섭 당시까지 『만국공법』에 대한 기본 지식을 가지고 있지 못했다. 협상과정은 『만국공법』의 살아있는 현장교육이었다. 마틴의 『만국공법』은 간행 즉시 나가사끼에 수입되었으며, 1865년에는 개성소(開成所)의 번각판이 발행되어 전국에 배포되어 중국과는 대조적으로 많은 사람의 관심대상이 되었다. 한편 1862년에 네덜란드에 파견

---

a Chinese Lexicon of International Law 1847~1903," Michael Lackner and Natascha Vitinghoff, eds., *Mapping Meanings: The Field of New Learning in Late Qing China* (Leiden: Brill 2004): Rune Svarverud, *International Law as World Order in Late Imperial China: Translation, Reception and Discourse, 1847~1911* (Leiden: Brill 2007).

16) 佐藤愼一 『近代中國の知識人と文明』(東京大出版會 1996) 第一章 文明と万國公法; M. A. P. Martin *The Lore of Cathay: The Intellect of China* Reprinted from the 1912 edition (Honolulu: University Press of the Pacific 2004).

된 일본 유학생 중 한 사람인 니시 아마네(西周)는 1864년에 귀국한 후 개성소 교수가 되어 1868년 네덜란드 라이덴대학 비쎄링(Simon Vissering) 교수의 강의를 역술한 『관판만국공법(官版萬國公法)』과 민간판인 『화란비쎄링씨만국공법(和蘭畢洒林氏萬國公法)』을 출판했다. 그러나 일본은 동아시아 삼국 중 가장 적극적으로 『만국공법』을 받아들여 현실 대외관계에 활용하는 동시에 가장 먼저 후꾸자와 유끼찌(福澤諭吉)의 경우와 같이 『만국공법』의 한계를 지적하고 새로운 현실주의 대안의 모색에 나섰다.[17]

『만국공법』이 정확하게 언제 한국에 전해졌는지는 현재까지 명시된 기록을 찾을 수 없다. 만국공법이라는 용어가 우리 문헌에 보이는 것은 한일수호조약 협상 전후다. 그러나 당시 청나라 연행사를 통한 동아시아 지식질서의 전파 경로와 속도를 고려하면 1840년대의 『해국도지』 경우와 마찬가지로 출판된 직후 한국에 전해졌을 가능성이 크다.[18] 서면호사건(1866)부터 신미양요(1871)까지 박규수의 글들을 보면 『만국공법』을 직접 읽었는지 확인하기는 어려우나 『만국공법』적 표현을 여러 군데서 원용하는 것을 찾아볼 수 있다. 1868년 셰넌도어호의 내항과 관련하여 박규수는 동진첨사에게 보낸 3월 28일자 편지에서 "해구의 방비는 각국의 동일한 법규다(海門防範 各國同規)"라는 표현을 쓰고 있다.[19] 그리고 4월 16일 셰넌도어호 선과 오페르트 사건을 중국에 알리면서 협조를 요청하는 '보양이정형자(報洋夷情形咨)'에서 외국 병선의 무단 입항을 막는 것은 "국방을 지키는 군율상 어느 나라나 마찬가지다(關防師律 各國同然)"라고 쓰고 있다. 1871년 신미양요 직전

---

17) 安岡昭男 「日本における万國公法の受用と適用」, 『東アジア近代史』 第2号(1999년 3월); John Peter Stern, *The Japanese Interpretation of the "Law of Nations" 1854~1874* Princeton University undergraduate studies in history 3 (1979): 東アジア近代初期國際法テキスト對譯データベース(http://kande0.ioc.u-tokyo.ac.jp/kande/gaikoku/index.html).

18) 이광린, 앞의 글; 김용구, 앞의 책.

19) 김명호, 앞의 책 179면.

미국공사 로우의 편지를 동봉한 중국의 자문에 대한 회자문으로 작성한 「미국봉함전체자(美國封函傳遞咨)」에서 박규수는 "그 편지에서 "상인과 선원을 돌보아주며 결코 다른 나라가 함부로 모멸하고 학대하지 못하게 하려 한다"고 했는데, 이는 실로 사해만국이 똑같은 바이다(此實 四海萬國之所同然也)"라고 밝혔다.[20]

그러나 『만국공법』을 원용부회론의 시각에서 본격적으로 활용하기까지는 상당한 시간이 필요했다. 이 시기 조선은 병인양요(1866) 제너럴셔먼호 사건(1866), 오페르트 남연군묘 도굴사건(1868), 신미양요(1871) 등을 거치면서 유럽의 근대 국제질서와의 만남이 불가피하게 되었으나, 당시 우리 사회의 주도적인 정치사회 세력들은 서양세력에 대해 여전히 위정척사의 입장을 견지하려는 노력을 기울였다.

한일수호조규 체결 다음해인 1877년에 일본 공사대리 하나부사 요시따다(花房義質)가 예조판서 조영하(趙寧夏)에게 마틴이 한역한 『만국공법』을 증정했다. 그러나 1879년 7월 리홍장(李鴻章)은 한국의 영중추부사(領中樞府事) 이유원(李裕元)에게 보낸 편지에서 다음과 같이 이야기한다.[21] "지금 형편으로는 독으로 독을 공격하고 적으로 적을 제압하는 계책(以毒攻毒 以敵制敵之策)을 써서 이 기회에 서양의 여러 나라와도 차례로 조약을 맺어서 일본을 견제해야 할 것입니다. … 작년에 터키가 러시아의 침범을 당하여 사태가 매우 위험했을 때 영국, 오스트리아와 같은 나라들이 나서서 시비하였기 때문에 러시아는 군사를 이끌고 철수하였습니다. 이전부터 터키가 고립되어 있었고 원조를 받을 데도 없었더라면 러시아 사람들이 벌써 제 욕심을 채우고 말았을 것입니다. 만약 귀국에서 먼저 영국, 독일, 프랑스, 미국과 서로 통하면 비단 일본만을 견제하는 것이 아니라 러시아인들이 엿보는 것까

---

20) 박규수, 앞의 책 453~58면.

21) 『高宗實錄』高宗 16년 7월 9일; 김세민 『한국근대와 만국공법』(경인문화사 2002); 原田 環 「朝・中「兩截體制」成立前史」『朝鮮の開國と近代化』(溪水社 1997) 208면.

지 아울러 막아낼 수 있습니다. 러시아도 반드시 뒤따라서 강화 통상할 것입니다. … 조선의 힘만으로 일본을 제압하기는 부족하겠지만 서양과 통상을 하면서 일본을 견제하면 충분하고도 남습니다. 서양의 일반 과례로는 이유 없이 남의 나라를 멸망시키지 못합니다. 대체로 각 국가가 서로 통상을 하면 그사이에 공법이 자연히 실행하게 됩니다. 또 구라파의 벨기에, 덴마크도 다 아주 작은 나라지만 자체로 여러 나라와 조약을 체결하자 함부로 침략하는 자가 없습니다."

이유원은 리훙장(李鴻章)에게 다음과 같은 답장을 보낸다. "서양 공법에는 이미 이유 없이 남의 나라를 빼앗거나 멸망시키지 못하도록 러시아와 같은 강국으로서도 귀국에서 군대를 철수했으니 혹시 우리나라가 죄 없이 남의 침략을 당할 때에도 여러 나라에서 공동으로 규탄하여 나서게 되겠습니까. 한 가지 어리둥절하여 의심이 가면서 석연치 않은 점이 있습니다. … 터키를 멸망의 위기에서 건져준 것으로 보아서는 공법이 믿을 만한데 멸망한 유구국을 일으켜 세우는 데는 공법이 그 무슨 실행하기 어려운 점이 있는 것입니까. 또한 일본 사람들이 횡포하고 교활하여 여러 나라를 우습게 보면서 방자하게 제멋대로 행동해도 공법을 적용할 수 없는 것입니까."

이유원의 편지는 1870년대 말 원용부회로서『만국공법』에 대한 우리 조정의 회의적 분위기를 잘 보여주고 있다. 그러나 1880년에 들어서서 분위기는 점점 바뀌기 시작했다. 고종을 비롯한 개화세력의『만국공법』에 대한 관심은 빠르게 높아갔다. 1880년 9월 김홍집은 제2차 수신사로 일본을 다녀오면서 주일공사 참찬관인 황준헌(黃遵憲)이 청의 입장에서 19세기 조선의 생존전략을 요약한『조선책략(朝鮮策略)』과 청의 대표적인 양무론자인 정관응(鄭觀應, 1841~1923)이 쓴『이언(易言)』을 가지고 왔다. 이 글들은 근대한국의 생존전략으로 자강과 균세(均勢)를 강조하고, 이를 위해서는『만국공법』을 활용할 것을 권고한다.[22]『이언』은 1883년 3월 복각판이 간행되고 한글 번역본이 나와서 널리 알려졌는데 상하 2책에서 설명하는 36개 항목 중 첫

항목이 '논공법(論公法)'이었다.[23]

국내 정치사회 세력들의 싸움 속에서 고종은 조심스럽게 개화정책을 추진하기 시작했다. 1880년 12월에는 관제개혁을 위해 대외관계기관으로 총리기무아문을 설치하였고, 1881년 2월에 조사시찰단(朝士視察團)을 일본에 파견하고, 1881년 11월에 영선사를 청에 파견하였다. 그리고 1882년 5월 미국과 조미수호통상조약을 체결하여 조선은 실질적으로 만국공법 체제를 수용하게 되었다. 임오군란 직후인 1882년 9월 고종은 개화정책 교서에서 만국공법에 대해 다음과 같은 견해를 밝혔다.

"우리나라는 바다의 한쪽 구석에 치우쳐 있어서 일찍이 외국과 교섭을 하지 않았다. 따라서 견문이 넓지 못하고 삼가 스스로의 지조나 지키면서 5백년 동안을 내려왔다. 근년 이래 천하대세는 옛날과 판이해졌다. 구라파와 아메리카의 여러 나라, 즉 영국, 프랑스, 미국, 러시아는 정밀한 기계를 만들고 나라를 부강하게 하는 일에 최선을 다하며, 배나 수레가 온 세상을 두루 돌아다니고, 세계의 수많은 나라와 조약을 체결함으로써 병력으로 서로 대치하고 공법으로 서로 대치해서 마치 춘추열국시대를 방불케 한다. 그러므로 홀로 존귀하다는 중화나 평등하게 조약을 맺고 척양에 엄격하던 일본도 결국 수호를 맺고 통상을 하고 있으니 어찌 까닭 없이 그렇게 하겠는가. … 조약을 맺고 통상하는 것은 세계의 공법에 근거하고 있을 뿐이다. … 만일 그들이 우리 사람들을 업신여기거나 모욕할 때에는 응당 조약에 근거하여 처벌할 것이며 절대로 우리 백성이 굽히게 하고 외국인을 두둔하는 일은 없을 것이다. … 그리고 이왕 서양 각국과 좋은 관계를 맺은 이상 서울 밖에 세워놓은 척화비는 시기가 달라진 만큼 모두 함께 뽑아버릴 것이다."[24]

---

22) 송병기 『개방과 예속: 대미수교 관련 수신사기록(1880)초』(단국대학교 출판부 2000); 鄭觀應 『易言』.

23) 鄭觀應 『易言』 28~30면.

24) 『高宗實錄』 高宗 19년 8월 5일

고종이 이런 입장표명을 하자 만국공법에 대해 긍정적인 논의들이 상소 등을 통해 활발하게 이루어졌다. 그러나 이러한 논의 수준은 청의 만국공법 원용부회론과 마찬가지로 구미 국제질서의 중요한 원칙으로서 만국공법을 우리의 원칙으로 받아들이기 전에 구미국가의 잘못된 행동을 그들의 논리로서 논파하려는 원용론이었으며, 만국공법의 논리는 이미 우리 전통에서 찾아볼 수 있어서 새로운 것이 아니라는 부회론이었다. 19세기 조선의 동도서기론을 대표하는 인물인 김윤식은 이러한 입장을 다음의 글에서 잘 보여주고 있다.

"우리나라는 원래 타교(他交)도 없으며 오직 청국을 상국(上國)으로 모시고 동쪽의 일본과 통교하였을 뿐이다. 수십년 전부터 세상의 정형이 매일같이 변하며 구주(歐洲)는 웅장(雄長)이 되고 동양의 제국이 모두 그 공법을 따르게 되었다. 이것을 버리면 고립하고 도움이 적어지며 혼자만으로는 나라를 유지할 수 없게 되었다. 따라서 청국과 일본도 태서 각국과 함께 이것을 수호하고 조약을 체결한 나라들이 벌써 20여 개국에 달한다."[25]

김윤식은 만국공법을 따라야 하는 것을 인정하면서도 조선의 생존을 위한 속방론을 다음과 같이 강조한다.

"(조선이 중국의 속방이라는 것을) 각국에 성명하고 조약에 대서해놓으면 후일 (중국은) 우리나라 유사시 힘써 도와주지 않으면 천하의 웃음거리가 될 것이며, 각국은 중국이 우리나라를 담임(擔任)하는 것을 보고 우리를 가볍게 보지 못할 것입니다. 또한 그 밑에 자주권의 보유를 기재해두면 각국과 외교하는 데 무해하여 평등권을 사용할 수 있을 것입니다. 자주권 상실의 걱정도 없고[不觸], 사대(事大)의 의(義)에도 배반되지 않으니[不背], 가히 양득(兩得)이라고 하겠습니다."[26]

---

25) 金允植 『金允植全集(下卷)』(아세아문화사 1980); 「天津奉使緣起」, 512면.
26) 金允植 『陰晴史』 57~58면.

김윤식의 양득체제(兩得體制)는 청과 자주적 속방관계를 유지하면서 구미 각국과 만국공법에 따른 조약체결을 권고한다. 그는 1885년 거문도사건 당시 교섭통상사무아문 독판으로서 서울 주재 청국상무총판, 미국대리공사, 일본대리공사, 독일총영사에 다음과 같은 조회를 보냈다.

"어제 북경 영국공사관에서 조회가 왔는데 영국 해군장관이 거문도에 임시로 가서 지킬 것에 대비하여 이미 비준했다고 기록되어 있었습니다. 이는 뜻밖의 사실로서 실로 공법(公法)에 허용할 수 없으니 본 대신은 개탄하여 마지않는 바입니다."[27]

이 조회는 구미제국들이 상대방 법률을 이용하여 상대방을 규제하는 것을 원용하여 구미국가들의 만국공법으로 구미국가들의 행동을 규제해보려는 중요한 시도였다.

4. 양절체제론의 평화

김윤식의 양득체제론은 박규수의 해방론보다는 한걸음 더 나아가서 만국공법을 당시 조선이 당면하고 있던 전쟁과 평화의 문제를 푸는 데 원용하려고 노력한다. 그러나 만국공법을 새로운 국제관계의 기본 원리로 본격적으로 검토하기보다는 구미열강 다루기에 활용해보려는 노력은 본격적 성과를 거두기 어려웠다. 유길준은 김윤식의 원용부회론을 넘어서서 만국공법의 기본 원리를 일단 수용한다. 그는 초기 작품 『세계대세론』(1883)에서 세계를 개화의 차이에 따라 야만, 미개(未開), 반개(半開), 문명으로 나눈 다음 동아시아를 반개에 포함하고, 구주제국과 미국을 일단 문명으로 분류한다. 그는 『경쟁론』(1883)에서 이러한 아시아와 유럽의 차이를 "독기교통(獨其交通)의

---

27) 『高宗實錄』 高宗 22년 3월 7일.

광협다소(廣狹多小)와 경쟁의 대소고비(大小高卑)에 이를 따름이라"고 강조한다.[28]

따라서 그는 조선이 문명부강하기 위해서는 '경쟁정신'으로 상대방의 장점을 배우고 우리의 장점을 보존하고 키워야 할 것이라고 지적했다. 그러나 유길준은 구미의 근대 국제질서가 국가 중심 경쟁질서라는 것을 강조하면서도 국가들간의 공법 존재를 인정하고, 이를 활용하려는 노력을 보여주고 있다. 그는 『언사소(言事疏)』(1883)에서 러시아가 위협적이지만 움직이지 않는 이유를 설명하면서 "그들이 비록 공법을 지키지 않는다고는 하나 아직은 공법을 두려워하는 까닭입니다"라고 말한다.[29]

그는 『중립론』(1885)에서 "한 나라가 약소하여 자력으로 중립의 성책(城柵)을 지킬 수 없으면 이웃 나라들이 서로 협의하여 행하기도 함으로써 자국보호의 방책으로 삼기도 하니, 이는 바로 부득이한 형세에서 비롯된 것으로, 공법이 허용하고 있는 바이다"라고 설명한다. 그리고 조선의 어려운 국제 정치현실을 분석한 다음 "아마도 우리나라가 아시아의 중립국이 되는 것이 좋을 듯하다. 대저 한 나라가 자강하지 못하고 여러 나라와의 조약에 의지해 간신히 자국을 보존하고자 하는 계책도 매우 구차한 것이니 어찌 즐겨 할 바이겠는가. 그러나 국가는 자국의 형세를 아는 것이 가장 중요하니 억지로 큰소리를 치면 끝내 이로운 일이 없는 것이다"라고 지적한다.[30]

유길준은 소박한 자유주의 평화관에 입각하여 적극적으로 『만국공법』을 받아들이는 것이 아니라 현실주의 평화관에 입각해서 조심스럽게 국제형세를 따져보고 나서 소극적으로 국제법 활용을 검토한다. 그는 『서유견문』(1887~89년 집필/1895년 출판) 제3편 '방국(邦國)의 권리'에서 『만국공법』의 기본 원리를 더 자세히 설명한다.

---

28) 兪吉濬 『兪吉濬全書 Ⅳ』(일조각 1971) 56~57면.
29) 같은 책 68면.
30) 같은 책 326면.

"邦國의 交際도 亦公法으로 操制ᄒ야 天地의 無偏한 正理로 一視ᄒᄂ 道를 行ᄒ則 大國도 一國이오. 小國도 一國이라 國上에 國이 更無ᄒ고 國下에 國이 亦無ᄒ야 一國의 國 되ᄂ 權利ᄂ 彼此의 同然ᄒ 地位로 分毫의 差殊가 不生ᄒ지라."[31]

더 나아가서 그는 현실 국제정치에서는 국가의 대소와 강약 때문에 형세가 적대하기 어려울 때 강대국이 공도(公道)를 돌아보지 않고 그 힘을 자의로 행사하는 경우가 발생하더라도 약소국은 강대국의 속국이 되는 것이 아니라, 약소국과 강대국의 관계는 주권과 독립권이 그대로 유지되는 수공국(受貢國)과 증공국(贈貢國)의 관계가 된다고 강조한다.[32]

한반도의 생존과 평화를 위해서 유길준은 구미 국제질서의 기본 원리인 국가 중심의 부국강병 경쟁을 수용해서 일차적으로는 자강을 강조한다. 그러나 자강의 현실적 제약 속에서 균세와 만국공법의 도움으로 청과 속방관계가 아닌 증공국과 수공국의 관계를 유지하면서 다른 국가들과 근대 국제관계를 시도하게 된다. 유길준은 당시 한국의 이중 대외관계를 양절체제라고 한다.[33] 따라서 유길준의 평화관은 근대 구미의 현실주의 평화관을 인정하면서도 자유주의 평화관의 가능성을 기대한다. 그러나 한반도의 생존과 평화가 쉽사리 보장되지 않는 속에 한국은 더욱 현실주의적 평화 개념을 가지게 된다.

---

31) 兪吉濬 『兪吉濬全書 Ⅰ』(일조각 1971) 108면.
32) 같은 책 111면.
33) 같은 책 117면.

5. 자강균세론의 평화

1880년 7월 15일 제2차 수신사로 일본 토오꾜오를 방문하여 동본원사 아사꾸사 분원에 머무는 김홍집을 주일 청국 외교관인 참찬관 황준헌(黃遵憲, 1842~1905)이 방문했다.[34] 청국공사 하여장(何如璋)과의 만남을 주선하기 위해서였다. 황준헌은 인사말을 나누고 나서 필담으로 "지금 세계 대세는 실로 4천년 동안 있지 않았던 바요. 요, 순, 우, 탕이 헤아리지 못하였던 바입니다. 옛 사람의 약방문을 가지고 오늘의 질병을 치료한다는 것은 옳다고 볼 수 없습니다. 각하의 촉명으로 문견을 날로 넓히어 장차 국시를 주재하신다면 반드시 아시아를 위하여 복을 지을 수 있습니다.[35]

김홍집은 다음과 같이 필담을 받는다. "세계대세는 고견 그대로입니다. 우리나라는 한 모퉁이에 치우쳐 있어 예부터 외국과 더불어 교섭하지 않았는데 지금은 선박들이 잇달아 와서 응접하기가 여의치 않습니다. 그리고 나라는 적고 힘은 약하여 저들로 하여금 두려움을 알아서 물러가도록 하기는 쉽지 않으니 심히 걱정스럽습니다. 그러므로 믿는 바는 중국 조정이 비호하는 힘뿐입니다."[36]

황준헌은 바로 필담을 다음과 같이 이어간다. "조정의 귀국에 대한 은의가 매우 단단한 것은 천하만국에 없는 바입니다. 그러나 이 은의를 만세토록 영원히 보존하려 생각한다면 오늘의 급무는 힘써 자강을 도모하는 데 있을 뿐입니다." 김홍집은 조심스럽게 "자강 두 글자는 지극하고 극진합니다. 어찌 감히 경복하지 않겠습니까(自强二字 至矣盡矣 敢不敬服)"라고 답한

---

34) 國家淸史編纂委員會 文獻叢刊 陳錚 編『黃遵憲全集』全二冊(北京: 中華書局 2005); Norico Kamachi, *Reform in China: Huang Tsun-hsien and the Japanese Model* (Cambridge, Mass.: Council on East Asian Studies, Harvard University 1981).
35) 송병기 편역『개방과 예속: 대미수교관련수신사기록(1880)초』(단국대학교출판부 2000) 원문 122면, 번역문 18면.
36) 같은 책, 원문 122면, 번역문 18~19면.

다.[37]

7월 16일에 이어 18일 다시 김홍집을 만난 청국공사 하여장은 다음과 같이 충고한다. "근일 서양 각국에는 균세의 법이 있어서 만약 한 나라가 강국과 인접하여 후환이 두려우면 다른 나라들과 연합하여 견제책을 마련하고 있습니다. 이것 또한 이전부터 내려온 부득이하게 응접하는 한 방법입니다." 그러자 김홍집은 조금 궁색하게 답변한다. "균세 두 자는 근래 비로소 공법에서 보았습니다. 그러나 우리나라는 옛 규범을 품위있게 지키고 외국을 홍수나 맹수같이 여깁니다. 근래 이교도를 심히 준엄하게 물리친 것도 이 때문입니다. 큰 가르침이 이와같으니 마땅히 돌아가 조정에 보고하겠습니다."[38]

황준헌은 여섯 번에 걸친 필담에서 미처 다하지 못한 중국 측 이야기를 『조선책략(朝鮮策略)』이라는 제목으로 적어 김홍집에게 전달했다. 그는 조선이 당면한 오늘의 급무로 러시아를 막는 것보다 더 급한 것이 없다면서 중국과 친하고(親中國), 일본과 맺고(結日本), 미국과 이음(聯美國)으로써 자강을 도모하라고 권한다. 그리고 그 이유를 중국적 시각에서 자세하게 설명하고, 한국이 추구해야 할 균세와 자강의 구체적 정책대안을 열거한다. 글을 끝내면서 세계가 모두 한국이 위험하다고 하는데 도리어 절박한 재앙을 알지 못하는 한국을 집에 불이 나 타는 줄 모르고 즐겁게 노는 제비나 참새(燕雀處堂)와 다를 바 없다면서 다시 한번 정책제안을 요약한다. 친중국·결일본·연미국을 힘써 행하는 것이 상책이며 주저하여 결단을 내리지 못한 채 참으면서 시간을 기다리다 친중국이 옛 제도를 지키는 데 머무르고, 결일본이 새 조약을 시행하는 데 그치고, 연미국이 표류한 배나 건져주고, 관문 두드리는 글이나 받아 다만 격변이 일어나지 않고 싸움의 발단이 생기지 않기만 바라면 하책이라는 것이다. 그리고 다만 내가 속을 것을 근심하여 스스

---

37) 같은 책, 원문 122면, 번역문 19면.
38) 같은 책, 원문 128면, 번역문 25면.

로 그 깃을 잘라버리고 소수 병력으로 관문을 봉하여 깊이 닫고 굳게 거절하며, 오랑캐라 배척하고 더불어 섞이기를 달가워하지 않다가 사변이 일어난 뒤에야 비로소 비굴하게 온전하기를 바라고 다급하여 어찌할 바를 모른 것을 무책이라는 것이다. 한마디로 요약하면 척사론적 대응은 무책이요, 해방론적 대응은 하책이고 자강균세론적 대응은 상책이라는 것이다.[39]

서양의 근대 국제질서를 새로운 문명표준으로 어쩔 수 없이 받아들여야 하는 새로운 변화의 길을 동아시아에서 가장 먼저 걷는 것은 일본이었다. 그 좋은 예는 일본의 대표적 문명개화론자인 후꾸자와 유끼찌의 국제정치론의 변화였다.[40] 그는 『서양사정(西洋事情)』(1868)이나 『당인왕래(唐人往來)』(1865) 등에서 일본은 부국강병의 실력을 구비하면서 『만국공법』을 신뢰하고 따를 것을 주장했다.[41] 그러나 후꾸자와 유끼찌는 다음 단계로서 『만국공법』의 허구성을 현실주의 시각에서 다음과 같이 지적한다.

"지금 금수세계에서 최후에 호소해야 할 길은 필사적인 수력(獸力)이 있을 뿐이다. 말하기를 길이 두 가지 있는데, 죽이는 것과 죽음을 당하는 것이다. 일신처세(一身處世)의 길은 이와같다. 그렇다면 만국교제(萬國交際)의 길도 또한 이것과 다르지 않다. 화친조약(和親條約)이라고 하고 만국공법(萬國公法)이라고 하여 심히 아름다운 것 같지만 오직 외면(外面)의 의식명목(儀式名目)에 불과하며 교제의 실은 권위를 다투고 이익을 탐하는 데 불과하다. 세계고금의 사실을 보라. 빈약무지(貧弱無智)의 소국(小國)이 조약과 공법(公法)에 잘 의뢰하여 독립의 체면을 다한 예가 없는 것은 모든 사람이 아는 바이다. 오직 소국

---

39) 같은 책, 원문 147~64, 번역문 47~68면.

40) 福澤諭吉參考文獻目錄(http://mita.lib.keio.ac.jp/fukuzawa/fuku-left.html); 福澤諭吉先生關聯リンク集(http://www2.ktarn.or.jp/~kenchan/yukichi.html); 福澤諭吉 『福澤諭吉著作集』(東京: 慶応義塾大學出版會 2003) 12卷; 福澤諭吉 著, 慶応義塾 編 『福澤諭吉書簡集』(東京: 岩波書店 2001).

41) 福澤諭吉 『福澤諭吉著作集』(東京: 慶応義塾大學出版會 2002) 第1~2卷.

뿐 아니라 대국 사이에서도 바로 대립하여 서로가 그 틈을 엿보며 탈 수 있는 틈이 있으면 그것을 간과하는 나라는 없다. 이것을 엿보고 이것을 말하며 아직 말하지 않은 것은 병력 강약의 한 점이 있을 뿐이며 별로 의뢰해야 할 방편이 없다. 1백권의 만국공법은 수문의 대포에 미치지 못한다. 몇권의 화친조약은 한 상자의 탄약에 미치지 못한다. 대포, 탄약은 있을 수 있는 도리를 주장하는 준비가 아니라 없는 도리를 만드는 기계이다."[42]

일본은 1868년의 메이지유신 이후 빠른 속도로 근대 국제질서를 받아들이고 본격적인 근대국제정치론이 자리잡기 시작한 것보다 한국은 대단히 어려운 길을 걸어야 했다. 1880년 8월 김홍집이 『조선책략(朝鮮策略)』과 『이언(易言)』을 가지고 귀국하자 조야에서 크게 논쟁이 벌어졌다. 당시의 비판적 분위기는 1881년 2월 이만손(李晚孫)을 대표로 해서 올린 영남만인소(嶺南萬人疏)에 잘 드러나 있다. 한국의 위정척사 전통을 간단히 밝히고 나서 고종 즉위 10년 후부터 벌어지는 현실을 개탄한 뒤 "아, 자고 이래로 임금에게서 옷을 얻어 입고 임금에게서 옷을 얻어 입으며 유자의 관을 쓰고 유자의 옷을 입고서 사신의 임무를 맡아 오랑캐 지역을 방문하여 나라를 욕되게 하는 글을 받들어 가지고 와서 조정에 전파하고 성인을 속인을 속이는 말을 간직하여 가지고 와서 중외에 퍼뜨리는 자는 과연 어떠한 자에 해당하며 다스림에 마땅히 얼마나 엄하게 해야 하겠습니까"라고 격분한다.

이어서 『조선책략』이 권하는 러시아를 막기 위한 친청·결일·연미의 균세와 부강을 위한 자강의 책략을 척사론적 시각에서 조목조목 반박한다. 러시아가 그렇게 위협적인지 의문이며 일본은 믿기 어려우며 미국은 우리가 잘 모르며, 또한 서학과 서교에 의문을 표시하고 위정척사로 돌아갈 것을 강조한다.[43] 이 상소에 대해서 고종은 다음과 같이 답한다. "상소를 보고 잘

---

42) 福澤諭吉 『福澤諭吉著作集』(東京: 慶応義塾大學出版會 2002) 第4卷.
43) 『承政院日記』 高宗 18년(1881) 2월 26일.

알았다. 사교를 물리치고 정도를 지키는 것(辟邪衛正)은 어찌 그대들의 말을 기다리겠는가. 다른 나라 사람이 사사로이 모의한 글에 대해서는 애당초 족히 깊이 연구할 것도 못되거늘 그대들이 또 잘못 보고서 들추어낸 것이다. 이것을 구실삼아 또 번거롭게 상소를 올린다면 이는 조정을 비방하는 것이니 어찌 선비로 대우하여 엄중히 처벌하지 않을 수 있겠는가. 그대들은 그리 알고 물러가도록 하라."[44] 그러나 고종은 조정의 논의과정에서 이 책에 대해 상당한 관심을 보이고 있다.[45]

1883년 10월 창간한 『한성순보』는 당시의 국제질서를 자강균세의 시각에서 다양하게 소개한다. 중국 상하이의 호보(滬報)와 기타 근신들을 종합한 12월 9일 「오스트리아·프러시아·이태리가 동맹하다(奧普意三國同盟)」라는 기사에서 삼국동맹을 균세법의 시각에서 자세하게 설명한다.[46] 1883년 11월 21일 『한성순보』는 일본 역사가 기노시따 메이히로(木下眞弘)가 쓴 글인 「전쟁을 없애는 의론(銷兵議)」이 중국의 『순환일보(循環日報)』에 실린 것을 다시 전재한다. 이 글 자체는 세계 대의원(大議員)을 설치하고 세계 공군을 창설하자는 이상주의적 평화론이지만 근대 국제질서의 약육강식적 성격에 대한 다음과 같은 비판은 신랄하다. "아 병란의 참혹함이란 이런 것이며 그 패망을 초래함 역시 이런 것이다. 몽매한 야만인이라면 괴이쩍게 여길 것도 못되지만 개명한 나라라 일컫고 문헌의 정치를 한다는 나라들은 의당 서로 친목하며 이런 참혹한 화를 초래하지 말아야 할 것인데도 더욱 병술을 교묘히 하고 무기를 날카롭게 하여 원근에 흉포한 짓을 자행하는 것은 과연 무슨 까닭인지 모르겠다. … 저 강성하다는 나라를 가지고 보더라도 모두 만족을 모르고 갑이 군함을 만들면 을은 대포를 만들고 저쪽이 육지를 잠식하면 이쪽은 해도를 병탄하여 서로 상대 나라보다 우월하기를 힘써 백성을 도

---

44) 같은 책.
45) 「大臣政府堂上入侍(次對)筵說」, 『承政院日記』 高宗 17년(1880) 9월 8일.
46) 『漢城旬報』 제5호(1883. 12. 9).

류하고 화기(和氣)를 해친다. 비록 우주 가운데 큰 나라를 차지한 자라도 인애(仁愛)하는 마음을 뒤로하고 전재의 이익만을 일삼아서 욕심이 거기에 따라 더욱 자라고 분노하는 마음을 항상 품어 약육강식이 항상 그치지 않는다."[47] 1884년 1월 30일『한성순보』는「양무수재득인론(洋務首在得人論)」에서 만국공법을 잘 아는 사람이 필요하며 공법을 배워야 한다는 것을 강조하면서 "오늘날 유럽의 형세는 마치 전국시대와 같고, 이른바 만국공법이란 거의 전국시대 종약(從約)과 같아서 유리하면 따르고 그렇지 않으면 배신하며 겉으로는 비록 따르는 체하지만 속으로는 실상 위배한다"고 지적한다.[48]

갑신정변의 실패 후 위안스카이(袁世凱)가 주도하는 감국정치가 진행됨에 따라 국내에서 현실적으로 자강균세론의 본격적인 활성화는 어려웠다. 갑신정변을 미국에서 맞은 유길준은 1년 3개월의 미국 유학생활을 마치고 1985년 11월 귀국한다. 포도대장 한규설의 집에 유폐된 유길준은 이 시기에『중립론』(1885)을 썼다.[49] 그는 이 글에서 우선 중립의 근대 국제법적 의미와 역사적 사례를 설명한 다음 한국이 놓여 있는 국제정세를 자기 나름대로 분석한다. "러시아가 우리에게 눈독을 들인 지가 오래이건만 아직도 감히 동하지 못하는 것은 비록 세력균형의 법칙에 막힌 것이라 하지만 실상은 중국을 두려워해서 그런 것이다. 일본도 역시 우리나라에 뜻이 없는 것이 아니나 스스로를 돌아보아 그 세력이 부족하고 힘이 미치지 못하니 자국을 보존함에도 편안한 겨를이 없겠거늘 어찌 감히 중국에 대항하겠는가. 그러므로 우리나라가 유지될 수 있는 것은 중국이 돌봐주기 때문"이라 하고, 혹은 말하기를 "어찌 중국은 또 우리나라를 병탄하려 하지 않을 줄 아는가"라고 하지만 그것은 그렇지 않다. 진실로 중국이 그럴 생각이 있었다면 무엇이 괴로워서 여러 나라와 조약체결하기를 권고하고서 오늘에 이르러 그런 생각을 갖겠는

<hr>

47) 『漢城旬報』 제6호(1883. 11. 21).
48) 『漢城旬報』 『漢城周報』 번역판(관훈클럽신영연구기금 1983) 170면.
49) 유길준 『俞吉濬全書 Ⅳ』, 319~28면.

가. 혹은 말하기를 "합중국은 우리와 매우 친하니 가히 의지하여 후원이 될 수 있지 않겠는가"라고 하나, 그것은 안될 말이다. 합중국은 멀리 큰 바다 밖에 서 우리와 별로 심중(深重)한 관계가 없으며, 또 '먼로우 선언' 이후로 는 유럽이나 아시아의 일에 간섭하지 못하게 되어 있으므로 만일 우리에게 급한 사정이 있어도 말로는 도와줄 수 있지만 감히 무력을 사용하여 구원할 수는 없는 것이다. 전부터 말하기를 "천마디의 말이 탄환 하나만 못하다"라 고 하였으니 합중국은 통상하는 나라로 친할 수는 있어도 급할 때에 구원해 주는 친구로 여길 수는 없다."

유길준은 비교적 현실적으로 주변국들을 평가한 다음 현재 중국의 도움으 로 한반도의 국제정세가 잠시 소강상태이나 우리나라가 자강하지 못한 탓으 로 잠시 철병하게 하더라도 "눈앞의 군대만을 물러나게 한 것이요, 각국의 가슴속의 칼날은 없어진 것이 아니어서 압록 두만 두 강 사이에는 날마다 은은하게 만국의 그림자인 마필이 달리고 뛰기를 그칠 때가 없을 것"이라고 예상한다.

이와 비슷한 시기에 『한성주보』 제6호는 「논천하시국(論天下時局)」이라 는 제목의 사의(私議)를 싣는다. "오주(五洲)의 대륙과 만국의 인민들이 거 개가 유럽의 각국에 신복당하고 있는 셈이다. 유독 스스로 지키고 있는 나라 는 우리나라와 중국 일본뿐이다. 이 세 나라가 앞으로 어떻게 해야 독립 자 강하여 영원히 걱정 없을 것을 보장할 수 있겠는가. 현재 동서양 각국이 서 로 강화하여 조약을 맺어 통상하는데 그때마다 공법에 따라 논의를 결정 비 준하고 있다. 아, 그러나 저들 각국은 일단 자기들에게 이익이 있을 것을 보 기만 하면 공법을 저버리고도 두려워하지 않고 조약을 파기하고도 부끄러워 하지 않음은 물론 끝내는 큰 것이 작은 것을 억제하고 강한 것이 약한 것을 무시하는 형세를 이루게 되어 다시는 강화라는 것이 존재할 수 없게 되고 만다. 이는 서글픈 일이 아닐 수 없다. … 아, 1년 사이에 천하사의 변천이 이와같았는데 더구나 우리 아시아주에서는 실제로 두 개의 대국(안남과 버마)

을 잃었으니 말해 뭐하겠는가. 동양 각국의 위정자들은 의당 신중히 살펴서 사전에 방지하는 대책을 세워야 한다. 사변이 닥쳐오는 것에 대해서는 지인이나 달사(達士)라도 미리 예측할 수는 없다. 그러나 국세의 강약은 병졸의 다과(多寡)에 있는 것은 아니고 국계(國計)의 빈부는 판도의 대소와 관계가 있는 것은 아니다. 오로지 임금과 백성이 한마음으로 한마음으로 힘을 다하여 부강하기 위한 계획을 세워 밀고 나가는 한편 위태하기 전에 안전을 도모하고 혼란해지기 전에 다스림을 도모해야 한다. 그리하여 안으로는 괴리 분열되는 걱정이 없고 밖으로는 양국이 결탁하는 후원을 얻게 되면 비록 백만의 유럽인이 있더라도 그 틈을 엿볼 수가 없게 될 것이다. 이것이 바로 천하의 시국에 대응하는 방법인 것이다."[50]

갑신정변에 실패하고 일본에 망명하여 1년 반쯤 지난 1886년 6월 지운영(池運英)사건으로 일본정부에 의해 오가사와라섬(小笠原島)으로 추방된 김옥균은 추방 직전에 쓴 「지운영(池運英)사건에 대한 공개장」이라는 제목의 자강균세론을 1886년 7월 9일 『동경일일신문(東京日日新聞)』에 싣는다. 그는 거문도사건을 겪고 난 한국의 현실을 다음과 같이 날카롭게 비판한다. "오늘에 천하의 형세가 날로 변하고 날로 바뀌어 순시라도 안심할 수 없사오니 전라도 삼도, 즉 거문도는 이미 영국에 빼앗긴바 되었으니 폐하는 이를 어떻다 하시렵니까. 조정의 제신은 과연 어떤 계책이 있습니까. 오늘의 한국에서 영국의 이름을 아는 자가 과연 몇 사람이나 됩니까. 설령 조정의 제신이라도 영국이 어디에 있느냐 물으면 망연하여 대답할 수 없는 자가 얼마든지 있사오니 이를 비유하면 혹물(惑物)이 와서 나의 지체를 물어도 그 고통을 느끼지 못할 뿐 아니라 하물(何物)이 나를 깨무는지도 모르는 것과 같은 바 그 국가의 존망을 논함이 치인(癡人)이 꿈을 이야기하는 것과 같음은 족히 괴상한 일이라 할 것이 없나이다. … 만약 여기 한 나라가 있는데 내가

---

50) 『漢城周報』 제6호(1886. 3. 8).

이를 취해도 털끝만큼도 저항할 자가 없다면 폐하는 과연 이를 어떻게 하고자 하십니까. 오늘의 한국이, 즉 이와같습니다."

김옥균은 고종에게 한 질문에 스스로 다음과 같이 대답한다. "이제 한국을 위하여 꾀하건대 청국과 일본 두 나라는 각기 자가 유지에 여력이 없는 모양이온데 어느 겨를에 남의 나라를 도울 수 있겠습니까. 근년에 청국의 안남, 유구를 딴 나라가 점령해도 청국이 감히 말 한마디 저항을 시도하지 못했습니다. 그런데도 우리나라로 하여금 베개를 높이 베고 편히 눕게 해주겠다고 하는 것은 실로 가소로운 일입니다. 또 일본은 지난해 이래로 어떤 생각에선지 한때 열심히 우리나라의 국사에 간섭하더니 한 번 변한 뒤로는 홀연 이를 버려 돌아오지 않을 모양이오니 또한 족히 믿을 수 없습니다. 그러하온즉 장차 어떻게 해야 옳겠습니까. 오직 밖으로는 널리 구미 각국과 신의(信義)로써 친교하고 안으로는 정략을 개혁하여 우매한 백성을 가르치되 문명의 도로써 하고 상업을 일으켜 재정을 정리하고 또 병을 양성하는 것도 어려운 일이 아니오니 과연 능히 이같이 하면 영국은 거문도를 돌려줄 것이요. 그밖에 외국도 또한 침략할 생각을 끊기에 이를 것입니다."[51]

갑신정변(1884) 실패 이후 일본으로 망명하여 기약 없는 조선의 개화를 꿈꾸면서 어려운 생활을 보내고 있던 박영효는 1888년 상소문의 형식을 빌려 조선의 개혁방안을 상세하게 제안한다. 그는 이 상소문을 시작하면서 당시의 국제 상황을 다음과 같이 묘사한다.

"지금 세계의 모든 나라는 옛날 전국시대의 열국들과 같습니다. 한결같이 병세(兵勢)를 으뜸으로 삼아, 강한 나라는 약한 나라를 병합하고, 큰 나라는 작은 나라를 삼키고 있습니다. 또한 항상 군비를 강구하는 한편 아울러 문예(文藝)를 진흥하여, 서로 경쟁하고 채찍질하며 앞을 다투지 않음이 없습니다. 각국이 자국의 뜻을 공고히 하여 세계에 위력을 흔들어보고자 하고 있으며, 다른

---

51) 『東京日日新聞』 1886년 7월 9일자.

나라의 빈틈을 이용하여 그 나라를 빼앗으려 하고 있습니다. … 비록 만국공법, 균세, 공의(公儀)가 있기는 하나, 나라가 자립자존(自立自存)의 힘이 없으면 반드시 영토의 삭탈과 분할을 초래하여 나라를 유지할 수 없게 됩니다. 공법공의(公法公儀)는 본래 믿을 것이 못됩니다. 유럽의 문명 강대국도 역시 패망을 맛보았는데, 하물며 아시아의 미개 약소국이야 말할 나위가 있겠습니까? 대체로 유럽인들은 입으로는 법의(法義)를 일컫지만 마음은 짐승을 품고 있습니다."[52]

유길준이 자강의 목표가 단기적으로 쉽사리 달성되기 어려워서 균세와 만국공법의 도움을 얻어서 양절체제를 시도해보려는 것과 비교하여, 박영효는 만국공법이나 균세가 있더라도 국가가 자립자존의 힘이 없다면 나라를 유지할 수 없으므로 만국공법을 믿을 것이 못된다고 단정한다.

청일전쟁과 함께 근대한국의 평화 개념 도입은 다시 한번 새로운 국면을 맞이하게 된다. 우선 청일전쟁에서 청이 패배하고 일본이 승리하자, 중국은 1840년의 아편전쟁 이후 반세기 만에 구미의 근대 국제질서를 새로운 문명 표준으로 받아들일 수밖에 없게 되었다. 국내에서도 청의 종주권이 명실상부하게 소멸하고 일본의 영향력이 급격하게 증가하는 위험 속에서 위정척사론자들의 인간과 금수의 이분법에 기반을 둔 만국공법 거부론 대신에 동도서기론자들의 만국공법 원용론을 채택하게 되었다.

청일전쟁에서 중국의 패배는 한국 근대평화론의 새로운 물고를 열게 된다. 양절체제론은 더는 설자리를 잃게 되고 현실에 뿌리를 내리지 못하고 논의 차원에 머물렀던 자강균세의 평화론은 국내외의 현실과 직접 부딪치고 긴장감을 유지하면서 본격적으로 활발해지기 시작하고 또 현실적인 실천 가능성을 꿈꾸게 되었다. 그중에서도 청일전쟁 이후의 변화에 가장 민감했던 『독립신문』의 자강균세론을 간단하게 정리해보기로 한다.

---

52) 역사학회 편 『한국사자료선집(최근세편)』(일조각 1997) 52면.

1896년 4월부터 1899년 12월까지 『독립신문』의 자강균세 평화론을 크게 재구성하면 독립, 문명개화, 인민교육의 3대 과제로 요약할 수 있다. 청일전쟁 이후 갑오, 광무 개혁과정에서 한국이 당면한 최대 문제가 무엇이었는지를 생각하면 『독립신문』의 경우에는 신문의 제목에서 쉽게 해답을 찾을 수 있다. 『독립신문』의 많은 기사 중에 이런 독립의 문제의식을 가장 기억에 남게 다루는 것은 1898년 1월 18일, 20일, 22일 3회에 걸쳐 유지각한 친구의 말을 게재한다고 하면서 실은 비교적 긴 글이다.[53] 이 글은 첫머리에 대한 사람의 성품에는 네 가지 큰 병이 있다고 하면서 첫째, 의지하여 힘입으려는 마음이고, 둘째, 가벼히 하고 능멸하는 마음이고, 셋째, 의심하고 염려하는 마음이고, 넷째, 신과 의가 없으라는 것이다. 그 첫째 병을 다시 다음과 같이 풀어 설명한다. 3백년 동안 청국 바람이 셀 때에는 청국에 기울어졌고, 갑오년 이후에는 일본 바람이 세지니 일본으로 기울어졌고, 건양 이후에는 러시아 바람이 세지니 러시아로 기울어져 청국 바람에 기울어진 시절에는 서양 학문을 취하자 하는 이가 있으면 학당이라 지적하고, 일본 바람에 기울어진 시절에는 청국 제도를 쓰려 하는 사람이 있으면 청국당이라 지적하고, 러시아 바람에 기울어진 시절에 일본 법도를 쓰려는 이가 있으면 일본당이라 지적하여 심한 자는 몸이 죽고 집이 망했다는 것이다.

이 글은 한국 사람들의 가장 큰 병인 남에게 의지하고 힘입으려는 병을 고칠 처방전을 다음과 같이 적고 있다.

"슬프다. 대흔 사룸들은 남의게 의지ᄒ고 힘입으랴ᄂᆞᆫ ᄆᆞ음을 끈을진져 청국에 의지 말나 죵이나 ᄉᆞ환에 지ᄂᆞ지 못ᄒᆞ리로다. 일본에 의지 말나 래죵에ᄂᆞᆫ ᄂᆞ장을 일으리라. 로국에 의지 말나 필경에는 몸동이 ᄭᅡ지 생킴을 밧으리라. 영국과 미국에 의지 말나 청국과 일국과 로국에 원슈를 매지리라. 이 모든 나라에 의지ᄒ고 힘입으랴고ᄂᆞᆫ 아니 홀지언뎡 친밀치 아니치ᄂᆞᆫ 못ᄒᆞ리라. 대흔

53) 『독립신문』 1898년 1월 18일자~20일자.

사람들의 셩질은 의뢰치 아니ᄒ즉 거졀ᄒ야 나라 일이 밥도 죽도 아니되리로다. … 대한에 입잇ᄂ 사ᄅ믈들이 믄득 일오되 우리나라도 독립ᄒ엿다 독립ᄒ엿다 ᄒ나 말노믄 독립이요 실샹이 그럿지 아니ᄒ면 엇지 독립이라 칭ᄒ리요 대한 나라 힘이 다른 나라의 힘을 의지ᄒ려 말고 힘입으려 하지 믈고 다른 나라와 동등 디위와 동등 행셰와 동등 권리와 동등 법률이 잇슨 연후에야 가히 ᄌ주 독립국이라 칭홀 것이라. … 대한국은 대한 ᄉ람의 대한으로 된걸노 죽기를 결단ᄒ고 ᄆ음으로 직히며 각국과 샤귀ᄂ 대ᄂ 팔방미인의 졍태와 풍신죠한 쟝부의 두렷ᄒ 쳐ᄉ로 행ᄒ야 편벽되히 샤귀지 말고 동편 셔편에 연합ᄒ야 화친ᄒ고 셔로 대어하는 셰를 얼근즉 이ᄂ 보호 즁립에 갓가온지라. 즁립으로 독립에 이르기는 쳥치가에 용이ᄒ 슈단이로다."

한마디로 요약하자면 어느 한 나라에 의존하기보다는 팔방미인 외교가 오히려 좋은 처방전이라는 것이다.

『독립신문』은 독립의 필요성과 시급성을 반복하여 강조한다. 다만 조심스러운 것은 『독립신문』이 보여주는 균세외교에 대한 낙관론이었다. 한국 근대 국제정치론의 최대 과제에 대한 고민의 심도는 현실의 어려움을 극복할 수 있는 수준을 보여주고 있지 못하다. 1897년 5월 25일 논설을 보면 다음과 같이 적고 있다.[54] 조선은 세계만국이 오늘날 독립국으로 승인해줘서 조선 사람이 어떤 나라에게 조선을 차지하라고 빌지만 않으면 차지할 나라가 없을 것이다. 그러므로 조선은 육해군을 많이 길러 외국이 침범하는 것을 막을 것도 없고 다만 국가에 육해군이 조금 있어 동학이나 의병 같은 토비나 간정할 만하면 넉넉하다. 만일 어떤 나라가 조선을 침범하고자 해도 조선정부가 세상 행세만 잘했으면 조선을 다시 남의 속국 되게 가만둘 리가 없는지라. 그런즉 조선이 외국과 싸움할 염려가 없는데 만일 조선이 싸움이 되도록 일을 하면 그때는 화를 면치 못할 것이라고 경고하면서, 특히 러시아와

---

54) 『독립신문』 1897년 5월 25일자.

일본 관계에서 섣부르게 잘못 편들 위험성을 지적한다. 따라서 그 해결책은 다양한 외국당 대신에 제대로 된 조선당을 해야 한다는 것이다.

『독립신문』은 이러한 독립을 기반으로 한국의 최종 목표를 문명국 건설에 두고 있다. 『독립신문』의 문명관을 잘 보여주는 예로서 1899년 2월 23일의 「나라 등슈」라는 글을 보면 세계를 넷으로 분류한다. 영국, 미국, 프랑스, 독일, 오스트리아 등의 문명국, 일본, 이탈리아, 러시아, 덴마크, 네덜란드 등의 개화국, 한국, 중국, 태국, 페르시아, 버마, 터키, 이집트 등의 반개화국과 야만국으로 나눈다. 『독립신문』은 각 국가가 국가 등수를 높이려고 교육·군사·경제·언론 분야에서 치열한 경쟁을 벌이는데 한국은 국가 등수 올리는 일은 신경 쓰지 않고 개인의 벼슬 등수 올리는 일에만 전념한다고 개탄한다.[55] 동시에 『독립신문』의 삼국협력론은 아시아연대론의 인종전쟁적 측면보다는 문명국 건설을 위한 협조를 더 강조한다.[56]

국내 정치주도 세력의 부패와 무능을 신랄하게 공격하는 『독립신문』은 이런 국내 정치현실에서 문명개화국을 건설하려면 인민교육에서 출발할 수밖에 없다고 다음과 같이 주장한다. "지금 조선에서 무슨 문명개화하는 일을 해보려는 사람은 꼭 농사하는 사람이 바위 위에서 곡식을 이루려고 하는 사람과 같은 사람이니 도리어 어리석은 사람이라. 그러면 지금 조선에서는 무엇을 해야 이 폐단이 없어질는지 우리 생각에는 다만 하나밖에는 약이 없으니 그 약은 무엇인고 하니 인민을 교육시켜 그 인민이 옳고 그르고 이하고 해롭고 길고 짧은 것을 말하여 들리거든 알아들을 만한 학문이 있도록 만들어주는 것이 약이니 그런즉 제일 먼저 할 일은 경향 각처에 학교를 배설하여 젊은 남녀를 교육시켜주는 것이 곧 땅에 거름을 부었다가 몇달 후에 곡식을 심는 것과 같은지라."[57]

---

55) 『독립신문』 1899년 2월 23일자.
56) 『독립신문』 1898년 4월 7일자.
57) 『독립신문』 1897년 4월 20일자.

한국 근대평화론은 청일전쟁의 결과로 한반도에서 청의 종주권이 실질적으로 소멸하게 됨에 따라 『독립신문』에서 보듯이 세계문명국 건설을 위한 자강균세론을 본격적으로 시작하게 된다. 그러나 문제는 그렇게 간단한 것이 아니었다. 청일전쟁 이후 삼국간섭과 함께 본격적으로 동아시아가 일본을 포함한 구미제국들의 약육강식의 전형적인 현장이 되어가는 속에서 자강을 위한 균세론은 풀기 어려운 숙제였다. 동시에 부강국가 건설의 자강론도 구체적인 실천론의 단계에 접어듦에 따라 적지 않은 시행착오를 겪을 수밖에 없었다.

자강균세론이 아직도 충분히 성숙하지 못한 채 한국은 갑오개혁(1894. 7~1896. 2)을 통해서 좀더 본격적인 근대 부강국가 건설에 착수하게 된다. 그러나 개혁의 추진과정에서 정치세력들이 갑오개혁파, 갑신정변파, 정동파(친미파), 대원군파, 궁정파 등으로 나뉘어 싸움으로써 개혁 프로그램의 추진에 차질을 초래했다.[58] 동시에 자강을 위해 외세를 활용하기보다는 외세에 활용당해서 자강의 노력이 난관에 봉착했다.

1895년 명성황후시해사건으로 명성황후가 시해되고, 친일내각이 단발령을 내리고 개혁정책을 추진하자 유생들의 항일의병운동이 전국적으로 발생했다. 이 운동의 대표적 인물인 최익현은 상소문에서 "각국이 통화하는 데에는 이른바 공법이란 것이 있고 또 조약이라는 것이 있다는데, 잇속에 과연 이웃 나라의 역적을 도와 남의 나라 임금을 협박하고 국모를 시해하려는 문구가 있는가"라고 지적한다.[59] 이러한 노력은 1905년 을사5조약 이후의 의병활동에서 계승된다.

청일전쟁의 결과로 한반도에서 청의 종주권이 실질적으로 소멸하게 됨에 따라 국내의 유생들은 양무론을 넘어서서 변법론의 불가피성을 강하게 주장

58) 유영익 『갑오경장연구』(일조각 1990).
59) 崔益鉉 『勉庵集』 卷 4, 「宣諭大員命下後陳懷待罪疏」 74면.

하는 청의 량치차오(梁啓超)의 『음빙실문집(飮氷室文集)』 등을 통해서 사회
진화론에 기반을 둔 국제질서관을 본격적으로 받아들이게 된다.[60] 한편 갑
신정변(1884)의 실패로 역사의 뒤안길로 물러섰던 개화세력들은 갑오개혁을
통해 역사현장으로의 복귀를 시도하고, 고종은 광무개혁(1897~1907)을 통해
나라가 기울어지는 것을 막아보려고 마지막 노력을 기울였다. 이러한 과정
에서 국내 정치사회 세력들은 다양한 갈등의 모습을 보여준다. 그러나 서세

---

60) 량치차오(梁啓超) 연구는 중국의 개혁·개방 이후 활발해지고 있다. 丁文江·趙豊田
編『梁啓超年譜長論』(上海人民出版社 1983)으로 출판되었으며, 이어서 李華興·吳嘉勛
編『梁啓超選集』(上海人民出版社 1984); 李國俊 編『梁啓超著述繁年』(上海復旦大學出
版社 1986); 林志鈞 編『飮氷室合集』 12冊(中華書局 1936)의 신판으로 梁啓超『飮氷
室合集』 12冊(中華書局新版 1989); 梁啓超 저, 夏曉虹 輯『飮冰室合集』 集外文(上·
中·下), (北京: 北京大學出版社 2005) 등 중요 연구자료가 출판되었다. 20세기 초 한국
에서는 梁啓超 저, 全恒基 역『飮冰室自由書』(塔印社 1908)가 출판되었다.
중국의 중요 연구로는 孟祥才『梁啓超傳(救國·學術篇)』(北京出版社 1980: 臺灣風雲
時代出版公司影印 1990); 鍾珍維·萬發雲『梁啓超思想硏究』(海南)人民出版社 1986);
宋仁主 編『梁啓超政治法律思想硏究』(新華書店北京發行所 1990); 李喜所·元青『梁啓
超傳』(北京人民出版社 1993); 耿元志·崔志海『梁啓超』(广朱人民出版社 1994); 吳延
嘉·沈大德『梁啓超評傳』(百花洲文芝出版社 1996); 陳鵬鳴『梁啓超: 學朮思想評傳』
(北京圖書館出版社 1999); 李喜所 編 『梁啓超興近代中國社會文化』(天津古籍出版社
2005) 등을 들 수 있다.
중국 이외의 중요 연구로는 Joseph R. Levenson, *Liang Ch'i ch'ao and the Mind of
Modern China,* 1st and 2nd ed. (Cambridge, Mass: Harvard University Press 1953/
1959); Hao Chang, *Liang Ch'i ch'ao and Intellectual Transition in China,c 1890~
1907* (Cambridge, Mass: Harvard University Press 1971); Philip C. Huang, *Liang
Ch'i ch'ao and Modern Chinese Liberalism* (Seattle: University of Washington Press
1972); Xiaobing Tang, *Global Space and the National Discourse of Modernity: The
Historical Thinking of Liang Qichao* (Stanford: Stanford University Press 1996); Joshua
A. Fogel, ed., *The Role of Japan in Liang Qichao's Introduction of Modern Western
Civilization to China* (Berkeley: Institute of East Asian Studies, University of California,
Berkeley 2004); 張明園 「梁啓超与淸李革命」(中央硏究院近代史硏究所 1964); 張明園
「梁啓超与民國政治」(食貨出版社 1978); 狹間直樹 編 「梁啓超: 西洋近代思想受容と明
治日本」(東京: みすず書房 1999) 등을 들 수 있다.

동점 이래 처음으로 개신유학론자들과 문명개화론자들은 사회진화론에 기반을 둔 전쟁과 평화관을 공유하기 시작하는 중요한 변화를 보여주고 있다. 이러한 변화는 애국계몽기(1905~10)의 신문이나 잡지들을 통해서 구체적 모습을 드러내고 있다.[61]

6. 동양평화론과 한국

근대한국의 사회진화론에 기반을 둔 전쟁과 평화관은 청일전쟁 이후 본격적으로 등장하는 일본의 '동양평화론'을 맞이하여 커다란 어려움에 직면하게 된다. 일본의 총리대신 이또오 히로부미(伊藤博文)는 1894년 10월 20일 임시의회에서 개전에 이른 과정을 설명하고, 이 전쟁이 '동양평화'를 유지하려는 것이라고 밝혔다.[62] 이러한 공격적 민족주의의 전쟁적 평화관은 러일전쟁 이후 기독교 평화론을 대표하는 우찌무라 간조(內村鑑三)를 포함한 광범위한 일본인들의 지지를 받았다. 그러나 청일전쟁의 결과가 '동양평화' 대신에 삼국간섭에 직면하게 됨에 따라 일본은 부국강병의 평화관에 전념하게 된다. 1900년대에 들어서서 러일전쟁을 앞두고, 이러한 '무장적 평화론'에 대한 비판이 사회주의 평화론을 대표하는 코또꾸 슈쓰이(幸德秋水)와 기독교 평화론을 대표하는 우찌무라 간조 등이 이루어냈다.[63]

---

61) 『皇城新聞』(1898. 9. 5~1910. 8. 28); 『大韓每日申報』(1904. 7. 18~1910. 8. 28); 한국학 문헌연구소 편 『한국개화기학술지』(아세아문화사 1978).

62) 石田雄, 앞의 책 22면; Prasenjit Duara, "The Discourse of Civilization and Pan-Asianism," *Journal of World History*, spring 2001.

63) 家永三郎 編, 앞의 책; 田畑忍 『日本の平和思想』(東京: ミネルヴア 書房 1972); 田畑忍 『近現代日本の平和思想』(東京: ミネルヴア 書房 1993); Nobuya Bamba and John F. Howes, eds., *Pacifism in Japan: The Christian and Socialist Tradition* (Kyoto: Minerva Press 1978).

20세기 초 조선의 사회진화론에 기반을 둔 평화관은 사회진화론의 양면성, 즉 경쟁진보와 약육강식을 그대로 보여주고 있다. 우선 조선이 20세기에 생존하려면 새로운 지역문명표준으로 등장한 일본을 받아들여서 진보해야 한다는 것이다. 이런 입장을 잘 요약한 최석하(崔錫夏)는 일본이 청일전쟁과 러일전쟁의 승리로 세계열강의 하나가 되었고, 천하대세와 세계치란을 논하려면 일본을 제외할 수 없는 지경에 이르렀으므로, 일본 문명을 연구하는 것은 세계 각 나라 사람들의 시대적 요구라고 지적하였다. 이러한 시각에서는 일본의 '동양평화론'을 긍정적으로 받아들이고 있다. 반면에 20세기 조선의 평화에 정말 중요한 것은 약육강식의 부정적 경쟁관계에서 어떻게 살아남느냐 하는 것이다. 채기두는 「평화적 전쟁」에서 19세기 이래의 세계정세를 각 나라의 문화가 발달하던 국민주의의 쟁투시대, 인구증가와 좁은 영토를 해결하기 위해 식민주의를 주장하던 시기, 그리고 제국주의 시기의 세 단계로 구분하고, 식민주의와 제국주의는 명칭의 차이는 있으나 모두 평화적 전쟁에 불과하다고 규정한다.[64]

　신채호는 1909년 8월 『대한매일신보』에 '동양주의(東洋主義)에 대한 평론〔批評〕'이라는 제목의 사설에서 동양주의에 대해 강하게 비판한다. 우선 동양주의를 "동양제국이 일치단결하여 서양세력이 동으로 번져오는 것을 막는다"라는 뜻으로 정의한 다음 이 주의를 주장하는 자를 나라를 그르치는 자〔誤國者〕, 외국에 아첨하는 자〔媚外者〕, 혼미무식한 자〔混沌無識者〕로 분류한다. 나라를 그르치는 자는 현재는 동서 황백 양종의 경쟁시대이므로 동양이 흥하면 서양이 망하고 서양이 흥하면 동양이 망하여 그 세력이 양립할 수 없으니 "오늘날 동양에서 난 자──나라는 나라끼리 서로 합하며 사람

---

64) 김도형 『대한제국기의 정치사상연구』(지식산업사 1994) 65~84면; 友洋生「日本文明觀」,『大韓學會月報』8, 41~46면; 蔡基斗「平和的 戰爭」,『大韓學會月報』6, 16~20면; Andre Schmid, *Korea Between Empires, 1895~1919* (New York: Columbia University Press 2002).

은 사람끼리 서로 연결하여 서양에 항거할 날이니 그런즉 우리가 나라를 서양인에게 팔았으면 이것은 죄라 하려니와 이제 그렇지 아니하여 판 자도 동양인이요 산 자도 동양인이니 비유컨대 초국 사람이 잃은 것을 초국 사람이 얻었으니 우리가 무슨 죄를 지었느냐"라고 변명하면서 가장 먼저 동양주의를 주장했다. 다음으로 외국에 아첨하는 자는 국세가 이미 이 지경에 이르러 나라의 모든 이권이 외국인의 수중에 들어가버려서 이를 얻으려고 외국인에게 아첨[65]할 수밖에 없는데 직접적으로 외국을 모시고 존경하라고 하면 도로무공(徒勞無功)할 수 있으니 동양주의라는 마설(魔說)로서 일본의 괴롭힘을 마취시키고 있다는 것이다. 그리고 혼돈무식자는 원래 독립주견이 없고 단자 남들 따라 하는 자들이라 "정부당과 일진호 및 유세단의 유인과 일인의 농락에 놀아나서 동양주의라는 말을 듣고 정신없이 입으로 옮기고" 있다고 비판한다.

신채호는 동양주의의 문제를 한마디로 시대착오자들로 평가한다. 20세기는 치열한 열국경쟁시대인데 국가주의를 추구하지 않고 동양주의를 잘못 꿈꾸는 것은 미래 다른 별나라 세계의 경제를 걱정하는 것이라고 지적한다. 따라서 국가가 주인이 되고 동양이 손님이 되어야지 동양이 주인이 되고 국가가 손님이 되면 나라는 망한다고 단언한다. 신채호가 열국경쟁시대에 국가주의를 추구하지 않고 동양주의를 꿈꾸는 다른 별에 사는 사람들이라고 뼈아프게 비난하는 사람들의 꿈의 논리를 더 자세히 들여다보려고 당시 가장 대표적 민중계몽단체였던 대한자강회의 국권회복론을 검토해볼 필요가 있다. 대한자강회의 기본 논리를 제대로 이해하려고 이 모임의 한국인 핵심인물보다도 우선 고문 오가끼 다께오(大垣丈夫)의 비교적 솔직한 자강회 취지에 대한 다음 연설을 들어보자. "지금 외교는 일본이 담임하게 되어 한국이 고심 경영할 것이 없은즉 금후는 오로지 내정의 개량진보에만 전력을 들여

---

65) 『大韓每日申報』 1909년 8월 8일자~10일자.

불가불 부강의 열매를 성취함을 힘쓸지라. … 동양의 대세를 관찰하고 한국 자래의 행동을 고려하여 일본의 자위 위에 한국외교권을 일본에 위임함이 필요하다 하여 양국 황제정부간에 협약이 성립한 후는 어느 논자와 같이 이를 파기하여 국권을 회복하고자 함이 그 뜻이, 즉 애국의 충정에서 나온 것이로되 또는 혹 한국을 멸망케 하는 소이인즉 불가불 반성함을 청구할지니 옛날에 효자가 있어 그 아버지의 얼굴에 독충이 옴을 보고 옆에 있는 나무 몽둥이로 그 독충을 때렸더니 벌레는 즉사하였으나 그 아버지도 역시 이마가 깨져 선혈이 홍건히 흘러 내려서 필경 죽었다는 얘기가 있으니 효자의 마음은 원래 악할 수 있는 사람이 없으되 그 방법을 잘못 택했기 때문에 의외로 불효의 결과를 봄이 아니냐"라는 논리로 비분강개 국권회복운동을 비판한다.

그는 한걸음 더 나아가서 "한국에서 문명을 흡수하여 부강의 실만 성취하면 신협약을 해제할 수 있을 뿐만 아니라 완전한 독립국으로 세계열국에 함께 설 것이 명료한 사실이니 이 사리에 의거하여 국권의 회복과 독립의 기초를 이룰 것이니 이 본 회의는 가장 우선 할 일로 방침을 결정한 이유라 그런즉 부강의 열매를 거두어 독립의 기초를 만드는 데 어떤 방법을 필요로 하냐고 하면 교육을 진작하여 인지의 개명을 도모하고 식산흥업에 뜻을 두어 국부의 증진을 도모함이 필요하니 교육산업의 발달이 실로 국가부강의 기본 됨은 본회의의 취지뿐만 아니라 전국의 식자 및 여러 회에서도 역시 먼저 소리친 바이나 이에 본회의 특색으로 다른 회에서 아직 표방치 않은 한 가지 일을 밝힐 것을 희망하니, 즉 한국 혼이라 안으로 한국 혼을 배양하고 밖으로 문명의 학술을 흡수함이 본회의 특색"이라고 밝혔다.[66]

러일전쟁에서 일본의 승리는 한국의 결정적 위기였다. 일본은 유럽의 대국 러시아와 싸워 이김으로써 비로소 구미 중심의 국제 정치무대의 명실상

---

66) 『대한자강회월보』 1호(1906. 7).

부한 새로운 주인공으로서 화려하게 등장했다. 한반도를 중심으로 하는 동아시아 지역 국제 정치무대도 새로운 변화를 겪을 수밖에 없었다. 러시아와 일본의 팽팽했던 세력균형이 무너진 것이다. 결국 한반도는 일반의 독자적 영향권 속에 편입되었다. 한국은 사실상 국제 정치무대에서 물러나게 된 것이다. 한국 국제정치는 논의와 분석의 중심이 되어야 할 한국이라는 주인공을 잃어버린 것이다. 논의의 촛점은 불가피하게 국권회복의 국제정치론에 맞춰졌다. 이 논의의 중심에 있었던 것이 동양평화론이었다.

신채호의 국가주의와 대한자강회의 동양주의는 모두 당시 동아시아 국제정치론을 지배하던 사회진화론에서 출발한다. 그들은 구미 중심의 20세기 초 국제 정치무대를 생존경쟁과 약육강식의 눈으로 바라보고 있었다. 동양주의론의 비판이 더 신랄한 느낌을 들 정도다. 대표적 예로서 일본유학생으로서 당시 국제정치에 관해 많은 글을 발표했던 동양주의론자 최석하는 1907년 헤이그평화회의에 대한 그의 소감을 '평화회담에 대한 여(余)의 감념(感念)'에서 다음과 같이 밝혔다.

"화란 헤이그에서 제2평화회의를 개최한다 하니 오인이 평심으로 생각하건대 현재 세계는 사기꾼의 활동시대다. 어떤 일인가. 국제공법이 발달할수록 불인불의한 침략행위는 각국간에 나날이 증가하고 평화주의가 넓게 퍼지고 전파하도록 잔인폭오한 약육강식 정략은 나날이 심해지니 안타깝다. 누가 이 세계에 인도가 있다고 말하리오. 이에 따라 보건대 이번 평화회의도 역시 두세 강국의 정략에서 나온 것이라 단언할 수 있다. 재삼 생각할지어다. 우리는 우주간에 발생한 자니 어찌 사회원리와 천하풍조를 벗어날 수 있으리오. 생존경쟁은 사회원리가 아니며 민족제국주의는 천하풍조가 아닌가. 자기 일개인이 이 주의를 포기하나 천하대세가 불허함에 어찌하오. 그런즉 우리는 이 원리원칙을 이용하는 자는 이 시대에서 능히 생존을 보존할 자요 이용하지 못하고 한갓 시세를 매도하는 자는 인위도태를 면하지 못할 자라. 고로 나는 침략자를 증오의 눈으로 보는 것보다 다시 한번 더 침략당하는 약한 벌레를 침 뱉고 꾸짖어 말하기를 너도 동일한 인류요 그도 동일한 인류이어늘 어떤 이유로 그의 종이 되어 그의 다리 밑에서 한평생을 마치느냐고 하노라.[67]

열국경쟁과 약육강식의 무참한 희생물이 된 한국이 국권을 회복하여 다시 무대에 서는 길을 찾는 과정에서 국가주의와 동양주의는 전혀 상반된 길을 걸었다. 동양주의론은 일본의 동양평화론을 방패삼아 우선 교육과 산업을 통해 새로운 문명표준의 획득을 위해 노력하면 다시 무대에 설 수 있으리라는 소박한 낙관론을 전개했다. 반면에 국가주의론은 구미의 약육강식적 제국주의 위험에서 벗어나려고 뒤늦게 치열한 제국주의 경쟁에 뛰어든 일본의 도움을 기대한다는 것은 자살행위라는 비관론이었다. 역사적 현실의 결과는 동양주의론의 패배였다.

동양주의에 대한 비판은 당시의 국제 정치현실을 제대로 읽고 있었다. 그런데도 국가주의가 동양주의와의 대결에서 일방적인 승리를 거둘 수 없었던 것은 일본 동양주의의 허구를 들어내는 데에는 일단 성공했으나 당시 한국 국제정치론이 동시에 풀어야 할 숙제인 생존경쟁의 방안 마련에서 동양주의를 충분히 압도하지 못했다. 20세기 괴물로 등장한 제국세력의 제물이 되지 않기 위한 필사의 저항논리는 저항민족주의를 뛰어넘어서 더욱 전진민족주의로의 길을 설득력있게 마련하지 못했던 것이다.[68]

문제는 신채호가 고민하는 것보다 훨씬 복잡했다. 국권회복론은 삼중의 어려움을 동시에 극복해야 하는 난관에 직면해 있었다. 우선 무엇보다도 점차 본격화하는 일본 지역제국주의의 그물망에서 벗어나야 하는 어려움이었다. 다음으로는 20세기 국제 정치질서무대에 설 수 있는 국민부강 국가라는 새로운 문명표준을 획득해야 하는 어려움이었다. 마지막으로는 이러한 이중

---

67) 최석하 「平和會義에 대한 余의 感念」, 『태극학보』 제9호(1907. 4).
68) 이용희 『한국민족주의』(서문당 1977).

과제를 국내 정치사회 세력들이 일치단결해서 풀어야 하는 어려움이었다. 어려운 숙제를 풀어보려는 마지막 몸부림도 안중근(安重根)의『동양평화론』과『대한매일신보』의 10회 연재논설「우내대세(宇內大勢)와 한국」등과 함께 일단 막을 내리게 된다.

안중근은 자신의 법정 증언처럼 진정한 동양평화를 위해서 이또오 히로부미(伊藤博文)를 권총으로 사살했다. 그리고 그는 1910년 2월 만주의 여순감옥에서 순사하기 직전에 쓰다 남긴『동양평화론』에서 진정한 동양평화를 힘들게 설명한다.[69]

"지금 서양세력이 동양으로 뻗쳐오는 환난을 동양 사람이 일치단결해서 극력 방어함이 최상책이라는 것은 비록 어린아이일지라도 익히 아는 일이다. 그런데도 무슨 이유로 일본은 이러한 순리의 형세를 돌아보지 않고 같은 인종인 이웃 나라를 치고 우의를 끊어 스스로 방휼의 형세를 만들어 어부를 기다리는 듯하는가. 한·청 양국인의 소망은 크게 깨져버리고 말았다."

마지막으로『대한매일신보』는 1909년 7월 1일부터 15일까지 연재한 논설「우내대세(宇內大勢)와 한국」의 대미를 다음과 같이 마무리한다.

"한국의 장래 문제는 우리 2천만 민족의 생존 멸망에 관한 대문제니 오을 선후 방침을 세움이 급한 일 중 제일 급한 일이라 이를 내치외교로 나누어 연구함이 가하니 내치를 논하자면 교육과 실업을 발달케 하여 실력을 양성할 것이오 외교를 논하자면 전국 인민이 세계적 지식을 양성하여 세계 대세의 변천 여하를 뚫어보되 특히 일본, 러시아, 청 삼국의 외교 정치경제의 변천은 직접적으로 우리 한국 독립문제에 커다란 관계가 있으니 이를 연구할 필요가 있음은 말할 필요가 없느니라. 우리 대한독립의 시기는 일본, 러시아, 청의 삼국이 균형지세를 만들어 동양에 우뚝 서는 날에 있느니라."[70]

---

69) 윤병석 편역『안중근전기전집』(국가보훈처 1999); 市川正明 編『安重根 朝鮮獨立運動 源流』明治百年史叢書 第457卷(東京: 原書房 2005).

70)『大韓每日申報』1909년 7월 1일자~15일자.

이러한 호소에 가까운 시론들은 문제해결의 복잡성을 인식하고 풀어보려는 고민의 흔적을 보여주고 있다. 그밖에도 사회진화론의 부정적인 모습인 제국주의에 대한 좀더 본격적 비판이라고 할 수 있는 코또꾸 슈쓰이(幸德秋水)의 사회주의 평화론은 단재 신채호 등을 통해서,[71] 우찌무라 간조의 기독교 평화론은 김교신(金敎臣)과 함석헌(咸錫憲)을 통해서 국내에 영향을 미치게 된다.[72] 그리고 자유주의 평화론의 고전이라고 할 수 있는 칸트의 『영구평화론』이 1925년 개벽을 통해 뒤늦게 소개된다.[73]

그러나 당시의 지역제국주의, 새로운 문명표준, 국내 정치사회 세력갈등의 삼중의 어려움을 풀기에는 명백한 한계가 있었다. 결국 한국은 20세기 국제 정치무대에서 35년의 세월을 물러나 있어야 했다. 다양한 독립운동의 안타까운 노력에도 현실의 국권회복은 무대 주인공들의 세계적 규모의 전쟁 결과 일본의 패전에 따라 어느 날 느닷없이 찾아왔다. 그러나 제2차 세계대전 이후 미국과 소련을 중심으로 양극화된 냉전체제로 헤쳐모여 하는 현실의 혼란 속에서 국내 정치사회 세력들의 결집에 실패한 한국은 남북으로 갈라진 불구의 주인공으로 무대에 서서 결국 세계대전 규모의 한국전쟁을 치르게 된다. 그 결과 한반도 평화는 한국 국제정치가 풀어야 할 최대의 문제로 줬으나 반세기가 지난 오늘까지 그 해답을 찾지 못하고 있다. 한반도의 남쪽과 북쪽에는 전혀 다른 평화 개념이 지난 반세기 동안 깊게 뿌리를 내려 한반도 평화문제를 더욱 어렵게 만들고 있다.

---

71) 丹齋申采浩先生記念事業會 編 『丹齋申采浩全集』(형설출판사 1979); 이호룡 『한국의 아나키즘: 사상편』(지식산업사 2002).

72) 노평구 엮음 『김교신 전집』(부귀 2001); 함석헌 『함석헌전집』(한길사 1999); 함석헌 기념사업회 『민족의 큰 사상가 함석헌 선생』(한길사 2001).

73) 새봄 「『칸트』의 永遠平和論을 讀함」, 『개벽』 4호(1920. 9).

7. 맺음말

19세기 서세동점의 문명사적 변환 시기에 한국은 생존과 평화를 위해 유럽의 근대 국제질서를 새로운 문명표준으로 받아들여야 했다. 역사적으로 오랫동안 중국 중심의 천하질서의 평화 속에서 살아온 한국은 새롭게 만난 서양의 국민부강 국가들을 위정척사적 시각에서 다루기 어려워짐에 따라 해방론의 시각에서 한반도 평화를 모색했다. 결과는 실패였다. 다음 단계로서 서양의 전쟁과 평화의 법을 원용하여 서양과의 전쟁과 평화문제를 다뤄보려는 노력도 사회진화론적 사고에 기반을 둔 현실국제정치의 치열한 각축 앞에서 큰 성과를 거두기 어려웠다. 결국 과도기의 양절체제의 평화모색에 이어 한국은 뒤늦게 자강균세의 한반도 평화질서를 구축해보려는 노력을 본격화한다. 그러나 한반도를 둘러싼 국내외 정치사회 세력들의 갈등 속에서 한국은 러일전쟁의 승리로 국민부강 국가들의 국제무대에 본격적으로 등장한 일본 동양평화론의 희생물이 된다. 국망의 비극을 맞이한 것이다. 한국은 1945년 해방과 함께 다시 한번 평화의 기회를 맞이했다. 그러나 분단과 전쟁의 비극을 겪고 나서 21세기를 맞이한 오늘까지도 한반도 평화를 미해결의 숙제로 품고 있다. 한국 근대평화 개념도입사의 심층 이해는 한반도 평화질서 구축이라는 세기적 숙제의 첫걸음이다.

근대한국의 국민/인종/민족 개념

강동국

1. 머리말

근대와의 만남은 한반도에 존재하는 정치체의 존재양태를 바꾸었다. 그 과정에서 정치체 구성원의 범위와 성격을 규정하는 개념도 변화하였다. 대한제국이 근대 국제질서의 행위자 자리에서 물러나는 1910년까지 이 영역을 둘러싼 개념들의 경쟁사는 결국 민족 개념의 승리로 막을 내렸지만, 이 승리가 처음부터 약속된 것은 아니었다. 인종·국민·민족 등 지금도 쓰이는 개념은 물론 인족(人族)이나 족민(族民) 등 이미 사어가 되어버린 개념들도 경쟁에서 나름의 세력을 가지고 있었다. 이 개념들의 생성·경쟁·번영·소멸의 과정은 새로운 개념의 전파와 수용, 수용된 개념에 대한 이해와 오해, 그리고 개념과 현실의 복잡한 상호작용의 역사에 불과하다. 본고는 소위 서양의 충격부터 경술국치까지 이르는 시기를 대상으로 한반도에 거주하

나고야대학 법학부 부교수.

근대한국의 국민/인종/민족 개념 **249**

는 정치적 실체로서의 인간집단을 나타내던 개념들의 역사를 재구성하려는 시도이다.

이 개념들에 대해서는 상대적으로 풍부한 연구의 축적이 존재한다. 정치학,[1] 국문학,[2] 국사학[3] 분야의 선행 연구가 있으며, 본고도 이 선행 연구들의 귀중한 성과를 출발점으로 하고 있음은 말할 것도 없다. 다만 본고는 두 가지 점에서 선행 연구들의 미비점을 보충하려고 시도한다.

기존 연구의 미비점으로는 우선 개념 선택의 면에서 국민 개념이 주목되지 않았던 점을 들 수 있다. 제국주의와 민족주의의 대립이라는 틀을 가지고 본고의 주제에 접근하면 자연히 일본의 제국주의를 뒷받침한 인종 개념과 조선/대한제국의 저항담론에서 핵심적인 개념이었던 민족 개념이 돌출되어 보인다. 제국주의와 민족주의의 대립이라는 인식틀이 이 시대에 대한 전반적인 이해에 심대한 왜곡을 불러일으키지는 않지만, 본고의 주제에 한정해 보면 적지 않은 오해의 소지를 제공해왔다. 즉 인종과 민족의 이항대립이 담론의 장을 독점하여 이 두 개념 이외의 개념에 대해서 유의미한 의문을 던질 수 있는 이론적 공간이 극히 협소해졌고, 그 결과 당대의 담론에는 인종 개념과 민족 개념만큼 빈번히 쓰였을 뿐만 아니라 이 두 개념의 구성과 변용에서 결정적인 역할을 행한 국민 개념은 그 중요성에 상응하는 정도의 학문적 관심을 받지 못해왔던 것이다.[4] 두번째 미비점으로는 동아시아 차원

---

1) 장인성 「'인종'과 '민족'의 사이—동아시아 연대론의 지역적 정체성과 '인종'」, 『국제정치논총』 제40집 4호(2000).
2) 고미숙 『한국의 근대성, 그 기원을 찾아서—민족 · 섹슈얼리티 · 병리학』(책세상 2001) 제1장.
3) 김도형 「대한제국기 계몽주의계열 지식인층의 '삼국제휴론'—'인종적 제휴론'을 중심으로」, 『한국현대사연구』 제13집(2000); 백동현 「러일전쟁 전후 '민족' 용어의 등장과 민족인식—『황성신문』과 『대한매일신보』를 중심으로」, 『한국사학보』 제10호(2001).
4) 한정적이나마 국민 개념에 주목한 연구가 국외에서 이루어지는 점은 시사적이다. 月脚達彦 「獨立協會の「國民」創出運動」, 『朝鮮學報』 第172號(1999).

250

개념의 전파와 수용의 측면이 충분히 다루어지지 않았다는 점이 지적되어야 할 것이다. 국문학, 국사학 분야의 연구는 일차적인 연구대상이 한반도에 국한되기 때문에 이 분야의 연구는 개념들이 한반도에 수입된 이후에 국내에서 전개되는 과정에 집중되어왔다. 학제의 구분으로 말미암아 나타난 이러한 편향은 간과할 수 없는 문제를 파생시켰다. 19세기 후반에서 20세기 초반에 걸쳐 다양한 기표(記表)/기의(記意)를 가진 개념들이 매우 혼란스럽게 외국에서 조선/대한제국으로 유입되고 있었다. 즉 한 개념이 국내에서 변용되는 시기에도 그 개념과 유사한 혹은 동일한 기표/기의를 가진 개념이 지속적으로 유입되어 개념의 전개에 영향을 미치고 있었다. 이러한 외부의 요인을 고려하지 않고 국내에만 한정하여 개념의 변화양상을 설명하려는 접근방식은 반쪽의 설명에 그친다는 의미에서 연구영역을 협소하게 할 뿐만 아니라 외부적 요인으로 말미암은 변화마저 내부적인 요인으로 설명하는 오류를 양산할 가능성을 제공한다는 의미에서 심각한 방법론적 문제점을 배태하고 있다.

위와 같은 연구현황에 비추어 본고에서는 첫째, 현재적 중요성으로 만들어진 인식의 틀을 가지고 한 세기 이전의 개념에 접근하는 대신 당시인의 담론 내부로부터 접근하는 작업을 시도하여, 인종/민족 개념과 함께 국민 개념을 고찰의 대상으로 삼을 것이다. 둘째, 개념의 검토대상을 한반도만으로 규정하지 않고 한반도를 포함한 동아시아로 넓힘으로써 개념 변화의 국내적 요인과 함께 국제적 요인을 지속적으로 동시에 고려하면서 논의를 진행할 것이다.

2. 국민 개념의 연속성과 애매성: 조선후기~1904

국민은 서양과의 만남 이전에도 동아시아 문명권에서 나름의 의미로 존재하던 개념이었다. 『주례(周禮)』5) 『좌전(左傳)』6) 『사기(史記)』7) 등 동아시아 문명권의 대표적인 고전에서 이미 국민 개념이 쓰였다. 이때의 국민은 국(國)——선진(先秦)시대 봉건제후의 영지, 중국적 세계질서의 개념적 기초가 잡힌 한대(漢代) 이후에는 중국적 세계질서의 일원인 조공국 등——에 속한 민(民), 즉 백성이었다.

이러한 용례는 조선시대의 문헌에도 답습된다. 『승정원일기』에 보이는 1660년의 한 상소에는 "두루 넓은 땅의 백성은 또한 국민이 아님이 없습니다(普土之民, 亦莫非國民也)"라고 하여 조공국인 조선의 백성을 국민으로 지칭한다.8) 또한 이 국민 개념은 동아시아 문명권의 자산을 공유하고 있던 중국과의 담화에서도 자연스럽게 사용되었다. 예를 들어 1729년의 『비변사등록』의 기록을 보면 청의 사신과의 대화에서 조선민을 지칭할 때 번속(藩屬)의 백성을 의미하는 개념으로 국민이 쓰이고 있음을 확인할 수 있다.9)

그런데 18세기 중엽 이후부터 중국의 역사적 경험을 통해서 만들어진 국민 개념을 답습하는 데 머무르지 않고, 국민 개념에 조선 나름의 의미를 부여하는 움직임이 나타났다. 1740(영조 16)년에 환곡 경감에 대한 논의의 와중에 우의정 송인명(宋寅明)에게서 환곡을 경감하여도 그 몫은 양반 등이 착복할 것이라는 지적을 받은 영조(英祖)는 "우리나라의 양반과 토호의 무리는 진실로 가증스럽다. 다같이 국민인즉, 이때는 은혜를 입고 또한 어찌 방해를 하는가"10)라고 통탄한다. 이때 영조가 사용한 국민 개념은 앞서 소개한 용법과 두 가지 면에서 차이를 보인다.

---

5) 『周禮』 春官宗伯.
6) 『左傳』 昭公 傳十三年.
7) 『史記』 世家 卷四十 楚世家第十;『史記』 列傳 卷一百一十四 東越列傳第五十四.
8) 『승정원일기』 현종 원년 10월 11일.
9) 『비변사등록』 영조 5년 5월 24일.
10) 『승정원일기』 영조 16년 7월 1일.

첫째, 국민이 중국적 세계질서의 맥락과 단절되었다. 위 문장에서 국민 개념은 상국(上國)과 사대자소(事大字小)의 관계로 연결된 조공국이라는 자기 규정이 전제되지 않은 채, 즉 국제정치와 관련 없이 국내정치 맥락에서 쓰이고 있다. 국제정치상의 개념이었던 국민의 국내정치로의 전용이 나타난 것이다. 둘째, 국민 개념의 기의도 고전적인 그것과 미묘하게 달랐다. 위의 영조의 국민에 관한 논의는 송인명이 "우리나라의 양반, 중인, 서인, 토호[我國양반我國兩班·중中·서庶·토호土豪]"를 병칭하자[11] 영조가 이 제 계층을 모두 하나의 개념으로 표현하는 맥락에서 나타난 것이었다.[12] 즉 영조의 논의에서 국민은 지배층과 일반 백성을 구분하는 논의에 대한 반대의 입장에서 양반과 토호 등의 지배층도 포함한 전 조선인——물론 왕은 제외——을 지칭하는 의미로 쓰였고, 이때 강조되는 것은 왕을 제외한 조선인들 사이의 평등하고 동질적인 특징이었다.

그렇다면 민을 나타내는 다양한 개념이 이미 존재했음에도 불구하고, 영조는 왜 국제관계 차원에서 주로 쓰던 국민이라는 기표를 국내정치 차원으로 끌어와 의미까지 변화해가며 사용하는 것일까? 그것은 아마도 민을 나타내는 기존의 다양한 개념 중 어느 것도 영조가 표현하려는 기의와 정확히 맞아떨어지지 않았기 때문일 것이다. 바꾸어 말하면 그 기의가 인지되어 그것을 표현하는 기표가 있는 기존의 개념들과는 다른 의미가 있는 민 개념을 영조가 상정하고 있었기 때문이었다. 이 지점에서 영조가 군주 중심의 새로운 정치사상인 민국(民國) 정치이념의 기초를 놓은 왕이었다는 사실을 기억할 필요가 있을 것이다.[13] 민국 정치이념은 군(君)과 평등한 민(民)으로 구성되는 군주 중심의 정치사상이었고, 이 이념은 이전 조선왕조의 정치이념과

---

11) 같은 책.
12) 이와같은 국민의 용례는 영조 연간에 지속적으로 나타나고 있다. 『승정원일기』 영조 38년 11월 8일; 『승정원일기』 영조 39년 5월 18일.
13) 이태진 『고종 시대의 재조명』(태학사 2000) 250~60면.

는 적지 않은 단절을 의미했다.[14] 이전의 정치사상에서 특권화되었던 지배층을 일반 백성과 같은 범주로 묶어 새로운 민으로 재창조하려면 이 새로운 민에 새로운 이름을 부여해야만 했는데, 기존의 개념들은 그 어느 것도 이전 지배질서의 그늘에서 벗어나지 못하고 있었다. 따라서 새롭게 등장한 정치사상의 주창자들은 새로운 개념을 자신들의 손으로 구성해야 했으며, 국민은 바로 이들의 정치적 필요에 의해 재발견되어 쓰이기 시작했다.

영조대에 나타난 이 새로운 국민 개념은 자신을 만들어낸 민국 정치이념과 운명을 함께하여 정조대까지 활발히 사용되고 나서 세도정치기인 19세기 전반기에는 잠복기에 들어갔다. 서양 근대가 도래한 19세기 후반의 시기는 바로 이 민국 정치이념의 국민 개념의 잠복기, 즉 중국적 세계질서의 국민 개념이 다시 국민이라는 기표를 독점적으로 점유하던 시기였다.

19세기 후반에 서양 근대의 충격이 닥쳐왔지만, 정치체의 구성원에 관한 개념에 한정해볼 때 청일전쟁 이전까지 외부로부터의 사상적 충격은 거의 감지되지 않는다. 청과 서양과의 관계에서 그 실상을 살펴보자. 먼저 청과의 관계에서 국민 개념의 연속성을 확인할 수 있다. 1880년에 수신사 김홍집(金弘集)이 일본을 방문하여 주일청국공사 하여장(何如璋)과 필담을 나누는 중에 하여장은 "요즈음 러시아인이 귀국의 북쪽 경계에 도문강구(圖們江口) 일대에 시설을 배치하고 있다는데 최근의 정형은 어떠합니까? 듣건대 귀 국민으로 저들의 고장으로 간 사람들이 자못 많다고 하던데, 각하께서 아신다면 청컨대 알려주십시오"[15]라고 물었다. 이에 대하여 김홍집은 "북도민들이 저들 땅으로 도망하는 것을 간혹 듣고 있지만 또한 어떻게 할 수가 없어서 걱정입니다"[16]라고 대답한다. 상국의 관원이 조공국의 백성을 국민이라 표

---

14) 민국 이념의 생성과 전개에 대해서는 李泰鎭「朝鮮時代の「民本」意識の變遷と一八世紀「民國」理念の擡頭」, 朴忠錫·渡邊浩 編『國家理念と對外認識—17~19世紀』(東京: 慶應義塾大學出版會 2001) 3~41면 참조.

15) 김기수『수신사일기』(국사편찬위원회 1958) 177면.

현하고, 그것이 조공국의 관원에게 올바로 이해되어 어떠한 오해도 낳지 않는 대화로 이어지고 있다. 동아시아 문명권의 고전적 국민 개념은 1880년에도 이어지고 있었던 것이다.

또한 서양제국과의 관계에서도 개념의 연속성이 보인다. 1880년대에 조선과 서양 각국이 조약을 체결하면서 각 조약에는 두 나라의 주민을 지칭하는 개념이 나타나는데, 조선에서는 이를 주로 '민인(民人)'── 예를 들어 덕국민인(德國民人), 본국민인(本國民人),[17] 양국민인(兩國民人)[18]── 으로 표현한다. 민인 개념은 중국적 천하질서의 내부에서도 각국의 구성원을 지칭할 때 쓰였던 개념으로 가깝게는 1882년에 김윤식(金允植)이 청의 예부에 보내는 조회에서 '해국민인(該國民人)'을 쓰는 것에서도 그 용법을 확인할 수 있다.[19] 즉 조선이 서양제국과 조약관계를 설정하는 과정에서도 정치체의 구성원을 나타내는 개념은 문제가 되지 않았고, 그 결과 중국적 세계질서의 개념이 문명의 경계를 가로질러 사용되었던 것이다. 결국 1870~80년대에 조선을 둘러싼 국제관계가 급속히 변해가는 와중에서도 정치체를 구성하는 인간집단에 대한 개념의 변화는 그리 활발하지 않았다고 이해할 수 있을 것이다.

이러한 기존 개념의 지속은 한편으로는 1884년 갑신정변의 성급한 발발과 실패, 그리고 1885년 이후 청의 정치적 압박하에서 자율성의 제약으로 말미암아 서양 근대로의 추진력이 약화하여 본격적인 정치적 변화의 시도가 봉쇄되었다는 현실정치 상황의 영향이 컸다. 하지만 담론에 의해서 규정되는 측면도 엄연히 존재했다.

서양 관련 지식/정보의 조선에의 전파과정에서 나타난 두 가지 특징은 기

---

16) 같은 책.

17) 『고종순종실록』 고종 20년 10월 27일.

18) 『고종순종실록』 고종 21년 윤5월 4일.

19) 김윤식 『음청사』(국사편찬위원회 1958) 154면.

존 개념의 온존에 기여했다. 첫째, 정치체의 구성원의 문제와 관련하여 충분한 정도의 지식/정보의 전파가 이루어지지 않았다. 청일전쟁 이전에 조선에서 유통되던 서양에 대한 지식/정보는 주로 청에서 들어온 한적(漢籍)에 의거한 것이었는데, 이 텍스트들은 체(體)와 용(用) 중에서 용의 부분, 그중에서도 국제법, 국제정세, 군사기술 등에 집중되었다. 즉 정치학을 포함하여 현재의 학제 구분에서 사회과학 분야에 속하는 텍스트는 거의 유입되지 않았다. 따라서 국민국가 내부의 정치에 관한 논의는 단편적인 소개의 수준을 벗어나지 못했고, 그 결과 서양제국에서 nation으로서의 국민 개념, 그리고 그것과 조선이 가지고 있던 국민/민인 개념과의 차이 등의 문제는 의제설정(agenda-setting) 단계에서부터 배제되고 있었다. 둘째, 전파된 많지 않은 지식/정보에는 번역의 과정에서 발생한 오해의 소지가 적지 않게 포함되어 있었다. 앞서 지적한 민인 개념을 좀더 살펴보자. 민인 개념은 조선의 서양 이해에 절대적인 영향을 미친 『만국공법』에도 등장한다. 『만국공법』에서 일반 국민의 사권(私權)을 설명하는 절의 제목은 '민인지사권(民人之私權)'으로 번역되었다.[20] 동아시아 문명권에 존재하던 민인이라는 기표가 『만국공법』의 번역에 사용됨에 따라 중국적 천하질서하의 조공국 국민과 서양 근대 국제질서하의 근대국가 국민이 동일한 것으로 오해될 수 있는 소지가 나타났다. 더 나아가 민인 개념이 조선과 서양제국과의 조약에서 사용됨으로써 개념의 동일성이 증명된 것으로 보이는 상황에서 두 개념의 본질적인 차이를 이해하기 쉬운 일이 아니었다.

하지만 오해에 기초한 평화는 결국 깨어지게 마련이었다. 청일전쟁은 한반도의 인간집단을 지칭하는 개념에 관한 논의를 전혀 다른 문맥 속에 위치시킨 역사적 사건이었다. 우선 청의 패배로 말미암아 중국적 세계질서가 해체되어 조선이 조공국의 지위를 벗어나게 되었다. 이에 따라 조공국의 백성

---

20) 『萬國公法』 제1권 제2장 제4절.

으로서의 국민 개념은 현실적인 의미를 잃고 논의의 장에서 사라지게 된다. 둘째, 민국 정치이념의 계승자인 고종을 중심으로 하여 광무개혁이 진행됨에 따라 민국 정치이념의 국민 개념이 긴 잠복기에서 벗어나 재등장하였다. 조공국 백성으로서의 국민 개념이 사라진 상황에서 민국 정치이념의 국민 개념은 전통적인 국민의 기표를 손쉽게 독점하기에 이르렀다. 셋째, 서양 근대를 모델로 하는 국민 개념이 새롭게 등장하였다. 청일전쟁 이후 한반도에서 서양 근대를 문명의 기준으로 하는 움직임이 급속히 고조됨에 따라 서양의 역사, 철학 그리고 사회과학 분야의 다양한 지식과 정보가 조선에 전파되어 서양 근대에 대한 이해가 급속히 깊어졌다. 이에 따라 일부 지식인들은 동아시아 문명권의 유산에서 과감히 탈피하기 시작하였고, 이들 중 일부는 서양 근대를 국민을 nation의 번역어로 인식하여 사용하기 시작하였다. 이러한 지각변동의 결과 청일전쟁 이후의 국민 개념을 둘러싼 경쟁은 민국 정치이념의 국민 개념과 nation으로서의 국민 개념 사이에서 이루어졌다.

nation으로서의 국민에 대한 이해는 갑오개혁기에 지방정치에 참여하는 '인민'상에서 그 단초가 보이지만,[21] 그것이 명확한 정치적 의미가 있고 등장하는 것은 독립협회의 활동을 통해서였다. 독립협회의 일부 세력은 '대한국민'[22]의 개념을 내걸고 이들을 나라의 주인이라 주장하였는데, 1898년에는 기존의 중추원을 개편하여 이 국민의 뜻을 반영할 제도적 장치를 마련할 것을 주장하기에 이르렀다. 한편 대한제국의 중추를 이루는 고종 중심의 정치세력은 민국 정치이념의 국민 개념을 주장하며 독립협회의 요구를 거부하였고 독립협회를 해산하기에 이르렀다. nation으로서 국민 개념과의 대결에서 승리를 거둔 대한제국 당국의 국민 개념의 실상은 1899년 8월 17일에 칙령으로 발표된 '대한국국제(大韓國國制)'에서 확인할 수 있다. '국제'의 제4

---

21) 유영익 『갑오경장연구』(일조각 1990) 163~64면.
22) 『독립신문』 1899년 12월 16일자.

조는 대한제국을 구성하는 인간 다수에 대한 논의였는데, 이 조항에서 "대한제국 신민(臣民)이 대황제의 향유하옵신 군권을 침손한 행위가 있으면 그 이행미행(已行未行)을 논하지 않고 신민의 도리를 잃은 자로 인정할지니라"[23]라고 하여 대한제국의 구성원을 황제와 신민으로 나누고 있다. 한편 같은 해에 의정부 참정학부대신 신기선(申箕善)이 발송한 '의학교관제청의서(醫學校官制請議書)'에 실린 칙령안의 제1조는 "의학교는 국민에게 내외 각종 의술을 전문으로 교수하는 곳으로 정한다"였다.[24] 또한 신민은 국민이라고도 하였던 것이다. 위의 두 조항에서 대한제국의 법적·정치적 구성원으로서 황제, 그리고 황제 이외의 모든 구성원인 신민이 존재하고, 국민은 이러한 신민과 동일한 뜻을 나타내는 개념임을 알 수 있다.

독립협회와 대한제국의 국민 개념을 둘러싼 이러한 대립은 일견 서양 근대를 받아들인 세력과 전통을 계승하는 세력 사이의 대립으로 비칠지도 모르겠으나, 논쟁의 구조는 조금 더 복잡한 형태로 구성되었다. 대한제국의 지도자들은 자신들의 국민 개념을 민국 정치이념의 국민 개념의 계승인 동시에 서양 근대의 국민 개념의 차용이라고 생각하고 있었기 때문이다. '공법'이 '국제'에 반복해서 등장하여 정당성의 근거로 사용되는 것에서 명확히 보이듯이 '국제'는 서양의 정치이념과의 정합성을 적잖이 강조한다.[25] 이 정합성은 무엇을 의미했고 그 근거는 무엇이었을까? 공법의 국민 개념과 '국제'의 국민 개념을 비교·분석함으로써 이 질문에 대한 답을 구해보자.

'국제'에 등장하는 공법은 말할 것도 없이 만국공법, 즉 국제법인데, '국제'와 연관해서는 국제법의 여러 텍스트 중에서 『만국공법』과 『공법회통』을

---

23) 『고종순종실록』 광무 3년 8월 17일.
24) 「의학교 관제와 관련한 청의서」, 『각사등록 근대편』(국사편찬위원회 한국사데이터베이스).
25) 대한국국제의 절충적 특징에 대해서는 姜相圭 「'朝鮮の儒敎的政治地形と文明史的轉換期の危機―轉形期の君主高宗を中心に」(東京大學大學院 博士論文 2004) 제4장 제1절 참조.

중점적으로 검토해야 한다. 왜냐하면『만국공법』은 조선에 들어온 서학서 중에 가장 커다란 영향을 미친 책 가운데 하나로서, 특히 담론의 수용자들인 조선인의 서양 이해에 바탕을 이루고 있었으며,『공법회통』은 특히 이 시기에 급속히 퍼지고 있었고, 더욱이 담론의 발신자인 대한제국의 관료들이 '국제'의 각 조항을 작성하면서 직접적으로 이용한 텍스트였기 때문이다.[26]

우선『만국공법』은 민국 정치이념의 국민 개념과 서양 근대의 국민 개념이 정합성을 가진 것으로 해석할 여지를 적잖이 포함한 텍스트였다. 이미 지적한 대로 민국 정치이념은 국왕, 그리고 동질적인 민 사이의 관계를 중심으로 하는데,『만국공법』에도 국왕(君)과 민(民)의 이분법이 반복해서 나타나고 있다. 예를 들어『만국공법』에서는 국가를 군주의 국가와 민주의 국가로 분류하고 있으며,[27] 사권(私權)을 군의 사권과 민의 사권으로 나누어 논하고 있고,[28] 해양법에 대한 설명에서 공과 사를 논할 때도 다른 나라의 군에 속하는 배는 공선으로, 다른 나라의 민에 속하는 배는 사선으로 분류한다.[29] 국가의 분류에서부터 권리의 분류에 이르기까지 일관하는 군과 민의 이분법이『만국공법』에 나타났다고 해석할 여지는 충분히 존재했던 것이다. 이러한 이해가 민국 정치이념의 국민 개념이 서양에서도 통용된다는 착각을 불러일으키는 것도 충분히 상정할 수 있는 일이다.

이어서『공법회통』에서는『만국공법』의 군/민 이분법이 계승되어 나타날 뿐만 아니라 각국이 주권의 소재를 어떻게 규정할 것인가의 문제는 공법이 관여할 문제가 아니라는 점이 강조되었다.[30] '국제' 전체 9장 중에서 공법이

---

26) 대한국국제와『공법회통』의 밀접한 관계에 대한 분석은 전봉덕「대한국국제의 제정과 기본 사상」,『법사학연구』창간호(1974)를 참조.
27)『萬國公法』제2권 제1장 제12절.
28)『萬國公法』제1권 제2장 제3·4절.
29)『萬國公法』제2권 제2장 제15절.
30) Johannes C. Bluntschli 저, William A. P. Martin 역『公法會通』제126장.

명시된 장이 절반이 넘는 5장에 이르지만 신민을 규정하는 제4장에는 공법과의 연관이 설정되어 있지 않은 것은 한 국가의 국민의 지위는 그 국가가 자율적으로 규정할 수 있는 영역이라는 『공법회통』의 논의에 따르자면 어쩌면 당연하였다.

결국 대한제국의 당국자들의 눈에는 공법이 단편적으로 제시하는 국내의 정치구조가 민국 정치이념의 그것과 유사한 것처럼, 그리고 공법은 국민에 대한 규정을 각국의 판단에 맡기는 것처럼 보였던 것이다. 전자에 의하여 민국 정치이념의 국민이 가지는 보편성은 증명되었다고, 후자에 의하여 국민 개념의 유지를 위한 자율성의 공간은 보장되었다고 판단할 여지는 충분히 있었고, '국제'는 바로 이러한 판단 위에 서 있었다.

국왕을 제외한 전 구성원을 포함하는 국민 개념의 존재는 신분에 의한 차별의 부정이라는 유사성을 가진 서양 근대국가의 nation 개념을 이해하면서, 그리고 이러한 이해 위에 조선/대한제국의 새로운 정치상을 설계하면서 유용한 사상적 자원이 될 가능성이 있었다. 하지만 그것은 양날의 칼이었다. 출현한 배경이 전혀 상이한 개념들 사이의 면밀한 비교와 검토가 없는 한 유사성은 동일성으로 오해되기 쉬웠고, 이러한 오해는 변화의 필요에 대한 부정으로 이어질 가능성이 존재했다. 조선/대한제국에서는 유사성이 오히려 변화를 저해하는 역설적 상황이 현실이 되어 나타났던 것이다.

러일전쟁 이후 일본제국주의의 침탈이 명백한 것이 되어감에 따라 대한제국의 개혁정책의 한계는 명확해졌다. 그 결과 민국 정치이념을 계승한 국민 개념을 버리고 국민 개념을 새롭게 정립하려는 움직임이 애국계몽운동의 전개와 더불어 거세게 나타났다. 이 시기의 새로운 국민 개념의 대두에 대해서는 제5장에서 다루도록 하고, 다음 장에서는 청일전쟁과 러일전쟁의 전간기(戰間期)에 국민 개념과 공존했던 인종 개념의 전파와 정착에 대해서 살펴보자.

3. 인종 개념의 전파와 정착: 1895~1904

국민과 마찬가지로 인종도 동아시아 문명권에 존재하던 개념으로『세설신어(世說新語)』 등에서 그 용례를 확인할 수 있다.[31] 하지만 그 뜻은 현재 우리말에서 쓰는 인종의 그것과는 사뭇 다른 것으로, 두 글자의 가장 기본적인 의미를 연결하는 뜻, 즉 사람의 씨였고 그 뜻이 전용되어 자손을 뜻하기도 하였다. 이와같이 개념의 존재는 유구하지만 일반적으로 널리 쓰였던 것으로 보이지는 않아 조선시대의 용례도 그다지 풍부하게 남아 있지 않다. 이러한 상황에서 race의 번역어로서 인종이 등장함에 따라 인종은 서양에서 들어온 새로운 개념이라는 확고한 인식 위에 받아들여졌다.

인종이 전파된 개념인 이상 우선 전파의 경로를 추적하는 작업이 필요할 것이다. 인종이라는 기표는 고정되지 못했지만, 그 기의는 이미 19세기 초에 일본에 소개되었다. 와따나베 카잔(渡邊崋山)은 1838년에 쓴『신기론(愼機論)』에서 사인종설(四人種說)을 주장하는데, 그가 쓴 개념은 인종이 아닌 인질(人質)이었다.[32] 번역과정에서 하나의 기의에 대하여 다양한 기표가 나타나 사회성의 획득을 둘러싸고 경쟁하는 것은 바꾸마쓰(幕末)/메이지 일본에서는 다반사였다. 인질에 대해서도 경쟁하는 여러 기표가 나타났는데 그중 하나가 바로 인종이었다.

후꾸자와 유끼찌(福澤諭吉)는 바꾸마쓰(幕末)의 최대 베스트셀러인『서양사정(西洋事情)』(1866)에서 이 인종 개념을 사용하였고,[33]『장중만국일람(掌中萬國一覽)』(1869)에서는 '인종의 논(人種の論)'이라는 장을 설정하여 오인종설(五人種說)을 일본에 소개하였다.[34] 당시 담론의 장에서 막강한 권력을

---

31) 『世說新語』 任誕.

32) 佐藤昌介 校注 『日本思想大系55 渡辺崋山・高野長英・佐久間象山・横井小楠・橋本佐内』(東京: 岩波書店 1971) 69면.

33) 福澤諭吉 『福澤諭吉全集 第1卷』(東京: 岩波書店 1969) 353면.

행사하던 후꾸자와의 논설 등에서 인종이 쓰임에 따라 인종 개념은 점차 사회성을 획득하기에 이른다. 1874년에는 메이지 정부의 문부성에 의해 각 학교의 기본 도서로 번역 편찬된 백과전서가 인종을 하나의 항목으로 다루기에 이르는데, 이 사건은 인종 개념이 국가에 의해서 공인되어 근대적 교육제도에 의해 일본 전국으로 보급되기 시작했다는 것을 의미했다.

조선의 지식인 글 중에서는 유길준이 저술한『서유견문(西遊見聞)』이 인종을 소개한 초기의 저작에 속한다. 그는 '세계의 인종' 편에서 "여러 학자들의 논의가 같지 않아 혹은 삼종이라 하며 혹은 사종이라 하며 혹은 육종이라 하며 혹은 십일종이라 하며 혹은 이십이종이라고도 하는데, 이는 맞지 않는 논의이다. 오직 불루면(萠漏緬)씨가 말하기를 오종이라 하니 그 말이 맞는 듯한 고로 이 책에서도 역시 채용한다. 그 오종은 황색인, 백색인, 흑색인, 회색인(혹은 종려색), 적색인(혹은 동색)이니"라고 하여[35] 지구상의 인종을 설명한다. 유길준이 일본에서 유학하던 시기에 이미 일본에서 인종 개념이 굳어진 상황이었다는 것을 고려한다면, 그의 스승인 후꾸자와와 마찬가지로 인종 개념을 쓰는 것은 어렵지 않게 이해할 수 있을 것이다.

본고의 논의와 관련하여 한 가지 주의할 점은 위의『서유견문』의 인종 개념은 세계에 대한 자연인류학(physical anthropology)적인 설명에 사용됨에 머물렀고 조선인을 규정하는 새로운 정치체의 구성원을 나타내는 개념으로는 쓰이지 않는다는 사실이다. 한반도에서 인종이 형질적인 구별을 나타내는 자연과학적 개념에서 정치적 의사를 함께하는 인간집단을 나타내는 정치적 개념으로 전화한 것은 청일전쟁 이후의 시기였다. 이 시기 가장 대표적인 매체였던『독립신문』을 예로 들어 그 변화의 양상을 따라가보자.

신문은 1897년 6월 17일자 제71호부터 7월 17일자 제84호에 이르기까지

---

34) 福澤諭吉『福澤諭吉全集 第2卷』(東京: 岩波書店 1969) 462~63면.
35) 유길준『兪吉濬全書 Ⅰ』(일조각 1971) 83면.

14회에 걸쳐 생물을 소개하는 논설을 게재하는데, 그중 사람을 원숭이와 비슷한 짐승이라 정의하고, 그 특징을 인종별—백인종, 흑인종, 동양인종—로 소개한다.[36] 이어 10월 6일자 논설에서는 황인종이라는 표현이 등장하는데, 이후 황인종이라는 용어는 반복적으로 나온다.[37] 하지만 위의 논설들에서는 유길준의 논의와 마찬가지로 인종 개념을 자연과학적 차원에서 언급하는 데 그쳤기 때문에 당대의 첨단매체였던 『독립신문』에서도 1897년 단계에서 인종을 정치적으로 유의미한 개념으로 파악하였다고 볼 수는 없다.

정치적 개념으로의 인종 개념의 변용은 1899년에 이르러 명확히 나타난다. 『독립신문』 1899년 11월 8일자 논설을 보자.

오늘날 세계는 황인종과 백인종이 각립(角立)하여 서로 다투는 시대라. 일본이 황인종의 중에 먼저 그 다른 사람이 되어 동포형제의 의로써 뒤에 깨달음이 될 조선과 청국을 깨닫게 하여 동양의 큰 판을 보존하고 서양 백인종의 침노하고 노략질함을 대들어 항거코자 함으로 그 마음을 허비함이 심히 괴롭거늘 조선과 청국의 관민들은 이제 이 두 인종의 다투는 큰 형세를 알지 못하고 이에 도로 다른 종자되는 서양 백인들에게 의지하고 붙어 겨우 한때의 편안함을 구차히 도둑질하고자 하는지라.[38]

논설은 다음 호에 이어지고 있다.

오늘날의 일본은 곧 동양에 황인종의 앞으로 나아갈 움싹이며 안으로 정치와 법률을 바르게 할 거울이며 바깥 도적을 물리칠 장성이니, 구미 각국과 조약을 고쳐 정하여 실시한 일본 사람들은 황인종 형제의 모든 나라를 권고하고

---

36) 『독립신문』 1897년 6월 24일자.
37) 『독립신문』 1897년 10월 16일자; 『독립신문』 1899년 2월 28일자; 『독립신문』 1899년 5월 21일자.
38) 『독립신문』 1899년 11월 8일자.

인도하되 작은 이익을 탐치 말며 작은 분에 충격치 말고 한 가지인 종자를 서로 보호할 큰 계책을 세워 동양 큰 판에 평화함을 유지케 하는 것이 이것이 그 하나님께서 정하여 주신 직분의 당연한 의무라 하노라.[39]

국제정치를 인종간의 대결로 파악하는 시각이 등장했으며, 그 결과 인종은 국제정치의 행위자(actor)로 재해석되었다. 이와같은 관점에서 황인종은 정치적 집단으로 재규정되었고, 조선인은 청과 일본 등과 함께 황인종 일부로 이해되었다. 조선/대한제국에 정치적 개념으로서 인종이 등장한 것이다.

그런데 조선/대한제국의 인종 개념에는 개념 유입의 주요한 회로가 되었던 일본의 그것과는 적지 않은 차이도 나타났다. 일본에서는 인종 개념이 우선 지역 차원이 아니라 민족국가 차원의 논의에서부터 사용되었다. 1880년대에 자연인류학이 소개된 이후 일본인의 인종적 기원에 대한 인류학자들의 논의가 나타나고, 이 논의는 정치적·사회적 의미로 쓰이게 되어 '혼합민족론'과 '단일민족론'의 담론의 대립으로 전화하기에 이르렀다.[40] 민족국가의 성원을 가르는 포섭과 배제의 준거로서 인종 개념이 사용되었던 것이다. 이에 반해 조선/대한제국에서는 민족국가 차원의 논의는 이루어지지 않고 그보다 상위의 논의, 즉 동아시아 지역 차원의 정치집단과 관련하여 논의되는 특징을 보인다.

이러한 조선/대한제국의 인종 개념의 특징을 만들어낸 원인으로는 메이지 일본과는 달리 당시 조선/대한제국에는 자신들의 형질적 특징에 대한 자연 인류학적인 논의가 진행되는 데 필요한 인적·제도적 기반이 갖추어지지 않았다는 내부적 요인이 가장 먼저 지적되어야 하겠지만, 인종 개념의 전파과정에서 나타난 외부적 요인의 존재도 간과되어서는 안될 것이다.

위의 『독립신문』 11월 8, 9일자 논설은 11월 7일자부터 시작되는 3회로

---

39) 『독립신문』 1899년 11월 9일자.

40) 小熊英二 『單一民族神話の起源—日本人の自畵像』(東京: 新曜社 1995) 1~3장 참조

구성된 논설의 제2, 3회이다. 그 첫회인 7일자 논설의 도입부를 보자.

　　동서양 세계 각국의 시세 형편을 홀연히 미루어 짐작하니 잠잘 마음이 전혀
없고 정신이 새로운지라. 이에 서책 한 권을 빼어 들고 차차 열람하니 어떤 외
국친구의 고명한 식견으로 편집한 바인데, 그 전편 사의가 능히 대한사람 된
이로 하여금 더운 피가 속에서 끓고 이가 저절로 갈리며 주먹이 저절로 쥐이
고 눈이 저절로 흡뜨이는지라. 장부가 때를 당하여 이 글을 보고 어찌 크게 강
개하며 간절히 통분치 않으리오. 이러한 글은 불가불 대한 천지에 자세히 광포
하여야겠기로 좌에 게재하니 정부의 크고 작은 관리들과 여항의 상하 인민들
은 다 함께 보고 다 함께 분발하여 서로 권면하고 일심동력으로 갈성진충하여
나라를 도와 남의 나라와 같이 큰 대접을 받고 남의 나라와 같이 대등권리를
가지게 하기로 각기 의무를 삼을지어다.[41]

　　이 논설을 통해서 앞서 보아온 황인종/동아시아 지역 차원에 집중된 인종
논의가 『독립신문』의 논설진이 생산한 것이 아니라, 외국인의 논의를 "대한
천지에" 전해야 할 지식정보로서 채택하여 번역하고 전재한 것이었다는 것
을 확인할 수 있다. 논설에서 말하는 번역의 원본이 되는 서책이 무엇인지는
확정할 수 없으나, 논의의 구조와 당시의 동아시아 사상연쇄의 구성에서 그
것이 일본의 서책임은 미루어 짐작할 수 있을 것이다.[42] 청이 과분(瓜分)의
위기에 빠지고, 조선에서의 개혁이 한계에 부딪혔던 당시의 국제정치 맥락
에서 동아시아에서 국가보다 상위의 정체성을 상정하는 것은 동아시아 지역
에서의 일본의 리더십을 인정하는 논리로 이어질 개연성이 컸음은 위의 논
설에서 황인종의 대표로서 일본이 지목되는 것으로 확인할 수 있다. 청일전

---

41) 『독립신문』 1899년 11월 7일자.
42) 일본에서 '인종 중심의 국제정치론'이 만들어지는 과정과 그 논리구조에 대해서는 강
　　동국 「조선을 둘러싼 러·일의 각축과 조선인의 국제 정치인식―'공아론'과 '인종 중심
　　의 국제정치론'의 사상연쇄」, 『일본연구논총』 제20호(2004) 180~84면 참조.

쟁 이후 일본의 회로를 통해서 본격적으로 유입된 인종 개념은 지역 차원의 담론에 집중되어 일본의 제국주의적 이익에 봉사했던 것이다.

대한제국에서 인종 개념의 수용과 그에 따른 황인종으로서의 자기인식은 러시아와 일본 간의 대결, 즉 관점에 따라서는 백인종과 황인종의 대결이 현실감을 띠는 것과 더불어 강화되어갔고, 그 결과 대한제국의 지식인들 사이에서 인종 개념은 확고한 지위를 획득하였다.[43]

하지만 1905년의 싯점에서도 인종 개념이 대한제국의 정체성을 둘러싼 경쟁에서 완전히 승리한 것은 아니었다는 사실은 기억할 필요가 있을 것이다. 국가 차원에서 국민 개념은 여전히 강력한 세력을 유지하면서 지역 차원의 인종 개념과 병립하고 있었다. 이 시기 대한제국의 적지 않은 논자들은 대한제국의 국민이자 동아시아의 황인종이라는 두 차원의 정체성이 조화로운 것으로 파악하고 있었다. 백인종 러시아와의 전쟁에서 황인종 일본의 승리는 황인종 대한제국의 이익으로 이어질 것이라는 믿음은 인종 개념의 확산을 정점에 도달하게 하였으나, 바로 그 전쟁을 통해 황인종의 일본이 황인종의 대한제국에 대해 제국주의적 야심을 드러내기 시작하면서 인종——황인종——과 국민——대한제국민——의 조화는 여지없이 깨어졌다. 이 조화의 붕괴를 계기로 대한제국에서 인종 개념은 제국주의 논리로 규정되어 복잡한 몰락의 길을 걷기 시작했다.[44] 국민 개념과 인종 개념의 적대화는 정치적 실체로서의 인간집단을 나타내던 개념을 둘러싼 담론지형의 거대한 변화를 의미했는데, 그 변화의 중대한 결과 중 하나가 우리의 논의의 세번째 주인공인 민족 개념의 등장이었다.

---

43) 강동국, 앞의 글 186~87면.
44) 그 과정에 대해서는 김도형, 앞의 글 참조.

4. 민족의 등장: 1905~1909

민족 개념은 정치적 실체로서의 인간집단을 나타내는 개념 중에서 가장 늦게 등장했다. 민족은 국민, 인종과 달리 한자어로서 존재하지 않으며 서양 근대와의 조우과정에서 처음으로 구성된 개념이었다. 민족 개념은 메이지 일본에서 번역어로 출현했는데, 그 시기는 일본에서의 국민 개념과 인종 개념의 등장으로부터 거의 한 세대가 지난 1890년대였다.[45]

메이지 20년대(1887~96)에 나타난 메이지 민족주의자들의 논의로 민족 개념은 일본 전역에 퍼져 나가기 시작했다. 예를 들어 대표적인 메이지 민족주의자의 한 사람인 시가 시게따까(志賀重昻)는 1888년에 잡지 『니혼진(日本人)』에서 일본의 서양화를 반대하는 논의를 전개하면서 '게르만민족〔日耳曼民族〕'과 '야마또 민족〔大和民族〕'을 대비한다.[46] 하지만 메이지 민족주의자들의 논의에서도 민족 개념의 지위는 결코 확고한 것이 아니었다. 첫째, 민족의 기표는 불안정하여 기의가 다른 기표—예를 들면 민종(民種)—에 의해서 표현되는 상황이 빈번하였다.[47] 민족은 여전히 기의를 배타적으로 점유하는 기표로서 정착되지 못했던 것이다. 둘째, nation의 번역어로서 민족의 위치는 그 지위를 선점하고 있던 국민보다 현저히 낮았다. 시가가 Nationality를 '국수(國粹)'로, 쿠가 카쓰난(陸羯南)이 nationalism을 '국민론파(國民論派)'로, national politic을 '국민적(國民的) 정치(政治)'로 번역한

---

45) 메이지 일본에서의 국민, 인종, 민족 개념의 성립에 대해서는 Michael Weiner, "The Invention of Identity: Race and Nation in Pre-war Japan," Frank Dikötter (eds.), *The Construction of Racial Identities in China and Japan* (London: Hurst & Company 1997) 96~117면 참조.

46) 志賀重昻 「日本前途の二大党派」, 『明治文學全集 13 明治思想家集』(東京: 講談社 1980) 192면.

47) 安田浩 「近代日本における'民族'觀念の形成─國民・臣民・民族」, 『思想と現代』 31 號(1992) 67면.

것에서 보이듯,[48] nation과 그 파생어들을 지속적으로 민족이 아니라 국가와 관련된 개념으로 번역하고 있었다.

메이지 민족주의자들의 담론에서조차 민족 개념은 적지 않은 한계를 노정하고 있었던바 메이지 일본 전체에서 볼 때 민족 개념의 취약성은 말할 것도 없었다. 실제 메이지 20년대(1897~1906)의 사전류를 조사해보면 민족이 아직 일본어로 확고한 사회적 인지를 획득하지 못함을 확인할 수 있다. 1890년 발간된 『니찌에이데스꾸지멘(和英新デスク辭書)』에 국민은 'Kokumin'이라는 표제어로 등장하고, 그 설명은 "A nation, people"[49]이었으나 민족이라는 항목은 존재하지 않았다. 1894년에 발간된 『니찌에이에에니찌고린슈우쎄이(和英英和語林集成)』에서도 사정은 마찬가지이어서 'Kokumin'을 "The people of the country; the nation"으로 설명하지만,[50] 민족을 설명하는 항목은 없었다. 1897년 발간된 일본어 사전인 『니혼신지린(日本新辭林)』에도 민족은 나타나지 않았다.[51] 1898년의 웹스터 사전에는 nation을 '국민' '인민' '국(國)' '동종의 민(同種ノ民)'으로 번역하고 있어[52] 번역어로서의 민족은 찾아볼 수 없다. 동시대의 다른 사전에 민족 개념이 실렸을 가능성은 완전히 배제할 수는 없겠으나, 당대를 대표하는 복수의 사전에서 민족 개념이 누락되었다는 사실은 민족 개념이 여전히 불안정한 위치에 있었다는 것을 확인하기에 충분할 것이다.

그런데 19세기에서 20세기로의 전환기에 메이지 20년대 민족주의자들의 논의와 깊은 연관을 하면서도, 새로운 시각으로 민족 개념을 중시하여 논하

---

48) 陸羯南「近時政論考」,『明治文學全集 13 明治思想家集』(東京: 講談社 1980) 182면.
49) 杉江輔人譯『和英新デスク辭書』(東京: 積善館 1890) 353면.
50) J. C. Hepburn 『和英英和語林集成』(東京: 丸善商社 1894) 325면.
51) 棚橋一郎・林甕臣 編 『日本新辭林』(東京: 三省堂 1897).
52) Frank Warrington Eastlake 著, 棚橋一郎 譯『ウエブスター氏新刊大辭書和譯字彙』(東京: 三省堂 1898).

는 담론이 등장함에 따라 민족 개념은 메이지 일본에서 확고한 위치를 획득하게 된다. 이 시기 일본에서는 19세기를 정리하고 20세기를 예측하는 작업과 연관된 서양의 논의들이 빠르게 소개되었고, 일본 나름의 논의도 활발하게 등장하였다. 이 논의들에서 20세기를 지배할 거대한 흐름으로 논자 다수가 주목한 것이 19세기 말부터 동아시아에도 본격적으로 세력을 뻗치기 시작한 제국주의였다. 세기의 전환기에 일본에 알려진 제국주의와 관련된 대표적인 서양인의 논의로는 미국의 정치학자 라인쉬(Paul Samuel Reinsch)의 『19세기 말의 세계정치; 동양의 상황에 기인하여』(*World Politics at the End of the Nineteenth Century; as influenced by the oriental situation*, 1900)를 들 수 있다. 그의 저작은 영어로 출판된 해에 『레인슈씨 19세기 말 세계정치(レイニッシュ氏十九世紀末世界之政治)』라는 제목으로 일역되었고,[53] 이어 1901년의 재판이 발간되는 등 상당한 반향을 불러일으켰다.[54] 재판을 발행하면서 제목을 『제국주의론(帝國主義論)』으로 바꾼 것은 메이지 일본인들이 어떤 관심과 지향에서 이 저서에 주목하고 있었는지를 보여준다. 그의 제국주의론은 제국주의를 '민족제국주의'(National Imperialism)라고 한 것에서 드러나듯이[55] 민족주의와 제국주의를 연속적으로 파악하는 점에 특징이 있었다. 라인쉬는 제국주의 근원을 역사적으로 탐구하는 과정에서 제국주의 등장의 기반을 마련한 19세기 이전의 움직임으로 민족주의에, 그리고 그 주체로서 민족에 주목하였던바, 그의 논의에서 제국주의와 민족/민족주의는 불가분의 관계로 설정되었다. 그 결과 라인쉬 저작의 영향이 컸던 일본에서 제국주의 논의의 증가는 곧 민족/민족주의 논의의 증가로 이어졌다. 1907년에

---

53) 高田早苗 譯 『レイニッシュ氏十九世紀末世界之政治』(東京: 東京專門學校出版部 1900~1901).

54) 高田早苗 抄譯 『帝國主義論』(東京: 東京專門學校出版部 1901).

55) Paul S. Reinsch, *World Politics at the End of the Nineteenth Century: As Influenced by the Oriental Situation* (New York: The Macmillian Company 1900) 3~26면.

는 사전에 민족이 표제어로 등장하기 시작하는 것은 이러한 논의 확산의 결과일 것이다.[56]

하지만 20세기 초의 메이지 일본에서 일어난 민족 개념의 등장은 기존의 국민 개념의 완전한 대체를 의미하는 것은 아니었다. 민족이 국가의 범위를 뛰어넘는 제국주의를 지탱하는 동적인 주체를 나타내는 개념이었던 것에 반해서 국민은 국가를 구성하는 성원을 나타내는 정적인 개념이었다. 이에 따라 메이지 20년대 이전에 이미 정치체제가 고정되어 메이지 헌법의 연속성이 이어지던 국내정치에서는 국민 개념의 우위가 지속하였고, 민족은 제국주의와 연관된 국제정치의 맥락에서 주로 사용되는 소수 지위에 머물고 있었다.

만일 위와 같은 메이지 일본의 민족 개념이 직접 대한제국에 소개되었다면 민족 개념에 대한 주목은 시기적으로 더 늦어지고 확산의 범위도 더 좁았을지도 모른다. 하지만 대한제국으로의 전파는 메이지 일본으로부터의 직접적인 회로가 아니라 중개자를 매개로 하는 간접적인 회로를 중심으로 이루어졌는데, 이 회로를 통하여 들어온 논의는 메이지 일본의 그것보다 민족 개념에 압도적인 중요성을 부여하는 형태로 구성되어 있었다. 이러한 개념의 변환과 조선에의 전파는 동아시아의 사상회로의 한 축을 차지했던 거대한 개인인 량치차오(梁啓超)를 통해서 이루어졌다.

량치차오는 1899년에 쓴 『동적월단(東籍月旦)』에서 nation의 일본어 역인 민족을 중국어 문장에 사용하였는데, 이것이 민족 개념의 중국에의 전파였다고 알려졌다.[57] 하지만 『동적월단』에서 민족의 논의는 일본의 역사학 저서를 소개하는 과정에서 간단히 사용된 것에 불과하였다. 량치차오의 논의에서 민족이 정치적 개념으로서 본격적으로 검토된 것은 1902년과 1903

---

56) 金澤庄三郎 編 『辭林』(東京: 三省堂 1907) 1475면.
57) 林耀華 主編 『民族學通論』(北京: 中央民族大學出版社 1997) 98면.

년에 발표한 일련의 저작을 통해서였다.

먼저 애국계몽기에 대한제국의 지식인에게 커다란 영향을 미쳤던 『신민
설(新民說)』을 살펴보자. 『신민설』의 '논민족' 편에서 량치차오는 아래와 같
은 논의를 전개한다.

16세기 이래——약 3백년 전——유럽이 발달한 것과 세계가 진보한 것은 모
두 민족주의(Nationalism)로 인한 거대한 충격으로 이루어진 바이다. 민족주의
는 무엇인가. 각지의 종족을 같이하고 언어를 같이하고 종교를 같이하고 습속
을 같이하는 사람이 서로를 동포와 같이 보고 독립자치하기에 힘써 완비된 정
부를 조직함으로써 공익을 도모하고 타민족을 제어하는 것이 이것이다. 이 주
의의 발달이 이미 극에 달하여 19세기의 말——근 2, 30년——에 이르러서는
또한 더욱 나아가 민족제국주의(National Imperialism)가 되었다. 민족제국주의
는 무엇인가. 그 국민의 실력이 안에서 차면 밖으로 흘러나갈 수밖에 없으니
이에 쉬지 않고 타지에서 권력을 확장하기를 구하여 나의 분출구로 삼아 착수
하는 것이다. … 따라서 오늘날 열강의 민족제국주의를 막아서 큰 재앙을 막
고 생령을 구조하려 한다면 오직 우리 민족주의를 행하는 일책만이 있을 뿐이
니, 중국에서 민족주의를 끝까지 행하려 한다면 신민을 버리고서는 시작되지
않는다.[58]

근대 이후 세계사의 전개를 보면 각 민족이 민족주의로 타민족과 경쟁하
는 것을 통해 진보가 나타났고, 이러한 경쟁은 20세기에 민족제국주의로 이
어진다는 것이다. 이러한 민족제국주의의 시대에 중국이 생존하려면 중국인
도 민족을 중심으로 단결해야 한다는 주장이 이어지고 있다. 민족 개념은 세
계정치의 이해에 가장 중요한 키워드인 동시에 중국의 생존을 위한 유일한
대안으로 나타나기에 이른 것이다.

이와 비슷한 논의는 이전에도 있었다. 량치차오는 1899년에 「근세국민경

---

58) 梁啓超「新民說」,『飮氷室合集』第六卷 四(北京: 中華書局 1936) 3～5면.

쟁의 대세 및 중국의 전도를 논함(論近世國民競爭之大勢及中國前途)」이라는 글을 썼다.[59] 이 글에서 량치차오는 이미 국가를 구성하는 인간집단의 경쟁이라는 관점에서 국제정치를 파악한다. 하지만 이 논의는 『신민설』의 그것과 인간집단의 개념에서 큰 차이를 보인다. 이 글에서 경쟁의 주체가 되는 인간집단은 민족이 아닌 국민이었고, 따라서 경쟁은 국민과 국민 사이에서 이루어지는 것으로 파악되었다. 1899년에서 1902년까지 3년 사이에 나타난 국민과 국민경쟁으로부터의 민족과 민족제국주의 경쟁으로의 변화는 어떤 과정을 거쳐 이루어진 것일까?

량치차오는 『신민총보』에 『신민설』을 연재하는 동시에 또한 「민족 경쟁의 대세를 논함(論民族競爭之大勢)」이라는 논설을 발표한다. 이 글의 머리말에서 량치차오는 자기 민족경쟁 논의의 기반이 되는 자료를 다음과 같이 밝혔다.

본론의 종지는 지금 현재의 세계 각국의 대세를 훑어보아, 그 정략이 처음 나오게 된 것과 중국에 세가 몰리는 이유를 미루어 짐작하여, 우리 국민이 마땅히 변하여 자립할 길을 강구하는 것에 있다. 편중의 모은 재료는 미국인 라인쉬(Paul Samuel Reinsch)씨가 저술한바 『19세기 말 세계의 정치』, 기딩스(F. H. Giddings)씨가 저술한바 『평민주의와 제국주의』, 일본의 우끼따 카즈따미(浮田和民)씨가 저술한바 『일본제국주의』와 『제국주의의 이상』 등이다.[60]

위의 자료들이 모두 일본에서 1900년부터 급속히 확산해간 제국주의론의 대표적 저작이라는 점을 고려하면, 량치차오가 메이지 일본의 제국주의와 민족/민족주의 논의를 흡수함으로써 국민 개념에서 민족 개념으로 이행하고

---

59) 梁啓超 「論近世國民競爭之大勢及中國前途」, 『飮氷室合集』 第一卷 四(北京: 中華書局 1936) 56~60면.

60) 梁啓超 「論民族競爭之大勢」, 『飮氷室合集』 第二卷 十(北京: 中華書局 1936) 10면.

있음을 확인할 수 있다.

하지만 위의 인용문에서도 국민 개념이 쓰인 것에서 알 수 있듯이 량치차오의 논의에서 국민 개념이 완전히 사라진 것은 아니어서, 『신민설』에서조차 국민 개념이 지속적으로 등장하여 민족 개념과 병립하고 있다. 민족과 국민 개념의 병립이라는 면에서 메이지 일본의 논의와 량치차오의 논의는 동일했지만, 민족 개념의 중요성이라는 면에서 량치차오의 논의는 메이지 일본의 논의와 적지 않은 차이를 보인다.

량치차오와 메이지 일본에서의 민족 개념의 중요성의 차이는 당시의 청과 일본이 처한 국제정치적·국내정치적 상황의 차이에서 이해할 수 있다. 첫째, 두 나라는 제국주의와 연관된 국제정치적 위상에서 차이를 보이고 있었다. 당시 청은 의화단의 난 이후 서양열강에 의한 경쟁적인 조차지의 설정으로 국가가 분할될 위기를 겪고 있었다. 량치차오는 이러한 위기상황을 일찍이 인식하여 1899년에 「과분위언(瓜分危言)」이라는 장문의 글을 발표하였는데, 이 글에서 그는 무형의 과분과 유형의 과분이라는 틀을 설정하여 제국주의의 중국 침탈에 대한 경종을 울렸다.[61] 이후 량치차오에게 제국주의 중국 침탈에 대한 대항은 가장 핵심적인 정치적 과제가 되었고, 민족/민족주의 개념은 이 과제의 해답으로 주목되었던 것이다. 이에 반해 같은 시기의 일본은 스스로 제국주의 경쟁에 뛰어들 준비를 진행하고 있었기 때문에 제국주의에 대한 대항 개념인 민족/민족주의가 가지는 실제적인 중요성은 한정적인 것에 머물렀다. 라인쉬의 제국주의와 민족/민족주의 논의를 함께 참조하면서도 량치차오가 민족/민족주의를 절절히 강조한 것에 반해, 우끼따 카즈따미가 제국주의를 절찬하고[62] 일본 나름의 제국주의——윤리적 제국주의

---

61) 梁啓超 「瓜分危言」, 『飮氷室合集』第二卷 四(北京: 中華書局 1936) 19~43면.

62) 우끼따의 제국주의론에 관해서는 山岡桂二 「浮田和民の帝國主義論について」, 『日本歷史』第192號(1964); 榮澤幸二 「帝國主義成立期における浮田和民の思想的特質」, 『歷史學硏究』第332號(1968) 참조.

──의 구상에 논의를 집중한 것은 이러한 맥락에서 이해할 수 있을 것이다.[63]

둘째, 두 나라는 민족구성의 면에서 차이를 보이고 있었다. 단일민족 신화가 이미 보급되어 있던 일본에서 민족을 논할 때 지칭하는 범위는 국민과 크게 다르지 않았고, 따라서 민족은 국민과 구별되는 정치적 의미가 있지 않았다. 반면 소수민족인 만주족이 지배하는 다민족국가였던 청에서 국민이 아닌 민족을 논하는 것은 정치체제의 변혁과 연관되는 중대한 정치적 의미가 있었다. 『신민설』을 썼던 1902년에 량치차오는 스승 캉유웨이(康有爲)에게 보내는 편지에서 다음과 같은 논의를 전개한다.

> 민주, 배만, 보교 등의 뜻에 대해서는 말로 설명하는 것이 진정 어려운 점이 있습니다. 지금은 선생의 훈계에 복종한다고 하여도 장래에 제자는 분명히 그것을 실행할 수 없을 것입니다. 따라서 가슴에 품은 것을 감추지 않고 말씀드리는 것이 나을 듯합니다. 지금은 민족주의가 가장 발달한 시대이고, 이 정신을 가지지 않고서는 결코 국가를 세울 수 없습니다. 제자는 혀가 닳고 붓끝이 줄어들 때까지 이것을 제창하려고 맹세하고 있으며 결코 방기할 수 없습니다. 그런데 민족의 정신을 환기하려고 하면 필연적으로 만주를 공격하지 않으면 안됩니다. 일본에 있어서 토막(土幕)은 가장 알맞은 주의였습니다. 중국에 있어서 토만(討滿)은 가장 알맞은 주의입니다.[64]

량치차오는 이후 배만(=종족)혁명을 반대하는 대표적 논자가 되지만, 이 시기에는 민족주의 실천을 위하여 만주족 조정의 타도를 주장했다. 1902년 당시에 청의 국민임을 강조하는 것과 한족 민족을 강조하는 것은 현실적으로 정반대의 정치적 함의를 지닌 것으로 전자에서 후자로의 강조의 변화는

---

63) 浮田和民 『倫理的帝國主義』(東京: 隆文館 1909).

64) 丁文江·趙豊田 編, 島田虔次 編譯 『梁啓超年譜長編 第2卷(1900~1907)』(東京: 岩波書店 2004) 151면.

청에 대한 충성에서 반역으로의 전환을 의미했다. 1899년에 그가 쓰던 국민 개념으로서는 도출할 수 없는 토만의 변혁논리가 1902년에는 민족 개념을 통하여 명확히 제시되기에 이르렀다. 량치차오의 민족의 강조는 다민족국가 청 특유의 국내정치적 맥락에 의한 것이기도 했다.

결국 메이지 일본에서 만든 민족/민족주의 개념은 량치차오에 의해 청의 국제정치적·국내정치적 맥락에서 재구성되는 과정을 거쳐 한층 그 위상이 높아졌다. 이러한 량치차오의 민족 개념은 그가 일본과 한반도를 연결하는 지식·정보의 전달자였다는 특징에 의해서 한반도의 민족 개념에 큰 영향을 미치게 된다.

한반도에서 민족 개념이 최초로 사용된 것은 1900년 1월 12일자 『황성신문』 기사라고 알려졌다.[65] 이 기사에서 민족은 '백인민족(白人民族)'과 '동방민족(東方民族)'이라는 형태로 나타났는데, 이는 말할 것도 없이 백인종과 황인종을 뜻하는 것이었다. 민족 개념과 인종 개념의 혼용은 조선/대한제국에서의 동양주의적 사고의 결과로 평가되기도 하는데, 이러한 평가보다 앞서 『황성신문』의 주축을 이루던 개신유학자들이 국제정세를 이해하기 위해 의지하던 청의 저작에도 이러한 혼돈이 나타난다는 사실을 살펴볼 필요가 있을 것이다.

『신민설』에서 민족 개념은 두 가지 의미로 쓰였다. 앞서 살펴본 대로 제2절에서는 명확하게 'nation'의 번역어로 민족을 썼지만, 곧 이어지는 제4절에서 민족은 국민국가를 구성하는 민족을 표현할 때는 물론, 그보다 상위의 인종을 나타낼 때도, 더 나아가 전세계를 다섯 인종으로 나타낼 때도 쓰고 있다. 예를 들면 독일일[德國]의 게르만민족[日耳曼民族]은 튜튼민족[條頓民族, Teutons]에 속하면서, 또한 백색민족(白色民族)에 속한다는 식이었다.[66] 메이지 일본에서 민족은 여러 단계를 가진 인종의 하부의 특수한 하나

65) 백동현, 앞의 글 163면.

의 단계를 지칭하는 좁은 개념으로 이해되었으나, 량치차오의 논의에서 민족은 인종과 마찬가지로 여러 단계를 지칭하는 말로 전용되었다. 이러한 혼란은 「신사학(新史學)」에서 또다른 형태로 나타나는데,[67] 더욱 심각한 것은 민족 개념의 혼란이 량치차오에 국한된 것이 아니었다는 점이다. 1901년에서 1902년에 집필한 것으로 생각되는 캉유웨이의 『대동서(大同書)』에는 '병부계급을 없애고 민족을 평등하게 한다(丙部 去級界平民族)'는 장이 있다.[68] 이어지는 장은 '정부 종의 구별을 없애고 인류를 하나로 한다(丁部 去種界同人類)'이다.[69] 전자의 민족 개념은 가장 넓은 의미의 인종을, 후자의 민족 개념은 국민국가의 민족을 의미하였다. 개념의 전달자가 이미 개념을 혼란스럽게 썼던 상황을 고려하면 1900년에 『황성신문』이 민족 개념을 인종의 기의로 쓰는 것은 전파된 바의 의미에 충실하게 개념을 사용한 것으로 이해할 수 있을 것이다.

오히려 설명을 요하는 문제는 『신민설』 등에서 민족/민족주의 논의가 등장하여 한반도에도 알려졌는데도 러일전쟁 이전까지 민족 개념이 대한제국에서 정치적 개념으로 등장하지 않았다는 사실일 것이다. 이러한 현상은 량치차오와 조선의 지식인들이 가지고 있던 주관적인 국제정세의 인식의 차에 기인하는 것으로 보인다. 량치차오의 민족/민족주의에의 열광이 제국주의에 의한 청의 망국의 위기를 배경으로 하였던 것을 고려하면, 제국주의에 의한 대한제국 망국의 위기가 등장하면 민족/민족주의가 중요한 정치적 개념으로 나타날 것을 예상할 수 있을 것이다. 1904년 한일의정서, 1905년 을사늑약의 체결로 제국주의 세력의 위협이 명백해짐과 동시에 민족이 정치적 개념으로 본격적으로 등장하는 것은 이러한 현실과 담론의 관계에서 보면 필연

---

66) 梁啓超「新民說」, 『飮氷室合集』 第六卷 四(北京: 中華書局 1936) 7면.
67) 梁啓超「新史學」, 『飮氷室合集』 第二卷 九(北京: 中華書局 1936) 11~20면.
68) 康有爲 『大同書』(鄭州: 中州古籍出版社 1998) 143면.
69) 같은 책 155면.

적인 면이 있었다. 이렇게 등장한 민족 개념은 내용의 심화를 거쳐 1908년 무렵에는 종족적·문화적 독자성을 지닌 것으로 이해되는 한국 민족 개념이 정립되기에 이르렀다.[70]

이러한 민족 개념의 전파과정에서 량치차오의 논의가 주요한 전달자 역할을 했지만, 그의 논의는 대한제국이라는 새로운 여건 속에서 재해석되어 받아들여졌고 또한 서서히 극복되어갔다. 첫째, 민족/민족주의가 가지는 국내 정치적 함의는 완전히 사라졌다. 제국주의 침탈의 위기에 처했다는 면에서 러일전쟁 이후의 대한제국은 19세기 말 20세기 초의 청과 동일한 상황이었지만, 국가와 민족의 구성면에서는 단일한 민족이 국가를 구성한다는 점에서는 일본과 공통점이 있었다. 그 결과 량치차오의 논의에서 나타난 정부에 대한 저항의 논리로서 민족 개념의 성격은 없어져, 오히려 메이지 일본의 논의와 같은 통합의 함의를 지니게 되었다. 한번 변용된 개념이 또 한번의 변용을 거쳐 원래의 개념으로 돌아가는 역설적 상황이 나타났던 것이다. 둘째, 전달자 량치차오를 넘어서는 시도가 나타났다. 1908년에 『대한학회월보』에 한흥교(韓興敎)는 「정치상으로 관한 황백인종의 지위」('라인시' 씨 약술)라는 번역문을 게재한다. "19세기 말에 국제관계를 지배하는 정책의 특징은 민족주의가 현저하고 크게 세력을 현출한 것이 이것이라. … 최근 정치경향을 본즉 열국은 더욱 이 민족주의를 떨치어 민족적 제국주의를 삼으며 그 활동의 범위는 진실로 극히 광대하니라"라는 문장에서 보이듯이, 그가 약술한 중심 내용은 민족/민족주의와 민족제국주의에 대한 논의였다.[71] 라인쉬의 논의가 량치차오의 민족/민족주의 개념을 구성하면서 결정적인 영향을 미쳤다는 것을 고려하면, 이러한 라인쉬의 저작과 대한제국의 지식인과의 직접적인 대면은 량치차오를 통한 전파단계에서 만들어진 변용을 없애는 것을 의미하는

---

70) 백동현, 앞의 글 163~77면.

71) 韓興敎 「政治上으로 觀한 黃白人種의 地位 「라인시」氏 略述」, 『대한학회월보』 8호 (1908) 48~51면.

것이었다. 바꾸어 말하면 량치차오를 통한 전파과정에서 생겨난 변용을 없애고 본래의 개념과 대한제국의 현실을 직접적으로 연결하는 작업이 나타난 것이다.

러일전쟁 이후 인종 개념이 제국주의 논리로 변하여 국민 개념과 인종 개념의 조화가 깨어짐에 따라 제국주의에 대항하려면 새로운 인간집단을 개념화할 필요가 생겼고 민족 개념은 바로 이러한 요청에 의해 수용되었다. 그리고 수용된 이후에는 대한제국의 현실과의 연관성 속에서 변화되어가며 대한제국의 구성원을 규정하는 중요한 정치적 개념으로 정착되어갔다. 이러한 민족의 등장으로 말미암아 인종 개념의 대척점에 민족 개념과 국민 개념이 공존하는 상황이 나타났다. 그렇다면 담론지형에서의 위치와 포괄하는 범위가 겹치고 있던 민족 개념과 국민 개념은 어떠한 관계를 맺고 공존하였으며 변화해 나갔을까? 다음 장에서 이 문제를 고찰해보자.

5. 국민의 강화: 1905~1909

대한제국의 적지 않은 지식인들에게 일본제국주의에 의한 침탈은 광무개혁의 실패의 결과로 받아들여졌다. 이들은 애국계몽기에 이전의 실패를 거울삼아 제국주의에 대한 저항을 기축으로 하여 대한제국 정치담론의 획기적인 변혁을 시도했다. 앞장에서 살펴본 민족 개념의 등장은 제국주의에 대항할 새로운 인간집단을 찾는 시도의 결과였다. 하지만 이미 지적한 것처럼 청과는 달리 한반도에서는 국민과 민족——즉 대한제국 국민과 한국 민족——은 어디까지나 조화로운 것이었다. 따라서 민족 개념의 등장이 곧 국민 개념의 구축을 의미하지 않았다. 그 결과 국민 개념도 새로운 시대적 요구에 의해 변형되어 민족과 공존하게 되었다. 즉 애국계몽기에 들어서 국민 개념은 민족 개념의 영향 등 탓으로 민국 정치이념의 면을 탈피하며 nation 쪽으로 본격적으로 이동하기 시작했다.

이러한 민족 개념과 국민 개념의 공존과 수렴은 당대의 몇몇 논자에게는 혼란으로 인식되었다. 1907년 『대한매일신보』의 논설 「민족과 국민의 구별」은 "국민이라는 명목이 민족 두 글자와는 구별이 있거늘 이제 사람들이 흔히 이것을 혼합하여 말하니 이것은 옳지 아니함이 심하도다. 고로 이제 이것을 약간 변론하노라"[72]라고 하여 두 개념의 혼란상을 지적하고 아래와 같은 해결책을 제시한다.

민족이라는 것은 다만 같은 조상의 자손에 메인 자이며 같은 지방에 사는 자이며 같은 역사를 가진 자이며 같은 종교를 받드는 자이며 같은 말을 쓰는 자가 곧 민족이라 칭하는 바이거니와 국민이라는 것을 이와같이 해석하면 불가한지라. 대저 한 조상과 역사와 거주와 종교와 언어가 같은 것이 국민의 근본은 아닌 것이 아니지만 다만 이것이 같다고 하여 문득 국민이라 할 수 없나니 비유하면 근골과 맥락이 진실로 동물이 되는 근본이라 할 것이지만, 허다히 버려져 있는 근골맥락을 한곳에 모아놓고 이것을 생기있는 동물이라고 억지로 말할 수 없는 것과 같이 저 별과 같이 헤어져 있고 모래같이 모여 사는 민족을 가리켜 국민이라 함이 어찌 가하겠는가. 국민이란 자는 그 조상과 역사와 거주와 종교와 언어가 같은 외에 또 반드시 같은 정신을 가지며 같은 이해를 취하며 같은 행동을 지어서 그 내부에 조직됨에 한 몸의 근골과 같으며 밖을 대하는 정신은 영문에 군대같이 하여야 이것을 국민이라 하느니라.[73]

위의 글은 국가유기체설의 영향이 강하게 보이는데, 이는 블룬칠리(J. K. Bluntschli)에 대한 량치차오의 소개문 가운데 하나인 「정치학대가 블룬칠리의 학설(政治學大家伯倫知理之學說)」의 '제2절 국민과 민족의 차별 및 그 관계를 논함(論國民與民族之差別及其關係)'의 발췌, 번역이 글 대부분을

---

72) 『대한매일신보』 1907년 7월 30일자.
73) 같은 글.

차지한다는 점에서 이해할 수 있다.[74] 하지만 이 논의가 대한제국 담론의 맥락에서 가지는 의미는 량치차오의 논의가 청에서 가진 그것과는 적지 않은 차이를 보였다. 량치차오의 「정치학대가 블룬칠리의 학설」은 모두 다섯 절에 걸쳐 블룬칠리의 국법학(Staatsrechtslehre)의 개요를 논하는데, 『대한매일신보』에서 국민과 민족에 관한 논의인 제2절만을 끌어와서 소개하는 것은 필자가 당시의 대한제국에서 급박하다고 생각한 문제, 즉 민족 개념과 국민 개념의 혼란에 대한 해결책으로 량치차오의 글을 이용하고 있음을 보여준다. 이러한 논의의 결과로 논자가 내린 결론은 더욱 강력한 유기적 일체성을 나타내는 개념인 국민 개념을 민족 개념보다 상위에 위치시키고 정치체의 이상으로 삼자는 것이었다. 주지하는 바와 같이 애국계몽기의 전 기간에 걸쳐 블룬칠리 유의 국가유기체설은 침투의 정도를 착실히 높여갔으며,[75] 이러한 변화는 민족 개념에 대한 국민 개념의 우위를 강화하여 대한제국에서 국민 개념의 우위는 확고해져 갔다. 즉 제국주의에 대항하는 정치적 주체로 재규정된 국민 개념이 그 기의를 만들어낸 민족을 구축하는 현상이 나타났던 것이다.

그런데 당시 대한제국에서 국민 개념을 강화하려면 한 가지 복잡한 개념상의 문제를 해결해야만 했다. 전장에서 소개한 대로 제국주의에 대항하기 위해서 취해야 할 정치적 운동을 나타내는 개념은 국민주의가 아니라 민족주의였다. 대한제국을 멸망시키는 제국주의에 대한 대항의 주체를 나타내면서 국민 개념이 민족 개념을 압도해감에 따라 주체를 나타내는 개념인 국민과 운동을 나타내는 개념인 민족주의 사이의 괴리가 명확해지기 시작했던 것이다.

이 개념의 괴리는 유럽에서 일본/중국, 일본/중국에서 대한제국이라는 전

74) 梁啓超 「政治學大家伯倫知理之學說」, 『飮氷室合集』 第二卷 十二(北京: 中華書局 1936) 71~77면.
75) 김도형 『대한제국기의 정치사상연구』(지식산업사 1994) 100~103면.

파과정에서 발생한 문제들이 복잡하게 얽혀 나타난 것이었다. 괴리의 발생 과정을 결과로부터 역순으로 추적해보자. 대한제국에서 국민 개념과 민족주의의 부정합은 제국주의에 대한 저항을 위하여 민족을 주체로 한 민족주의를 주장하는 논의와, 민족보다 더욱 응집력있는 인간집단으로 국민을 상정하는 두 가지 논의를 모두 받아들임으로써 발생했다. 이 두 논의는 주로 량치차오의 저작에 의해 대한제국에 수입되었는데, 그는 일본의 서로 다른 두 학제에서의 한자어 번역, 즉 법학에서의 블룬칠리 저작의 번역, 역사학/정치학에서의 라인쉬 저작의 번역을 그대로 차용하여 전자에서 국민(guomin)/민족(minzu)을, 후자에서 민족(minzu)/민족주의(minzuzhuyi)를 그대로 사용하여 중국어 역을 실행했다. 한편 메이지 일본의 법학계는 근대의 새로운 개념을 이해하기 위하여 블룬칠리의 독일어 원저의 Nation을 민족(ミンゾク)으로 Volk를 국민(コクミン)으로 번역하였고, 일본의 역사학/정치학계는 라인쉬 영어 원저의 nation과 nationalism을 민족(ミンゾク)과 민족주의(ミンゾクシュギ)로 번역했는데,[76] 이를 통해 독일어의 Nation과 영어의 nation/nationalism이 동일한 한자어의 기표를 하게 되어 두 개념의 차이가 보이지 않게 되었던 것이다.

결국 대한제국의 국민과 민족주의 개념의 괴리는 지구적 · 지역적이라는 두 가지 차원에서 이해해야 할 것이다. 첫째, 개념의 괴리는 서로 다른 범주로 정치체의 구성원을 개념화했던 유럽의 대표적인 두 학술 언어의 차이에서 그 원인(遠因)을 찾을 수 있을 것이다. 본고에서 독일어의 Nation과 영어의 nation과의 개념상의 차이를 상세히 다룰 여유는 없지만, 대한제국에서 문제가 되는 국민/민족 개념이 포함하는 범위에 한정해서 살펴보면 영어의

---

76) 블룬칠리 저작 중 국가/국민 관련 개념의 일본어 역, 중국어 역은 山田央子「ブルンチュリと近代日本政治思想(上・下)」,『東京都立大學法學會雜誌』, 第32卷 第2號・第33卷 第1號(1991. 12・1992. 7); 巴斯蒂(Marianne Bastid-Bruguiere)「中國近代國家觀念溯源─關于伯倫知理『國家論』的飜譯」,『近代史硏究』1997年 4期(1997. 8) 각각 참조.

nation은 독일어의 Nation과 Volk의 양면——현재의 한국어로 표현하면 대강 민족과 국민의 양면——을 포함하였다는 점에서 두 개념에는 결정적인 차이가 존재했다. 대한제국에서 두 개념의 갈등은 근대정치사상의 대표 자리를 두고 독일어권과 영어권의 정치사상이 벌인 지구 차원의 학술적 활극의 한반도판이기도 했던 것이다. 둘째, 근인(近因)으로서 이러한 지구적 대립이 동아시아 지역에 유입되는 과정, 즉 Nation/Volk와 nation/nationalism의 한자어 번역과정에서 생긴 혼란이 덧붙여졌다. 일본어와 중국어에서 다른 기의를 가진 Nation과 nation을 민족이라는 같은 기표로 번역한 결과 국민보다 응집력이 떨어지는 민족——Nation——과 국민을 포함하는 민족——nation——이 병립하는 사태가 나타났고, 민족주의——nationalism——가 본래의 의미에서는 국민——Volk——을 포괄할 수 있는데도 한자어에는 그 관련성이 나타나지 않아 서로 모순되는 것처럼 인식되었던 것이다.

결국 대한제국에서 두 개념의 갈등은 문명을 가로지르는 번역과정에서 발생한 수많은 혼란의 일례였던 것이다. 하지만 당대의 대한제국 지식인들은 이러한 과정을 인식하지 못한 채 개념의 전지구적 흐름의 종착역에서 주체와 운동의 개념적 불일치 문제를 떠안게 되었다. 제국주의에 의한 망국의 위기라는 절체절명의 정치적 현실 앞에서 다수 지식인은 주체인 국민 개념을 중심으로 이 불일치를 해결해가는 쪽으로 가닥을 잡았다.

19세기 이래로 각국 국민은 상호간 국민적 특성을 발휘한 결과로 왕왕 타국의 풍속과 관습과 법률과 정치 등을 배척하여 인류 전체의 행복을 희생에 바치는 경향이 있었던 까닭에 세계적 성질이 있는 문학 미술 및 기타 과학상에 대해서도 자존(自尊)하고 편협한 국민적 특성을 표현하고 각각 신문명 유지자로 자임하였으니 이는 즉 국민주의의 쟁투시대일지다. 19세기 말로부터 금세기에 이르기까지 각국은 인구가 증가하는 동시에 그 영토의 협애함을 자각하여 제반 기회를 이용하여 세계상에 다대한 토지를 잘라 취하려는 기도가 국제적 경쟁상에 표현된 고로 이전의 국민주의는 일변하여 식민주의가 되고 재변하여 제국주의가 되었도다.[77)

민족주의 개념의 등장이 제국주의 논의와 밀접한 관계를 맺는 점은 이미 지적하였거니와, 이 논설은 라인쉬 이래로 제국주의의 이전 단계를 표현하던 민족주의 개념을 국민주의로 바꾸었음을 알 수 있다. 또한 제국주의와 대결하기 위하여 대한제국이 택해야 할 운동을 민족주의 개념이 아닌 국민주의 개념으로 파악하는 논설도 나타나기 시작했다.

앉으나 서나 이 국민주의를 구가하며, 자나 먹으나 이 국민주의를 송도하여 우리 한국 사상계에 대혁명군을 일으켜 수백년 이래로 부패한 편당적인 고루한 생각을 타파하고 국민 두 글자를 크게 쓴 기치를 한반도 중앙에 높이 세우고 이천만인이 같은 목적지에 어깨를 나란히 하고 발을 맞추어 용맹하게 곧장 앞으로 나아가게 하여 최후 대사업을 성취할 파격아가 있는가 없는가![78)

국민주의[79) 혹은 국민적주의[80) 개념은 1910년까지 지속적으로 확산하였다. 주체의 개념을 중심으로 운동의 개념을 바꾸는 것을 통하여 대한제국의 지식인들을 괴롭히던 개념상의 문제가 해결되어갔던 것이다.

더불어 대한제국에서 국민 개념의 강화를 보여주는 변화들이 여러 부분에서 나타나고 있었다. 첫째, 국민 개념이 기존의 개념을 대체하는 현상이 나타났다. 대표적인 예로 민족 개념을 한반도에 전파하는 데 큰 역할을 했던

---

77) 蔡基斗「平和的 戰爭」,『大韓學會月報』제6호(1908. 7) 16～17면.
78) 崔錫夏「大呼破格兒」,『大韓學會月報』제2호(1908. 3) 4면.
79) 金喜成「論外交上經驗的歷史」,『대한협회회보』제8호(1908. 11) 7～8면; 友洋生「我韓은 公平흔 輿論을 要홈」,『西北學會月報』14호(1909. 7) 19～20면;『대한매일신보』1909년 7월 16일.
80) 盧義瑞「國民的 主義」,『西北學會月報』15호(1909. 8) 37～38면.

량치차오의 『신민설』과 연관된 개념 변화를 들 수 있다. 신채호(申采浩)는 1910년에 『대한매일신보』에 량치차오의 『신민설』과 논의전개가 거의 일치하는 「이십세기신국민(二十世紀新國民)」이라는 문장을 발표한다. 앞서 설명한 대로 『신민설』에는 민족과 국민의 논의가 섞여 있었기 때문에 제목에 나타난 '민'은 민족으로도, 국민으로도, 혹은 그 양쪽을 포괄하는 개념으로도 해석될 가능성이 있었다. 하지만 신채호는 자신이 지향하는 인간집단을 나타내는 개념으로 명확하게 국민 개념을 제시한다. 둘째, 국민 개념과 연관된 다양한 개념이 등장하였다. 예를 들어 '국민의 혼'[81]이 '나라혼'[82] '국가정신'[83] 등의 개념들과 함께 등장했다. 강력해진 국민 개념을 기반으로 국민이 연관된 개념으로 확산하는 현상도 나타났던 것이다. 일본제국주의의 침탈이 본격화되었을 때 대한제국 구성원의 일부가 국민의 이름을 내걸고 제국주의와 맞서 싸운 것은 이러한 상황을 고려하면 당연한 귀결이었다. 1909년 12월 4일 일진회(一進會)의 경술국치 성명서가 나오자 분노한 대한제국의 지식인들이 개최한 연설회는 '국민대연설회'였고, 대한협회가 발기한 대회는 '국민대회'였다.

하지만 결국 국가는 소멸하였고 국민의 투쟁은 패배하고 말았다. 경술국치는 1905년 이후 대한제국을 구성하는 인간집단의 정체성 논의에서 주도권을 획득했던 국민 개념이 그 존립근거를 상실한다는 의미에서 개념사적으로도 거대한 사건이었다. 이어지는 장에서 경술국치로 말미암은 개념사의 지각변동과 그 결과를 약술해보자.

---

81) 『대한매일신보』, 1909년 11월 2일.
82) 『대한매일신보』, 1907년 7월 30일; 『대한매일신보』, 1908년 5월 2일; 『대한매일신보』, 1908년 7월 3일.
83) 『대한매일신보』, 1909년 2월 7일; 『대한매일신보』, 1909년 4월 29일.

6. 민족의 승리: 1910~1919

1906년 이후 한반도에는 통치기구 두 개가 존재하고 있었다. 하나는 대한 제국이었고, 다른 하나는 통감부였다. 일본 천황 직속의 통감은 일본정부를 대표하여 대한제국의 외교·행정·군사 등 시정 일반에 관한 광범한 권한을 보유하고 있었다.

경술국치 이전에 민족 개념과 국민 개념의 조화가 유지될 시절, 조선 민족의 다수가 국민으로 속해 있다고 생각한 국가는 물론 대한제국이었다. 통감부는 그들이 민족과 국민의 이름으로 결집하여 타도해야 할 제국주의의 한 표상이었다. 이 두 기구가 분립되어 대립하는 한에서 대한제국의 국민과 한민족의 조화는 필연적이었다. 하지만 만일 대한제국에 통감부, 더 나아가 일본정부의 영향력이 커져 대한제국의 국가기구가 제국주의 소유물이 되면 이 조화는 깨질 수밖에 없었다.

실제로 경술국치 이전부터 이러한 변화의 전조는 보이고 있었다. 1909년 대한제국 학부의 교과서 검정 문제에 대한 한 지식인의 불만은 다음과 같이 표출되었다.

오호라, 제군이 오늘날 학부를 오히려 한국을 이롭게 하는 학부로 알았는가. 을사년 후 학부와 정미년 후 학부와 사립학교령을 반포한 후 학부는 한국을 멸망시키는 학부인 줄을 알지 못하였던가. … 바라건대 제군은 마음속에 한국 은 멸망치 아니한다는 생각을 깊이 삭여 아비가 아들에게 전하고 형이 아우에 게 전하여 영구히 잊지 아니하면 저 학부가 아무리 한국을 멸망코져 하여도 한국은 멸망치 아니할 것이오.[84]

이 논설은 통감부가 생기면서부터 자신의 충성 대상인 대한제국을 구성하

---

84) 『대한매일신보』 1909년 3월 16일자.

는 기구인 학부가 오히려 국가를 멸망으로 몰고 가는 상황이 벌어졌다는 인식을 보인다. 학부는 대한제국의 암세포로 평가되었던 것이다. 하지만 이 다음해 경술국치는 다가오고야 말았고, 이는 암세포가 온몸을 뒤덮는 변화, 즉 대한제국이 해체되고 통감부의 연장인 총독부가 한반도에 존재하는 유일한 통치기구가 되는 변화를 의미했다.

데라우치 마사따께(寺內正毅)는 조선총독 대리로서 1910년 8월에 다음과 같은 포고를 내렸다.

> 조선민중은 모두 제국신민이 되어 천황폐하의 어루만지고 키우는 교화를 입어, 오래도록 깊은 자비와 두터운 덕의 혜택을 입을 것이다.[85] (밑줄은 필자)

또한 1911년의 조선교육령에는 다음과 같은 문장이 있다.

> 생각컨대 조선은 아직 내지와 사정이 같지 않은 점이 있다. 따라서 교육은 특히 덕성의 함양과 국어 보급에 힘을 써서 제국신민이 된 자격과 품성을 갖추게 하는 것이 필요할 것이니 만일 공리공담하여 실행이 소홀하며 근로를 싫어하여 안일에 흐르며 실질돈후(實質敦厚)의 아름다운 풍속을 버리고 경박한 악풍에 빠지면 다만 교육의 본지에 위해할 뿐 아니라, 마침내 일신을 그르쳐 누가 국가에 끼침에 이를 것이니라.[86] (밑줄은 필자)

경술국치와 더불어 한반도에 사는 사람들은 조선총독부에 의해서 일본제국의 신민으로 재규정되었다. 그 결과 그들의 행동은 당연히 대한제국이 아닌 제국일본이라는 국가와 연결되었다. 국민 개념은 여전히 제국의 신민을 나타내고 있었지만 그들이 속하는 제국은 바뀌고 말았다. 대한제국의 국민

---

85) 『朝鮮總督府官報』, 1910년 8월 29일(국사편찬위원회 한국사데이터베이스).
86) 『朝鮮總督府官報』, 1911년 11월 1일(국사편찬위원회 한국사데이터베이스).

이 제국주의에 대한 저항의 언어로 키워낸 국민 개념은 제국일본에 의해서 제국주의에 대한 복종의 언어로 변화되어버린 것이다.

제국일본에 의한 국민 개념의 재규정에 대하여 제국주의에 저항하는 세력의 대응은 둘로 갈라졌다. 첫째, 국민 개념의 재규정을 인정하지 않는 입장이 있었다. 이 입장을 취한 이들은 제국일본의 국민 개념을 거부하고 이전의 국민 개념, 즉 제국주의에 대항하는 대한제국의 국민 개념을 그대로 사용하였다. 예를 들어 1913년 하와이에서 재미교민단체가 만든 『국민보(國民報)』의 국민 개념은 이러한 거부의 결과였다. 둘째, 국민 개념의 변화를 인정한 위에서 한반도에 존재하는 인간집단을 새롭게 규정하는 입장도 나타났다. 대한제국이 멸망하여 국민의 전제가 되는 국가가 사라진 상황에서 이전의 국민 개념을 주장하는 것은 설득력이 떨어질 수밖에 없었다. 따라서 논자 다수는 제국에 의해서 점령된 국민 개념과의 결별을 꾀했다. 국민 개념을 버린 논자들이 다시 주목한 것이 다름 아닌 민족 개념이었다. 경술국치 당시에 제국주의에 저항하는 한반도의 인간집단을 표상하는 개념으로서 국민 개념의 우위 속에 국민 개념과 민족 개념이 병립하고 있었다는 상황을 고려하면, 국민 개념의 제국주의 논리로의 변화가 민족 개념으로의 급속한 집중으로 이어지는 상황은 어렵지 않게 이해할 수 있을 것이다. 1910년대 전반에 걸친 민족담론의 대량생산을 거쳐 1910년대 말에 민족 개념이 절대적인 우위를 차지하게 되는 과정에 대해서는 길게 논의할 필요는 없을 것이다.

7. 맺음말

한반도의 정치적 인간집단을 규정하는 국민/인종/민족 개념은 나름의 변화와 함께 복잡한 상호 관계의 변화를 겪었다. 본문에서는 전자의 면을 집중적으로 논의하였고, 후자의 양상에 대해서는 논의전개에 방해되지 않은 한에서 단편적으로 제시하는 데 그쳤다. 이 상호 관계의 전체상을 제시하는 것으로 본고를 맺으려 한다.

러일전쟁 이전에 한반도의 정치체 구성원을 규정하던 주요한 개념이었던 인종과 국민은 조선/대한제국과 황인종의 관계가 정합적이라는 전제하에서 서로 다른 층위를 차지한 채 공존하였다. 이러한 우호적인 공존관계는 담론이 아닌 현실공간의 극적인 변화로 말미암아 깨어졌다. 즉 러일전쟁 이후 명확히 나타난 일본의 제국주의적 침략의 결과, 인종 개념이 일본제국주의 침략의 도구였음을 명확히 인식한 세력에 의해서 인종 개념과 국민 개념의 대립이 나타나기 시작했다. 한편 러일전쟁 후 본격적으로 유입되기 시작한 민족 개념은 제국주의에 대한 저항적 개념으로 이해되어 인종의 대척지점에서 급속히 세력을 확산해 나간다. 또한 국민은 러일전쟁 이후 민국 정치이념의 국민 개념을 벗어나, 국가유기체설의 국민 개념으로 급속히 변화되어간다. 인종의 대척지점에서 공존하게 된 국민 개념과 민족 개념 중에서 전자가 상위개념으로 인식되어 이 시기의 애국계몽기의 경쟁에서 우위에 서게 된다. 하지만 경술국치로 국가——제국일본——가 민족——조선 민족——에 반하는 의사를 보임에 따라 이전의 국민과 민족의 우호적 관계는 급격히 대립적인 것으로 선회하였다. 즉 국민은 일본제국의 신민으로 규정되어 담론의 지형에서 이전과는 정반대의 위치, 즉 인종과 우호적이며 민족과 대립하는 위치로 이동하였다. 결국 나머지 두 개념의 대척점에 남은 민족만이 제국일본에 대한 저항의 언어로 남아 세 개념의 긴 경쟁에서 승리를 거두게 되었던 것이다.

근대한국의 민주주의 개념: 『독립신문』을 중심으로

김용직

1. 서론

본 연구는 서양 근대의 민주주의 관념이 어떻게 개화기 한국 지식층에 전파되고 수용되었는지를 개념사적 관점에서 살펴보고자 한다.[1] 여기에는 개념의 전파현상이 기본적으로 문명전파의 핵심적 현상이라는 인식이 전제되어 있다. 본 연구에서 다루고자 하는 분석의 주요 대상과 그 내용은 민주주의 개념의 전파와 수용이다. 민주주의란 무엇보다도 민(people)이 정치의 주체가 되는 지배형태나 정부유형을 지향하는 정치이념이라고 할 수 있다. 서양에서 아테네 정치체제와 폴리스 공동체 경험을 기원으로 할 때 고대까지 민주주의 이념이 거슬러 올라가며 근대에 와서는 17·18세기 로크(John Locke)와 루쏘(J. J. Rousseau)의 정치사상에서 가장 잘 발달한 민주주의 이

성신여대 정치외교학과 교수.

론이 발견된다.[2] 서구의 근대 민주주의는 일반적으로 가장 단순하게 말하면, 즉 다중(多衆)이 정치의 주체가 되는 체제에 대한 관념이라고 간주한다. 그러나 민주주의 사상에는 자유주의, 공화주의, 계몽주의 등의 근대국가 등장에 관련된 이념들, 즉 권리(통의), 개인, 주권, 참정권, 대의제도 및 의회제도, 인권, 문명 등이 연관되어 있다. 이 글에서는 민주주의를 민(또는 인민, people)의 주체적 역할이 강조되는 정치지배 형태 개념으로 간주하되 다음의 질문에 대한 답을 찾아보려고 한다. 개화기 한국사회에서 서구 근대정치 개념의 전파와 수용은 어느정도 진행되었나. 특히 민주주의 개념은 19세기 말 20세기 초의 한국사회에서 어느정도 이해되고 소개되었는가. 도대체 민주주의라는 개념 자체가 당시 유교적 관점에 익숙한 조선의 지식인들에게는 어떤 식으로 이해되었나. 우리는 19세기 후반 한국의 지식층이 새로운 서구적인 제도와 이념인 민주주의 개념을 어떻게 소개하고 이해했으며, 또 그것의 전파와 수용을 위해 어떠한 노력을 기울였는지를 살펴보고자 한다.

민주주의 개념사를 다루려고 이 글에서 우리는 먼저 근대 개화기 한국에서 서구적 민주주의 개념의 전파-수용에 관한 폭넓은 문화현상을 분석대상으로 삼고자 한다. 즉 지성사와 사상사뿐 아니라 사회사적 변화의 흐름도 이해하고 분석하려 한다. 이질적 문명간에 개념과 사상의 전파란 외래사상에 대한 피상적이거나 일회적 소개를 수용으로 보기 어려우며, 진정한 전파현상이란 궁극적으로 토착적 수용과정과 분리될 수 없는 것이라고 간주하기 때문이다.[3] 특히 개화기 조선사회의 경우에는 전파과정에 많은 굴곡과 장애

---

1) 개념사의 이론적 관점은 Reinhart Koselleck, tr. by Keith Tribe, *Futures Past: On the Semantics of Historical Time* (The MIT Press 1985)과 Melvin Richter, *The History of Political and Social Concepts: A Critical Introduction* (New York: Oxford University Press 1995)을 참조할 것.
2) 로크의 민주주의 이론은 입법권의 독립과 대중선거에 의한 입법부 구성이 핵심이었다고 할 수 있다면, 루쏘의 사상에서는 불평등을 평등으로 바꾸지 않고는 자유를 쟁취할 수 없다는 일반의사(volonté generale)의 구현으로서의 인민주권사상이 그 핵심이었다.

요인이 있었다고 생각된다. 개념의 전파에 대한 연구는 개념의 전파과정에서 이를 가속하는 요인과 지연하는 요인들을 밝히는 것이 빼놓을 수 없는 부분이 된다.

근대 동아시아 사회에서의 서구 개념의 전파-수용사를 기술할 때에는 주요 개화사상가들이 그들의 글에서 어떻게 서구적 개념을 이해하고, 이를 동시대의 유교적 지식에 길들여진 대중과 지식층에 이해시키려 하였는지를 밝히는 것이 최우선 과제이다. 19세기 말 개화기 한국사회에는 주체적 요인인 엘리뜨층의 문화전파 수용의 노력이 압도적으로 중요한 것으로 생각한다. 즉 개화엘리뜨의 노력의 성공과 실패 여부가 촛점이 될 수밖에 없다는 말이다. 물론 이는 새로운 근대적 지식층집단의 출현과 근대사회의 전개과정이라는 거시적 과정과 분리될 수 없는 과정이다. 이런 까닭에 개념사에 대한 연구는 사회사와 지성사를 포괄해야 한다. 즉 기존의 사상적 경향성과 신흥의 사상유입은 거시적 사회변화의 맥락에서 그 의미가 밝혀져야 문명전파와 사회변화 간의 필연적 관계가 밝혀지는 것이다.

한국의 근대 개념사 연구는 전파와 수용과정의 전개에 따라 소수 선각적 지식계층에 대한 연구에서 시작하되, 더 나아가 이들의 사상이 전파될 수 있는 신문이나 잡지, 서적 등 대중적 인쇄매체를 통한 개념전파의 현상을 우선 연구해야 한다. 단행본 저서의 배포부터 시작하여 대중매체 신문, 잡지의 영향이 중요하다. 또한 정부의 정책입안이나 법령 공포 그리고 교육과정에서 학교 교과서의 배포 또는 대중강연회, 대중집회, 학회의 개최 등도 중요한 현상이다. 그러나 그 과정은 결코 단선적이고 점진적인 신지식의 전파과정으로 재구성될 수 없다. 한국의 개화기는 매우 굴곡과 장애물이 많은 전파과정을 경험하게 되었기 때문이다.

---

3) 김용직 『한국근현대정치론』(풀빛 1999). 특히 4장 '문명전파와 동아시아 근대이행: 동주와 토인비의 전파론을 중심으로' 참조

본 연구에서는 초기와 중기 개화기인 1880년대와 1890년대의 한국사회에서 서구 민주주의 개념의 전파과정을 외래적인 사상의 일방향적인 소개 수준을 넘어서서 이해하고자 한다. 즉 비서구 토착사회의 이질적인 정치·경제·사회·문화·사상적 요인들을 자문화적 현상으로 이해하고 수용하고자 하는 노력을 살펴보고자 한다. 아울러 그 과정중에 외래의 사상을 자국의 문화와 사상으로 수용하기 위해서 국내적 경쟁세력과 상호작용을 하는 과정을 개화파 지도자들의 활동과 사상을 통해 살펴보고자 한다. 본 연구는 개념사를 문화전파의 큰 틀에서 조명하되 대한제국의 정치과정과 국제정세의 변화의 흐름 안에서 파악하고자 한다.

2. 전기 개화기 한국의 민주주의 전파

(1) 19세기 서구 문명전파와 조선

조선에서 서구사상의 전래는 18세기 후반부터 천주교의 전래를 둘러싸고 시작되었다.[4] 즉 조선에서도 서구문명의 영향은 이미 19세기 이전부터 시작되었고, 실학 등장에 상당한 영향을 끼쳤다. 그러나 서학(천주교)의 전래에 대한 주자학의 반발은 외래사상의 배척과 탄압의 주된 흐름을 형성하였고, 19세기에 들어와서 조선에서 서구사상의 영향을 최소화하려는 다양한 대응 노력으로 전개되었다. 19세기 중반기에는 대원군의 보수적 개혁정국에서 외래사상의 전파를 강력히 억제하려는 각종 정치·사회·사상적 흐름이 오히려 강화되었으며, 여기에는 유생들의 척사상소의 흐름과 대원군정권의 척화,

---

4) 안외순 「조선에서의 민주주의 수용론의 추이: 최한기에서 독립협회까지」, 『사회과학연구』 제9집(서강대학교 2000); 강재언 『조선의 서학사』(민음사 1990)를 참조할 것.

척사론이 해당한다. 박규수를 중심으로 하는 개항 직전의 초기 개화파의 등장에는 주로 청을 통한 개화서적의 수입과 보급이 중요한 매개역할을 했다. 여기에는 『만국공법』『이언(易言)』『공법회통』『조선책략』 등의 서적을 수입하여 번역되었고, 배포된 당시 사회정치적 상황전개가 아직 매우 제한적이라는 점을 지적할 수 있다. 개항 이후부터 국외 교류활동의 증가와 더불어 서서히 궁중개화파가 등장하였다.

1880년대에 『조선책략』과 더불어 가장 많은 영향을 행사한 정관응의 『이언』도 아직 본격적으로 서양의 정치사상에 대하여 다루지 못하였다. 다만 정관응은 기본적으로 동도서기론적 관점에서 전래의 악습을 제거하고 과학기술을 발달시키고 산업을 개발하고 통상을 장려하여 부국강병하고 만국공법을 실시해야 한다는 주장을 내놓았다.[5] 개항 이전에 민주정의 구성원리를 소개한 최한기는 『지구전요』의 기술에도 불구하고 조선에서의 바람직한 체제를 유가적 군주국으로 보는 보수적 관점을 바꾸지 않았다.[6]

19세기 말 동아시아에서 서양문명의 전파과정은 이전 세기에 대비해 두드러진 점을 나타낸다. 먼저 이것이 오랜 유교문명권에 대한 이질적인 문명의 전파였다는 점은 이미 잘 알려진 것이다. 당시 서구문명은 유교문명권의 장기적 침체기 내지는 쇠퇴기에 전파되었다. 서구문명은 이질 문명을 파괴할 수 있는 강력한 물리적 위력을 동반하였으며, 서구인들은 이 시기에 급격하게 동아시아 지역에서 제국주의적 활동을 통하여 그들의 문명을 전파해 나갔다.

조선의 지식인들이 서구 근대의 정치사상을 본격적으로 접하기 시작한 것은 개항 이후 1880년대에 들어와서부터이다. 처음으로 국내에 서구의 근대 문명의 개념들을 소개한 이들은 서양 선교사들이나 외교관들이었다. 국내적

---

5) 이광린 『한국사강좌 5(근대편)』(일조각 1982) 27면.
6) 안외순, 앞의 글 44면.

으로는 대개 개화파인 선각적 지식인들이 중요한 역할을 담당했고, 이들은 초기에는 주로 일본을 통해 서구적 사상을 수입하였다. 일본 개화사상의 일단을 소개했던 초기 개화파의 사상은 후꾸자와 유끼찌(福澤諭吉) 등의 일본 개화파의 사상적 영향을 크게 받았다. 그러나 1880년대 중반부터 구미제국과 우호통상조약을 체결하여 직접 교류를 트게 됨에 따라 조선은 서구에서 직접적 영향을 받기 시작했다.

(2) 민주주의 개념의 초기 전파

개화기 한국에서는 최초의 온건개화 모델인 중국 자강론 계열의 『이언』이나 『조선책략』을 통해 서구의 근대정치 관념들이 처음 알려지게 되었다. 그러나 서구 정치 개념들의 수용은 전통적 정치의 틀에서 국가를 부강하게 하기 위한 기술문물을 받아들이고자 하는 동도서기론적 관점에 의해 아직 제한되고 있었다. 1883년 『한성순보』의 발간을 계기로 하여 조선의 일부 개화사상가들은 계몽과 각성의 담론인 문명개화론을 대담하게 받아들이기 시작하였다. 그러다가 갑신정변의 실패로 말미암아 조선 내 개화파는 급격히 몰락하였고, 오히려 상당기간 보수파의 집권하에 온건개화파의 활동 정도만이 허용되었다. 중국보다도 더 빨리 경험한 갑신년의 개혁운동은 다시 강화된 청국의 영향력 아래 수구파 정국 운영에 의해 그 영향력은 차단되었다. 하지만 이미 동아시아에 밀려오는 서세동점의 보편적 위력은 수구정권에도 온건개화파 존재의 필요성을 충분히 인식시켰다.

개국 이후 한국에서 서양 민주주의 개념이 알려진 것은 일본과 비교해볼 때 개념의 초보적 전파상태에 머무는 것으로 보인다. 민주주의 개념은 당시의 용어로는 지금과는 다른 여러가지 현상이나 표현과 연관되어 사용되었을 가능성이 크다. 그렇지만 민주주의 개념이 기본적으로 다수지배(rule by many)의 정치제도와 관련된 정치적 이념들이라는 점은 당시나 지금이나 큰 차이는 없다. 여기에는 일인 군주의 자의적 지배가 제한되며 국민 다수의 의사가 중시되는 지배의 방식이라는 관념, 즉 제한군주제와 입헌주의 관념도 포함된다.

서구문명의 정치 개념의 전파과정은 그 수용단계에 따라 상이한 수준과 양상으로 전개되었다. 초기 동도서기 단계에서는 서구 정치 개념의 소개에 대한 반대와 저항운동이 강력하게 작용하였다. 개화기의 영남만인소 등의 각종 척사상소의 위력이 그것이다. 그러나 개항 이후 집권세력이 문명개화 단계로 점차 정책을 이행하게 되었을 때 자유주의 기초 개념에 대한 도입은 쟁점별로 차이를 보이기는 하지만 점진적 수용의 단계로 접어든다. 자유·권리·통의·개인·민권·인권 등의 철학적 개념은 서구 선교사, 외교관 등의 교육과 종교, 외교의 다양한 루트를 통한 접촉과 서적 교류 등에 의하여 꾸준히 조선에 전파되기 시작했다.

서구문명의 제 개념의 전파에서 조선사회 내부의 변화보다는 밖에서부터의 도입이 중요했다. 바로 개국 이후 만국공법 작동에 대해 개화지식인들이 인식하게 되었는데, 이것은 외부에서부터의 공법적 기준의 부과라는 현상이 국가간의 관계를 통해 먼저 조선사회에 들어왔기 때문이다. 특히 만국공법의 중요성은 근대국가간의 공식 외교채널을 통하여 서구문명적 원칙들이 동아시아권에서도 보편적 기준으로 강요당하는 현실에서 그 내재적 관념들이 당위적으로 인식되었다는 점이다. 즉 외교와 국제법을 통해서 근대 서구적 문명 관념이 직수입되었고, 균세·독립·주권·자치 등의 개념이 고위관료들과 지식층에 받아들여졌다. 개항 후 조선사회에서 서구적 개념을 습득하는 외교관료의 등장이 집단적 현상으로 나타나는 것은 1890년대 후반 아관파천을 전후한 시기에 정동파의 등장으로 확인된다.[7] 신진 외교관료들이 개화사상을 받아들인 것은 단순히 미국이라는 외세에 의존하기 위한 것이 아

---

7) 한철호 『친미개화파연구』(국학자료원 2002).

니라 이들이 가장 먼저 서구문명의 위력을 체험하고 국제사회를 규율하는 신 원리로 만국공법의 의미를 이해하였기 때문이다.

조선에서『만국공법』은 1886년 육영공원의 교육과정에서 마틴의 번역본이 교재로 채택되면서 제도적으로 수용되기 시작했다. 또한 1899년에 한성의숙에서도 국제법이 가르쳐졌다고 한다.[8] 1904년 법관양성소에서 국제법, 헌법, 행정법 과목이 편입되었고 민법, 소송법 등은 1906년부터 도입되었다.

1)『한성순보』

전기 개화론의 최초의 중요한 집결점은 1883년 10월부터 발간된『한성순보』이었다. 일본에서 개화사상을 선구적으로 받아들인 박영효, 유길준 등의 개화파가 주도한『한성순보』제2호에서 '구라파주'와 그 정치제도를 소개했다. 이들은 유럽의 정치제도 중 의회를 민회로 소개하면서 부국강병론의 맥락에서 이를 설명하였다. 당시에는 시민적 자유 개념보다는 부강의 개념이 강조되었다.[9]『한성순보』6호(1883. 12. 20)에서 영국의 입헌군주제를 '군민동치(君民同治)'로 소개하였다. 본격적인 민주주의 개념은 1884년 1월 30일자에서 입헌정체로 미국형의 '합중공화(合衆共和)' 정체와 유럽형의 '군민동치' 정체, 즉 입헌군주제를 소개하면서 논의되었다.『한성순보』는 먼저 입헌정체가 입법권, 사법권, 행정권의 3대권을 각각의 부서로 분리하여 관장하도록 한다고 하면서 "전국 인민이 모두 국사를 함께 의논할 수 있는" 정치체제지만 모두가 모이기 어려워 "학식이 높은 자를 의정체로 가려 뽑아서 대의사라 이름한다"고 설명하였다. 먼저 입법권은 민선의원들로 이루어진 하원과 원로원 지위의 상원으로 구성되는 입법부에서 행사하며 입법조례를 만들면 군주를 보필하는 행정관들은 재상이 추천하여 구성된다.

---

8) 김효전『서양헌법이론의 초기수용』(철학과현실사 1996) 90면.
9) 김영작「전기개화사상의 구조와 특질」,『동북아』제6집(동북아문화연구원 1997) 69면.

『한성순보』는 입헌정체가 다시 좁은 의미의 민주제인 합중공화제와 군주제인 군민동치제로 나뉘지만 이들이 "군주 및 민주를 막론하고 모두 상하의 원을 설치하며" 일체의 군국대사를 상하의원이 작의하고 올리고 내리면서 가결하면 아무리 군주라도 자기 뜻만으로 독단적으로 행할 수 없다고 이들을 넓은 의미의 민주주의제로 인정하고 있다.

『한성순보』는 1884년 2월 7일자에 다시 민주주의의 제도적 특징인 장정 (헌법)과 공의당(의회)을 설명하였다. 서양 국가들의 기초는 "나라를 다스리는 주권이 국민에게 있다"고 보고, 또한 모든 사람을 평등하게 보는 데 있다고 민주주의의 요점을 잘 지적하였다. 아울러 민중의 권한을 한 사람에게 모아 "위임하여 민중에게 유익하게 하고 반역이나 가혹한 정치가 없게 하는 것" 이 장정이라고 설명하였다. 『한성순보』의 기자는 각국의 장정은 대동소이한 데, 그 골자는 국가의 권한을 행권(행정권), 장율(사법), 그리고 의법(입법)으로 나누는 것이며, 이 중 상원과 하원으로 구성되는 의법의원들이 모이는 곳을 공의당(의회)이라고 상술하였다.

2) 갑신정변과 김옥균

김옥균을 중심으로 하는 전기개화파 사상의 주된 흐름은 1884년 갑신정변 정강에 잘 나타났다. 전기개화파 사상은 국가체제의 개혁과 전통과의 단절 등의 '변법적 필연성'의 문제를 이들이 직시한다는 것을 말해준다. 14개 조항 중 2조의 인민평등의 원리 구현이나 4, 13, 14조의 내각제도의 도입과 정부조직의 근대적 개편이 그것이다.[10] 그러나 김옥균 등의 개화파는 '충군애국'의 틀을 세우는 개혁을 추구하였으며 공화정적 시도는 하지 않았다. 한편 보수수구세력과 강화된 전통 외세의 지배체제로 들어가는 갑신정변 실패 이후 조선의 정치과정에서는 개화파 중심의 국내 정치사회적 정국의 변화는

---

10) 신용하 「개화파와 개화사상」, 『동양학』, 제30집(단국대 동양학연구소 2000) 295면.

차단되었다. 그러나 서구문물의 유입과 전파는 곧 재개되었고, 근대적 대중 매체인『한성주보』가 폐간된『한성순보』의 공간을 메우면서 간행되기 시작해 서구문물과 개화사상을 다시 전하기 시작했다.『한성주보』는 전통적인 구언(求言)과 공론(公論)의 정신을 이어받아 구언과 제치의 근본에 따른 것이 바로 신문의 활동임을 밝히면서 온건개화의 흐름을 긍정하고 있다.[11]

속개된『한성주보』에서 민주주의 개념의 소개는 정치적 주장이나 수용단계로 발전하지 못하고, 그 구심점을 찾지 못한 상태로 머무는 것으로 보인다. 이는 갑신정변의 실패로 전기개화파의 활동이 파탄에 이른 상태에서 국내적으로 개화사상의 적극적 옹호자가 나타나지 못하였기 때문이다. 개화파의 활동에 간접적인 영향을 주었던 일본의 입지가 이 시기에 매우 약화하였으며, 위안스카이(袁世凱)와 수구파의 영향이 개화사상에 유보적 입장을 보였던 것이 하나의 이유였을 것이다. 초기 전파의 경위는 중국이었지만 1883년을 전후한 시기부터『한성순보』의 발간과 갑신정변 등에서 확인되듯이 일본의 영향이 단기적으로 급증하였다. 그러나 급격한 정변의 실패로 말미암아 일본의 영향은 단명하고 만다.

(3) 유길준의『서유견문』

인민의 각성과 계몽이 개화의 핵심이라는 점진적 개화론의 주장이 전기 개화기의 일반적인 추세라면 이를 집대성한 것이 유길준의『서유견문』이라고 할 수 있다.[12] 구한말 서구 민주주의 개념의 소개에서 유길준의『서유견문』의 영향력은 가히 절대적이라고 할 수 있다.

---

11)「논신문지지익」,『한성주보』1886년 9월 27일.
12) 김영작은 1882년 곽기락의 상소가 동도서기론의 가장 전형적 사례라고 지적하며 문명개화 용어가 일본에서 일반화된 시기는 1883년 이후로 지적하였다. 김영작, 앞의 글 57~59면.

유길준은 입헌민주주의를 '군민이 공치하는 정체'라고 하며 국중의 정령과 법률을 대중의 공론으로 하는 것으로 구체적으로는 ①인민이 천거권을 가지고 ②대신 관리들의 직무를 감찰하거나 정령과 법도에 대해 논의할 수 있다고 하였다(5편 148~49면). 그는 이런 민주주의는 군주와 백성이 공동으로 수호하며 국민이 "진취하는 기상과 독립하는 정신"으로 마음과 힘을 다하여 국가를 부강하게 하며 문명개화의 길로 인도하는 것이라고 극히 찬사를 아끼지 않았다.

유길준은 민주주의 개념을 『서유견문』 제5편 '정부의 종류'에서 '군민공치'로 소개한다. 그는 "국중(國中)에 법률 및 정사의 일체 대권을 군주 일인의 독단(獨斷)함이 무(無)하고 의정제대신이 필선작정하야 군주의 명령으로 시행하는 것을 가르침이니 대개 의정제대신은 인민(人民)이 천거하야 정부의 의원이 되는" 것이라고 입헌군주제를 설명하였다. 그는 이것이 "또 인군(人君)의 권세도 한정한 경계가 유(有)하야 법외에는 일보도 출하기 불능(不能)하고 군주로부터 서인(庶人)에 이르러 지극히 공평한 도"를 준수하는 것이라고 소개하였다. 민주주의 구성원리는 "의정행정 및 사법의 3대강에 분하니 군주는 3대강의 원수(元首)"라고 밝혔다(『서유견문』, 5편 5절). 그는 아울러 이러한 체제가 "법률 및 정사의 일체 대권을 군주 1인의 독단함이 없고" 그 대신에 "의정제대신이 먼저 배정하여 군주의 명령으로 시행하는 체제"라고 설명하고, 의정제대신은 인민이 천거하여 정부의 의원이 된다고 밝혔다. 그는 이와 함께 공화제 또는 합중정체로 미국의 대통령제를 소개하였고, 이것이 대개 내용상으로는 군민공치제와 동일한 것이라고 평가했다.

유길준은 『서유견문』 5편 9절에서 가장 이상적인 정체로 군민공치를 들면서 그 이유를 아래와 같이 밝힌다.

① 그 제도가 공평하고 사소(些少)도 사정(私情)이 무(無)하며
② 민(民)의 호(好)하는 자를 호(好)하며 악(惡)하는 자를 악(惡)하여 국중의

정령과 법률을 여중(輿衆)의 공론(公論)으로 행하고

③ 인민 중에서 재와 덕이 최고인 자를 천거하야 군주의 정치를 찬양하며 인민의 권리를 보수하여

④ 행정과 사법 대신의 직무를 감찰하고 정령과 법도를 논하고 작정하며

⑤ 국인(國人)이 각기 국(國)의 중(重)함으로 자임(自任)하야 진취하는 기상과 독립하는 정신으로 부강과 문명을 강구한다.

그는 이 제도가 영국, 독일, 네덜란드, 오스트리아, 이탈리아, 스페인, 브라질 등지에서 시행되었다고 설명하였다.

유길준은 갑오개혁기에 정치개혁을 주도한 중대한 활동을 하였기에 그의 사상은 특히 시선을 끈다. 그렇지만 갑오개혁은 유교 전통사회를 강력히 흔들어놓을 정도의 충격을 당시에 주었지만 을미년 이후 실패로 돌아갔고 유길준은 그 와중에 일본으로 망명하였다. 이런 이유로 『서유견문』은 그 사상의 중요성에도 대중에게 대대적으로 보급되지 못하였다.

유길준은 후꾸자와의 『서양사정(西洋事情)』의 내용을 상당히 그대로 옮겨놓기도 했지만, 그는 천부인권론에 대한 설명을 첨가하였고, 미국, 영국, 화란의 역사와 정치제도에 대한 부분은 소개하지 않았다.[13] 가장 창의적인 부분인 '개화의 등급' 편은 미개-반개화-개화로의 3단계 진화를 제시하였다는 점에서 사회진화론적 가정이 전제된 개념으로 간주한다.

유길준의 『서유견문』과 정치노선은 기본적으로 보수적 점진개혁론 입장이라는 해석이 일반적으로 받아들여지고 있다. 유길준의 사상은 조선 개화기의 표층적 사건사의 변화에서 보면 급진적인 것으로 보이지만 심층 수준에서의 서구사상의 수용에 관해 유길준은 절충적 복합적 노선을 견지하였거나 보수적 개혁론을 따랐던 것으로 보인다.[14] 정치범으로 간주하여 유폐된

---

13) 이광린 『개화기연구』(일조각 1995).

14) 유영익 「서유견문론」, 『한국사 시민강좌』 제7집(1990); 하영선 「유길준의 문명개화

상황에서 저술하는 그에게 서구 근대정치사의 소개는 너무도 위험한 것이었을 것이다.

유길준의『서유견문』에서 독특한 것은 민주주의의 제도와 이념의 소개가 그의 부국강병론적 국가론 또는 국권론에 대한 관심과 맞물려 수용되었다는 점이다. '방국의 권리' 편이 '인민의 권리'보다 앞에 다루어지고, '정부의 종류'에서도 '군주가 전단하는 체제'인 절대군주제가 '군민이 공치하는 정체'인 입헌정체보다 앞서 소개되었다.

개화 전반기에는 서구 근대정치 개념의 전파라는 현상은 크게 부국강병론의 관점에서 기본 개념과 가치의 소개가 이루어졌던 것으로 보인다. 전기 개화파에 의한 민주주의 개념의 전파와 수용에는 여러가지 제약이 있었다. 그것은 이들이 대개 중간자들을 통해 여과된 서구의 근대정치사상을 수입하였기 때문만은 아니다. 이보다는 전기의 민주주의 개념 전파의 한계는 아직도 민중뿐 아니라 지식층까지 전근대적 유교적 사상의 틀을 답습하고 있었고, 서구의 법과 정치 및 경제제도를 본격적으로 소개하거나 도입하기 위한 사회적 기초가 취약하였다는 데에서 연유한다. 본격적 변화는 갑오개혁 이후 개화내각의 근대화 정책의 추진과정에서 비로소 서구의 제도를 도입하려는 의지를 갖추게 되었을 때부터 가능했다.

론: 전통과 근대의 복합화」(한국정치학회 9월세미나 발표문 1997).

3. 후기 개화기의 한국의 민주주의 수용, 1890년대

(1) 서재필의 『독립신문』

갑오개혁 이후, 즉 1890년대 후반에 와서야 비로소 민주주의 개념의 체계적 전파가 이루어지기 시작하였고, 그 초기적 수용이 대중적 기반에서 이루어지기 시작하였다. 또한 90년대 후반 민주주의 관념의 수용자들은 지식 엘리뜨층에서 시작되었지만 민주주의 관념은 이 시기에 다시 등장한 일간신문이라는 대중매체를 통하여 빠르게 전파되어 대중에게 확산되었다. 후기 개화기에는 우선 전기 개화기와는 달리 1880년대 중반기 이후 시작된 서구식 근대 교육기관의 영향이 학교교육의 결실을 통해 성과를 보이기 시작했다. 육영공원, 배재학당, 경성학당 등에서의 수년간 신식교육이 실시되었고, 신세대들 사이에서 신속하게 서구 민주주의 사상을 수용하는 이들이 등장하는 결과로 나타나게 되었다. 그중 물론 독립협회와 『독립신문』이 서구 정치사상과 민주주의 개념의 전파에서 중심적인 역할을 하였다. 그리고 여기에는 두 계몽주의적 선각자——초기에는 서재필과 후기에는 윤치호——의 활동과 영향력이 두드러졌다.

아관파천으로 말미암아 개화내각은 종료를 고하고 중도보수의 체제에서 독립협회와 『독립신문』이 등장하였다. 1890년대 후반 『독립신문』과 독립협회운동은 의정원 도입을 전후한 계몽운동의 색채로 전개되었고, 1890년대 말기 수년 동안 양적인 팽창도 가져왔다. 이 시기의 군권은 뚜렷하게 제한되어야 한다는 경장론이 강력히 파급되었고, 그 귀결은 독립협회운동의 급진적 대중정치운동인 의정원설립운동으로 나타났다.

1) 서재필의 민권론
서재필이 창간한 『독립신문』은 1896년부터 폐간될 때까지 약 3년 9개월

동안 조선사회에 근대적 여론을 형성하고 전파하는 데 결정적인 역할을 담당했다. 『독립신문』은 강력한 비판적 공론활동을 전개하기 시작하였고, 그 대부분은 서구 근대사상을 체계적으로 한국사회에 도입하고 소개한 서재필이라는 뛰어난 지도자에 의해서 가능했다. 서재필은 자신이 직접 국문판과 영문판의 사설을 쓰고 편집을 맡아, 처음부터 서구적 개화담론을 구한국 사회에 공급하고 전파하였다.

서재필의 『독립신문』의 위력은 무엇보다도 부패한 시정과 관리를 비판하고 개혁적인 여론을 형성하고 전파한 것이다. 그런데 이것은 1896년 이래 조선에서 새로운 현상이라고 한 관찰자는 평하였다.[15] 이러한 『독립신문』의 개혁적 논조는 조선의 정치문화에서는 가히 혁명적인 변화이며, 이는 서재필의 영향력하에서 가능한 것이었다. 『독립신문』은 인민의 권리(백성 된 권리)가 "하나님이 주신 권리"라 하여 천부인권이라는 사실을 선언하고 있다.[16] 『독립신문』은 인민의 권리는 "아무도 빼앗을 수 없는 권리"로서 군주의 권리만큼 자연적이며 군주의 권리와 양립 가능한 것이라고 주장했다. 또한 이런 사실은 추상적인 것이 아니라 외국의 사례에서 입증되는 사실이라고 설명하여 민권이 국제적 현상임을 자주 강조하여 민권의 개념을 소개했다. 또한 『독립신문』은 민권은 "나라에 법률과 규칙과 장정"을 통해서 "사람의 권리를 잇게 정해 놋코 사람마다 가진 권리를 남에게 빼앗기지 안케 함이요"라고 설명한다.

비록 서재필이 초기부터 여러가지 국가적 덕목인 초기부터 충군애국이나 부국강병, 독립을 강조했으나, 그가 사상적으로 가장 커다란 이바지를 한 것은 조선조에서 찾아볼 수 없었던 새로운 담론인 민권의 개념을 소개하기 시작한 것이었다. 자유민권론은 『독립신문』이 다루는 '민(民)'의 성격이 유학

---

15) E. B. Bishop, *Korean and Her Neighbour*, vol. 2 (London: Fleming 1898) 271면; 최준 『한국신문사』(일조각 1993) 51면.
16) 『독립신문』 1897년 3월 9일.

적 '민(民)'의 개념과 근본적으로 다르다는 데에서 기인한다. 즉 유학 전통에 서는 정치의 대상으로서의 '민본(民本)'이 강조되었는데, 이것이 정치의 주 체로서 두드러지는 '민주'의 개념으로 등장하는 민권론을 그는 소개하였다. 서재필이 창간호에서 "죠선 전국 인민을 위하여 무슨 일이든지 대언(代言) 을 하여 주겠다"는 선언은 2호에서는 정부의 조직을 지키는 충군(忠君)하는 민(民)으로 다소 완화되었다. 그러나 바로 3호에서 정부의 법률을 지키는 것 이 충신이라는 점을 강조하면서 "자기의 소견을 신문지에 기록하든지 다른 인민에게 연설할" 수 있는 존재로 민을 기술한다.[17]

서재필은 인민들에게 전통적 개념과 가치와는 근본적으로 다른 서구적 · 근대적 사상을 불어넣으려 하였다. 서재필이 소개한 민권은 민(民)이 정치체 의 객체가 아니고 점차 중심적 역할을 하는 존재로서 두드러졌다. 이러한 초 기 『독립신문』의 논설은 당시 이미 대중들이 갑오경장에 의한 단발령을 비 롯한 개화정책에 대한 경험이 있었기에 더 빠르게 흡수되었으리라 보인다. 점차 『독립신문』의 민권론은 기존의 민 관념과는 근본적으로 상이한 개념들 과 전제들 위에 서 있다는 점이 명확해지기 시작했다. 이제 권리란 특권 양 반의 전유물이 아니며 보편자인 인민, 즉 개인들의 "텬생 권리"나 "사람마 다 가진 자유권"이라고 천명하여, 대한인민에게도 서구의 천부인권사상을 당당하게 소개했다.[18] 서재필은 개화기 조선 민중의 계몽을 최우선시하였다. 아직 근대적 자각을 하지 못한 조선의 대중은 "정부의 목적을 알아야" 하며 "교육 없이는 국민들이 정부의 좋은 의도를 결코 이해하지 못할 것"이라고 그는 보았다.[19] 서재필은 정부관리들과 민간대중들이 공히 계몽되어야 한다 고 믿었다.

---

17) 『독립신문』 1896년 4월 11일자 논설.
18) 신용하 『독립협회 연구』(일조각 1976) 176~77면.
19) *Korean Repository*, vol. 3 (Seoul: Trilingual Press 1896); 이광린 「한국에 있어서의 민 주주의 수용」, 『한국근현대사논고』(일조각 1999) 82면.

2) 경장개혁론

독립협회기의 민주주의는 이 단계 프로젝트로 나타났다. 먼저 민권을 고양하고 민권의식을 자각하는 시민층을 육성하는 단계로 계몽과 개화의 단계이다. 그다음은 입헌군주제를 세우는 (군민공치제) 애국론과 경장론의 단계이다. 한편으로 『독립신문』은 서구의 자유주의나 계몽주의 사상을 소개하면서도 이것을 전통 유교적 관념에 대비하여 독자들에게 개화사상의 우월성을 설득하여 나갔다. 사상적으로는 급진적·외래적 성향이 내재하였지만 『독립신문』의 메씨지는 자주 전통 개념인 충군애민 등으로 쉽게 풀이되어 별 거부감 없이 전파될 수 있었다.[20]

『독립신문』의 주요 담론으로 빼놓을 수 없는 것이 '경장(更張)개혁론'이다. 서재필은 급진적 개화운동으로 수구파와 왕권의 반대를 불러서는 결코 성공할 수 없다는 점을 잘 알았기에 우회적으로 왕권을 강화하는 충군애국론을 바탕으로 하되, 개화파의 현실적 입지를 넓히려고 갑오년과 을미년의 근대적 개혁, 즉 경장개혁의 성공적 계승을 가장 중요시하였다. 특히 서재필은 『독립신문』을 통해 법률의 시행과 준수가 충군(忠君)이라는 점과 더 나아가 이를 통해 국가의 독립 기초가 굳세어진다는 점을 처음부터 밝혔다.[21] 이러한 관점은 자주 반복되어 강조되었으며 그때마다 신법을 시행한 갑오년 이래의 경장(更張)정신이 늘 환기되었다.

그는 갑오경장의 계승을 중시했지만 고종과 수구파의 반발을 불러올 가능성이 큰 국내 정치개혁의 논조를 완곡히 표현하려고 노력하였다. 서재필은 그 대신 독립문과 독립관의 건설이라는 근대 민족주의적 상징물을 건축하여 본격적으로 개화의 대외적 측면을 강조하고 그의 주된 사상인 경장개혁론을 설파하였다.[22] 그는 군주에 대한 충성은 결국 군주가 반포한 칙령과 장정을

---

20) 김영작은 이것을 심정적 국민통합의 차원이라고 지적하면서 이것이 제도적 차원과는 구분될 수 있는 별개의 문제라는 점을 인정했다. 김영작, 앞의 글 74~75면.
21) 『독립신문』 1896년 4월 11일자 사설.

지키고 이대로 시행하는 것이라고 설명했다.[23] 서재필은 『독립신문』의 공론을 통해 국가와 인민을 위해 "수렴 없애고, 족징법 폐지하고, 세도청탁 없애고" 신장정 반포의 중요성을 강조하면서도, 이것이 결국 대외적으로 독립을 달성하기 위한 대내적 조건이라는 식으로 독자층을 설득하였다.[24]

3) 민주주의론

서재필의 『독립신문』 주요 사설들은 의도적으로 민주주의라는 용어를 사용하지 않았지만 대신에 민주주의를 구성하는 개별요소들을 끊임없이 강조함으로써 궁극적으로는 민주주의를 추구한다. 『독립신문』에서 자주 등장하는 논설은 개화사설의 경우 신문과 여론(중론)의 역할, 법률의 준수, 민권, 근대화에 관한 것이다. 국민계몽을 위한 많은 일은 궁극적으로 민주주의 정치를 위한 필수 과정이다. 계몽적 과정을 통해서야 비로소 조선의 민(民)의 생각이 주체적으로 자신을 국가의 중심으로 간주할 수 있기 때문이다. 따라서 개화란 "쇼견이 열녀 리치를 가지고 일을 생각하야 실샹대로 만사를 행하자는 뜻"으로 정의되었다.[25] 근대 민주주의의 상징은 투표에 의한 국민의 권한 행사라고 할 수 있다. 서재필은 천거제만을 언급하고 투표제를 소개하지 않은 유길준과는 달리 4월 14일자와 16일자 사설에서 계속하여 지방의 관찰사나 원이 백성에 대한 사신이라고 하며 외국의 사례와 같이 바로 조선에서도 백성이 투표를 통해 이들을 뽑을 것을 제안하였다.

서재필은 건양 원년 1896년 가을부터 내내 행정개혁의 중요성을 강조하고, 의정부를 토론·심의 기관으로 발전하여 개혁의 중심으로 바꾸려는 시도를 기울였다. 그리하여 의정부에 대한 사설이 집중적으로 이 시기에 등장

---

22) 『독립신문』 1896년 6월 20일자 사설; 『독립신문』 1896년 7월 4일 사설.
23) 『독립신문』 1896년 9월 8일자 사설.
24) 『독립신문』 1896년 9월 19일자 사설.
25) 『독립신문』 1896년 6월 30일.

한다.[26] 서재필은 의정의 역할을 서구의 내각제의 총리에 빗대어 평가하여 대단한 개혁적 역할을 주문하였다. 그는 "의정의 직무가 정부 안에 님군 담에는 제일 중하고 높은지라 일이 되고 안되기가 반은 의정의 손에 달렸으니"라고 하며 "새로운 의정은 자기의 중한 소임을 깨다라" 국가의 기둥이 되고 인민의 사랑하는 아비가 되고 자기의 이름을 덕국 비르마르크공과 영국 글래드스턴씨의 이름과 같도록 해달라고 부탁했다.[27] 그러나 이러한 서재필의 노력은 의정부가 보수적 대신들에 의해 주도되면서 그 운용이 개혁과 민주주의의 수용과는 점차 멀어지면서 실패하게 되었다.

한성재판소에서 민사소송을 해야 한다는 『독립신문』의 주장이 몇차례(5. 23) 있은 이후 1896년 6월 8일 한성재판소가 민사소송 업무를 재개하기로 하였다. 『독립신문』은 법률과 재판의 중요성을 7월 14일자 논설에서 "법률이라 하는 것은 상하 귀천 빈부 유무세를 상관치 아니하고 공평이자만 가지고 재판을 한 까닭에 사람이 가난하고 권세가 없고 지위가 낮더라도 법에만 범치 아니하고 옳은 일만 할 것 같으면 세상에 두려워할 사람이 없고 남에게 압제받을 묘리가 업는지라"라고 선언한다. 같은 사설에서 『독립신문』은 진사 정성우가 『독립신문』 사장 서재필 등의 인사를 근거 없이 비난하는 상소를 올려 재판을 요구하는 사실을 소개하면서 민권이 우선 누구든지 평등한 권리이며 법률에 따라 보장되는 권리라는 사실을 강조한다. 그리하여 신문은 이번 재판이 "대조선 5백년 사기에 제일가는 경사"라고 말하며 "그 평민이나 시원림 대신이나 일체로 법관 앞에 앉아 리치와 도리와 경계와 법률을 가지고 옳고 그른 것을 대질하야 공평되게 분석하랴고 하니 이것을 보거드면 조선도 차차 법률이 중하고 두렵고 공변되고 명백히 시비곡직을 사실하야 죄 있으면 누구든지 법을 닙으량으로 비준하고 죄 없시면 누구든지 벌

26) 『독립신문』 1896년 10월 6일; 『독립신문』 1896년 10월 13일; 『독립신문』 1896년 11월 17일.
27) 『독립신문』 1896년 10월 13일자 논설.

을 당할 묘리가 없는 줄을 깨달은 것이라"라고 평가한다. 결국 재판소는 피고 정성우에게 서재필에 대한 명예훼손죄로 유죄판결과 함께 2천원 벌금형을 선언하였다.[28]

1897년 2월 말 고종이 마침내 환어하게 되자 정국은 다시 활기를 찾았고 행정법령 등의 재정비가 주요한 과제로 떠오르게 되고, 이에 고종은 교전소를 설치했다. 환궁한 고종은 신·구법 절충을 주장하는 친로수구파, 김병시, 정범조 등의 주장에 따라 신구 절충안을 참고하여 법전을 만드는 것에 동의했다. 그러나 수구파의 의도와는 달리 3월 23일에 중추원에 설치된 교전소에는 리젠드르(Charles W. Legendre), 그레이트하우스(Clarence R. Greathouse) 등 외국인 고문들과 서재필을 비롯한 김가진, 권재형, 윤치호, 이상재 등 개화파가 대거 참가해 일종의 절충내각으로 구성되었다.[29] 교전소를 최초의 근대적 입법기관으로 만들려던 서재필은 특히 『독립신문』에 대대적으로 교전소 활동을 보고하면서 갑오경장 이래의 개혁운동을 계승·발전하려고 고군분투했다.[30]

서재필은 4월 24일과 4월 27일 『독립신문』에 교전소 의사규칙과 1, 2차 교전소회의를 상세히 보도하고 한성재판소의 전근대적 운영방식을 통렬히 비판하였다.[31] 그러나 수구파는 교전소에 불참하고 이러한 개화파의 노력을 끈질기게 방해하여 계속 사직상소를 올려 고종을 위협하였다. 『독립신문』은 이미 열흘 동안 교전소의 회의가 개최되지 못하고 있다고 보도하였다.[32] 결국 수구파의 완강한 방해공작으로 교전소는 유산되었다.

이런 행정부 개혁과 입법부 개혁을 통한 민주주의의 수용 노력이 실패로

---

28) 『독립신문』 1896년 7월 23일자 논설.

29) 이광린(1992) 440~41면; 김운태 『조선왕조행정사(근대편)』(박영사 1984).

30) 『독립신문』 1897년 3월 30일자 논설.

31) 『독립신문』 1897년 4월 27일자 논설.

32) 『독립신문』 1897년 5월 13일자 잡보.

돌아가자 서재필 개혁의 마지막 보루는 사법제도의 개혁과 민권의식의 신장으로 귀결되었다. 서재필은 6월 15일자 『독립신문』 논설에서 "조선에서 제일 급한 일은 재판소들을 규칙이 있게 만들어야 할 것이라"고 주장하여 전년도의 행정부 개혁과 이번의 입법부 개혁이 연속적으로 좌절되자 마지막으로 사법부 개혁을 통하여 제도권 내의 정치개혁을 추구하였다. 그는 고등재판소가 "조선의 형조라던지 포청에서 하던 일을 또 하는 것 같다"고 비판하면서 일전의 법부대신 조병직이 연루된 한성재판소의 구타사건을 빗대어 재판소의 직무가 "법률을 밝혀 국중에 옳고 그른 것을 명백히" 밝혀 민권의 수호자가 될 것을 주문한다.[33]

당시 민권이 정부로부터 보호되어야 한다는 사상은 『독립신문』의 무수한 재판사례에 대한 기사와 논설을 통해 매우 효과적으로 대중에게 전파되었다. 기실 이런 주장은 많은 경장법률론에서 반복적으로 나타난 것이다. 즉 갑오년 이래 신법으로 말미암아 이미 대한 인민에게 권리를 부여하였다는 점을 기정사실로 하고 그 권리에 대해 주장을 하는 사례가 자주 등장하였다는 것이다. 이제는 민주주의가 외래적 제도로서 생소한 것으로 소개할 단계를 지나 이것의 실질화 단계로 들어왔음을 방증하는 것이다. 그리하여 『독립신문』은 "리유인씨는 권력잇는 관인이요 홍재욱씨는 평민인 고로 고등재판쇼에서 홍씨를 압데한다 하야 여항간에 전설이 낭자하온지라 본회(독립협회)에서 생각하기를 고등재판쇼는 전국 인민을 법률로 보호하는 아문이요, 귀재판장도 법률에 익숙하신즉 이러한 송사에 대하야 인민의 재산을 보호하는 본의로"라고 비판한다.[34] 아마 이 기사는 『독립신문』의 민권사상의 단면을 가장 잘 보여주는 것 가운데 하나로 보인다.

---

33) 『독립신문』 1897년 5월 13일자 잡보.
34) 『독립신문』 1898년 6월 2일자 1면 머리기사.

(2) 윤치호와 민권운동

1) 윤치호와 독립협회

한국의 근대적 공론정치 전통이 최초로 서구적 정치개혁운동으로 변모하여 표출된 것이 독립협회운동과 『독립신문』이 주도한 공론활동이다. 『독립신문』을 중심으로 형성되기 시작했던 공적 토론과 여론형성의 공론장은 독립협회의 성격 변화에 따라 정치적 성격을 점차 강하게 띠게 되었다. 1897년 여름부터 윤치호가 가세하면서 가을부터 독립협회에서 토론회를 개최하면서 점차 독립협회는 개혁적 색채를 강화해 나갔다. 이에 보수적 관료들은 상당수 이탈하기 시작했으며, 『독립신문』은 초기의 관변 매체의 성격을 탈각하고 민간매체의 성격을 분명히 밝혔다.[35]

1897년부터 시작된 개혁파와 수구파의 대립이 격화되었으며, 9월에 새로 부임한 스페에르(Alexide Speyer)는 침략간섭정책을 강화하기 시작했다. 러시아의 영향력 증대는 조선의 개화정책을 갑오개혁 이전으로 돌려놓기 시작하였으며, 절영도에 석탄기지고를 조차하고자 하였다. 1898년 1월 초 러시아는 동양함대 군함 10척을 인천에 파견하여 무력시위를 과시했고, 윤치호는 이런 러시아의 제국주의적 활동에 대해 강력한 비판을 하기 시작하였다.

독립협회는 1898년 2월 구국선언 상소 이후 러시아의 절영도에 대한 조차요구에 반대하여 서울시민과 함께 정치적 공론활동을 전개하기 시작했다. 이미 전년 가을부터 토론회를 개설한 독립협회의 각종 국정의 찬반토론을 통해 점차 그 핵심 간부들은 조선의 긴박한 상황에 대해 정치적 각성을 하기 시작했다. 그 배경에는 물론 그동안 서재필의 정치개혁 노력의 영향력이 상당히 작용하였지만, 윤치호가 개혁운동에 참여한 것이 결정적인 모멘텀을 실어주었다. 그 이유는 1897년 12월 초에 고종이 스페에르의 압력에 의해서

---

35) 유영열 「개화기의 민주주의 정치운동」, 이종욱 외 『한국사상의 정치형태』(일조각 1993) 263면.

서재필을 해임하였기 때문이다. 전년도부터 조선에 부임한 강경 제국주의자 러시아 신임공사 스페에르의 반미노선으로 말미암아 정계복귀가 좌절되었던 윤치호는 1898년 독립협회운동에 가장 적극적으로 가입하게 되었다. 윤치호는 독립협회의 토론회와 구국상소운동 및 이후 정치개혁운동을 주도하여 1898년의 만민공동회 정치개혁운동의 중심에 서 있었다.

2) 『독립신문』의 민주주의 수용

1898년 독립협회의 만민공동회와 관민공동회운동은 전통적 유학자나 사대부가 아니라 새로운 근대적 각성을 하는 시민층이 주체가 되어 새로운 공적 문제들을 제기한 근대정치적 급진개화운동이 되었다. 서재필은 일찍이 1896년부터 주마다 배재학당에서 강의를 시작했고 토론회를 개최하였다. 또 독립협회에서도 1897년 8월 말부터 매주 일요일 토론회를 개최하였고, 이를 통하여 개화의식과 사상을 받아들인 근대적 계층이 등장하기 시작하였다. 토론회를 통하여 많은 새로운 인물이 독립협회에 대거 진입하였고 공동의 근대적 집단의식을 갖기 시작했다.

1897년과 1898년 총 34회 걸쳐 개최된 독립협회의 토론회에서 자주 등장한 주제는 자유민권, 개화, 산업진흥, 자주독립 등이었다. 주자학적 관점의 틀을 극복하고, 새로운 관점에서 문제를 제기한 독립협회와 『독립신문』의 활동은 실학과 개화운동 및 동도서기운동을 집대성하여 나갔으며 조선사회에 전통적 사족(士族)들의 관념과는 전혀 다른 서구적인 시민적 공론의 장을 형성하고 발전하여 나갔다.[36]

독립협회의 민권사상은 국가에 대항하기보다는 외세에 대항하고 분발하는 민족주의적 의식에 기반을 두어 확산하고 있었고, 이런 까닭에 전제정인 대한제국기에도 독립협회는 탄압을 피하고 활동을 해볼 수 있었다. 『독립신

---

36) 신용하 『독립협회 연구』(일조각 1976) 176면.

문』과 서재필과 윤치호 등 개화지도자들은 고종의 군주권에 대하여 이를 적대시하고 약화하는 것으로 간주하는 어떠한 언사나 행동도 피하려고 노력하였다. 이것은 아관파천 이후 고종의 왕권이 극심하게 위축되고 러시아의 보호정치가 시행되는 정치적 상황에 대한 고려에서 비롯되었다. 이들은 고종의 권위를 약화하기보다 오히려 강화하되 이것을 정치개혁으로 연결하려고 노력하였다. 그리하여 이들은 명백히 군민공치를 추구하는 온건개혁론을 늘 주장하였다.

서재필과 윤치호는 갑오경장 이래의 근대적 개혁의 정착을 중시하였다. 그들의 군민공치제 도입의 노력은 이론적으로는 점진적 개혁을 지향하였지만 현실적으로는 과격한 권력비판을 어느정도 동반하지 않을 수 없었다. 이들은 군주의 권한을 직접적으로 공격하거나 제한하려는 행동을 자제하려고 하였지만 수구파와 부패한 관료들의 반발을 사기에는 충분하였다. 그러나 고종의 취약한 권력기반은 당시에 러시아라는 또하나의 외세에 대한 의존성으로 나타났고, 이것을 비판하는 독립협회의 노선은 러시아공사관과 정면충돌을 피할 수 없었다.

3) 의회개설운동

1897년 후반부터 러시아 신임공사 스페에르의 제국주의 이권침탈정책은 서재필, 윤치호에 대해 적대적인 영향으로 나타났고, 친러수구파의 재집권과 개화파의 실각사태로 정국을 요동하게 하였다. 이런 갈등은 서재필의 축출과 해임사태로 이어졌으며 1898년 2월부터 윤치호가 서재필을 대신하여 주도적으로 독립협회를 이끌어 나가면서 만민공동회 운동이라는 정치화 운동 단계로 접어들었다.

윤치호는 『독립신문』 4월 30일자 사설에서 조선에서도 서구의 근대적 의회제도를 도입할 필요성을 다음과 같이 역설하였다.

일국 사무를 행정관이 의정관의 직무를 하며 의정관이 행정관의 직무를 하라고 하여서는 의정도 아니되고 행정도 아니될 터이라. 그런 고로 대한도 차차 일뎡 규모를 정부에 셰워 이 혼잡하고 규칙 없는 일을 업셰랴면 불가불 의정원이 따로 잇서 국중에 그중 학문잇고 지혜잇고 조흔 생각잇는 사람들을 뽑아 그 사람들을 행정하는 권리는 주지 말고 의론하야 쟉뎡하는 권리만 주어 조흔 생각과 조흔 의론을 날마다 공평하게 토론하야 리해 손익을 공변되게 토론하여...37)

윤치호는 이러한 새로운 변화에 따른 의정관과 행정관의 분리가 이루어지면 정부와 전국 인민 사이에 정분이 생기고 백성의 나라 사랑하는 마음이 배가될 것이며 군신 상하간에도 더 친밀한 관계가 이루어질 것이라고 주장했다. 이러한『독립신문』논설을 통한 민주주의 개념의 적극적 수용은 당시 1898년 2월 초 윤치호가 서재필에게 독립협회가 고종에게 상소할 것을 제안한 이후 윤치호와 만민공동회 및 독립협회에 의해 주도되는 새로운 정치운동을 배경으로 하여 이루어진 것이었다.

그러나 이러한 독립협회가 중심이 된 의회개설운동은 매우 강력한 수구파의 반대를 사게 되었고, 7월 초에는 '안경수역모사건'을 계기로 해서 수구파 대신들이 독립협회 해산을 고종에게 요구하는 역공을 당하게 되었다. 이에 윤치호와 독립협회의 개혁요구는 다시 매우 신중한 온건한 표현으로 바뀌어 나타났다. 윤치호와 독립협회는 상소문에서 맹자를 인용하여 국민의 (나라 사람) 뜻을 따르는 것이 필요하며 이것이 서구에서는 최근 상하의원을 설치하는 제도로 나타났다는 우회적 주장을 하였다(『독립신문』 1898년 7월 5일자). 의정원 설치를 둘러싼『독립신문』의 민주주의 관념은 다시「협회재소」논설을 통해 "법과 령은 홍범을 다 준행하옵고 돕는 신하는 어진 이를 다시 뽑고 리롭고 폐단되는 것은 백성의 의론을 넓히 개시 압는 것이 오늘날 급히 힘

---

37)『독립신문』 1898년 4월 30일자 논설.

쓸 데 튼 강령과 큰 제목이옵거늘"이라고 하여 구체적으로 갑오경장의 홍범 14조를 준행할 것과 중추원 관리의 재임용과 언로를 넓히는 조치를 할 것이 제반 요구를 통해 잘 제시되었다.[38]

윤치호와 독립협회가 1898년 7월 초 중추원 개편안을 또다시 제기한 것이다. 의정원 설립요구를 해온 것은 전제권력에 대한 입헌적 제한을 설정하고자 한 점에서 분명한 민권운동이었고, 민주주의 이념의 전파와 수용에 결정적인 계기를 제공하였다. 이러한 윤치호의 노력은 박정양이나 이완용의 실각 등 수구파의 힘으로 친미정동파 세력이 정권에서 제거되는 상황에 대한 대응적 성격을 띤다. 수세에 몰린 고종은 7월 13일, 중추원을 설립해 윤치호, 정교 등 신임의관 40명을 임명하여 회유에 나섰다.

독립협회는 9월 독차사건을 계기로 친러파 김홍륙의 처벌에 대하여 수구파의 연좌법, 노륙법 부활요구에 강력히 대처함으로써 정치적 개혁요구의 수위를 높여 나갔다. 10월 초 연이은 상소운동에 군중이 가세하고 강력한 개혁요구를 전개하여 결국 친러수구파 내각을 붕괴했다. 그러나 독립협회가 조규 2안을 놓고 박정양 개혁정부와 협상을 진행하고 중추원을 의회로 개편하라고 요구하자 이에 위기를 느낀 고종과 수구파는 독립협회의 토론과 공론활동을 저지하려고 하였다. 이에 독립협회는 10월 22일부터 언론집회 자유 허락을 요구하고 철야농성집회를 개최하였다. 이런 독립협회의 자유민권운동 과정을 통해 민주주의 개념은 급격히 구한말 정국에 강력히 전파되었던 것으로 보인다.

독립협회는 10월 22일부터 언론집회 자유 허락을 요구하고 철야농성집회를 개최하였다. 독립협회의 시위는 상당히 강력한 요구를 담고 있었고, 고종은 비답으로 언로를 열어 달라고 언급하고 중추원 개편을 통해 회유하려 하였다. 고종의 비답으로 언론자유 주장의 타당성을 인정받은 독립협회는 10

---

38)『독립신문』 1898년 7월 13일자 사설.

월 27일부터 종로에서 관민공동회를 개최하였다. 여기에는 연일 1만명의 대규모 군중이 참가한 민관 합석 관민공동회가 개최되었다. 독립협회의 강력한 대중운동에 밀려 고종은 조칙 5조를 내려 보내 관민공동회 주장을 승인하고 간관 폐지 후 언로가 막힌 폐단을 시정하기 위해 중추원장정을 개정하여 실시할 것을 약속하였다. 그러나 고종은 다른 한편 신문의 한계를 언급하며 신문조례 제정을 고려하고 있음을 내비쳤다.

독립협회의 청년지도자들은 1898년 후반기부터 의회설립운동을 통해 전제정치의 질서를 개편하고 의정원(의회)의 설립을 요구하였다. 특히 1898년 상반기부터 개최된 만민공동회라는 대중집회를 개최하여 열강의 이권진출 반대, 언론·집회의 자유요구, 개혁정부 수립요구 등의 급진적 공론을 수렴하여 정부에 제출하는 급진적 정치활동을 수행했다. 윤치호가 주도했던 만민공동회 시기의 독립협회의 정치운동은 조기에 스페에르 러시아공사의 귀환과 러시아 영향력의 감축으로 비약적인 성공을 보여주었다. 그러나 이것은 그다음 시기에 나타나는 일본의 교활한 활동으로 이어졌다. 그동안 대한제국에서 강화된 러시아의 영향권을 견제하기 위해 독립협회를 지원했던 일본은 이제 독립협회의 활동이 조선의 정국을 원하지 않는 방향으로 변화하고 있음을 주목하고 있었다. 자주와 애국을 강조하는 새로운 정치세력으로 등장하는 독립협회의 성장세가 조선의 보호국을 노리는 일본의 국익에 위험이 된다는 사실이 뚜렷해졌던 것이다. 1898년 후반기 독립협회의 본격적인 의회설립운동 시기는 점차로 조선에 급격한 위기를 점증하고 있었다. 독립협회의 민족주의적 노선과 애국주의적 활동이 자신들의 제국주의적 이익을 약화하는 것이라는 주변 열강들의 공통된 인식은 일본이 이에 개입할 것이라는 사실에 대하여 경고보다는 침묵으로 이를 묵인하는 쪽으로 기울었다.

전반적으로 개화기의 민주주의 전파수용은 독립협회 해체 이후 개혁운동의 쇠퇴로 말미암아 동반 침체로 빠졌다고 생각한다. 변법개화 단계에서 정부형태와 정치권력의 변화를 추구하는 노력이 1898년 한국과 중국에서 동시에 좌절된 것은 특기할 만한 사실이며 심층적 분석을 요하는 것이다. 이 시기 동아시아는 내재적인 개혁세력이 취약하거나 부재한 상태에서 외세는 전통국가에 개입하여 자생적 변화과정을 돕지 않고 이를 외부적으로 포위하여 경쟁적인 조차와 분할을 강요하는 조차제국주의(concession imperialism) 시기에 접어들었던 것이다. 따라서 19세기 말 동아시아의 민주주의 전파수용에서 1898년 한국 독립협회운동의 실패와 중국 무술정변의 실패라는 두 전통 국가체제에서 대내적 개혁운동의 좌절은 일본과 서구세력들의 제국주의적 공세기로 접어들게 한 결정적인 계기가 되었다고 생각한다.

이후 러일전쟁이 발발하기 전까지 대한제국은 보수적 체제의 강화라는 큰 틀 아래 소극적인 개혁만을 내놓았다. 을사늑약 체결로 국권을 상실하고 보호국 신세가 된 이후에야 비로소 다시 계몽과 개화사상의 중요성을 제대로 파악하였으나 이 단계는 이미 대한제국은 이름뿐인 존재가 되었고 통감부체제가 시작되었다. 때늦은 애국계몽기가 보호조약 체결 이후 분출된 것은 지배체제의 전환기가 도래하여 정부권력의 일시적 통제 약화상태가 발생한 것에 근본 원인이 있다. 그러나 민간부문의 애국계몽운동은 정치적 구심점을 빼앗긴 상태였지만 교육·산업·언론·종교 활동 등 다양한 분야에서 비교적 활발하게 전개되었다.

4. 결론

초기 개화기에는 서구 민주정의 개념 소개는 어느정도 이루어졌지만 그것이 적극적인 사상적 수용이나 제도적 수용으로는 발전하지 못하였다. 즉 개화운동의 반복되는 실패과정에서 단절과 굴절로 말미암아 당시에 급진사상으로 간주하던 민주정에 관한 사상적 수용은 제대로 이루어지지 못하였던 것이 전기 개화기 조선 정국의 구조적 한계를 잘 반영해주는 것이다.

이런 흐름은 결국 갑오경장과 중기개화정권을 거치면서 1890년대 후반에는 민의 의사를 체계적으로 대변하려는 시민단체 성격의 결사체인 '독립협회'가 등장하면서 급격히 바뀌기 시작하였다. 특히 1898년의 독립협회운동은 '만민공동회운동'을 통하여 기존 사회지배체제와 정치제도의 틀을 바꾸려는 혁명과 개혁의 모델인 변법개화 정치단계에 진입하였다고 할 수 있다. 실질적인 서양 민주주의 개념의 수용은 이러한 제2단계 개화운동 시기인 개화 후기부터 시작하였고, 개항과 개국을 단행한 지 약 한 세대가 지나간 1890년대 후반에 이르러서야 본격적 수준으로 전개되고 있었다.

개화기 민주주의 개념은 개항한 지 20년이 지나서야 비로소 서재필과 윤치호가 주도한 『독립신문』의 발간과 독립협회운동에 의해 가속도가 붙었고 대중에게 전파되기 시작하였다. 유길준의 『서유견문』도 꾸준히 개화사상을 전파하였지만 유길준의 보수적 입장은 민주주의 사상을 받아들이는 데 일정한 한계를 보여주었다. 반면 김옥균이나 박영효의 경우에는 조선의 정국에서 축출되어 그 영향력이 약화하였다. 갑신정변과 갑오개혁기에 개화정책이 일시적으로 강해졌지만 곧 보수파의 집권으로 근본적인 개혁은 단절되었다.

『독립신문』과 독립협회가 주도하였던 1890년대 후반의 대한제국기는 민주주의 개념이 얼마나 짧은 기간에도 급격히 확산할 수 있는지를 보여준다. 1897년과 1898년 약 2년이라는 짧은 기간의 독립협회와 『독립신문』의 활동은 개화기 후반기 한국사회를 놀랄 만큼 빠른 속도로 변화시키고 있었다. 그러한 급격한 과정은 『독립신문』 발간에 의한 개화정치사상의 전개가 독립협회라는 정치적 전위세력에 의해 매개되었기 때문에 가능하였다. 1898년 한해 동안에 진전된 정치사회적 실험의 성과는 단기적인 정치실험의 실패라는 1898년 말의 독립협회 해산에도 1900년대 후반에 이를 계승한 애국계몽운동에 의해 사상적 지평을 계속 확장해 나갔다. 전기 개화파와 독립협회의 가장 큰 한계는 일본식 근대화의 길을 가려고 했으며 일본의 이중성──개화-계몽이라는 대내적 개혁적 면모와 팽창-침략이라는 대외적 제국주의적 성향

──에 대해 무지했던 것이라고 할 수 있다.

개화기 한국사회에서 서구적 민주주의 관념들은 보수세력의 반대와 제국주의적 외세의 개입 그리고 아직 낙후된 대중정서 등의 다양한 장애물로 말미암아 한국 정치권에 받아들여지지 못했다. 그러나 1898년에 놀랄 만한 속도로 민주적 관념들이 대중에게 받아들여졌다. 특히 독립협회와 만민공동회에 참여한 시민적 대중은 급격히 서구적 개념들을 이해하고 받아들이기 시작하였다. 이러한 민주주의 관념의 전파에는 정치단체의 활동, 신문의 영향, 개화파 세력의 활동 그리고 서구세력의 영향 등의 제 요인이 작용하였다. 그러나 궁극적으로 개화기 한국에서의 서구 민주주의 개념의 전파와 수용의 역사는 절대 순탄하지 않았다.

갑오년 이후 한국사회는 제국주의 세력이 국내에 들어와 팽팽하게 각축을 벌이고 있던 싯점이었고 대내적 개혁정치세력의 등장이 외세와의 대결양상으로 접어들기 시작하였다. 수구파의 세력에 의존한 고종은 신진정치세력의 활동에 위협을 느끼고 이들의 급증하는 정치적 요구를 체제에 대한 위협으로 간주하였다. 결국 독립협회의 개혁운동은 민주주의의 토착화 단계로 이행되지 못하고 정치적 탄압과 해산으로 치달았다. 1899년부터 개화세력은 큰 정치적 패배로 말미암아 급격히 위축되었고 수구파가 주도하는 대한제국의 정치는 보수적 절대주의국가로 수렴하는 '국제안'으로 귀결되었다(1899년). 고종의 전제적 체제가 오히려 강화되는 대한제국에서 개혁운동의 좌절이 일제의 개입이 없었어도 어쩌면 예정된 코스였는지도 모른다.

정부개혁을 통한 민주주의 제도의 도입실험은 단절과 좌절을 경험하였지만 독립협회와 만민공동회 등에 참여한 새로운 지식층은 이후에도 민주주의에 대한 비전을 포기하지 않았다. 그들은 국권상실기인 대한제국기 말기에 오히려 강렬한 애국계몽운동을 통해 민족운동의 줄기찬 하나의 저류를 형성하였다. 1904년 러일전쟁기 이후 일본에 의한 보호국과 식민지로 전락하게 되었고, 민주주의 수용은 심각한 단절과 왜곡과정을 겪었다. 3·1운동 이후 식민지 한국에서 민주주의 관념들의 수용은 제한적으로 이루어졌으며 우파 민족주의운동의 틀 안에서 일부 이루어졌다. 그러나 이마저도 1930년대부터 만주사변과 중일전쟁이라는 전운이 불어오면서 급격히 단절되었다. 결국 민주주의의 핵심 관념들인 주권, 참정권, 입헌주의, 의회제 등 제 가치와 제도의 수용과 토착화 단계는 해방 이후의 국가건설 과정으로 천연되게 되었다.

근대한국의 경제 개념

손열

1. 언어, 개념, 번역

언어에는 개념이 담겨 있으며, 특정 사회의 언어사용자들에게 회자하는 하나의 언어에는 '복수의 의미'가 담겨 있을 수 있고 또 변화할 수 있다. 한편 개념은 상대적으로 고정되어 있으나 그를 지칭하는 언어가 변화할 수도 있다. 결국 개념은 지속할 수도, 전환할 수도, 혁신할 수도 있는 것이며, 따라서 개념과 언어와의 관계는 간단하거나 투명하거나 고정적이지 않다. 특정한 위기의 시기 혹은 혁명적 변화의 시기에는 정치 · 경제 · 사회적 언어에 대한 의미의 혼란과 변환이 오게 되며, 이는 그런 정치적 · 사회적 맥락 속에 놓여 있는 주요 행위자(개인 또는 집단)의 정치적 판단과 행동에 의해 일어난다.[1] 다시 말해서 개념의 변화는 정치변화를 수반하는 것이다.

한국의 19세기 중 · 후반은 국가 · 사회 · 경제가 구조적 변화를 경험하는

연세대 국제학대학원 교수.

시기, 즉 압도적인 힘을 갖고 들어오는 서양의 근대국가 체제라는 당시 세계 표준과 맞닥뜨린 시기이었다. 근대국가가 자구(self-help)를 위해 국가정책의 중심으로 새로운 군사기술과 조직, 동원체제를 확립하는 군사국가를 하나의 특징으로 삼는다면, 또다른 특징으로 국민경제란 새로운 개념틀에 근거하는 경제국가의 모습을 갖춘다. 국가가 국민경제를 구상한다는 것은 단순히 명확한 국경 안에서 살림살이한다는 의미 혹은 그 안에서 경제행위를 규율한다는 의미를 넘어서 명시적이고 의식적으로 '국부(國富)'의 추구를 국가 주요 정책으로 삼는다는 것이다.[2] 이는 곧 근대국가의 속성에서 비롯되는 부국강병의 차원에서 경제를 매개로 근대국가를 이룬다는 뜻이다.

근대국가 건설을 위해 특정 개념을 서양에서 도입하는 일은 언어의 번역을 통해 이루어지나 그 개념은 기왕의 토착어 개념과 자연스럽게 맞아떨어지지 않는 것이 일반적이다.[3] 예컨대 서양에서 들어온 'economy'를 경제(경세제민經世濟民의 준말)라는 토착어로 붙여 여기에 서양적 의미를 부여하는 것은 '세상을 다스리고 백성을 구한다'는 일종의 정치윤리와 통치술의 의미를 담는 전통적 언어로서의 '경제'를 '부의 체계적 생산'과 관련된 근대적 의미의 '경제'로 전환하는 작업이 된다. 당시 동아시아의 지식인과 권력자는 새로운 문명의 표준과 조우하면서 번역 앞에서 기왕의 정치적·사회적 언어에 의문을, 혹은 근본적인 불만을, 혹은 지키려는 노력을 품게 된다. 왜냐하면 경제란 의미의 전환은 전통적인 예의와 검약의 체제에서 생산의 체제로 전환이어서 여기에는 삶의 방식과 인식론의 전환이 요청되기 때문이었다. 동시에 더 구체적으로 이 문제는 '정치경제', 즉 새로운 경제를 구성하기 위한

---

1) Melvin Richter, *The History of Political and Social Concepts: A Critical Introduction* (Oxford: Oxford University Press 1995) 10면.
2) 이용희 『일반국제정치학(상)』(박영사 1983) 149면.
3) 서양 개념의 전파와 수용은 대체로 첫째, 새로운 언어의 창조이거나, 둘째, 토착어를 조응(match)하거나, 셋째, 번역 선발국(즉 일본과 중국)의 언어를 그대로 받는 세 가지 방식이 있을 수 있다.

정치적 · 제도적 기반을 요구하는 일의 성격을 띠게 되고, 따라서 필연적으로 권력관계가 수반되는 정치적 과정이었다.

이 글은 물리적 힘을 배경으로 들어온 근대적 지식체계에 한국/조선이 어떻게 개념적 대응을 해왔는지를 분석한다. 그 대상은 경제가 중심이 되어 이른바 경제적인 것(the economic)에 대한 당시 지식인과 권력자의 개념적 모색의 추적이 될 것이다. 이를 위해서 이 글은 먼저 근대 서양의 경제관을 정리하고 나서 이것이 동양의 선발국 일본에 어떻게 전파되었으며, 다시 한국에 수용되는 과정을 분석한다. 요컨대 이 작업은 경제지식이 서양에서 도입된 경로를 추적하는 작업이 아니라 한 사회에서 특정 언어의 사용에 드러나는 관념적 변화의 과정을 사회과학적으로 이해하려는 시도가 될 것이다.

2. 서양의 경제

옥스퍼드 영어사전은 경제(economy)의 의미를 다음과 같이 제시한다. ① the state of a country or region in terms of the production and consumption of goods and services and the supply of money. ② careful management of available resources. ③ a financial saving.

여기서 경제는 생산과 소비의 체계, 가용자원의 관리, 검약 등의 의미가 있다. 이는 본래 그리스어로 '집' 혹은 '가정'(oikos)과 '규율'(nomis)의 합성어에서 비롯된 것으로, 그 의미는 '집안일의 관리'에서 발전하여 '부와 성공, 번영' 등으로 변천되고, 국가의 관리, 재산과 소유, 교환과 분업의 체계 등으로 확장되었다. 이러한 개념의 변화는 서양사회의 물적 · 정신적 토대의 변화를 반영한다.

서양의 중세는 르네쌍스와 근대과학의 등장에 의해 그리고 종교개혁을 거치면서 근본적 변혁을 맞이하여 쇠퇴하게 된다. 이러한 문화적 · 종교적 변

322

화와 함께 군주의 힘 강화를 통한 국민국가의 등장은 교황과 황제를 중심으로 한 중세적 정치질서의 파괴를 뜻했다. 군주는 봉건시대에도 존재했으나 이들은 국민적 정체성을 가진 영토를 가져보지 못했고 귀족에 의해 상당한 힘의 제약을 경험해야 했다. 그러나 15세기 이래 기왕의 힘의 편제는 변화되어 군사력과 정치력을 독점한 군주의 등장, 그리고 지리적으로 한정된 영토 내에 단일한 국민적 정체성을 지닌 백성의 등장에 의해 몇몇 강력한 국민국가가 출현하였고, 이런 변화는 전 유럽으로 확산하였다. 그러나 이 국민국가들의 물질적 토대는 대단히 취약했다. 군주들은 군사를 동원하고 해군을 유지해야 했으나 그들의 행정체계와 세수능력은 취약했던 것이다. 영구적인 국민군, 즉 상비군을 유지하는 것은 당시 군주의 경제적 능력을 넘는 일이었다. 따라서 군주/왕들은 만성적인 재정적자에 시달렸다. 이는 곧 군주와 국민 개개인이 국가의 재정과 생산력이 증대되어야 함을, 즉 경제를 국가의 수준에서 고민하게 하는 것이었고, 또한 국가의 재정을 어떻게 증대할 수 있는지에 대한 방법을 본격적으로 강구하게 하는 것이었다.

이런 속에서 등장하는 경제관념이 바로 중상주의이다. 고전적 중상주의란 수출을 많이 하고 수입을 적게 하여 무역흑자를 확대하려는 정책관념이다.[4] 루이14세의 재상이었던 꼴베르(Jean Baptiste Colbert)가 보여주듯이 국가정책의 핵심은 국력(더 정확히 군주의 힘)의 증대이며, 이는 곧 부의 증대이고, 이를 위해서 국가의 체계적 경제개입이 요구된다. 여기서 세상에 돈으로 바꿀 수 있는 귀금속(금, 은 등)과 같이 귀한 재화는 제한되어 있으며 경제력으로 직결되는 이것을 확보하는 일은 제로섬게임의 성격을 띤다. 일국의 이득은 타국의 손실로 연결되며, 그래서 경제적 이득의 추구는 국가간 경쟁의 핵심이 된다.

---

4) 초기 중상주의에 대한 포괄적 소개는 Lars Magnussen, *Mercantilism* (London: Routledge 1997) 참조.

중상주의 경제학이 고대나 중세의 경제학과 다른 점은 일차적으로 국민국가를 토대로 한다는 데 있다. 중상주의 정책은 관세설정을 통한 국가통합, 특정 산업의 육성을 통한 국가재정의 충실화, 무역확대를 통한 고용증대, 통상정책을 통한 귀금속 및 부의 축적 등 서로 다른 목표를 추구하기 위해 실천되었다. 그러나 이들이 공유하는 것은 바로 국민국가를 단위로 한 경제관념이 되겠고, 이는 부국강병이란 좀더 포괄적인 국가목표를 성취하기 위한 정책수단으로서 고려되어왔다는 점이다.

경제행위가 강병을 위한 부국책으로 관념된다면, 이는 곧 '강병화'될 수 있는 재화의 증식을 의미하는 것이고, 따라서 그 수단으로서 국제교역의 관리를 통한 상대이득의 획득 이전에, 혹은 이와 동시에 필요한 재화의 생산증대가 일차적으로 대단히 중요한 정책적 과제가 된다. 즉 상업을 넘어 산업생산의 체계적 확대가 국가정책의 중심에 자리하게 되는 것이다. 리스트(Friedrich List) 등 19세기 독일 역사학파의 중상주의(혹은 신중상주의)는 바로 이 점을 강조하였다.[5] 부(富)의 핵심은 재화의 생산에 있으며 이를 확보하는 방식은 보편적으로 존재하는 것이 아니라 그 나라의 역사적 맥락(즉 시간적·장소적 맥락)에 달렸다. 독일의 경우 부는 전략적 유치산업의 보호·육성으로 성취된다.

중상주의란 언어를──비판을 위해──본격적으로 사용하고 보급한 스미스(Adam Smith)는 국가개입의 경제관념 대신 사회의 지배적 조직원리로서 시장을 전면에 내걸었지만, 그 역시 경제의 목적은 국부의 증진에 있으며 부의 핵심을 재화의 생산으로 인식하였다.[6] 그는 인간의 교환(truck, barter, trade) 본성에서 발산되는 생산에너지는 전문화(specialization)와 분업의 과정으로 표출되며, 이는 시장의 규모, 즉 그 팽창능력에 달렸다고 보았다. 여기

---

5) 대표적으로 Friedrich List, *The National System of Political Economy* (London: Longmans 1885).

6) Adam Smith, *The Wealth of Nations* (Oxford: Clarendon 1976).

서 정치적 개입 등은 시장의 작동과 확장을 저해하는 비경제적 요소이며, 자유로운 교환의 체제가 가장 효율적으로 생산을 향상하는 길이며 따라서 국부를 증진하는 길이다.

또한 스미스는 『국부론』이란 책의 제목이 보여주듯이 경제란 위정자 혹은 입법가의 학문의 한 분야로서 이들에게 경제의 대목적은 국가의 부와 힘을 더하게 함에 있는 것이다. 즉 국부의 방법에서 중상주의자와 차이가 있을 뿐 그 목적은 동일한 것이었다. 다시 말해서 스미스에게 국부의 증진이 분업과 전문화 그리고 인간 본성에 근거한 자유로운 교역에 달렸다면 중상주의자에게 국부는 민간교역에 대한 국가의 의도적 관여의 결과라는 점에서 차이가 있을 뿐이다.

요컨대 19세기 서양에서 경제의 의미는 국민국가의 한 단면으로서 국민경제이었다. 경제세계는 국민국가를 경계로 나누어져 있으며, 재화의 생산증대가 그 핵심이었다. 다시 말해서 당시 경제란 분배와 검약, 조세의 체계란 차원을 넘어 생산의 확대에 의한 전체 파이(pie)의 증대로 개념화되는 것이었다.

3. 일본의 경제

먹고사는 문제로서 경제는 동서를 막론하고 보편적일 수밖에 없는데도 그 씨스템으로서 경제는 대단히 다른 맥락에서 작동하고 있었다. 서양의 경제, 즉 국민경제라는 의미는 동양 전통질서 속에서의 경제와 이질적이었고, 그런 만큼 압도적인 힘을 바탕으로 서양의 언어가 들어왔을 때 동양은 의미의 혼란과 적응의 과제를 안게 되는 것이었다.

동아시아 전통사회는 유교질서하에 있었고, 따라서 경제행위 역시 유학(주자학)으로 구속되어 있었다. 예컨대 토꾸가와(에도)시대 유학은 물질적 재

화에 대한 욕망을 억제하고 부(富)에 대한 부정적 태도를 견지하는 것이었
다. 인간의 욕망을 제거하고 하늘의 이치(天理)로 돌아가는 수양법으로서의
유학체계에서 부유(富有)의 문제는 그야말로 주변적인 일이었다. 유학질서
에서 경제(經濟)란 경세제민(經世濟民)의 약어로 '어떻게 정부와 제도가 목
적〔=濟民〕과 결적〔=經世〕에서 윤리성을 확보할 것인가' 하는 문제를 다루
는 일이었다. 즉 이 언어는 정치윤리와 통치술의 영역에 있는 것이었다.

이런 담론에 대한 초기적 저항은 오규 소라이(荻生徂徠)이었다. 토꾸가와
유학질서 속에서 이른바 정치적인 것(the political)의 발견자였던 소라이는
부유의 문제를 정치의 중심 과제로 설정하였고, 문제해결방법으로 욕망의
통제에 촛점을 맞추었다. 그는 당시 봉건사회가 처해 있는 난국은 화폐경제
와 그 기반 위에서 성립된 상업자본의 급격한 발전에서 유래한다고 보고, 이
를 해결하기 위하여 호사(豪奢)를 억제하고 화폐경제를 제한하여 사회를 봉
건적 재생산과정의 패도로 복귀하려고 하였다.[7] 그는 무사(武士)를 토착하
고 농사를 권장하면서도 기본적으로 생산에는, 즉 부의 획득에는 한계가 있
으므로 주어진 부를 절약하고 적절히 분배하는 문제에 관심을 기울였던 것
이다.[8]

소라이가 유학질서를 긍정하는 속에서 부유의 문제를 본격적으로 거론하
였다면 카이호 세이류(海保靑陵)는 부유를 긍정하는 인식론을 펼치게 된다.
허쉬만(Albert Hirschman)의 분석처럼 근대자본주의의 정치적 승리가 열정
(passion)을 이익(interest)으로 전환하는 지적 과정의 결과에 있었다면,[9] 세이
류는 욕망의 추구를 정당한 것으로, 즉 '이(利)'를 '이(理)'로 인정하였다. 그
는 무사(武士)가 이(利)를 부정하는 풍조를 비판하면서 백성의 이식(利息)

---

7) 丸山眞男 저, 김석근 옮김 『일본정치사상사연구』(통나무 1995) 349면.

8) 杉原四郎 外 編 『日本の經濟思想四百年』(東京: 日本經濟評論社 1990) 51~52면.

9) Albert Hirschman, *The Passions and the Interests* (Princeton: Princeton University
   Press 1977).

추구행위를 '천지의 이(理)'로, '우리까이(賣買)'를 사회의 총체이며 '세계의 이(理)'로 긍정하였다. 그는 심지어 군신관계를 시중의 상매(商賣)와 같이 '이(利)'의 관계로 엮으려 하였다.[10)

이런 속에서 이(利) 추구의 방법론을 본격적으로 제공한 이가 혼다 토시아끼(本多利明)이다. 그는 란가꾸(蘭學)의 영향을 강하게 받았다.[11) 일본에서 서양문물과의 접촉은 16세기 포르투갈, 스페인, 네덜란드, 영국 등을 통해 산발적으로 이루어졌지만, 17세기(1939) 쇄국의 단행으로 말미암아 나가사끼의 데지마를 통해 네덜란드의 지식이 한정되어 도입되었다. 네덜란드의 해부서가 번역되고, 이를 시발로 본격적인 서양 학술연구(물리, 화학, 지리, 천문학 등)가 개시된 것은, 즉 란가꾸가 본격적으로 전개된 것은 18세기 초(1720)부터이다. 이런 지적 풍토 속에서 토시아끼는 천문학, 측량학, 지리학 등의 지식을 습득하고 나서 근대적 경제 개념을 조직해내었다.

먼저 그는 부국(富國)을 억제의 체제에서 교환(무역)의 체제로 전환했다. 그는 국가 제일의 정무(政務)로 "만국(万國)에 교역(交易)을 내어 금은동(金銀銅)을 획득하여 자국을 풍요(豊饒)의 부국으로 만드는 것"을 꼽았다. 이는 당시 토꾸가와 지배체제가 쇄국체제이었음을 상기해보면 대단히 진보적인 발상이었다. 토시아끼에 따르면 경제적 부(富)의 증식이란 금은(金銀)의 확보가 되며 그 유일 수단은 외국무역이다. '해국일본(海國日本)'으로서 무역을 추구하려면 무엇보다도 '해양도섭(海洋渡涉)'과 '항해술(航海術)'이 필수조건이며, 이를 위해서는 서양의 천문지리학과 수학이 필수였다.[12)

토시아끼는 상업에서 국가의 적극적 역할을 강조하였다. 그에 따르면 상

---

10) Albert Hirschman, *The Passions and the Interests* (Princeton: Princeton University Press 1977) 134~35면.

11) 일본에서 요가꾸(洋學)는 대체로 란가꾸(蘭學)를 지칭한다. 요가꾸에 대해서는 佐藤昌介 『洋學史の硏究』(東京: 岩波書店1980) 참조.

12) 本庄榮治郎 『近世の經濟思想』(東京: 日本評論社 1931). 또한 『日本思想大系: 本多利明・海保靑陵』(東京: 岩波書店 1970) 456면.

업은 천하의 이(利)의 16분의 15를 차지할 만큼 중요하나 이를 상인(혹은 상업자본)의 손에 맡길 수 없는 까닭은 상인의 폭리가 무가(武家)의 곤궁을 일으키고 농민을 피폐하게 만들기 때문이었다.[13] 소라이 등이 농업 중시의 입장에서 상인을 억제하려 하였다면, 토시아끼는 상업 자체의 이익은 긍정하되 상품유통을 관(官)이 관장해 상업의 이익을 국가가 획득해야 한다는 주장을 펼쳤다.

이러한 혼다 토시아끼의 고전적 중상주의는 토꾸가와 체제 속에서 주변적 지위를 점하는 것이었고, 서양 경제사상이 부국책의 중심으로 논의된 것은 토꾸가와 봉건제가 무너지고, 그 구체적 지식이 서양에서 본격적으로 전파된 메이지 초기였다.[14] 그런데도 소라이 등에 의한 정통 주자학의 변용, 그리고 란가꾸에 따른 근대적 경제 개념의 모색이란 지적 작업은 메이지 근대국가(경제국가)를 구성한다는 새로운 문화적 공간을 열어 나가는 데서 대단히 중요한 지적 자산이었다.

일본은 1854년 미국과 화친조약을 맺으면서 개국을 한다. 이와 함께 무역과 국제법 지식이 긴요해지면서 일본은 네덜란드와 미국 등지에 유학생을 파견, 서양문명을 본격적으로 도입한다. 쯔다(津田眞道)와 니시(西周助) 등은 네덜란드로 파견되어 라이덴대학의 비쎄링(Simon Vissering)에게서 경제학 지식을 체계적으로 전수받고 일본으로 돌아와 근대적 경제지식을 전파하였다.[15] 이런 가운데 자유주의 경제학 계통인 엘리스(William Ellis)의

---

13) 本庄榮治郞, 같은 책 460면.

14) 마루야마 마사오(丸山眞男)는 혼다 토시아끼가 서양의 사례 속에서 공업생산이 부유의 근본임을 인식하면서도 그 자체를 오로지 '신기한 기구'로 인식할 뿐 당시 일본이 이를 아직 일상적인 생활수단으로까지 끌어올리지 못했던 점에서 근대적 의식(즉 '작위'논리)의 진전이 저지됨을 지적한다. 丸山眞男, 앞의 책 443면. 따라서 중상주의는 메이지유신 후 작위논리의 압도적인 범람 속에서 자리를 잡게 되는 것이다.

15) 이 둘은 비쎄링에게서 성법학(性法學, 자연법), 만국공법학(萬國公法學, 국제법), 국법학(國法學, 국가법), 제산학(制産學, 경제학), 정표학(政表學, 통계학) 등 '오과(五科)'를

*Outlines of Social Economy*의 화란어판이 일어로 번역되어 『경제소학(經濟小學)』(1867)로 출판되는데, 이는 최초의 경제번역서이며 여기서 경제 개념은 기왕의 윤리와 통치술에서 부의 축적씨스템(생산, 유통, 소비의 씨스템)이란 근대적 의미로 전환된다.[16]

메이지 초기 대표적 지식인인 후꾸자와 유끼찌(福澤諭吉)는 1867년 『서양사정외편(西洋事情外編)』에서 영국의 챔버스(Chambers)의 『교육과정』(*Chamber's Educational Course*) 중 한 권인 『정치경제』(*Political Economy*)의 일부를 번역하면서 경제 개념을 다음과 같이 소개한다.

> ポリチカル・エコノミー는 히랍어로 家法이란 뜻 … 家法이란 家를 保하는 規則으로 家內百般의 事를 整理하는 것 … エコノミー란 文字는 唯質素儉約의 義로 사용되며 … 上의 ポリチカル의 字는 國을 의미 … 이 둘을 합해 ポリチカル・エコノミー라고 할 때는 國民, 家를 保하는 法(이다).

라고 서양에서 전통적인 경제 개념을 서술한 다음, 여기서 나아가 "경제란 물(物)을 산(散)하고 물(物)을 제(製)하고, 물(物)을 적(積)하고, 물(物)을 산(散)하고 물(物)을 비(費)함에서 그 기율(其律)을 설(設)하는 까닭… 생산과 분배하는 법방(法方)"라고 정의한다.[17] 즉 경제를 생산・분배・소비의 씨스

공부하고 이를 체계적으로 일본에 전파하는 역할을 담당하였다.

16) 정부는 대장성 산하에 번역국을 설치하고, 주요 서양 경제서를 번역하고 보급하는 일종의 교육기관 기능을 담당하였다. 1867년부터 1889년까지 간행된 번역경제서 186책 중 영국 원서가 71권, 미국, 프랑스, 독일이 각 30권 정도인데, 이 대부분은 스미스(Adam Smith), 맬서스(T. R. Malthus), 밀(J. S. Mill) 등의 자유주의 경제학 서적이었고, 타구찌(田口卯吉), 쯔다(津田眞道) 등에 의해 번역되었다. 독일 책은 1880년까지 7권에서 이후 19권으로 급증하여 1889년 리스트의 『이씨경제론(李氏經濟論)』(*The National System of Political Economy*)이 번역되었다. 이에 관해서는 杉原四郎 『西歐經濟學と近代日本』(東京: 未來社 1972); 杉原四郎 『日本經濟思想史論集』(東京: 未來社 1980); Chuhei Sugiyama, *Origins of Economic Thought in Japan* (London: Routledge 1994).

템으로서 인식한 것이다.

이러한 근대적 개념은 메이지 정부의 등장 이후 근대경제를 구성하려는 유신 주역들의 경제관에도 드러나 있다. 이또오 히로부미(伊藤博文)는 1870 년 『貨幣, 紙幣, 公債發行方法 = 關スル建議』에서 "주조화폐(鑄造貨幣)의 발행은 아전국경제상(我全國經濟上) 제일의(第一義)의 기초로서… 경제의 실리를"이라는 표현을 쓰고, 또다른 유신의 주역 마쯔가따(松方正義)는 『재정의(財政議)』에서 "외국의 경제사회에서 본방(本邦)의 신용은 아직 공고하지 못하므로 외국중앙은행(外國中央銀行)의 경제수단을 바로 본방에 이용하는 것은 … 그 중앙은행(中央銀行)이란 것은 상업의 중심에 서서 경제의 근축(根軸)"이라고 근대적 의미의 경제를 사용한다.[18]

여기서 경제는 국민경제를 의미한다. 즉 한(藩)이 아닌 국민국가를 단위로 한 경제체제를 관념하는 것이다. 국민국가의 성격에서 우러나오는 것이 바로 부국강병이라면 일본의 경우 이는 제국주의적 식민지화의 위협에서 벗어나는 수단이었다. 외압은 존왕양이(尊王攘夷) 운동을 태동했고, 이는 부국강병(富國强兵)의 관념으로 이어졌다. 즉 경제영역 혹은 경제문제란 독립을 위한 강병의 차원에서 인식되는 것이고, 역으로 강병이 될 때――독립이 보장될 때――또한 부국이 보장되고 증진될 수 있다. 초기 일본 자본주의의 군사적(=강병적) 성격이 두드러지는 것은 바로 여기에 있다.[19]

이러한 부국강병의 경제 개념은 메이지 초기 최고 권력자였던 오오꾸보 토시미치(大久保利通)에게서 전형적으로 드러난다. 그는 "독립의 권(勸)을 갖고 자주의 체(体)를 비하여 … 제국으로 칭(稱)"하기 위해서는 "실력을 양

---

17) 『福澤諭吉選集 第1卷』(東京: 岩波書店 1980) 241면.

18) 『近代日本思想大系 8: 經濟構想』(東京: 岩波書店 1988) 7, 131면.

19) 일본 자본주의의 군사적 성격에 관한 고전적 저작은 다음과 같다. 山田盛太郎 『日本資本主義の分析』(東京: 岩波書店 1934); Richard Samuels, *Rich Nation, Strong Army* (Ithaca: Cornell University Press 1994).

(養)"함이 급선무이며, 실력양성의 요체는 "민업(民業)을 권려(勸勵)하고 물산(物産)을 개식(開殖)"함에 있다고 주장하였다.[20] 부국강병의 수단은 곧 식산흥업(殖産興業) 정책이었다. 오오꾸보는 전통적 중상주의, 즉 상업 중시 사고(상업>산업)에서 산업에 상대적 관심을 쏟아 상업과 산업의 균형을 꾀하였다. 그는 "물산번식(物産繁殖)의 순서는 농(農)을 권(勸)하고 공(工)을 여(勵)하는 데 있으며 … 농공권장의 방법은 상업을 신장하고 판로를 소확(疎擴)"하는 것이라 믿었다.[21] 그리고 이러한 식산흥업의 핵심 주역은 국가이었다. 유명한 『식산흥업(殖産興業)에 관한 건의서(建議書)』(1874)에서 오오꾸보는

대저 국가의 강약은 인민의 빈부에 연유하며, 인민의 빈부는 물산(物産)의 과다(過多)에 관계된다. 또한 물산의 과다는 인민이 공업을 면려(勉勵)하는가에 달렸으나, 그 원천을 찾는다면 (일본의 경우) 아직 일찍이 정부정관(政府政官)의 유도장려(誘導獎勵)의 힘을 입은 바 없다. … 정부정관들은 실제상의 문제에 주의를 기울여 공업을 장려하고 물산을 증식시켜 부강(富强)의 기초를 다져야 한다.[22]

후꾸자와 역시 국부(國富)와 무역 간의 관계를 국제정치적인 맥락 속에서 설정하는 점에서 혼다 토시아끼와 오오꾸보를 잇고 있다. 그는 "오늘날의 전쟁은 병사의 전쟁이 아니라 기계의 전쟁"이라 보면서 전쟁의 승패는 "기계의 기교와 그 윤용의 묘"에 있으며, 이는 그 나라의 "재화의 다소"에 달렸고, 이는 곧 "외국 무역을 성(盛)"하게 하는 길 이외에는 없다는 논리를 전개한다.[23] 특히 그는 부가가치가 높은 제조품의 수출, 즉 기계를 사용하는

---

20) 『大久保利通文書 第7卷』(東京大學出版會 1968) 75~82면.
21) 『近代日本思想大系 8: 經濟構想』, 429면.
22) 『大久保利通文書 第5卷』(東京大學出版會 1968) 561면.
23) 『近代日本思想大系 8: 經濟構想』, 257~58면.

제품의 수출을 염두에 두었다. 이는 소위 '상공입국론'이었다. 그는 "공업이 발달하지 않으면 상매(商賣)가 번창(繁昌)하지 않으며, 상매(商賣) 번창 않으면 부국(富國)의 실(實)을 볼 수 없다. 부(富)의 본(本)은 공업에 있다"[24]고 하면서 "천연(天然)의 물(物)에 인공(人工)을 가(加)하는", 즉 "물(物)을 제(製)하는" 서양과 "천연(天然)의 역(力)에 의뢰(依賴)하여 소질(素質)의 물(物)을 산(産)"하는 일본과의 차이를 지적하였다.[25] 그런 다음 후꾸자와는 상공입국의 핵심으로서 당시 일본의 최대 수출품목이었던 생사(生絲)보다는 직물을 제조하여 수출하는 편이 이득을 두 배나 거둘 수 있다고 보고 이 제조물을 집중하여 육성하도록 강조하였다.

요컨대 일본에서 전통적 경제 개념(경세제민)은 오규 소라이로 대표되는 토꾸가와 유학의 변질, 란가꾸의 영향하에서 동요되었고, 19세기 중엽 개항과 유신의 정치적 소용돌이 속에서 서양적 개념인 economy의 번역어가 되었다. 당시 일본이 마주친 식민지화의 위기[外壓], 그리고 국내 세력으로부터의 점증하는 도전[內壓] 속에서 메이지 지배층은 부국강병이란 슬로건을 국가정책의 전면에 내걸었으며, 따라서 경제는 국민국가를 단위/경계로 한 경제로서 부국과 강병의 상호작용 맥락 속에 있었다. 그리고 부국의 수단은 식산흥업으로, 즉 산업의 육성을 통한 생산의 확대와 교역이란 당시 19세기 후반 세계표준에 수렴되어갔다. 다시 말해 경제란 백성의 복지, 구휼, 절검(節儉), 조세 및 재정의 합리화로서의 경제에서 국가의 부강, 생산, 식산흥업으로서의 경제로 전환되어갔으며, 이 전환된 개념하에서 국민경제의 성공적 구성은 결국 일본의 독립뿐만 아니라 동아시아 지역에서 또하나의 강국의 출현을 가져온 것이었다.

---

24) 『大久保利通文書 第16卷』(東京大學出版會 1968) 136면.
25) 『大久保利通文書 第4卷』(東京大學出版會 1968) 193~94면.

4. 한국/조선의 경제

일본이 서양을 통해 직접 경제지식을 수용하였다면 한국은 크게 중국과 일본을 매개로 한 수용과정과 직접 서양을 접하는 과정을 겪었다. 1876년 강화도조약에 의한 개항 이전 조선이 상대한 나라는 중국과 일본이었고, 따라서 서양지식의 소개와 이해는 이들을 통해 상대적으로 제한된 형태로 이루어졌다. 마테오 리치(Matteo Ricci)의 저작 등 중국 주재 선교사들이 한문으로 쓴 서양지식을 부분적으로 얻던 상황은 개항을 전후하여 웨이 위안(魏源)의 『해국도지(海國圖志)』와 『영환지략(瀛環志略)』 등 본격적인 서양 학문 소개서가 널리 읽혀 개화파의 등장에 하나의 자극이 되었다.[26]

1876년 개항 이후 일본은 새로 조선의 최중요 서양문명 도입경로가 된다.[27] 이제 조선의 지식인은 청말의 중국 서적을 넘어 메이지유신 후 본격적인 근대국가 건설을 추진하던 일본을 견문하거나 일본 서적을 통해 서양과 접촉하게 되었다. 이는 곧 중국계 '양무'의 언어에서 일본계 '변법'의 언어로 전환을 뜻하는 것이었다. 이런 속에서 근대지식을 모색한 대표적 인물은 유길준이다. 유길준은 『서유견문』을 통해 정치·경제·국제 관계 등 다양한 부문에서 근대적 지식체계를 나름대로 소화하고 전파하고자 했다.[28] 그는 서양 중심의 낙관적 문명사관을 부분적으로 거부하고 문명개화를 각국의 역사적·문화적 맥락에서 '지선진미(至善眞美)한 경역(境域)'에 도달하는 일로, 즉 서로 다른 개화의 길을 상정하고 이 속에서 군민공치, 양절체제 등 조선적 개화의 길을 고민하였다.

이러한 정치와 외교분야의 '실상개화(實狀開化)'에 대한 모색과 함께 그는 부국(富國)에 관해 사색의 일단을 표출한다. 상업의 중요성을 강조한 『서

---

26) 이광린 『한국개화사연구』(일조각 1995) 2면.
27) 국사편찬위원회 편 『한국사 45: 신문화운동 I』(국사편찬위원회 2000) 205면.
28) 유길준전서편찬위원회 편 『兪吉濬全書 I: 西遊見聞』(일조각 1996).

유견문』의 "제14편 상매(商買)의 대도(大道)"가 그것이다. 그는 "상매(商買)는 또한 국가의 대본(大本)이라 그 관계의 중대함이 농작에 뒤지지 않는다"고 기술하였다.[29] 이는 단순히 사농공상의 전통적 체계 속에서 상업의 격상을 넘어 국가와 국민의 번영에 상업이 핵심임을 강조하는 것이다. 그는 상업이 "인민의 생계를 구하는 방책일 뿐 아니라 방국(邦國)을 위해 없을 수 없는 대도(大道)"인 이유를 다음과 같이 밝혔다.

풍기(風氣)가 점개(漸開)하는 지경에 이르면 인(人)의 재국(才局, 능력)에 따라 광득(廣得)하는 고로 사해(四海)를 일가(一家)로 보아 인생의 편리를 상영(相營)하므로 상매(商賣)의 실상(實狀)은 개화(開化)의 대조(大助)라 할 것이다.[30]

유길준은 상업이 "세계의 학식과 생민(生民)의 복록(福祿)을 증가"한다는 일종의 문명개화의 방편임을 강조하는 동시에 상업의 국가경쟁적 본질을 지적한다.[31] 이는 그에게 강한 영향을 주었던 후쿠자와의 상업관을 반영하는 것이었다. 그는 "전쟁은 전시의 상매(商買)이며 상매는 평시(平時)의 전쟁이니, 상매는 물질로 하고 전쟁은 병기로 하니, 승부를 내어 이해를 쟁(爭)하기는 동일한 것"이라고 하여 상업의 제로섬게임 성격을 강조한다.[32] 따라서 상권(商權)을 잃으면 다시 회복할 수 없으므로, 상업을 자기 개인의 사사로운

---

29) 같은 책 379면. 사실 상업/통상의 중요성은 『서유견문』 이전의 『조선책략』에서도 지적된다. 하여장(何如璋)은 "자강(自强)의 터전"으로 통상을 언급하면서 "통상을 잘 경영하면 백성에게도 이익이 돌아갈 듯하고 관세수입도 국용(國用)에 조금 보탬이 될 것"이며, 이는 "국가의 부에도 이득이 된다"고 지적한다. 황준헌 저, 조일문 역주 『朝鮮策略』, 34~35면. 황준헌과 하여장은 김홍집과의 필담에서 통상조약에 관한 문답을 통해 통상의 중요성과 교섭관계에 많은 시간을 할애한다.

30) 같은 책 383면.

31) 같은 곳.

32) 같은 책 384면.

사업으로 생각하지 말고 국가적 책무로 받아들여야 함을 강조하였다.[33]

그러나 유길준이 후꾸자와의 경제론을 그대로 체득한 것은 아니었다. 후꾸자와와 두드러진 차이는 경제라는 언어의 사용에서 드러난다. 그는 경제라는 언어의 사용에서 '경세제민'의 준말로 전통적 의미와 근대적·서양적 의미를 혼용하는 경향을 보인다.[34] 예컨대

"窮民의 業을 定하여 各其 才力을 盡하게 함이 仁慈한 主意라 이를뿐더러 實狀은 經濟의 妙法이라."[35]

"經濟하는 要道는 賢能한 士와 聰明한 人을 擧하여 政府의 官職을 주어"[36]

"(學業하는 條目 중 政治學의 소개로) 此學은 政事하는 經濟니… 관리되기 원하는 자만이 이를 배울 따름 아니요, 如何한 事業으로 처세하든지 必學하는 者는 一身으로부터 家國天下에 이르기까지 各其 相合하는 經濟가 有한 까닭이라."[37]

여기서 경제는 경세제민이란 통치의 의미라고 하겠다. 또한 다른 곳에서 "오륜(五倫)의 행실(行實)로부터 물산학(物産學), 궁리학(窮理學), 경제학(經濟學) 및 인신학(人身學)"이라고 한 것으로 보아, 여기서 경제학은 아마도 오늘의 정치학, 그리고 물산학은 오늘의 경제학을 뜻하는 것으로 추정할 수

---

33) 같은 책 387면. 상권의 보호는 당시 동아시아 국가의 중심적 정책담론이었다. 일본의 경우 무역을 전쟁의 또다른 형태로, 그리고 외국으로부터 상권의 보호를 국권의 보호로 간주한 이는 대표적으로 오오꾸보와 후꾸자와이다. 『近代日本思想大系 8: 經濟構想』.

34) 일본과 마찬가지로 한국에서도 전통적 의미의 경제란 경세제민(經世濟民)의 준말로서 통치를 뜻했다. 정도전과 조준이 편찬한 『경제육전(經濟六典)』이나 『경국대전(經國大典)』, 또한 정도전이 쓴 『경제문감(經濟文鑑)』 등의 경제가 그 예이다.

35) 유길준전서편찬위원회 편, 앞의 책 242면.

36) 같은 책 226면.

37) 같은 책 369면.

있다.[38] 반면 유길준은 제한적이지만 근대적 의미의 경제 개념을 사용한다. 예컨대 제6편 정부의 직분 중 "(정부의 직분의 하나는) 저술권(著述權)과 전매권(專賣權)을 허(許)함이라. 하물(何物)이든지 경제에 유관(有關)한즉 도매권(都買權)을 허(許)하기도"라는 표현은 근대적 의미의 그것이다.[39]

이상과 같이 경제란 언어가 근대적 의미로 완전히 전환되어 조직적으로 사용되지 않은 가운데 유길준에게 경제적인 것의 중심은 대체로 재정과 조세의 문제였다.[40] 그는 "민세(民稅)를 비용(費用)하는 사무(事務)가 국가 최대(最大)의 무(務)"라 언급하면서 합리적인 조세체계의 구축, 예산확보와 예산집행 등 재정에 기술의 촛점을 맞추었다. 반면 과세의 대상인 "국인(國人)의 재물"을 확대하여 세수를 키우는 데 대한 관심은 미약했다.[41]

요컨대 유길준의 경제는 조세와 재정책이 중심이 되고 근대적 상업관이 부가되는 것으로 평가할 수 있으며, 후자(=상업관)의 경우 문명개화론이란 보편적 범주에서 논의됨과 동시에 상권의 확보 혹은 회복에 촛점을 맞추고 있어 부의 체계적 창출로서 상업을 관념하는 데까지는 미치지 못한다. 전체적으로 그의 논의는 주어진 재화를 합리적으로 활용한다는 차원에 머물러 있었다. 이런 점에서 그의 경제는 백성의 복지, 구휼, 절검, 조세 및 재정의 합리화로서의 경제에서 국가의 부강, 생산, 식산흥업으로서의 경제로 전환의 중간에 있는 것으로 보인다. 그는 당시 근대경제의 표준담론, 즉 부국강병의 맥락에서 상공업을 통한 생산의 확대란 담론과는 거리가 있었다.

서양의 경제 개념을 기준으로 볼 때 유길준과 대체로 비슷한 지점에 있으면서 진일보한 면을 보여주는 이가 바로 갑신정변의 주역이자 동료인 박영효(朴泳孝)이다. 정변 실패 후 일본에 망명하여 유랑생활을 하던 중 고종에

---

38) 같은 책 230면.
39) 같은 책 193면.
40) 같은 책 제7편, 제8편.
41) 같은 책 214면.

게 올린 『내정개혁 상소문』(1888년)은 박영효의 경제관을 잘 드러내고 있다.[42] 이 글은 서론에 이어 세계정세·법률·경제·교육·국방·정치 등 항목에서 상소하는데, 그 셋째 장인 '경제이윤민국(經濟以潤民國)', 즉 '경제로 백성과 나라를 윤택하게 한다'라는 제목에서 보여주듯이 그는 경세제민으로서의 경제가 아닌 economy의 번역어로서 경제의 의미를 사용한다. 이런 위에서 그는

"국가의 재화(財貨)는 사람에 있어 몸속의 진액(津液)과 같아 사람이 혈(血)과 기(氣)를 보호하고 길러 그것들이 전신을 흘러 통하고 막혀 흐르지 않는 일이 없으면 건강하고 굳세게 되듯이, 국가가 생산물을 증산하여 운반과 수송을 원활하게 하면 부유하고 윤택하게 됩니다."[43]

라고 하여 경제를 흐름(flow)의 관점에서 파악한다. 부란 서로 다른 재화를 생산하는 개개인들이 그 산물을 막힘없이 유통하는 데에서 창출된다. 그리고 "인간이란 혼자서는 살 수 없고 반드시 남에게 의존해야만 삶을 이룰 수 있는 존재여서… 우리가 한 개인을 돌아보지 않고서 있는 것과 없는 것을 교환하지 않는다면 그 개인은 반드시 곤궁하고 비참하게 될 것"이기 때문에 농업, 공업, 어업, 수렵과 목축 등 다양한 부문의 분업, 그리고 이를 통한 재화의 유통이 강조된다.[44] 그에 따르면 미국, 영국 등 강국은 이러한 이치에 밝은 국가라는 것이다.

그러나 이러한 근대적 유통 개념은 박영효의 전통적 치부(致富) 개념과 대조된다. 그는 "한 개인에 있어서 치부의 근본은 씀씀이를 줄이고 힘써 일

---

42) 「박영효의 건백서: 내정개혁에 대한 1888년의 상소문」, 『한국정치연구』 2호(서울대학교 한국정치연구소 1990) 245~92면.
43) 같은 글 260면.
44) 같은 글 261면.

하는 것이며, 한 나라의 치부의 근본은 곧 백성을 보호하고 (불필요한) 재화를 모으지 않는 것이다"라 하여 국가의 빈궁 근원을 무절제와 게으름으로 보았다.[45] 다시 말해서 경제를 생산의 확장이란 측면에서 보는 시각이 결여된 것이다. 그는 경제면에서 마흔네 가지 긴 정책을 제언하고 있으나 그중 생산을 확대하기 위한 국가의 체계적인 전략은 보이지 않는다. 그의 논점 역시 유길준과 마찬가지로 결국 세금을 제대로 걷고 잘 쓰는 방법, 가렴주구를 막는 방편으로 돌아가고 있다. 예컨대 정책의 우선순위로 매관매직 금지, 군주의 세비 일정화, 낭비를 절검하고 관원을 줄여서 관록을 정함, 호적을 상세히 하여 예산생활, 지조개량 등 재정과 조세에 관한 통치술 등의 항목을 상소하는 것이었다.

나아가 좀더 본질적으로 박영효는 상소문에서 군사와 경제를 별개의 사안으로 다룬다. 그는 서장에서 유길준의 이상주의적 측면과 대조적으로 현실주의적으로 군사력의 중요성과 이를 위한 방편을 다루는데, 그 요체를 인민에게 인(仁)과 의(義)를 가르쳐 그들로 하여금 나라를 위해 스스로 싸우려는 뜻(=애국심)을 갖도록 한다는, 이른바 기율, 통일성, 단결력 등 정신적이고 조직적인 측면을 강조한다.[46] 다시 말해서 군사력의 근본으로서 무기체계의 혁신, 이를 뒷받침하는 경제력 등은 언급하지 않았다. 그의 군사론과 경제론은 '부국강병', 즉 부국과 강병이 상호작용하는 프로젝트임을 내재화해내지 못하는 한계를 노정하는 것이었다.

한편 유길준의 상업관은 1890년대 '상업입국' 혹은 '무역입국'론으로 전개된다. 이는 당시 신문들에 의해 언급된다.[47] 대표적으로 『매일신문』 1898

45) 같은 글 263면.
46) 같은 곳.
47) 예컨대 최초의 신문인 『한성순보』는 "정부가 어떤 회사가 국가에 이로운 것으로 판단되면 장려함"(1883년 11월 20일자), "강하고서 부하지 않은 나라가 없고 부하고서 강하지 않은 나라가 없다"(1884년 5월 25일자) 등에서 상(商)이 부강의 기초이므로 정부가 상업을 장려해야 함을 지적한 바 있고, 뒤이은 『한성주보』에서도 "통상을 잘하면 한 나

년 4월 27일자에는 「장사길 넓게 열도록」이란 제하에 "일국의 흥망성쇠는 상업(무역)에 달렸으니 천하에 장사가 큰 근본이 될지라"고 주장하면서 영국을 예로 들어 토지가 적음에도 세계 제일의 부강국인 까닭은 "상업을 확장하야 괴교한 제조물을 만들어가지고 남의 나라 금은을 바꾸어다가 그 나라를 부유케" 한 데 있다고 보았다.[48] 여기서 흥미로운 것은 상업이 단순히 부를 가져다주는 것일 뿐 아니라 "일국의 재물은 그 나라 혈맥이라 (상업을 장악한 나라는) 몇달 안에 전국 혈맥을 말릴 권리를 가졌으니 정부와 백성의 목숨이 (그 나라의) 장중에 달렸다"는 점에서 강한 정치적 의미가 있다는 점이다. 따라서 "나라가 정부를 지탱하고 백성이 집안을 보전하려면 아무쪼록 장삿길을 널리 열어 해마다 항구에 들어오는 돈이 나가는 것보다 많게 되도록 힘써야 할 것"이라는 중상주의적 주장이 드러나고 있다.[49]

이러한 고전적 중상주의 관념은 『독립신문』에서 한걸음 나아간 형태로 기술된다.

1897년 10월 9일자 논설은 조선 전국에 상업과 공업, 관세자 주권을 다 외국에 빼앗긴 현실에서 정부는 부강을 위해 세입의 3분의 2를 백성에 써야 하며, 이를 첫째로 학교 설치하는 데, 둘째로 각종 제조소를 설치하여 직업 없는 사람을 제조소로 보내 업을 배우게 해야 함을 역설하였다. 여기서 초보적인 형태지만 국가독립을 위해서는 부강해야 하고, 이를 위해서 상업과 공업이 필요하다는 논리가 제공되는 반면, 공업, 즉 제조업에 대한 언급(국가가 제조소를 설치)은 인민에게 취업 길을 보장한다는 맥락에서 제기되었다.[50] 제

라가 부강하게 되고 잘못하면 백성 또한 가난하게 된다"(1886년 9월 27일자) 등에서 초보적이지만 유사한 논지를 펼치고 있다. 방일영문화재단 편 『한국신문사설선집(제1권)』 (방일영문화재단 1995) 39~41, 87~90, 139면.

48) 『매일신문』 1898년 4월 27일자; 같은 책 479면. 이 글의 내용은 1901년 4월 19일자 "이젠 천하근본이 농사가 아니라 상업이다"에서 유사하게 반복된다. 같은 책 625면.

49) 같은 책 480면.

50) 『독립신문』 1897년 10월 9일자.

조업을 육성하여 생산력을 증진하고, 이를 통해 수출을 확대하여 국부를 증진한다는 논리——19세기 후반 독일과 일본 등 후발산업국을 풍미했던 논리——는 미숙했던 것이다.

생산의 확대에 의한 국부의 증진 논리는 1900년대 중반 이후에 본격적으로 그리고 체계적으로 제시된다. "부실업(夫實業)이라 하는 것은 농업과 상업과 공업의 식산(殖産) 자생(資生)을 위함이라. … 만약 실업상 경쟁에 관하여 퇴축실패(退縮失敗)한 자는 기(其) 생명이 만겁지옥(萬劫地獄)에 추락하여… 국권회복(國權回復)도 국민의 실업권(實業權)을 유지한 연후사(然後事)라"는 『대한매일신보』의 기술(1907년)이 그 예이다.[51] 이 시기는 1895년 갑오개혁하에서 특히 외국유학생을 파견하여 외국의 학술과 기예를 습득케 하라는 홍범14조의 제11조의 실시로 일본에 파견된 유학생들이 귀국하여 경제지식을 전파하기 시작한 때였다.[52] 이들은 1905년 태극학회(太極學會), 공수학보(共修學報), 대한유학생회(大韓留學生會) 등 유학생 친목회를 조직해 근대경제학을 전파하였다. 1906년 조직된 대한자강회는 "교육의 확장과 산업의 발달을 연구실시함으로 자국의 부강을 계도(計圖)하야 타일(他日)의 독립의 기초를 작(作)"할 것을 목적으로 발족하였고, 이에 따라 기관지인 『대한자강회월보(大韓自强會月報)』는——그리고 그 후신인 『대한협회회보(大韓協會會報)』는——본격적 근대경제전문가의 글들을 실어내었다.[53]

예컨대 김수철(金壽哲)은 「최선의 문명개화는 각종 산업의 발달에 재(在)함」이라는 글에서 농·공·상이 평등하게 발전하는 것이 사회에서 최선의 문명개화이며, 이것이 서양의 부강 원천이라는 일반론으로서 경제론을 제시

---

51) 『독립신문』 1907년 3월 27일자.
52) 1894년부터 1902년까지 관비 일본유학생 251명이 파견되었으며 한말 대표적 경제학자는 모두 이 가운데에서 배출되었다. 이기준 『한말 서구 경제학 도입사 연구』(일조각 1985) 12~13면.
53) 같은 책 30면.

한 반면,[54] 최석하(崔錫夏)는 그의 글 「한국 민족의 경제방책(經濟方策)」이라는 제목에서 드러나듯이 좀더 구체적으로 조선의 입장에서 경제론을 전개한다. 1908년이란 당시 분위기를 반영하듯이 그는 "금일 한국의 지위는 국권(國權) 유무(有無)를 토론하는 시대는 경과(經過)하고 민족존망(民族存亡)을 연구하는 시대를 당(當)"하였음을 전제하고, 민족경제의 확립을 주장하였다. 그에 따르면 민족경제란 "국가보호(國家保護)에 의뢰(依賴)치 안코 자동력(自動力)으로 능히 생산하며 능히 분배하여 내국(內國)에 농상공업을 확장 개량하야 부원(富源)을 발작(發作)하며 외국에 통상무역을 경영계획(經營計劃)하야 실력을 배양(培養)함을 위함"이며, 이를 확립하기 위해 민족식산회사를 창설하여 민족재산의 산업을 개량, 육성하고, 실업교육을 강화해야 한다고 제언한다.[55]

아마도 식산홍업에 관한 가장 체계적 지식은 김성희(金成喜)에 의해서 제공되는 것으로 보인다. 그는 조선의 농·공·상의 폐단을 지적한 다음 공업이 국가의 독립과 부강을 위해 선행되어야 한다고 주장한다. 독일, 프랑스, 영국, 미국의 산업구조를 들어 국가의 필수품(예컨대 기계, 총포)을 외국에서 구입한 나라가 승리한 적이 없다고 지적하면서 아무리 천연자원이 풍부해도 제조업을 갖지 못하면 그 부가가치의 반을 잃게 되고 원료를 수출하면 월료를 가공한 제품을 수입하게 되며 이것이 조선의 현실임을 개탄하였다. 제조업의 발전을 언급하면서 그는 분업의 이점을 강조한다. 전문화에 따른 기술개발의 중요성을 강조하면서 그는 국가가 전문 생산물에 집중해야 하며, 이를 위해 국가는 공(工)을 천시하는 일 없이 만민에게 평등하게 기회를 부여하고 공업에 전문적으로 종사케 하여 그 전매를 보호하고 공학을 장려해야 한다고 주장하였다.[56]

---

54) 같은 책 157면.
55) 같은 책 160~61면.
56) 같은 책 164~68면.

이종일(李鍾一)은 이를 받아 좀더 구체적으로 무엇을 전문화할 것인가에 대한 해답을 내어놓는다. 그는 가장 탐구해야 할 것이 경제요, 가장 급선무로 해야 할 일이 실업이며, 따라서 식산(殖産)을 정치의 대본으로 삼을 것을 주장한다.[57] 구체적으로 그는 국제수지에 착목하여 수출입 증감의 원인은 항구 출입화물의 우열에 달렸고, 여기서 가장 우세한 화물은 직물(織物)이므로 직물공업의 발달이 수출증가, 따라서 부강의 지름길이라는 논리를 펼쳤다.[58] 식산의 핵심은 직물의 개량이라는 것이다.

실제로 윤치호(尹致昊)는 일찍이 면직업에 깊은 관심을 두고 근대화를 위해서는 면직업을 기계화해야 한다면서 일본에서 역직기 9대를 도입하여 학생들을 훈련한 바 있다. 그러나 국가의 체계적 지원이 결여된——이전에 식산흥업적 정책관념이 형성되지 못한——가운데 조선의 방직업은 이미 청일전쟁 이래 일본의 수출품에 압도되었고, 또한 1905년 이후에는 일본의 방해로 근대적 조직으로 성장할 수 없었다.[59]

5. 전파의 정치

서양지식의 수용은 번역을 통한 언어의 문제이고 개념의 창조인 동시에 행위의 문제(근대 추구의 실제)가 된다. 즉 서양을 다루는 일은 치열한 언어의 싸움이고, 개념의 전환은 당시 정치·경제·사회적 갈등과 변화를 수반하게 되는 것이다. 그런 점에서 실제 정치과정에서 번역어에 담긴 외래 개념은 정치·경제적 상황을 변환할 수 있는 동시에 상황적 맥락 속에서 고립되거나 정체 혹은 변질할 수도 있다.

---

57) 같은 책 171면.
58) 같은 책 172면.
59) 국사편찬위원회 편 『한국사 45: 신문화운동 II』(국사편찬위원회 2000) 319~22면.

19세기 후반 근대국가 체제라는 서양문명의 표준이 동아시아 전통체제에 수렴의 압력으로 다가오는 속에서 조선은 안으로 자강과 밖으로 균세의 도전에 직면하였다. 균세는 『조선책략』에서 거론되었듯이 중국, 일본, 러시아, 미국, 그리고 영국이란 외세를 이용하여 조선의 독립을 담보받으려는 작업이고, 자강은 부국강병, 즉 금력(金力)과 무력(武力)을 갖기 위한 정치·경제 체제의 구성작업, 혹은 다른 표현으로 경제국가와 군사국가 만들기였다. 그리고 이런 균세와 자강은 대단히 근대적인 것으로서 조선에는 새로운 문화적 지평을 여는 지적 작업의 선행에 의해 가능한 일이었다. 즉 개념의 전환이 요구되었던 것이다.

　이 글이 주목하는 경제의 공간에서 볼 때 1880년대가 서양문명의 초보적인 도입기이었다면 유길준과 박영효의 자강으로서 경제관은 당시 서양표준과는 거리가 있는 초보적인 수준, 즉 주어진 재화의 관리와 상업장려(혹은 상권보호)의 수준에 머물렀던 것이다. 또한 이들은 부국강병이란 시대적 표어가 부국과 강병이 상호작용하는 개념임을 인식하지 못하고 양자를 따로 구분하여 별도의 프로젝트로 인식하는 전근대적 사고를 넘지 못하였다.

　이런 개념적 인식은 대체로 1890년대와 2000년대 초반까지 지속한다. 이 시기는 국제정치의 압력이 증대되는, 다시 말해서 외세의 압력이 강하게 들어오면서 균세의 측면과 자강의 측면이 공존하되, 『독립신문』의 경우처럼 균세로 조선의 문제를 상당부분 해결할 수 있다는 다소 순진한, 낙관적인 국제 정치인식이 전개되는 상황이었다. 즉 외교로 균세하고, 정치는 갑신정변과 같은 군사전을 벌일 수 없는, 따라서 왕을 잡아야 하기 때문에 진보적 정치개혁을 추진할 수 없는 상황, 그리고 민을 동원하기 위해 계몽해야 하는 상황에서 당시 지식인들(특히 개화파)은 근대경제(혹은 경제국가)에 걸맞은 '정치경제'체제를 본격적으로 짤 정치적·지적 준비가 결여되었다고 볼 수 있다. 이 시기 경제관의 정체는 이런 국내/국제정치적 조건과 맞물려 있었던 것이다. 이는 1868년 쿠데타를 통해 정치적 세력교체를 이룬 일본의 새 정권이 처한 조건과 극명한 대조를 이루는 것이었다. 유신, 즉 바로 전의 과거(=토꾸가와 봉건질서)와의 절단, 그리고 먼 과거(=천황 중심의 집권화된 일본)와의 '새로운 연결'을 시도한 새 정권은 새 정치경제체제를 실험할 수 있는 정치적 공간 속에서 서양을 자강의 모델로 긍정하고 흡수하였고, 서양의 경제지식은 바로 자신의 '정치경제'로 제도화할 수 있었던 것이다.[60]

외교에 의한 생존전략이 사실상 좌절되는 러일전쟁 이후 조선에는 자강의 전략이 전면에 부각될 수밖에 없었고, 이러한 맥락에서 식산흥업적 관념이 본격적으로 등장하게 된다. 그러나 보호국으로 전락한 조선의 식산흥업론은 국민경제의 틀이란 당시 문명의 표준에서 보면 때늦은 모색이었다. '민족경제', 즉 국가의 보호하에 경제를 발전시킬 수 없고 불가피하게 민족의 단합으로 산업을 발전시키지 않으면 안된다는 최석하의 언어는 이를 표상하는 것이었다. 결국 독립의 실패 혹은 근대의 실패가 균세와 자강의 실패이었다면, 이는 근대적 경제 개념으로의 전환의 실패로 이어진다. 자강이 부국과 강병의 상호작용임을——부국을 위해 강병이 요구되고 강병을 위해 부국이 요구되는 것임을——그리고 부국의 요체가 생산의 확대에 있음을 본격적으로 인식하기까지 조선은 개국 이래 거의 30년을 기다려야 했고, 그 결과는 식민지 경제, 즉 근대경제의 왜곡된 형태로의 추락이었다. 일본이 1870년대 국민경제권에 편입되었다면 한국의 본격적 국민경제프로젝트는 해방 이후의 일이 되는 것이다.

---

60) 일본에서 서양 경제지식의 제도화에 대해서는 손열『일본—성장과 위기의 정치경제』(나남출판 2003) 제3장, 제4장 참고.

근대한국의 '개인' 개념 수용[*]

김석근

1. 한국 개념사

개념은 시대의 산물임과 동시에 사회성을 갖는다. 기존의 언어체계로는 도저히 그 내용을 담아낼 수 없을 때 새로운 개념이 탄생한다. 그것은 특수한 상황에서 태어나 쓰이고, 또 전해진다. 단어 수준을 넘어서 그것에 담긴 정확한 의미까지 이해되려면 많은 시간과 공정이 필요하다. 당연히 자기식으로 자신이 이해할 수 있는 부분부터 받아들이게 되며, 그 과정에서 오해도 생기고 본래의 의미가 변용되기도 한다. 먼저 격의(格義)가 이어 번역이 이루어지며 그런 후에야 비로소 창작할 수 있어진다.

오늘 우리가 쓰는 대부분의 사회과학 개념은 서구사회에 뿌리를 두고 있

건국대 정치외교학과 강사.

[*] 이 글의 문제의식 연장선 위에서 일종의 속편으로 「근대적 '개인'의 탄생과 그 주변: 『독립신문』을 통해 본 '주체'와 '작위'의 문제」(2004년 12월 3일 한국정치학회 · 정치평론학회 연례학술대회 발표)라는 글을 발표했음을 덧붙여두고자 한다.

다. 그들은 19세기 서세동점과 더불어 전파되고, 도입·수용되었다. 그들은 세계관 혹은 문명충돌과 교섭의 부산물이기도 했다. 그리고 그 시대는 단어 하나, 책 한 권이 아니라 세계관(문명) 전체가 전혀 다른 언어체계인 한자로 번역되는 『위대한 번역의 시대』이었다. 동아시아세계에서 그 작업은 중국과 일본, 특히 일본의 지식인들이 이루어냈다. 그들의 작업에 힘입어 한국의 지식인들은 간접적으로 서구를 이해하게 되었다. 정면대결 혹은 직접적인 고투(苦鬪)가 없었다는 것이다. 지난날 한국의 사회과학이 서구사회에 대한 정확한 이해를 결여하거나, 아니면 일종의 묘한 환상을 품고 있던 것 역시 그와 무관하지 않을 것이다.

『사회과학으로부터의 탈피』(Unthinking Social Science, 월러스틴)와 『새로운 문명의 모색』을 동시에 말하는 이 싯점에 역설적으로 우리에게 필요한 것은 우리 시대의 지적 기원이라고 해야 할 '19세기'를 되돌아보는 작업이다. 그것은 그동안 주목받지 못한 우리 사회과학의 출발점을 더듬어본다는 의미도 있다. 주체적인 우리 학문의 뿌리를 내리기 위해서라도 반드시 거쳐야 할, 그리고 이미 거쳤어야 할 통과의례이기도 하다.

하지만 구체적인 맥락과 시대적 상황이 달라진 만큼 그 작업은 쉽지 않다. 효율적인 방법의 하나는 개념의 역사, 즉 '개념사'에 주목하는 것이다. 그 개념이 언제 어디서 형성되었으며, 또 어떻게 전해지고, 번역되어 오늘에 이르는지를 차근차근 재구성해보는 것이다. 이 과정을 통해 현재를 상대화해볼 수 있으며, 나아가서는 미래를 예측해볼 수도 있을 것이다.

이 글은 한국 개념사의 구체적인 사례로 오늘날 우리가 아무런 망설임 없이 '개인'으로 번역하는 Individual(Individuum, Individu) 개념을 검토한다. 많은 개념 중에 '개인'을 특별히 선택한 이유는 이 개념이 근대 서구사회의 가장 기본적 개념이며, 자연히 다른 사회에 전파되기 어려웠으며, 또 설령 전파되더라도 유교와 같은 토착문화와 마찰과 갈등을 겪어야 하기 때문이다.[1]

2. 근대와 'Individual'(개인)[2]의 탄생

"근대(世)와 고대사상 사이에는 본질적인 구별이 있다는 점을 인지해야 한
다. 왜냐하면 그리스는 보편(普遍)에서 출발하고, 세계를 완성된 것으로 생각
하며 전체의 조화와 질서의 개념이 앞서 있는데 반해서, 근대는 개체(個)로
부터 출발하며, 자유가 질서에 앞서며, 세계는 생성된 것으로 파악되기 때문
이다."(南原繁, 1973, 178~79면)

고대나 중세사회에서 인간은 '개인'(개체)이라기보다는 공동체(폴리스, 가족,
길드, 교회 등)의 구성원으로 존재했다. 정치의 양태 역시 공동체적이고 간주
관적(間主觀的, intersubjective)인 것이었다. "인간은 정치적 동물"(Physei
politikon zoon)이었다. 그런데 데까르뜨(Rene Descartes)는 "나는 생각한다,
고로 나는 존재한다"(Cogito ergo sum)고 선언함으로써 근대를 예언했다. 나
의 존재는 신이나 교회가 아니라 나 자신에 의해 뒷받침된다. 주체와 객체를
절대적으로 구분하는 존재론 위에서 '나' 이외의 모든 존재와 질서, 도덕체
계와 당위에서 자유로운 '절대개인(絶代個人)'이 탄생했다.

'독립된 개체로서의 개인(절대개인)'이라는 개념은 근대 자유주의의 기초가
되었을 뿐만 아니라 근대사상가들의 총아(寵兒)가 되었다. 홉스(T. Hobbes)
는 인간을 자연상태(state of nature)에서 이미 완성된 모습을 갖춘 존재, 즉

---

1) 모든 것이 한꺼번에 다 전해지는 것은 아니다. 가시적이고 외형적인 것, 가장 시급하고
필요한 것부터 시작하며, 보이지 않으며 본질적인 것은 가장 나중에 전파되며 시간도 오
래 걸린다. 그리고 본질적인 것인 만큼 받아들이는 쪽의 그것과 마찰과 갈등을 일으킬
수도 있다.

2) Individual은 라틴어 'individuum'에서 나왔다. 그것은 '더는 나누어질 수 없는 것'
(indivisible)이라는 의미가 있다. 그리고 유일하거나 독특한 것을 가리켜 individual이라
했다. Individual의 기원과 전개 및 '세속 외개인'(individu hors du monde) '세속내개인'
(individu dans le monde)에 대해서는 作田啓一(1996); ポール・ヴェーヌ(外)/大谷尚文
譯(1996) 참조

'독립된 개인'으로 상정했다. 로크 역시 자연상태하에서의 인간을 자유롭고 평등한 상호 독립적인 '개인'으로 파악했다.[3] '개인'은 자유롭고 평등한 독립된 존재이며, 또 '권리'(rights)를 갖는다. 하늘이 부여해준 인간의 권리(천부인권설), 이른바 자연권, 근대의 구성원리는 그런 '개인'에서 출발한다. 그 같은 '개인'들에 의해서 세계는 생성되는 것으로 관념된다. '개인'을 통해서 질서, 사회, 국가, 세계가 설명되어야 한다.

서로 자유롭고 평등한, 그리고 권리를 가진 개인들 사이의 계약을 통해서 사회(society)가 등장하게 되었다. 근대사회의 구성원리로서의 '사회계약설'(social contract theory)의 탄생이다. 그것은 근대'정치'의 기원설화(起源說話)로서 아리스토텔레스를 부정하면서 데까르뜨가 설정한 절대개인의 '정치'행위와 당위를 설명하는 이론이라 하겠다. '사회'는 처음부터 이미 그렇게 있거나 주어진 것이 아니라 '개인'들에 의해서 '만들어진' 것이다. 그런 의미에서 '개인'과 '사회'는 짝을 이룬다고 하겠다.

말하자면 '자연상태'(state of nature)에서 '사회'(society)로 이행하는 것이다. 홉스에 의하면 인간은 자연상태를 극복하기 위해 '(사회)계약'을 맺어 사회를 만들어냈다. 사회는 개인이 자연상태에서 소유하던 '생존권'의 일부를 군주에게 넘김(讓渡)으로써 성립된다. 거기서 '주권'이 탄생했고, 동시에 개인에게는 의무가 부과되었다. 사회계약설의 원리와 논리는 로크와 루쏘를 거치면서 한층 더 세련되었다. 홉스의 주권론 위에 근대 민주정치의 두 기둥이라 할 수 있는 '의회제 민주주의론'과 '인민주권론'이 덧씌워지게 되었다. 한 가지 덧붙여두고 싶은 것은 로크는 '정부의 해체'를 말하면서 개인의 '저항권'도 설정한다는 점이다.

---

3) 고대 폴리스에서의 자유가 공동체 내에서의 구성원 전체의 그것이었던 것과 확연하게 구분된다.

3. Individual 번역어로서의 '개인'[4]

동아시아 지식인들이 위에서 본 것과 같은 의미가 있는 individual이라는 개념을 쉽게 이해할 수는 없었다. society도 마찬가지였다. 그것은 man이나 human being과는 다른 것이었다. 그것은 하나의 단위로 셀 수 있는 것 이상의 의미, 즉 자유롭고 평등한 추상적인 인격을 나타내고 있다(作田啓一, 1996, 6면). 당연히 한자어 '기(己, 자기)' '일인(一人, 한 사람)' '인(人, 사람)'과는 뉘앙스가 달랐다. 그것은 전혀 낯선 개념이었다.

마침내 그것은 '개인(個人)'으로 번역되었으며, 지금도 그렇게 쓰인다. 번역작업은 일본의 지식인들이 했다. 갯수를 세는 단위로서의 '개(個)'에 '인(人, 사람)'을 조합한 것은 한자문화권의 말을 만드는 감각으로 보자면 대단히 어색하다. 그것은 individual에 담긴 사상적인 배경과 함축적인 의미를 제대로 전달해주지 못한다.

1800년대 전반부 일본에서 사전을 편찬하는 과정에서 '개인(個人)' 자체는 아닐지라도 비슷한 형태로 예컨대 '일개인(一個人)'[R. Morrison 『영화자전(英華字典)』(1822)], '독일개인(獨一個人)'〔『영화자전(英華字典)』(1847~48)〕, '일개인(一個人)' '독일개인(獨一个人)'〔W. Lobsheid 『영화자전(英華字典)』(1866~69)〕 등을 선보였으며(柳父章, 1982, 25~26면), 그것을 토대로 하여 점차 '일개인(一個人)'으로, 그리고 다시 '개인(個人)'으로 정착되어갔다.[5]

---

4) 개(個)와 개(箇)는 서로 통용되었다. 개인(箇人)의 경우 전통적인 맥락에서는 '그 사람, 저 사람, 피인(彼人)'이라는 의미가 있었다(『大漢和辭典』 8-794 참조).

5) '일개인(一個人)'에서 '개인(個人)'으로 된 것은 단순히 표현이 간략화된 것만은 아니다. '일(一)'은 구체적인 존재로서의 일개(一個)의 인(人)을 가리킨다는 의미가 짙었다. "individual은 일인(一人), 이인(二人)으로 셀 수 있다는 점에서 경험적(으로 확인될 수 있는) 주체이기도 하지만 또 경험적 주체를 넘어선 자유, 평등이라는 가치의 체현자기도 하다. 후자의 의미가 individual이라는 단어 속에 인식되었을 때 비로소 '일(一)'이 떨어지고 '개인'이라는 번역어가 등장했다."(作田啓一, 1996, 6면)

실제로 individual이 '개인(個人)'으로 굳어지기까지에는 우여곡절이 있었다. 『영화대역수진사서(英華對譯袖珍辭書)』(1862)는 '히토리(獨り)', 『화영어림집성(和英語林集成)』(1867)은 '히토리, 일인(一人, 이찌닌)', 그리고 『부음삽도영화자휘(附音揷圖英和字彙)』(1873)에서 '일인(一人)'이라 했다. 그러나 사상가들은 역시 의미의 격차를 감지할 수 있었다. 나까무라 마사나오(中村正直)는 『자유지리(自由之理)』(1872)에서 '인민개개(人民箇箇)' '인민일개(人民一箇)' '자기일개(自己一箇)', 니시무라 시게끼(西村茂樹)는 '서어십이해(西語十二解, 『메이로꾸잣시(明六雜誌)』, 1875)'에서 '一身ノ身持(잇신노미모찌)'라 했다. 그들은 (individual에 대비되는) society에 대해서는 각각 '중간회호(仲間會所, 卽チ政府)' '仲間ノ交際'라 했다(柳父章, 1982, 27~31면 참조).

개화기 조선의 지식인들에게 많은 영향을 미친 후꾸자와 유끼찌(福澤諭吉)를 보면 그가 individual을 놓고서 얼마나 고뇌했는지 알 수 있다. 그는 처음에는 '인(人)' '인각각(人各各)' '一人の民' '인민(人民)' 등을 구사했지만, 대체적으로 '인(人)'이라는 단어를 통해 받아들이려 했다. 「天は 人の上に人を造らず人の下に人を造らず」(『學問のすすめ』), 그리고 『문명론지개략(文明論之概略)』(1875)에서는 (society와 individual에 대해) '국(國)' 혹은 '교제(交際)' 그리고 '인(人)' '인민(人民)'을 대치시켰다. 자연히 '인(人)'에 일종의 강력한 의미변용이 일어나게 되었다. 같은 단어지만 거기에 담긴 의미가 달라졌다. 그는 "일본의 현실 속에 살아있는 일본어를 써서 말을 사용하는 방법을 만들어, 새로운 이질적인 사상을 말하려 했다. 그렇게 함으로써 일상 속에 살아있는 말의 의미를 바꾸고, 또 그것을 통해서 우리의 현실 그 자체를 바꾸려고 했던 것이다."(柳父章, 1982, 37면)

하지만 그 작업은 생각처럼 쉽지 않았다. 엄격하게 말해서 일본에 individual은 존재하지 않았다. '교제(交際)'의 단위로서 '독립해서 자가(自家)의 본분을 갖는' 다시 말해 독립적이며, 자유롭고, 평등한 개인('인人')을 찾아볼 수 없었다. 대신 '인(人)'의 '이원소(二元素)', 다시 말해 '치자(治者)'

와 '피치자(被治者)'로 표현되는 '권력의 편중'을 읽어냈다.[6] 그의 시도는 난관에 봉착했다. 익숙한 단어에 새로운 의미를 담으려 했던 노력은 좌절당하고 말았다. 전혀 새로운 개념이라는 메씨지를 던지려면 어쩔 수 없이 그도 '독일개인(獨一個人)'이라는 새로운 조어(造語) 쪽으로 기울어지게 되었다.

이같은 과정을 거쳐 individual의 번역어는 '독일개인'에서 '일개인(一個人)'으로, 그리고 다시 '개인'으로 정착되기에 이르렀다.[7]

4. 개화기 '개인' 개념의 수용

Individual 개념이 19세기 조선에 언제, 그리고 어떻게 수용되었는지는 아직 제대로 밝혀지지 않았다. 언제쯤 '개인'이라는 용어로 굳어졌는가 하는 점 역시 분명하지 않다. 사상적인 충격이었음이 분명하지만 현재로서는 후꾸자와 유끼찌처럼 '개념과의 고투(苦鬪)'의 흔적을 찾아보기 어렵다. 중국과 일본, 특히 일본에서 한번 그르친 것을 받아들인 만큼 번역 부담이 없었으며, 충격 역시 상대적이었을지도 모르겠다.

외국 사정이 소개되면서, 그리고 일본 지식인들의 영향을 받으면서 Individual 개념에 대한 이해가 점진적으로 이루어졌을 것으로 추정해볼 수 있다. 실제로는 'Individual' 그 자체보다 '민(民)' '민회(民會)'에 주목하는 형태로 나타났다. 『한성순보』 제2호(1883년 11월 10일) 「구라파주(歐羅巴州)」 기사에는 다음과 같은 주목할 만한 구절이 있다. "더욱이 인민의 소행이 사

---

6) "日本の人間交際は，上古の時より治者流と被治者流との二元素に分けて，權力の偏重を成し，今日に至るまでも其勢を變じたることなし.人民の間に自家の權義を主張する者なきは固より論を俟たず. 亂世の武人義勇あるに似たれども，亦獨一個人の味を知らず." 柳父章 (1982) 39면 재인용.

7) 프란쯔(Franz)라는 독일학자가 원 저자인 『國家生理學』(文部省 譯) 제2편(1884)에서는 '개인(個人)'을 쓰고 있다. 용례 역시 오늘날에 가깝다고 한다(作田啓一, 1996, 5면).

회에 해가 없는, 즉 정부가 금지할 필요가 없으며, 옆 사람이 이를 나무랄 것이 못되며 각자의 의취와 오직 그 적합한지에 맡겨야 한다. 이름하여 자주지권리(自主之權利)라 하며 상하 협력함으로써 크게는 일국지부강(一國之富强)을 도모하고 작게는 일신지권리(一身之權利)를 보존함이다." "서양 각국의 부강이 민회에서 나왔다는 것은 근거가 없지 않다." 제10호(1884년 1월 30일)의 「구미입헌정체(歐美立憲政體)」에서는 다음과 같이 쓰고 있다. "구미(歐美) 양주(兩州)는 건국(建國)은 비록 많아도 치국(治國)의 요점은 다만 2단(端)이 있을 뿐이니, 즉 '군민동치'와 '합중공화(合衆共和)'인데, 모두가 이를 '입헌정체(立憲政體)'라 일컫는가. … 대체로 입헌정체는 전국 인민이 모두 국사(國事)를 함께 의논할 수 있는 것을 주지(主旨)로 삼는다. 그러나 전국 인민이 형세상 다 참여하여 회의하기가 어려워서 모둔 주(州), 군(郡)에서 특별히 학식이 높은 자를 의정체(議政體)로 가려 뽑아서 대의사(代議士)라 이름한다." "서양 각국에서 행한 여러가지 제도의 가장 중요한 요점으로 움직일 수 없는 기초는 나라를 다스리는 주권이 민에게 있고, 모든 권력이 민에게서 나와 시행되는 것이다. 그 근본 원인은 모든 사람은 평등하기 때문이다."(『한성순보』 제11호, 1884년 2월 7일)

수용과 도입은 일단 차치해두더라도 개화기 지식인들이 서구 유럽의 입헌정체, 공화정치, 평등과 권리, 권력분립(삼권), 대의민주주의, 의사당, 후보, 투표, 선거(民擧) 등에 대해 알게 되었다고 추정할 수 있다(『한성순보』 제2호; 『한성순보』 제10호; 『한성순보』 제11호; 『한성순보』 제14호; 『한성순보』 제16호 등).

다음으로 개화기를 대표할 만한 자료들인 첫째, 갑신정변의 14개조 정강(1884), 둘째, 박영효의 내정개혁에 대한 건백서(1888), 그리고 셋째, 유길준의 『서유견문』(1889)에 촛점을 맞춰 살펴보고자 한다.

'개인' 개념과 관련해 첫째, 「갑신정강」에서 주목되는 것은 다음의 두 조항이다.

(제2조) 閉止門閥, 以制人民平等之權, 以人擇官, 勿以官擇人事.[8]

(제13조) 大臣與參贊(新差六人, 今不必書其名)課日會議于閤門內議政所, 以爲變政, 以布行政令事.[9]

먼저 '인민(人民)'이란 용어에 주목하지 않을 수 없다. 기본적으로 한자는 단음절어인 만큼 '인(人)'과 '민(民)'이 각각 하나의 단어에 해당한다. 동시에 그들이 합쳐 만든 '인민'이라는 단어 역시 단일적인 의미가 있을 수 있다. "제후지보삼(諸侯之寶三), 토지(土地), 인민(人民), 정사(政事)"(『맹자(孟子)』 진심하盡心下), "지기리해(知其利害), 이부인민(以阜人民)"(『주례(周禮)』, 지관地 官 대사도大司徒) 같은 용례가 거기에 해당한다. 그렇다면 「갑신정강」에서 '인 민'은 어떤 맥락에서 쓰이는가. 개념을 정의하지 않은 만큼 용례를 통해서 추정할 수밖에 없다. 바로 앞에 '폐지문벌(閉止門閥)'이 있고, 이어 '평등지 권(平等之權)'이 뒤따른다는 점, 그리고 13조에서 왕에 의한 국정(國政)의 사물화(私物化)를 부정하고, 실권을 대신과 참찬 회의에 부여한다는 점 등으 로 미루어볼 때 전통적인 '인민' 용례에서 벗어나 있다. 무엇보다 그들은 '평등(平等)'한 '권(權)'을 갖는다. 게다가 군주의 권한은 제한되며, 종래의 문벌이 폐지된다면 아직 분명하지는 않지만 '입헌군주제'를 지향한다고 하 겠다.

둘째, 「조선 내정 개혁에 관한 건백서」는 「갑신정강」의 정신(사상)을 이어 받음과 동시에 그것을 논리적으로 한층 더 발전시킨 것이라 하겠다. 갑신정 변의 정당성을 주장한 것이라 볼 수도 있다. 왕에게 올린 상서문인 만큼 그 는 전통적인 문맥을 다양하게 인용하면서 '인(人)' '인민(人民)' '민(民)' '인

---

8) 문벌을 폐지하여 인민이 평등한 권리를 갖는 제도를 마련하고, 사람으로서 벼슬을 택하 되 벼슬로 사람을 택하지 말 것.

9) 대신은 참찬과 함께 (새로이 차임한 6명이다. 지금 그 이름을 다시 쓸 필요는 없다.) 매 일 합문 안의 의정소에서 회의하여 완전히 결정한 다음에 정령을 반포 시행할 것.

인(人人)' '일인(一人)' '일신(一身, 일신지자유一身之自由)' '백성(百姓)' 등 다양한 용어를 구사했다. 그래도 '민' '인민'이 대표적이다. 문맥을 조심스레 읽어보면 그의 '민'과 '인민' 개념에는 새로운 '개인'이라는 관념이 섞여 있음을 알 수 있다.[10] 여기서 우리는 앞에서 본 후꾸자와 유끼찌의 '인(人, 인민人民)'을 떠올리게 된다. 실제로 영향을 받았을 가능성도 있다. 그와 마찬가지로 일종의 의미변용이 일어나고 있음을 알 수 있다.

박영효는 '군(君)'과 '민(民, 인민)'의 관계에 대해 다음과 같이 말한다. "진실로 일국의 부강을 기하고 만국과 대치하고자 한다면, 군권을 조금 줄이고 민(民)으로 하여금 당분(當分)의 자유를 누리게 하는 것이 좋겠습니다. 각자가 보국의 책(責)을 짊어진 후에야 문명으로 나아갈 수 있습니다. 이와같다면 민은 평안하고 국가는 태평스러워서 종사와 군주의 지위는 가히 영원할 수 있습니다."[11] 군권을 줄이고 민으로 하여금 응당한 자유를 누리게 하라는 것, 그것은 곧 국가의 부강은 물론이고 나아가서는 여러 국가와 나란히 설 방법이라 한다. 당연히 군주의 권한은 축소되어야 한다. 만약 "민에게 자유의 권이 없고 군권이 무한하다면, 비록 잠시 강성한 날을 있을지 모르지마는 머지않아 쇠망할 것입니다. 그것은 정치에 정함이 없고 마음대로 천단하기 때문"[12]이다. 그러니 "모든 것을 직접 하시지 마시고 각각 관직을 맡은 사람에게 맡기고",[13] 또 "어진 재상을 골라 정무의 일을 맡기라"는 것,[14] 그리고

---

10) "(박영효가 현실 속에서 직시한 '인민(人民)'이라고 하는 것은──이것은 개화파의 일관(一貫)된 사고방법이었다고 할 수 있는데──어디까지나 전통적인 조선조사회 속에서 부랑(浮浪)하고 있었던 '무지(無知)'와 '나타(懶惰)'의 군중이었다.) … 그에게 '인민(人民)'의 참된 존재형태는 … '부(富)'라든가 '환락(歡樂)'을 적극적으로 추구하는 개인이었다."(박충석 1982, 226면)

11) "是以誠欲其一國之富强, 而與萬國對峙, 不若少減君權, 使民得當分之自由, 以各負報國之責, 然後漸進文明也, 夫如此, 則民安國泰, 而宗社君位, 并可以永久也."(306면)

12) "然民無自由之權而君權無限, 則雖有暫時强盛之日, 然不久而衰亡, 此政治無定, 而任意擅斷故也."(309면)

13) "不可 親裁萬機, 而各任之其官事."(308면)

"민으로 하여금 민사(民事)를 의논하게 하고, 공사(公私) 양쪽의 일을 터득하게 하게"[15] 하라고 한다.

그에 의하면 민은 '자유의 권'을 갖는다. 그러면 '자유'란 무엇인가. 그가 말하는 '자유'는 종래의 한자어 '자유'——그것은 ('문명의 자유'가 아니라) '야만의 자유'일 뿐이었다——와는 의미를 달리한다. '자유'라는 말에도 의미 변용이 일어난 것이다.[16] 그는 "이른바 자유라는 것은 그 생각한 바를 행할 수 있는 것으로서, 다만 하늘과 땅의 이치를 따를 뿐이며, 속박할 수 없고, 굽힐 수도 없는 것"[17]이라 한다. 그것은 "하늘이 부여해준 자유〔天賦之自由〕"이다. 그같은 '자유의 권'을 갖는 '민'은 당연히 평등하다. 아니 평등해야 한다. 남자와 여자, 지아비와 지어미는 평등해야 하며,[18] 양반, 상민, 중인, 서민의 등급 역시 폐지되어야 한다.[19] 남녀와 귀천의 구분이 없어져 모두가 평등해져야 한다.[20]

하지만 현실세계에서 민은 그 자유의 일부를 포기하고 세속의 통의에 따른다. 그리고 따라야 한다. '의무' 같은 것이라 하겠다. 그는 다음과 같이 말한다. "그러나 사람이 이미 세상에 나와서 그 이익을 서로 얻으려면 일부의 자유를 버리고 세속의 통의를 따르지 않을 수 없습니다. 때문에 국법에 순종하는 것입니다. 비록 그 자유를 버리는 것처럼 보이지만, 실은 그 야만의 자유를 버린 것이며, 천하에 두루 통하는 이익을 얻는 것입니다. 법률을 만들

---

14) "擇賢相, 專任政務事."(308면)

15) "設縣會之法, 使民議民事, 以得公私兩便事."(309면)

16) 그외에도 「조선 내정에 관한 건백서」에는 정치·경제·재정·종교·정부·정당·역사·지리 등의 개념이 오늘날 우리가 쓰는 것과 거의 비슷한 의미로 쓰인다. 역시 번역어 혹은 의미변용이라는 측면이 있다고 하겠다.

17) "所謂自由者, 行其所思之可者也, 只從天地之理, 而無束縛, 無屈撓."(310면)

18) "男女, 夫婦, 均其權也."(310면)

19) "廢班, 常, 中, 庶之等級也."(310면)

20) "如此則男女貴賤之勢, 必漸至均一."(310면)

어 죄를 규제하는 것 역시 하늘이 부여해준 자유를 덜어내는 것 같지만, 실은 그로 말미암아 처세의 자유를 크게 증대시키는 것입니다."[21] 여기서 우리는 소략하나마 '자연상태에서 사회로 이행해가는' 모습을 확인할 수 있지 않을까. '민'('개인')과 '세속'('사회')의 관계를 미루어볼 때 이는 "천부인권설에 기초를 둔 사회계약설의 일종"이며, "천부인권설에 입각한 자유-평등-권리-의무에 관한 사상을 근거로 사회계약론을 전개하고 있는 것"(김영작 1989, 151~52면)이다.

아울러 그는 중요한 점 하나를 일러주고 있다. 이른바 '문명'에 이르게 되면 사람은 "정부에 복종해야 할 의(義)와 복종해서는 안될 의를 알고 동시에 타국의 뜻에 복종해서는 안될 의를 안다"[22]고 한다. 시민불복종인 셈이다. 그는 한걸음 더 나아간다. 만약 그 정부가 "그 의를 보존하고, 민이 좋아하는 바를 좋아하고, 싫어하는 바를 싫어하면, 곧 그 위엄과 권력을 얻게 됩니다. 만약 그에 반해서 그 의를 거슬리고, 민이 좋아하는 바를 싫어하고, 싫어하는 바를 좋아하면, 민은 반드시 그 정부를 변혁시켜 새로이 세워서, 그 큰 뜻을 보존할 것입니다. 이것이 인민의 공의이며, 직분입니다. 그래서 공법은 국사범은 죄인으로 여기지 않고 도리어 보호해주니, 이는 문명의 공의오, 하늘의 지극한 이치를 잇는 것"[23]이라 한다. 말하자면 '저항권'까지 생각하고 있었던 것이다.

---

21) "然人旣交世, 互得其裨益, 則不可不棄一部之自由, 而從世俗之通義, 故順從國法, 雖似棄其自由, 然實棄其野蠻之自由, 而得天下通同之利益也, 設法律制人罪, 雖似減天賦之自由, 然實由此而大增處世之自由也."(310면)

22) "凡人進文明, 則知服從於政府之義及不可服從之義, 而亦知不可服從於他國之義, 此無他, 知禮義廉恥之故也."(306면)

23) "是以人間立政府之本旨, 欲固此通義也, 非爲帝王設者也, 故政府保其義, 好民之所好, 惡民之所惡, 則得其威權, 若反是, 戾其義, 惡民之所好, 好民之所惡, 則民必變革其政府, 而新立之, 以保其大旨, 此人民之公義也, 職分也, 是以公法不以國事之犯爲罪人, 而反護之, 此文明之公義, 而承天之至理也."(309면)

그러면 셋째, 유길준의 『서유견문』은 어떠한가. 간행된 것은 1895년이지만 실제로 쓴 싯점(1889)으로 따진다면 박영효 「건백서」와 거의 비슷하다. 그런 만큼 동시대를 산 두 사람이 가졌던 생각과 비전의 미묘한 차이를 확인해볼 수도 있다.

유길준은 『서유견문』 제4편에 '인민의 권리' 장을 설정해놓았다. 그 역시 '인민'에 주목한 것이다. 이미 '권리'에 주목하는 만큼 유길준의 '인민(人民)'이라는 용어 역시 (후꾸자와 유끼찌 및 박영효처럼) '의미변용'된 것으로 이해할 수 있겠다. 실제 본문에서는 '인민(人民)' 외에 '민(民)' '인(人)' '인인(人人)' '인생(人生)' '일인(一人)' '일신(一身)' '각인(各人)' '각일인(各一人)' '각기인(各其人)' '각인일신(各人一身)' '각기일신(各其一身)' '일인(一人)의 신(身)' '자기일신(自己一身)' 등 다양한 표현을 구사했다. 외형상의 표현만 따진다면 본래 의미에 한발 더 다가서려 했다고 볼 수 있다.

무엇보다 인민은 권리를 가지며, 그것은 자유와 통의(通義)로 구성된다.[24] 자유는 무엇이든 마음대로 할 수 있는 것이며, 통의는 당연한 바른 이치라 한다.[25] 자유와 통의의 권리는 이 세상의 모든 사람이 다 가지며 같이 누리는 것이며, 각자 일신의 권리는 태어남과 동시에 갖는 것으로써 얽매이지 않고 독립하는 정신으로 무리한 속박을 받지 않으며, 공정하지 않은 대우를 받지 않는 것이다.[26] 그들은 "뺏을 수도 없고, 구부릴 수도 없고, 굽힐 수도 없는 권리"[27]로서 "하늘이 부여해준 도리"[28]이며 "천하 사람들의 보편적인 권

---

24) "夫人民의 權利는 其自由와 通義를 謂홈이라."(109면)

25) "自由는 其心의 所好ᄒ는 딕로 何事든지 從ᄒ야 窮屈拘碍ᄒ는 思慮의 無홈"이며, "通義는 一言으로 蔽ᄒ야 曰當然ᄒ 正理라."(109면)

26) "今此 自由와 通義의 權利는 普天率土億兆人民의 同有共享ᄒ는 者니 各人이 各其一身의 權利는 其生과 俱生ᄒ야 不羈獨立ᄒ는 情神으로 無理ᄒ 束縛을 不振ᄒ고 不公ᄒ 窒碍를 不受ᄒ는" 것이다(110면).

27) "人生의 不可奪不可撓不可屈ᄒ는 권리."(113면)

28) "天授ᄒ 公道."(114면)

리"[29]이기도 하다. 여기서 우리는 자연권 사상이나 천부인권설을 확인할 수 있다.

자유와 통의, 다시 말해 권리를 가진 인민은 당연히 서로 평등하다. 사람이 하늘과 땅 사이에 태어나 각기 사람 되는 이치로 본다면, 사람 위에 사람 없고 사람 밑에 사람 없으니 천자도 사람이오, 필부도 역시 사람일 뿐이다.[30] 사람 되는 권리는 현명하고 어리석음, 귀하고 천함, 가난하고 부유함, 강하고 약함의 구분이 없으니, 이는 세상의 공정하고 올바른 원리라는 것이다.[31]

이렇듯 서로 권리를 가지며 서로 평등한 인민은 과연 어떻게 질서와 사회를 만들어내는가가 중요하다. 다시 말해 유길준에게 계약적 사유가 있는가 하는 것이다. 그에 의하면 사람의 권리는 자신이 자훼(自毁)하기 전에는 만승(萬乘)의 권위와 만부(萬夫)의 힘으로도 뺏을 수 없으며, 그 자훼자의 권리를 제한하는 도(道)는 오직 법률만이 그 당연한 의를 가질 뿐이다.[32] 자유 역시 같은 맥락에서 제한될 수 있다. "인간의 교제(交際)가 있을 때에는 그 교제하는 도(道)를 통해 얻는 혜택과 이익 또한 크다. 그 때문에 하늘이 부여해준 일신(一身)의 자유를 어느정도 양도(讓棄)하지 않을 수 없으며, 일신의 자유 일부를 양도하고 인세(人世)의 규구(規矩)를 종순(從順)하여 그 혜택을 입으니, (그것은 마치) 서로 교역을 하는 것과 같다."[33] 요컨대 법률은

---

29) "大抵 人의 自由와 通義는 天下人의 普同혼 權利라."(128면)
30) "人이 天地間에 生ᄒ야 各其人 되는 理로 視ᄒ면 人上人도 無ᄒ고 人下人도 無ᄒ니 天子도 人이오 匹夫도 亦人."(114면)
31) "人 되는 權利는 賢愚貴賤貧强弱의 分別이 無ᄒ니 此는 世間의 大公至正혼 原理라."(114면)
32) "然혼 故로 人의 權利는 自己가 自毁ᄒ기 전에는 萬乘의 威와 萬夫의 勇이라도 撓奪ᄒ기 不能ᄒ고 其自毁者의 權利를 虧屈ᄒᄂ 道는 惟法律이 其當然혼 義를 獨有ᄒ니."(113면)
33) "人이 旣然히 世에 處ᄒ야 人間의 交際가 有혼 時는 此交際ᄒᄂ 道를 由ᄒ야 所收ᄒᄂ 惠澤과 裨益이 亦大ᄒ지라. 此를 償ᄒ기 爲ᄒ야 其天賦혼 一身의 自由를 如干의 讓

358

천하의 보편적인 이익을 도모하려는 것이다. 얼핏 보기에는 하늘에 부여해 준 자유를 침해하는 것 같지만 실은 처세(處世)하는 자유를 크게 증대한다는 것이다.[34]

여기까지는 박영효의 '인민'관과 크게 다르지 않다. 하지만 두 사람 사이에 엄연한 차이가 있음을 외면할 수 없다. 정치의 주체로서의 인민관, 시민불복종, 저항권이라는 측면에서 그들의 입장은 나뉜다. 유길준은 "군민의 공치(共治)ᄒ는 정체(政體) 우왈(又曰) 입헌정체(立憲政體)"[35]를 가장 바람직한 것으로—'군주'의 위상과 관련하여 홉스 식의 (계약을 통한) 이론적 정당화는 보이지 않는다—생각하면서도(144~49면 참조), 인민의 풍속과 국가의 상황을 불문하고 그 정체를 감행해서는 안된다고 한다.[36] 인민의 정치참여를 유보하는 것이다. 인민의 지식이 부족한 국가는 갑작스레 그 인민에게 국정에 참여하는 권리를 부여할 수 없다는 것,[37] '인민의 권리'(제4편) 바로 앞에 '인민의 교육'(제3편)이 있다는 것은 극히 상징적이다. 개량주의나 계몽사상으로서의 뉘앙스가 강하다고 하겠다. 주어진 법률을 준수하고, 교육의 필요성을 강조하다 보면 시민불복종과 저항권이 깃들여지는 그만큼 옅어지게 된다.[38] 그런 점에서 로크보다는 홉스에 가까웠다.

棄홈이 無ᄒ면 不可ᄒ니 一身自由의 一部를 讓棄ᄒ고 人世의 規矩를 從順ᄒ야 其惠益을 蒙被ᄒ야 彼此의 交易을 行홈과 同ᄒ 者라."(112면)

34) "法律을 設ᄒ야 人을 妨害ᄒ는 자의 罪를 禁制홈이 其犯者一身의 天賦ᄒ 自由는 減滅ᄒ는 둣ᄒ나 其實은 處世ᄒ는 自由를 大增함이어니와."(112면)

35) 그것은 "君主一人의 獨斷홈이 無ᄒ고", 다시 말해 "人君의 權勢도 限定ᄒ 界境이 有"하며, "議政諸大臣은 人民이 薦擧ᄒ야 政府의 議員이 되는"(144면) 방식이다.

36) "君民의 共治ᄒ는 者가 最美ᄒ 規模라 ᄒ니 然ᄒ則 何國이든지 其人民의 風俗과 國家의 景況을 不問ᄒ고 卽其政體를 敢行홈이 可ᄒ 둣ᄒ나 決斷코 不然ᄒ 者가 有ᄒ니."(151면)

37) "人民의 知識이 不足ᄒ 國은 卒然히 其人民에게 國政參涉ᄒ는 權을 許홈이 不可ᄒ 者라."(152면)

38) "그의 천부인권설이나 사회계약론의 뉘앙스는 강력한 중앙정부를 밑으로부터 떠받들

5. 개념과 현실 사이

박영효와 유길준은 '개인(個人)'이라는 용어를 구사하지는 않았지만, individual(개인)이 갖는 의미를 대체로 파악하고 있었던 것으로 보인다. 관념적으로는 대체적인 의미를 이미 이해하고 있었던 것이다. 정작 문제는 후꾸자와 유끼찌가 간파했듯이 개인이 현실에 존재하지 않는다는 것이다. 새로운 개인을 현실 속에 어떻게 구현하느냐가 숙제였다.

시대가 시대였던 만큼 생각보다 국내 현실의 벽은 높았으며, 한반도를 둘러싸고 전개되는 국제정세 역시 어두웠다. 게다가 그들은 갑신정변이라는 값비싼 역사체험을 했다. 유길준의 고뇌와 프루던스(prudence)는 이와 무관하지 않았을 것이다. '개인'의 과제는 자주독립, 부국강병 등의 절박한 과제 뒤로 밀려났을 것이다.

따라서 한 세기가 지난 지금도 이 문제는 여전히 유효성을 잃어버리지 않고 있다. 과연 그같은 '개인'이 석출(析出)되었는지 어떤지 궁금하다. 만약 되었다면 언제 어떤 과정을 거쳐 어떻게 석출되었는지, 그리고 현재 상황은 어떤지 아직도 납득할 만한 설명을 듣기 어렵다. 그런 속에 최근 활발하게 이루어지는 근대의 상대화, 포스트모더니즘의 등장과 유행, 그리고 일종의 허구(虛構)로서의 '개인'에 대한 재평가는 사태를 한층 더 복합적으로 만들고 있다.

어 나가게 하기 위한 권력 쪽의 권력옹호와 정당화의 논리는 될 수 있어도 인민의 저항권이나 혁명권의 논리로는 될 수 없었다. 오히려 그는 밑으로부터의 민중의 저항, 또는 민중의 주체적 및 혁명적 행동이야말로 국민적 통일과 민족적 독립에서 가장 위험한 것으로 간주하였던 것이다."(김영작, 1989, 264면)

참고문헌

『漢城旬報』

김옥균 저, 조일문 역주 『갑신일록』(건국대학교출판부 1977).

박영효 「조선 내정 개혁에 관한 건백서」, 日本外務省 『日本外交文書』 第21卷(日本國際連合協會 1949).

유길준 『兪吉濬全書 I: 西遊見聞』(일조각 1971)

김영작 『한말내셔널리즘연구: 사상과 현실』(청계연구소 1989).

김용구 『세계관 충돌의 국제정치학』(나남출판 1997).

박충석 『한국정치사상사』(삼영사 1982).

하영선 엮음 『19세기 조선의 근대 국제정치 개념 도입사』(서울대대학원 외교학과 1995).

하영선 엮음 『문명의 국제정치학 I: 문명개화』(서울대대학원 외교학과 1997).

南原繁 『政治理論史』(『南原繁著作集』 第4卷), 岩波書店 1973.

福田歡一 『近代政治原理成立史研究序說』(岩波書店 1971).

柳父章 『飜譯語成立事情』(岩波新書 1982).

作田啓一 『個人(一語の辭典)』(三省堂 1996).

ポール・ヴェーヌ(外)/大谷尙文 譯 『個人について』(法政大學出版局 1996).

丸山眞男 「個人析出のさまざまなパータン: 近代日本をケースとして」, 『全集』 第9卷(岩波書店 1996).

丸山眞男・加藤周一 『飜譯の思想(日本近代思想大系 17)』(岩波書店 1991).

丸山眞男・加藤周一 『飜譯と日本の近代』(岩波新書 1998).

Koselleck, R. *Futures Past: On the Semantics of Historical Time*. Massachusetts. The MIT Press 1985.

Richter, Melvin. *The History of Political and Social Concepts: A Critical Introduction*. New York. Oxford University Press 1995.

대한제국의 '영웅' 개념

이헌미

1. 들어가며

역사적 전환기의 저술들은 종종 오늘날의 기준에서는 상반되는 노선과 입장이 혼재된 것처럼 보인다. 이는 기성질서가 깨어지고 새로운 현실이 등장하는 시기에 특유한 사상적 풍경인 동시에 과거에서 현재의 기원과 자취를 발견하려는 우리의 고질적 습관 때문이기도 하다. 어떤 저술의 의미를 이해한다는 것은 그 저술의 공시적·통시적 좌표를 머릿속에 그리는 작업이 되어야 한다. 즉 그 저술이 참여하는 동시대 논쟁의 전체상을 밝히고, 저자의 생각이 기존의 지적 전통에 대하여 가지는 연속성과 혁신성을 드러낼 수 있어야 한다. 현재주의의 오류에 빠지지 않고 과거의 저술들에 정당한 사상적 좌표를 부여하는 데 유용한 도구로 사용될 수 있는 것이 '개념'이다. 개념은 서로 다른 시대와 공간과 논쟁 간의 연결고리로서 사상들의 역사적 형성에

서울대 외교학과 박사과정.

관여한다. 그리고 그 과정에서 개념들 또한 생기거나 없어지거나 의미가 바뀐다. 이처럼 개념의 부침과 변천을 추적하여 기록하는 '개념사'[1] 연구는 사상사적 변화가 실제로 어떤 모습으로 진행되는지 그 내부의 동학과 연관관계를 드러내준다.

사상가의 전기나 이데올로기의 형성사가 아닌 '개념의 역사'를 통하여 사상사에 접근하는 방법은 근대 초 한국의 정치담론 분석에서 더욱 긴요하다. 20세기 초 동아시아 지식의 유통구조는 대개 메이지 일본의 서구 번역물이 청을 거쳐 대한제국으로 도입되는 형태를 취하고 있었다. 서구의 근대에 대한 이러한 삼중의 번역과정에서 때로는 새로운 어휘가 만들어졌고, 때로는 전통 학문의 기존 개념들이 유추 동원되었으며, 때로는 지역 내 이웃 국가들의 번역어가 차용되었다. 이처럼 시공을 가로지르는 일련의 수색작업과 편찬과정을 거쳐 말을 고르고 의미를 재구성하는 가운데, 새로운 개념이 생기며 기존 개념에 변화가 일어난다. 역사적 경험 없이 이론과 사상이 먼저 수입되는 상황에서 이러한 개념들은 현실을 추동하는 정치적 수단으로 사용되면서 전통과 근대, 동양과 서양, 토착적인 것과 외래적 요소 간의 긴장과 타협을 긴밀하게 반영하였다. 이 시기의 번역작업과 특정 개념의 사용은 그만큼 실천적 성격이 강할 수밖에 없었고, 따라서 장소와 맥락에 따른 변용과 굴절 또한 필연적으로 수반되었다. 그러므로 우리는 저술의 중심 개념들이 근대한국의 사상계에 등장하게 된 경로와 경위를 묻고, 그 의미의 변화과정을 추적함으로써 당대의 사상적 지형과 쟁점들에 대한 올바른 시야를 확보해야 한다.

이 글은 대한제국 시기의 영웅 개념을 근대적 주체에 대한 담론의 일환으

---

1) '개념사'(Begriffsgeschichte)에 대해서는 Reinhart Koselleck, *The Practice of Conceptual History: Timing History, Spacing Concepts* (California: Stanford University Press 2002) 20~37면; 라인하르트 코젤렉 저, 한철 옮김 「개념사와 사회사」, 『지나간 미래』(문학동네 1996) 121~44면; 이상신 「개념사의 이론과 연구실제」, 『역사학보』, 110호(1986).

로 파악하였다. 그간 '영웅'이라는 주제는 정치학보다는 국문학의 영웅문학 연구나 역사학의 영웅사관(英雄史觀) 연구에 의해 다루어져 왔다. 그러나 문학작품의 내재적 분석에 그치거나 영웅 개념을 전근대적인 것으로 전제하고 이루어진 기존 작업들은 대한제국 시기에 새삼 대두한 영웅담론의 근대 정치적 함의를 충분히 포착하지 못했다.[2] 역으로 '국가' '민족' '국민' 등 오늘날 확립된 근대정치학의 중심 개념들만으로는 대한제국의 지식인들이 '민주주의'나 '내셔널리즘'이나 그밖에 서구 근대정치 이데올로기를 이해하고 전용(轉用)한 실상과 전모에 접근할 수 없다. 근대한국의 정치사상은 대한제국의 주권상실과 일본 식민지배의 트라우마로 말미암아 여전히 상당부분이 어둠속에 잠겨 있다. 분과학문의 경계를 넘어선 폭넓은 개념사 연구야말로 근대한국의 정치사상사를 그 어둠속에서 일어난 모색과 선택의 생생한 드라마로 다시 쓰는 것을 가능하게 해줄 것이다.

2. 영웅 개념의 수용경로

대한제국의 독서계에 '영웅'이라는 말은 수많은 위인의 전기(傳記, biography)와 함께 출현한다.[3] 1895년 11월 일본인 발행의 『한성신보(漢城新

---

2) 근대 초 한국의 정치담론에 나타난 '영웅' 개념에 대한 국사학계의 논의는 주로 신채호의 역사주체 인식에 촛점이 맞추어져 있다. 통설적 논의에 따르면 신채호의 일련의 영웅 논설과 역사소설은 영웅을 역사적 주체로 보는 영웅사관(英雄史觀)에서 씌어졌으며 이 때 영웅은 봉건적 지배계층이다. 그러던 것이 1910년을 전후하여 '무명의 영웅'이라는 과도기적 관념을 거쳐 민중을 역사적 주체로 보는 민중사관으로 전환된다는 것이다. 대표적 연구로는 강만길 「신채호의 영웅·국민·민중주의」, 강만길 편 『신채호』(고려대학교출판부 1990) 50~77면; 이만열 『단재 신채호의 역사학 연구』(문학과지성사 1990) 제4장 '단재사학의 역사주체 인식 문제', 161~202면.

3) 1896년부터 1910년까지 지면에 발표된 위인전기 일람은 표1 참조.

報)』4)에 나폴레옹 전기가 실리는 것을 필두로 1910년까지『독립신문』『제국신문』『황성신문』『대한매일신보』『태극학보』『대한학회월보』『서북학회월보』『대한흥학보』등 주요 신문과 학회지에는 역사적 인물들의 전기가 끊임없이 게재된다. 1896년부터『독립신문』『제국신문』등의 논설 지면에 잔 다르크, 나폴레옹, 비스마르크, 글래드스턴, 워싱턴, 피터 대제, 카부르(Camillo Benso, Conte di Cavour, 1810~61), 넬슨 제독, 웰링턴 장군 등 오늘날 우리에게는 이미 친숙한 서양의 정치가, 군인, 혁명가 들의 생애를 기록한 글들이 등장하며, 그사이에 리훙장(李鴻章), 캉유웨이(康有爲), 후꾸자와 유끼찌(福澤諭吉) 등 중국과 일본의 정치가, 사상가 들의 행장기 또한 섞여 있다. 1906년 이후 일제히 등장한 학회지는 거의 매호 고정적으로 서양 위인전기를 연재하였으며, 1907년부터는 이전에 신문에 소개되었던 위인전들이 단행본 형태로 출간되었고, 1908년에 들어서자 한국의 역사적 인물을 주인공으로 한 창작 위인전기가 등장하기 시작한다. 1907년부터는 추상화된 '영웅'을 직접 주제로 다룬「한국 홍복은 영웅숭배에 재함」「영웅과 세계」「무명의 영웅」「영웅을 갈망함」등의 논설이 게재되기 시작했다.5)

왜 이 시기 대한제국에 수많은 위인전기과 영웅논설이 유행하였는가. 외국 위인전기를 번역하고 자국의 위인을 주인공으로 하는 전기소설을 창작하도록 추동한 문제의식은 무엇이었으며, 그것은 어디에서 발원하였는가. '영웅'이라는 어휘를 공유하는 영웅논설과 위인전기의 관계는 무엇인가. 영웅

<hr>

4) 이 시기 일본인이 한국에서 한국어 또는 일본어로 발행하던 신문은『한성신보』(1895~1906. 7. 31),『대한일보(大韓日報)』(1904. 3. 10~1910. 4),『경성일보(京城日報)』(1906. 9. 1~1945. 10. 31),『대동신보(大東新報)』(『중앙신보(中央新報)』『대한일일신문(大韓日日新聞)』) 등이 있었다. 본 연구에서는 이 자료들을 다루지 못했으나 같은 언론계에 종사하던 애국계몽 지식인들은 상당수가 이 신문들을 읽었으리라 추측되는 만큼 근대 초 한국의 서구지식의 수용경로라는 측면에서 이 신문자료들을 조명할 필요가 있다고 본다.
5) 영웅 논설 일람은 표2 참조.

논설을 우리는 어떻게 해석해야 하는가. 그 해답을 알려면 서구적 근대화를 위한 지식이 서유럽에서 동아시아로, 동아시아 내에서도 일본과 청을 거쳐 조선으로 유입되던 당대의 유통구조에 주목할 필요가 있다.

1905년 12월 14일부터 21일까지 『대한매일신보』에 연재된 「이태리건국 아마치전」은 량치차오(梁啓超)의 『의태리건국삼걸전(意太利建國三傑傳)』 중 아마찌(마짜니, Giuseppe Mazzini, 1805~72)의 삶을 간추려 역술한 것이며, 1906년 12월 18일부터 『황성신문』에 11회에 걸쳐 연재된 「독(讀)이태리건 국삼걸전」 또한 량치차오의 『의태리건국삼걸전』을 압축하여 번역한 것이다. 량치차오의 「라란부인전(羅蘭夫人傳)」은 1907년 5월 23일 『대한매일신보』 에 4회에 걸쳐 연재되고, 같은 해 7월 3일부터 7월 8일까지 『대한매일신보』 국문판에도 번역되어 게재되면서 박문서관에서 순한글 단행본으로 출간되었 다.[6] 량치차오의 『음빙실문집(飮氷室文集)』[7]을 발췌, 국한문체로 번역하여 1908년 탑인사에서 간행한 『음빙실자유서(飮氷室自由書)』에는 「선변지호걸 (善變之豪傑)」 「호걸지공뇌(豪傑之公腦)」 「무명지영웅(無名之英雄)」 「영웅 여시세(英雄與時勢)」 「설하무영웅필저무기사(舌下無英雄筆底無奇士)」 「문 명여영웅지비례(文明與英雄之比例)」 등 영웅논설들이 실려 있으며, 비스마 르크, 글래드스턴,[8] 나폴레옹,[9] 넬슨 제독,[10] 카부르[11] 등 당대 위인들의 이 름이 거론되어 있다. 이들은 모두 생애와 업적이 19세기 말에서 20세기 초

---

6) 우림걸 『한국개화기문학과 양계초』(도서출판 박이정 2002) 51~71면.

7) 『음빙실문집(飮氷室文集)』에는 1902년 『신민총보(新民總報)』에 연재된 『의태리건국삼 걸전(意太利建國三傑傳)』과 「라란부인전(羅蘭夫人傳)」이 수록되어 있다. 『청의보(淸議 報)』 제4호(1899. 1. 22)에 따르면 경성의 한성신보관과 인천의 이태호가 『청의보』를 이미 1898년 12월 창간호부터 취급했다는 점에서 『음빙실문집(飮氷室文集)』은 광지서국 에서 간행된 1902년 즉각 대한제국 지식인들에게 입수되어 읽혔을 것으로 추정된다.

8) 梁啓超 저, 전항기 옮김 「俾士麥與格蘭斯頓」, 『飮氷室自由書』(塔印社 1908) 5~7면.

9) 「自助論序」, 같은 책 34면.

10) 「偉人訥耳遜軼事」, 「自信力」, 같은 책 43, 51면.

11) 「加布兒與諸葛孔明」, 같은 책 53면.

한국의 신문지면에 자주 소개된 인물들이다. 량치차오의 영웅논설들은 1908년 2월 『태극학보』 18호에 실린 정제원의 「무명의 영웅」, 1908년 7월 『서북학회월보』 2호에 실린 박한영의 「시세(時世)가 조영웅(造英雄)」, 『대한매일신보』 1907년 10월 29일부터 30일까지 실린 「천하대세론」, 1908년 1월 4일과 5일에 실린 「영웅과 세계」, 1909년 5월 15일자 「무명의 다수 소영웅을 구함」, 1910년 6월 26일자 「영웅(英雄)과 시세(時勢)」, 1910년 7월 24일자 「유명(有名)의 영웅과 무명(無名)의 영웅이라」 등에 반복적으로 번역되어 게재되면서 대한제국의 영웅론에 중요한 원재료를 제공한다.

한편 1900년 3월 1일 『청의보』 제37호에 실린 량치차오의 「무명지영웅」은 1893년 5월 민유샤(民友社)의 사장이자 언론인인 도꾸또미 소호(德富蘇峰)의 『정사여록(靜思餘錄)』에 실린 「무명의 영웅(無名の英雄)」을 옮겨놓은 것이다. 이 글은 『음빙실문집(飮氷室文集)』과 『음빙실자유서』에도 실렸으며, 1900년대 말 대한제국의 신문과 잡지에서 여러번 게재되었다. 량치차오의 위인전기 또한 상당수가 도꾸또미 소호가 사장으로 있던 일본 민유샤(民友社)의 출판물을 원작으로 발췌 번역하여 첨언한 것이다. 량치차오가 최초로 발표한 위인전기는 1902년 3월 24일 『신민총보(新民叢報)』 제4호부터 7호까지 연재된 헝가리 민족영웅 코슈트(Lajos Kossuth)의 전기인 「흉가리애국자갈소사전(匈加利愛國者喝蘇士傳)」이다. 『신민총보』에는 아예 전기(傳記)란이 고정으로 있어 이 지면을 통해 『이태리건국삼걸전(伊太利建國三傑傳)』 「라란부인전」 「크롬웰전」 등이 발표되었다. 『흉가리애국자갈소사전(匈加利愛國者喝蘇士傳)』은 발단, 결말 등의 부분을 제외하면 이시가와 야스지로(石川安次郎)의 「ルイ, コッスート」(『태양(太陽)』 제22권 5호, 1899년 5월)를 번역한 것이다. 이시가와의 「코슈트전」은 1900년 2월 분부도(文武堂)에서 나온 『근세세계십위인(近世世界十偉人)』 속에 들어 있는데, 이 책에는 이밖에도 사이고 다까모리, 증국번, 카부르, 비스마르크, 디즈레일리, 해밀턴, 나폴레옹3세 등 동서양 근대 정치인들의 전기가 포함되었다. 코슈트의 전기에 이어 두번째로 1902년 6월부터 12월까지 『신민총보』에 게재된 량치차오의 『의태리건국삼걸전(意太利建國三傑傳)』은 메리어트(John Arthur Ransome Marriott)[12]의 원작을 히라따 히사시(平田久)가 편집 번역한 『이태리건국삼걸전』(1892년 10월)과 『근세세계십위인(近世世界十偉人)』 중 마쯔무라 가이세끼(松村介石)의 「カミロ, カヴール」(『태양太陽』 제4권 제1, 제2호, 1898. 1~2)를 발췌하여 편집한 것이다. 마쯔무라 가이세끼는 1898년 「카부르전」 이전에 1890년 링컨의 전기 『아백랍한륜고룡전(阿伯拉罕倫古龍伝)』(丸善商社書店 1890. 12)을 펴낸 바 있다. 다음으로 『신민총보』 17, 18호에 실린 「근세제일여걸라란부인전(近世第一女傑羅蘭夫人傳)」은 도꾸또미 로까(德富蘆花) 편 『세계고금명부감(世界古今名婦鑑)』(민유샤民友社, 1898년 4월) 제1장 '佛國革命の花'(『가정잡지家庭雜誌』 19-24호, 1893. 12~1894. 2)를 번역한 것이다. 1903년 2월부터 1904년 11월까지 『신민총보』에 게재한 크롬웰의 전기 「신영국거인극림위이전(新英國巨人克林威爾伝)」도 민유샤(民友社)에서 1890년 12월에 펴낸 다께꼬시 요사부로(竹越与三郎)의 「格朗ウェル」에 의거한 다.[13]

메이지 일본을 풍미한 영웅론의 사상적 계기로 작용한 것은 토마스 칼라일(Thomas Carlyle)[14]과 쌔뮤엘 스마일즈(Samuel Smiles)의 저작이다. 칼라일

---

12) 메리어트(1859~1945)는 영국의 역사학자이자 교육가, 정치가로서 *English Political Institutions, An Introduction Study* (1913), *The European commonwealth: problems historical and diplomatic* (1918), *Europe and beyond, a preliminary survey of world-politics in the last half-century, 1870~1920* (1921) 등을 저술하였다. 히라따 히사시(平田久)의 『이태리건국삼걸전(伊太利建國三傑傳)』은 메리어트의 *The makers of modern Italy: Mazzini, Cavour, Garibaldi. Three lectures delivered at Oxford* (1889)를 저본으로 삼았다고 추정된다.

13) 松尾洋二 「梁啓超と史伝」, 狹間直樹 編 『梁啓超: 西洋近代思想收用と明治日本』(東京: みすず書房 1999) 257~95면.

14) 이 시대 영웅논설과 위인전기를 따로 생각해서는 안되는 근거가 칼라일의 사상에서 발견된다. 칼라일은 1830년 11월 "Thoughts on History"라는 글에서 "역사는 셀 수 없

의 "On Heroes, Hero-Worship, and the Hero in History"(1841)[15]는 『영웅과 영웅숭배(英雄及び英雄崇拜)』라는 제목으로 1880년경에, 스마일즈의 『Self-Help』(1859)는 『서국입지편(西國立志編)』이라는 제목으로 1871년 일본에서 번역되어 출간되었다. "사회는 영웅숭배에 의해 설립된다" "역사는 영웅의 전기다"[16]라는 주장을 통해 칼라일이 역설한 영웅숭배란 국민정신을 각성하

는 전기의 정수"(History is the essence of innumerable biographies)라고 함으로써 전기 형식을 택한 역사에 대한 접근이 의도적임을 밝혔다. 전기라는 장르와 역사와 문학 사이 의 관계는 영국 사상가들 사이에서는 이미 튜더-스튜어드 시대부터 논의대상이 되었던 것이다. 이에 대해서는 Judith H. Anderson, *Biographical Truth: The Representation of Historical Persons in Tudor-Stuart Writing* (New Haven and London: Yale University Press 1984)을 참조. 칼라일은 *The Life of Friedrich Schiller* (1825), *Oliver Cromwell's letters and Speeches: with Elucidations* (1845), *History of Friedrich II of Prussia, called Frederick The Great* (1858~1865) 등 다수의 전기 저작을 남겼으며, 1857년 발표한 *The French Revolution: A History* 또한 인물들의 상세한 행적을 통해 프랑스혁명사를 기록하고 있다. 칼라일 전기의 정치학적 함의에 주목한 국내 연구로는 신복룡 「전기정치 학 시론: 그 학문적 정립을 위한 모색」, 『사회과학논총』 제3집(건국대학교 사회과학연구 소 1998).

15) 1840년 5월 5일부터 22일까지 런던에서 행한 여섯 차례의 강연을 이듬해인 1841년 에 활자화한 것으로 19세기 최고의 베스트셀러 중 하나였다. 1841년 초판 간행 후 1928 년에 이르기까지 영국에서 28판, 미국에서 25판이 각각 간행되었다. 이 강연에서 그는 성직자로서의 영웅으로 루터를, 왕으로서의 영웅으로 크롬웰과 나폴레옹을 꼽는데, 이 모두 일본, 중국, 한국에 위인전기로 전해진 인물들이다. 윤치호도 일기에서 미국 유학시 절 칼라일의 저서 『논쟁을 기다리며』(*Await the Issue*)를 읽었다는 것을 언급하며(1890 년 5월 6일자 윤치호의 일기, 국사편찬위원회 편 『*Yun Chi-ho's Diary*』, vol. 2, 54면), 1907년 보성관에서 황윤덕의 번역으로 나온 『비사맥전(比斯麥傳)』의 마지막 부분에는 "「가라이루」가 其英雄崇拜論中에 筆鋒을 下흐야 日日耳曼民族의 巨人을 批評흐면 比 公은 確實히 永遠生活人이라 獨逸帝國은 亡흐야도 公은 亡치 아니흘지니 勇敢한 鐵血 政略의 創業과 偉大흔 國家社會主義의 基本이여 決斷코 흔又「우이루헤롬」一世에 忠 僕이라고 墓에 葬흘 人이 아니라 흐얏더라"(한국학문헌연구소 편 『한국개화기문학총서 II』, 아세아문화사 331면)라고 하여 비스마르크의 전기가 칼라일의 글에서 유래하였음을 알 수 있다.

16) 1910년 5월 6일자 『대한매일신보』에 실린 논설 「영웅과 시세」에는 "영웅이라 하는

기 위한 내면의 개혁이었다. 칼라일의 영웅론은 빅토리아시대 영국의 물질화되고 세속화된 사회에 대한 반동으로 나온 것으로,[17] 영웅의 본질을 내면적이고 정신적인 요소에서 찾는 것이 특징이다. 한편 "장인(匠人)으로서의 영웅" "영재(英才)의 별종이 있는 것이 아니고 보통사람이 지극히 분발하고 노력한 결과가 영재"라는 스마일즈의 주장은 노동자층을 대상으로 지식을 널리 보급하려 한 19세기 영국의 '기술강습소' 운동과 관련된다.[18] 스마일즈의 '자조(自助)'론은 끊임없이 노력하고 분발하는 생활인을, 칼라일의 영웅숭배론은 문학가나 종교지도자 등 계몽운동가들을 새로운 시대의 영웅으로 제시한다.

도꾸또미 소호, 야마미치 아이잔(山路愛山), 기따무라 토꼬꾸(北村透谷) 등이 이 시기에 쓴 영웅논설들에서 '영웅'은 개인적 명예를 중시하면서도 사회 전체의 공적 영역에 대한 시야를 확보하는 인물로 그려진다. 또한 영웅은 신분과 상관없이 만인이 후천적 노력으로 도달하고 성취할 수 있는 자격이 되었다. 비범하고 용맹한 전통적 영웅 관념에 대한 이러한 변화는 근대화 초기 메이지 일본사회에서 진행된 가치의 다원화를 반영하면서 개인의 초월적 역량에 대한 낙관적 기대를 드러낸다. 그것을 가능하게 했던 것은 사회변혁

것은 세간에 조물주인이며 세간의 대사업을 총히 영웅심중에 온축(蘊蓄)한 자이라. 세계 역사를 영웅의 전기라 하여도 불가하지 않도다"라는 대목이 나온다. 신채호 또한 러시아 망명시절인 1913년 김규식에게서 영어를 배웠는데, 'neighbour'를 '네이버'로 읽지 않고 '네이 그후 바우어'로 읽는 영어실력임에도 칼라일의 『영웅숭배론』과 에드워드 기번의 『로마제국쇠망사』를 원문으로 해독할 수 있었다고 한다. 정윤재 「단재 신채호의 국권회복을 향한 사상과 행동: 소크라테스형 지식인의 한 예」, 대전대학교 지역협력연구원 엮음 『단재 신채호의 현대적 조명』(도서출판 다운샘 2003) 237면. 칼라일의 사상이 그만큼 단재에게 친숙하고 중요했음을 추측할 수 있다.

17) 천형균 「빅토리아조의 정신적 특성에 대한 일고(一考)」, 『군산수대연보(群山水大硏報)』 18-2(군산수대 1984) 95~107면.

18) 이영석 「자조: 19세기 영국 중간계급의 가치와 노동귀족」, 『다시 돌아온 자본의 시대』 (소나무 1999) 308~309면.

기로서 다양한 정치적·경제적 기회가 존재했던 메이지 일본의 역동성이었다. 그러나 청일전쟁과 러일전쟁을 거쳐 메이지 국가가 제도적으로 완비됨에 따라 개인의 역량으로 사회적 변화를 주도할 수 있다는 믿음은 사라지고 영웅에 대한 동경심도 점차 쇠퇴한다. 그리하여 메이지 말기에 영웅 개념은 우연이나 운에 투기하는 존재이거나, 자기 안에 매몰된 천재로 변질된다.[19)]

19세기 중반 영국에서 나온 칼라일과 스마일즈의 저작은 '근대적 개인'이 갖추어야 할 내면적 가치체계를 논한 것이다. 이것이 19세기 후반 일본에 번역 소개되어 종래의 '영웅' 관념을 변화시키고, 칼라일과 스마일즈에서 추동되어 나온 메이지 일본의 영웅논설과 번안전기 들이 다시 청과 대한제국으로 유입된다. 지역 내 근대화의 선발주자로서 메이지 일본의 지식체계는 청과 대한제국 등 아시아의 다른 국가들로 수출되고 전파되어 그 국가들의 국민국가 형성에 적지 않은 영향을 끼쳤다.[20)] 그러나 이 당시 '번역'은 어떤 글을 다른 나라 말로 '이전'하는 가치중립적 행위가 아니라 개념을 창출하고 의미를 '재구성'하는 작업이었다. 나아가 정치적 싸움에서 이러한 새로운 개념을 도구로 사용하고자 한 정치적 기획이기도 했다.[21)] 서구열강의 각축장이 된 20세기 초 동아시아에서 메이지 일본과 대한제국은 제국과 식민지라는 극렬한 대립관계로 접어들고 있었다. 학계의 기존 통설대로라면 '영웅'은 생존경쟁의 강자이고 이긴 자이다. 따라서 동아시아의 영웅은 일본이지 대한제국일 수 없다. 그런데도 '영웅'이라는 말은 일본의 조선지배가 기정사실화된 대한제국 말기에 오히려 더 처절하게 부르짖어진다. 우리는 이 현상을 어떻게 해석할 것인가.

---

19) 坂本多加雄 『近代日本精神史論』(東京: 講談社 1996) 126~60면.

20) 山室信一 『思想課題としてのアジア: 基軸·連鎖·投企』(東京: 岩波書店 2001) 13~21면. 야마무로 신이찌는 이것을 '사상연쇄'라고 표현하였다.

21) D. R. Howland, *Translating the West: Language and Political Reason in Nineteenth-Century Japan* (Honolulu: University of Hawaii Press 2002) 5~8면.

3. 식민 전야의 정치언어

일본에서 서양의 정치적 위인들을 등장시켜 전기와 역사평론을 소설적 형태로 버무린 '정치소설'로서 도까이 산시(東海散士)의 『가인지기우(佳人之奇遇)』가 출판된 것은 1886년이었으며, 메리어트(J. A. R. Marriot) 원작 『삼걸전(三傑傳)』이 출판된 것은 1889년, 히라따 히사시(平田久)의 『이태리건국삼걸(伊太利建國三傑)』이 출판된 것은 1892년이다. 량치차오의 『의대리건국삼걸전(意大利建國三傑傳)』은 그로부터 10년 뒤인 1902년에 출판되었다. 1907년에 나온 신채호의 『이태리건국삼걸전』은 량치차오의 것보다 5년 뒤이며, 일본보다는 15년 뒤이다. 도꾸또미 소호의 「무명의 영웅(無名の英雄)」이 들어 있는 『정사여록(靜思余錄)』이 출간된 것은 1893년이다. 량치차오의 「무명지영웅(無名之英雄)」은 소호보다 7년 뒤인 1900년에 출간되었으며, 『태극학보』와 『대한매일신보』에 무명의 영웅이라는 어휘가 등장하는 것은 1908년이다. 량치차오가 「무명지영웅(無名之英雄)」을 쓴 것은 1900년이었으며, 「시세여인물(時勢與人物)」을 통해 '시세를 만드는 영웅(造時勢之英雄)'을 논한 것은 1901년으로 이미 7, 8년 전인데, 영웅론은 왜 대한제국 말기에 집중적으로 대두된 것일까?

몇가지 요인을 상정할 수 있겠는데, 우선 한·중·일 근대의 '시차(時差)' 문제다. 동아시아에서 가장 먼저 근대국가 수립에 성공한 일본은 서구적인 제도와 아이디어 수용의 최전방에 있는 선두주자였다. 1900년대에 들어오면 이미 동아시아 삼국에서 서구의 학문과 사상을 가장 민첩하게 수입하여 배포하는 쪽은 청이 아니라 일본이다. 대한제국의 지식인들에게 심대한 영향을 끼친 량치차오의 상당수 글이 14년 일본 망명생활의 산물이다. 일본이 수입하고 번역한 서구의 이론과 저술을 이차적으로 수용한 청과 한국에는 새로운 지식이 그만큼 늦게 전파될 수밖에 없었다. 일본 지식계의 신조류를 일정한 문제의식하에 재구성한 청의 담론을 다시 받아들인 대한제국은 전파

단계의 가장 끝 쪽에 있었다. 이러한 정신적 시차(時差)는 근대화의 경주에서 그만큼 뒤처졌다는 증거인 동시에, 일본이 양산한 담론이 청과 대한제국의 지식계를 주도함으로써 그러한 후진성을 재생산해내는 권력구조로 작용했다.

이런 점에서 량치차오의 영웅논설들이 다수 실려 있는 『음빙실자유서』가 1908년 국한문으로 출간된 것이 이 시기 신문지상에 영웅론이 전면 대두하게 된 데 일정한 기여를 했다고 보인다. 그러나 역으로 이 시기 영웅론을 대대적으로 신문지면에 게재한 대한제국의 지식인들이 일정한 정치적 의도하에 량치차오의 논설들을 국한문으로 발췌 번역하여 『음빙실자유서』를 발행했을 수도 있다. 『음빙실자유서』가 나오기 이전에 이미 상당수 지식인은 일본이나 청에서 발행된 신문이나 도서를 직접 입수하여 보고 있었으며, 일본에 망명해 있는 기간 량치차오의 저술 또한 발행되자마자 국내에 들어와 읽힌 것으로 추정된다. 따라서 유독 이 시기에 영웅 관련 논설들이 전면적으로 다량 대두한 것은 전파의 속도라는 우연성만으로는 설명할 수 없다.

1905년에서 1910년이라는 시기는 결과적으로 보아 나라가 망해가는 암울한 과도기였음에도 불구하고, 대한제국 내 서구 사회과학 지식의 도입과 학문적 근대화의 측면에서 폭발적인 양적 증가와 질적 변화를 보이는 때이다. 그리고 이러한 지식의 출처는 대부분 일본이었다. 1904년 제1차 한일협약, 1905년 을사늑약, 1907년 한일신협약, 1910년 소위 경술국치의 순서로 식민지가 되어가던 한국에서 침략자 일본이 설정한 의제와 언어를 답습하는 역설이 빚어졌던 것이다. 1895년에서 1910년까지의 기간에 동아시아 전역의 민족주의 개혁가들은 일본을 중심으로 공통된 어휘를 공유하고 있으며, 이것은 1895년 출판된 『서유견문』에서 유길준이 사용한 개념어들, 량치차오에 의해 일본에서 발행된 『청의보(淸議報)』에서 사용되는 어휘들, 당시의 일본어 사전을 비교함으로써 금방 알 수 있다. 아무리 날카로운 통찰력을 가졌다고 해도 이처럼 강력하게 공유된 어휘목록을 벗어나기란 어려웠으며,

그래서 1909년 9월 30일 『대한매일신보』는 일본 책만 읽는 것이 일본을 숭배하는 노예적 성향을 조장할 위험이 있음을 경고했고, 1908년 7월 8일자 『공립신보』 논설은 "일본에서 공부하는 것은 '그림자의 그림자'이며, 그러니 왜 오리지널을 공부할 수 있는 미국에 와서 적어도 스스로의 '그림자'를 형성하지 않는가"라고 역설한다.[22] 제국의 '보편적' 언어를 통해 자신의 현실을 설명하고 극복해야만 하는 식민지의 딜레마는 합병 이전에 이미 시작되었다. 일본이 새로운 문명의 중심이 된 동아시아 지식의 이전(移轉)구조 속에서 대한제국의 지식인들은 일본이 양산한 담론체계를 빌려 구국(救國)의 방책을 모색하고 있었던 것이다.

이들이 일본의 영웅론을 직접 수입하지 않고 그것을 변용한 량치차오의 영웅론을 선호한 것도 이런 맥락에서 이해되어야 한다. 량치차오의 저작이 대한제국의 개혁지식인들에게 중요한 참고서가 되었던 이유는 그가 일본의 최신 학문을 빠르게 소화하여 글로 생산했을 뿐 아니라 그 문제의식이 한국의 정치적 과제에 부응했기 때문이다. 『음빙실자유서』의 번역자인 홍필주는 "문화의 근간을 함께하는 까닭에 유폐(遺弊)도 또한 같은 한·청 양국에 있어서 그 교정하는 방도도 같아지지 않을 수 없기 때문에 량치차오씨의 저작에 의거할"[23] 필요가 있다고 지적했다. 일본은 부국강병의 근대국가 건설이라는 시대적 숙제의 우등생임이 분명했지만, 그 일본이 조선 식민지화 계획을 노골적으로 추진함에 따라 한국의 지식인들에게는 일본에 대항하면서도 국난 해결의 비전을 제시할 수 있는 대안적 담론이 절실하게 필요하였다. 이에 개신유학자들이 주류를 이룬 당시 애국계몽운동 진영에서는 중국의 캉유웨이(康有爲), 옌푸(嚴復), 량치차오 등 변법자강론자들의 논설에 귀를 기울이면서 같은 처지에 있는 조선의 개혁문제를 고민하게 되었던 것이다.

---

22) Andre Schmid, *Korea Between Empires 1895~1919* (New York: Columbia University Press 2002) 102~13면.
23) 山室信一, 앞의 책 423면.

근대 초 한·중·일 삼국의 영웅론의 제 양상은 당시의 정치언어가 지닌 동음이의성(同音異意性)을 잘 드러내준다. 한국과 중국과 일본에서 '영웅'이라는 동일한 어휘는 각 정치사회가 처한 조건에 따라 다르게 정의되고, 그에 따라 정치담론으로 영웅론의 함의 또한 일정한 차이를 보이고 있다. 이 시기 구국(救國)과 구망(救亡)의 정신적 전선(戰線)이 한·중·일 삼국 간에, 더 나아가 동양과 서양 간에 공유된 어휘를 어떻게 해석하고 사용하는가에 놓여 있었다고 할 때, 식민 전야(前夜)의 대한제국 지성계가 일제히 '영웅'을 부르짖은 것은 우연이 아니다. 이것을 단적으로 보여주는 것은 당시 동아시아 영웅론에서 반복적으로 개진되던 두 가지 논점, 즉 '영웅과 시세(時勢)' '무명(無名)의 영웅(英雄)'의 문제이다. 이 두 가지 문제에서 한국과 중국과 일본의 논자들은 미묘하지만 중대한 차이를 보인다. 이러한 차이는 메이지 유신으로 근대국가 수립에 성공하고 서구열강과 함께 본격적인 민족제국주의적 경쟁에 뛰어든 일본, 1898년의 무술정변, 1899년부터 1900년의 의화단사건으로 개혁운동과 반제 민중운동이 모두 실패로 돌아간 상황에서 서구열강의 이권침탈을 받고 있던 중국, 1905년 통감정치 실시로 재정·외교권을 일본에 박탈당한 채 반식민지 상태에 접어든 한국의 각 정치현실과 정확히 부합하고 있다.

4. 영웅과 시세: 사회진화론과의 관계

이 시기 영웅논설에는 "영웅이 시세를 만드느뇨. 시세가 영웅을 만드느뇨"라는 구절이 반복적으로 나타난다. 1908년 2월 26일 『황성신문』의 「영웅을 갈망(渴望)함」은 "무릇 영웅이 시세를 만들고 시세가 영웅을 만드나니"라는 구절로 시작하고, 같은 해 8월 18일 『대한매일신보』의 「영웅을 주조(鑄造)ᄒᆞᄂᆞᆫ 기계」는 "영웅을 누가 만드느뇨. 시대인가 세력인가 학교인가

실적인가 영웅을 만드는 자 과연 누구인가"라고 운을 뗀다. 1911년 4월 12일 『신한민보』의 논설 「조선에 와싱톤이 누구뇨」에서는 "영웅이 시세를 만드느뇨, 시세가 영웅을 만드느뇨 하는 문제는 오늘 천하에 사람마다 아는 말이라"고 하여, 영웅과 시세의 문제가 이 당시 지식인들 사이에 중요한 논점이었을 뿐 아니라 대중적으로도 널리 알려진 문제였음을 시사한다. 이 구절은 사회적 조건이 성숙해야 영웅적 업적이 가능한지, 그렇지 않으면 영웅이 출현함으로써 사회변화를 선도하게 되는지를 묻고 있다. 만약 시세가 영웅을 만든다면 제도와 의식이 성숙해야만 그에 부응한 정치적·사회적 진보가 이루어지겠지만, 영웅이 시세를 만든다고 하면 강력한 리더십과 극적인 혁신을 통해 불리한 환경과 물질적 제약을 뛰어넘을 수 있게 된다. 그런 면에서 청과 대한제국의 지식인들에게 영웅이냐 시세냐는 과학을 넘어서는 실존적 질문이었다. 근대국가의 기틀을 확립하고 사회가 점차 보수화되어간 메이지 말기 일본에서 영웅론이 쇠퇴했지만, 같은 시기 대한제국에서는 영웅론이 맹위를 떨쳤던 것은 바로 이 때문이다.

'영웅과 시세'의 문제는 사회진화론 내 사회변화의 동인(動因)에 대한 논쟁과 밀접하게 연결된다. 미국의 철학자 윌리엄 제임스(William James)는 1880년 『애틀랜틱 먼슬리』(Atlantic Monthly)에 "Great Men, Great Thoughts, and the Environment"라는 글을 발표하고, 무엇이 사회를 변화시키는가 하는 질문을 사회진화론의 입장에서 제기한다.[24] 그는 스펜서(Herbert Spencer)의 사회진화론이 생물학적 변이(variation)나 자연도태(natural selection)의 개연적 본질(probabilistic nature)을 간과한 채 과학적 결정론으로 치우쳤다고 비판했다. 제임스에 따르면 생물학적 진화론에서 돌연변이를 인정하는 것처럼

---

24) Richard Hofstadter, *Social Darwinism in American Thought* (Boston: The Beacon Press 1963) 132면; Mike Hawkins, *Social Darwinism in European and American Thought, 1860~1945: Nature as Model and Nature as Threat* (Cambridge University Press 1997) 119면.

사회진화의 과정에서도 위대한 인물이 뛰어난 능력을 발휘하여 혁신을 이룰 수 있다. 제임스의 사회진화론은 의지적 인간행동으로 환경의 제약을 극복하고 사회를 개혁할 여지를 허용한다. 반면 스펜서는 "위인이 그의 사회를 변화시키기 전에 그의 사회가 일단 먼저 그를 만들어야 한다" [Before he(the great man) can remake his society, his society must make him]고 함으로써 위대한 업적 또한 객관적이고 외부적인 조건의 산물이며, 개인이 역사의 경로를 바꿀 수 없다는 사회적 결정론의 입장을 취한다.[25] 제임스의 견해에 따르면 영웅이 시세를 만들 수 있지만, 스펜서의 견해에 따르면 시세가 무르익어야 영웅이 출현하는 것이다.

(1) 일본

일본은 미국의 생물학자 모스(E. S. Morse)를 통해 스펜서의 사회진화론을 받아들였다. 미국에서 스펜서의 이론은 극도로 보수적으로 해석되어 모든 건전한 발전은 점진적이어야 하며, 자연적 선택에 인위적 개입은 불필요하며 해롭다는 식의 결정론이 주창되었다. 모스는 미국적 사회진화론의 경향을 강하게 드러낸 인물로 1877년에서 1879년까지 동경제대의 동물학 교수로 재직하였고, 각종 강연회에서 스펜서의 사회진화론을 설파하였다.[26] 스펜서의 사회진화론에 기반을 둔 일본의 영웅론은 '시세'를 잘 통찰하여 그에게 맞게 적응해 나아가는 데 그 중점이 놓여 있다.

민유샤(民友社)를 설립하여 많은 위인전기를 발행했으며, 「무명의 영웅

---

25) Sidney Hook, *The Hero in History: A Study in Limitation and Possibility* (Boston: Beacon Press 1943) 67면.

26) Sherrie Cross, "Prestige and Comfort: The Development of Social Darwinism in Early Meiji Japan, and the Role of Edward Sylvester Morse," *Annals of Science*, 53-4 (1996) 323~44면.

(無名の英雄)」논설의 원안자인 도꾸또미 소호의 일관된 관심 또한 '천하대세'라고 하는 '시세'의 문제였다. 1882년 "신문은 시세를 널리 고찰하는 수단이므로 정기적으로 읽어야 한다"[27]라고 한 그의 의견에서 알 수 있듯이 소호는 시세에 누구보다 민감했으며, 저널리스트로서의 커리어 선택도 이와 무관하지 않다. 그가 1880년대 일본의 새로운 지도자상으로서 학자와 관료의 성격을 겸비한 개혁정치가를 제시한 것도 그러한 인물이어야 '시세'를 잘 통찰할 수 있다고 믿었기 때문이다.[28] 1882년 12월에 쓰어져 1883년 1월에 간행된 『시세론(時勢論)』에서 타구찌 우끼찌(田口卯吉) 또한 사이고 다까모리(西鄕降盛), 에또우 신페이(江藤新平) 등이 메이지 정부를 비판하고 반기를 들었던 것에는 그럴 수밖에 없었던 정치적 흐름이 있었다고 말하면서, 영웅호걸이 새로운 주장을 세우며 법제를 개선하고 천하를 일신시킨 것은 전부 '세(勢)'를 이도(利導)한 것이지 저항한 것이 아니라는 논리를 전개한다.[29] 이들의 논의에서 영웅은 시세를 통찰하여 일본의 생존과 번영을 도모할 수 있지만, 시세 자체는 불가항력의 외부적인 조건이었다.

1886년 『장래지일본(將來之日本)』에서 도꾸또미 소호는 스펜서가 『사회정태론』(Social Statics)에서 논한 '군사형 사회'에서 '산업형 사회'로의 사회진화 경로에 따라 '생산적 사회의 대두'와 '평민주의의 발흥'으로 일본의 미래를 제시한다. 그러나 도꾸또미 소호는 상업국가가 되는 것이 세계적 대세라고 판단한 결과 군비의 확대를 부정하고 생산과 교역을 장려한 것이지, 평화 그 자체의 가치를 제창한 것이 아니다. 이러한 입장은 1884년 「明治三十年後の政治家の資格お論ず」에서 "20년 전 우리나라를 고무하던 천하의 대세는 오늘날 두 배의 압력으로 우리나라를 자극하고 있다. 20년 전에 유지

27) 德富猪一郎 『蘇峰自傳』(東京: 中央公論社 1935) 149면.
28) John D. Pierson, *Tokutomi Soho, 1863~1957: A Journalist for Modern Japan* (Princeton, NJ: Princeton University Press 1980) 99면.
29) 田口卯吉 立案, 大井通明 筆記 『時勢論』(東京府: 經濟雜誌社 1883. 1).

될 수 없었던 군사주의와 귀족사회는 오늘날에도 보전될 수 없다"[30]라고 말한 데에서 이미 엿보인다. 도꾸또미 소호의 경우 통상 『장래지일본(將來之日本)』을 발간한 1886년에는 민권론자이자 평화주의자였다가 「대일본팽창론(大日本膨脹論)」을 낸 1894년을 기점으로 군국주의 기수로 변모했다고 평가된다. 그러나 도꾸또미 소호의 국가주의적 성향은 갑작스레 생겨난 것이 아니며, 시세의 변화에 따라 국가 유지의 최우선순위를 경제에서 군사로 바꾸었을 뿐이다. 도꾸또미 소호는 청일전쟁 후 삼국간섭에 큰 충격을 받았으며, 국제정치는 힘이 전부라는 현실에 직면해서 "스스로 힘을 기르는 것 이외에 짐을 맡길 곳조차 없음을 깨달았다"[31]고 밝혔다. 『장래지일본(將來之日本)』에는 "자연의 대세를 좇아 이롭게 이끌어야〔利導〕한다"는 구절이 곳곳에서 반복되며, 그 결론에는 "우리들은 우리 천황의 존영과 안녕을 오래도록 유지하기를 원한다"라는 문장이 씌어 있다. 이러한 맥락에서 도꾸또미 소호의 문제의식은 일관되게 세계의 대세에 맞게 일본사회에 적응할 수 있도록 국가적 의제를 설정하는 것이었다.

시세의 불가피성을 인정할 경우 필연적으로 영웅이 활약할 여지는 줄어들고, 나아가 영웅의 존재 자체가 무의미해진다. 메이지 말기에 영웅숭배론이 쇠퇴하고 이를 비판하게 되는 것은 시세를 중시한 일본 영웅론의 필연적 귀결이다. 1915년에 발행된 구메 구니따께(久米邦武)의 『시세와 영웅(時勢と英雄)』 서문은 이러한 입장을 명확히 드러낸다. "시세는 영웅을 낳는다. 영웅은 시세의 산물이며 때가 지나가 세(勢)가 변하면 쓸모없게 되며, 흔적은 역사에 인상을 남길 뿐… 따라서 역사를 읽는 사람은 그 사람을 보는 게 아니라 시세를 관(觀)한다."[32] 그는 이 책에서 메이지유신 이래 일본이 자유롭

---

30) J. D. Pierson, 앞의 책 149면.

31) 梅津順一 『文明日本と市民的主體──福澤諭吉・德富蘇峰・內村鑑三』(聖學院大學出版會 2001) 206면.

32) 久米邦武 『時勢と英雄』(東京: 廣文堂書店 1915) 1~2면.

게 학문을 하고 세계경쟁에 이겨야만 하는 시대에 개방되었으나, 그 자유가 어려워서 하나의 미상(迷想)이 생긴다고 하면서 이것이 바로 영웅숭배라고 한다. 그에 따르면 영웅은 시세의 변화에 적응하여 위대한 일을 해낸 사람으로서 그 위대한 업적에 주목하면 족할 뿐이다. 자신의 지식을 발달시키고 1등 인간이 되려는 뜻을 세워야 하지, 영웅을 신처럼 숭배하는 것은 그만큼 자신을 2등 인간으로 추락시키는 어리석은 행위라는 것이다.[33] 시세의 강조가 영웅 존재 자체의 부정에 이르고 있으며, 청일전쟁과 러일전쟁에 승리함으로써 국제적 생존경쟁의 장에서 강자로 자리매김한 일본에 더는 역할모델로서의 서양은 필요하지 않다는 심리가 드러나고 있다.

(2) 청

일본이 사회진화론 수용에서 생존경쟁과 진화법칙의 불가피성을 강조한 반면, 량치차오를 위시한 중국의 사회진화론에는 주관적 정신과 의지를 중요한 변수로 설정하는 특징이 엿보인다. 이것은 중국에 최초로 사회진화론을 소개한 옌푸의 『천연론(天演論)』이 영국의 헉슬리(T. H. Huxley)의 『진화와 윤리』(Evolution and Ethics)를 대본으로 한 것이라는 사실과 일정한 연관이 있다고 생각된다. 헉슬리는 스펜서와는 반대로 우주자연의 진화법칙과 인간사회의 진화법칙을 대립적으로 파악하였고, 인간진화법칙의 자연진화법칙에 대한 투쟁이야말로 사회의 진보라고 보았기 때문이다. 헉슬리의 기본 입장은 인간사회의 진화는 생존경쟁이라는 자연법칙을 따르고 모방하는 데 있는 것이 아니라 이와 맞서 투쟁하는 데 있다는 것이다. 따라서 중국에서는 일본과 달리 진화론이 자연과학으로서가 아닌 철학과 사상으로서 수용되었고, 사회진화론의 개념 안에서 운동 개념은 기계적인 것이 아니라 목적과 의지를 내

---

33) 같은 책 294~310면.

포한 것으로 이해되었다.[34]

그러나 옌푸는 『천연론』에서 스펜서의 입장에서 헉슬리를 비판하고 보완하고자 했다. 옌푸는 '물경(物競, struggle for existence)'과 '천택(天擇, natural selection)' '적자생존'의 원리를 사회영역에까지 적용시킨 스펜서의 사회진화론과 투쟁의 가치에 대한 강조가 세계경쟁 상황에서 중국의 잠재력 실현에 도움이 될 수 있다고 보았다.[35] 옌푸의 진화론 소개의 직접적 계기가 1895년 청일전쟁의 패배였다는 점[36]은 스펜서의 사회진화론에 주목할 수밖에 없었던 옌푸의 고민을 말해준다. 그런데도 청의 지식인들은 진화가 필연적 법칙이라면 인간은 그 법칙으로부터 얼마나 자유로우며 역으로 어느정도 간섭할 수 있는가 하는 헉슬리의 문제의식 또한 놓을 수 없었다.

스펜서와 헉슬리 양자의 사회진화론을 절충한 중국 사회진화론 수용의 특징은 량치차오의 영웅론에 그대로 반영되었다. 량치차오는 "오늘날 약간의 근대적 지식이 있는 사람이라면 누구나 진화론의 슬로건인 '우승열패' '적자생존' 등을 안다. 이런 것들은 생존을 운명의 문제를 만든다. 그러나 스스로를 우월하게 만듦으로써 부적자(the unfit)로 제거되는 것을 피하는 것은 순전히 노력의 문제이다"[37]라고 말하였다. 량치차오는 자연적 도태와 인위적 도태를 구분하고, 인위적 도태란 스스로 부적절한 것을 찾아내고 변화하여 자신을 생존에 적절하게 만드는 것이라고 규정하였다.[38] 그는 스펜서 유의 경쟁적 현실을 인정하되 진화법칙의 기계적 결정론을 부정하고 각 정치사회 내 인간의 의지와 노력의 힘을 역설했던 것이다.

---

34) 조경란 「노신의 사회진화론 비판과 '민(民)'의 발견」, 『역사비평』 가을호(1994) 38면.

35) 조경란 「중국에서의 사회진화론 수용과 극복」, 『역사비평』 봄호(1996) 328면.

36) 嚴復 「原强」, 『嚴復集』 1권(中華書局 1986) 2면; 조경란(1994) 281면.

37) James R. Pusey, *China and Charles Darwin* (Cambridge: Harvard University Press 1983) 271면.

38) 전복희 『사회진화론과 국가사상』(한울 1996) 82면.

이는 '시세를 만드는 영웅(造時勢之英雄)'이라는 그의 문제제기에 잘 드러난다. 1901년 그는 『남해강선생전(南海康先生傳)』 제1장 '시세여인물(時勢與人物)'에서 영웅에는 '시세를 따르는 영웅(隨時勢之英雄)'과 '시세를 만드는 영웅(造時勢之英雄)'이 있다고 하면서 나폴레옹과 카부르를 전자의 예로, 루쏘와 마찌니를 후자의 예로 제시했다. 여기에서 그는 일신의 안위를 위해서는 시세가 만드는 영웅 쪽이 좋지만, 사회를 위해서는 몇십, 몇백의 시세가 만들어낸 영웅보다 시세를 만드는 영웅 한둘을 얻는 쪽이 좋다고 한다. 그것은 시세를 만드는 영웅이 "그 인물의 출현의 전과 후에 사회의 양상이 일변"하게 만드는 사회의 원동력이며 그가 만들어낸 시세에 의해 때를 따르는 영웅들이 또한 배출될 수 있기 때문이다.[39] 시세를 따르는 영웅보다 시세를 만들어내는 영웅 쪽이 더 위대하다는 량치차오의 주장은 무술개혁과 의화단사건의 좌절 이후 위기상황에 대처할 새로운 전망을 모색하고자 하는 중국 지식인의 절실한 의지를 반영한다. 그가 시세가 만들어낸 영웅으로 예시한 나폴레옹과 카부르가 일국의 지도자로서 권력을 향유한 개혁정치가였던데 비하여 시세를 만드는 영웅으로 지목한 루쏘와 마찌니는 더 급진적인 혁명가들이다. 이러한 인식에는 무술정변에 실패하여 일본으로 망명할 수밖에 없었던 량치차오의 처지가 투영되어 있으며, 그가 중국의 사회변혁을 이끌어내는 '시세를 만드는 영웅'이 되고자 하는 결의가 엿보인다.

그러나 량치차오는 '시세'의 벽과 '영웅'의 한계를 모르지 않았다. 1901년 발표한 「중국적약소원론(中國積弱溯源論)」과 「과도시대론(過渡時代論)」에서 그는 "금일의 중국은 과도시대의 중국"이라면서 "인민은 전제 황권의 우민(愚民)정치를 개탄하나 이를 대체할 신정체(新政體)를 만들어내지 못하니, 이는 곧 정치적 과도시대"라고 중국의 현실을 진단했다. 량치차오에게 '시세를 만드는 영웅'이란 반드시 혁명가를 의미하지는 않는다. 사회적 변화의 기

---

39) 松尾洋二, 앞의 글 260면.

획에서 혁명이냐 개혁이냐는 전략적 선택에 불과하였기 때문이다. 량치차오는 이미 1899년 「선변지호걸(善變之豪傑)」이라는 글에서 일본의 요시다 쇼인(吉田松陰)과 이탈리아의 카부르를 거론하면서 "이들에 있어서 애국의 방법이 비록 다르고 변하더라도 그 목적은 변하지 않았다"면서 "때와 경우를 따라 방법이 바뀌더라도 소신에 따라 종지가 흔들리지 않으면 이는 변하여도 변한 것이 아니다"라고 함으로써 자신에게 중요한 것은 중국을 위기에서 구할 실천적 방법을 모색하는 것이지 공화제냐 입헌군주제냐 하는 정치체제가 아님을 암시한 바가 있다. 1902년 『신민총보』 1호에 발표한 「논학술지세력좌우세계(論學術之勢力左右世界)」에서 량치차오는 루쏘를 '19세기의 어머니〔19世紀之母〕'라고 하고, 국가유기체설을 주장한 블룬츨리(J. K. Bluntchli)를 '20세기의 어머니〔20世紀之母〕'라고 한다. '시세를 만드는 영웅', 즉 시대의 선구자로서 루쏘를 높이 평가하지만 서구열강의 주권 침탈 위협하에 있는 20세기 중국에서는 대내적 통합과 안정이 무엇보다도 중요하다고 판단한 것이다. 그리하여 량치차오는 1906년 1월에서 3월까지 『신민총보』에 「개명전제론(開明專制論)」을 연재하고 "공화를 하느니 군주입헌만 못하고 군주입헌을 하느니 개명전제보다도 못하다"라는 혁명 반대의 입장을 밝히기에 이른다.

시세의 힘을 절감하면서도 그것을 넘어서는 영웅에 대한 기대를 저버릴 수 없었던 량치차오의 이중적 심리는 「문명여영웅지비례(文明與英雄之比例)」[40]라는 글에 잘 드러난다. 그는 이 글에서 역사가 수백명에 불과한 영웅의 전기라고 한다면 글래드스턴이나 비스마르크 등 19세기의 정치적 영웅들이 떠난 후 서구의 정치는 무너져야 마땅하건만 "금일 구주 … 각국의 외교가 더욱 민활하고 병제가 더욱 정련하고 재정이 더욱 충일하고 국세가 더욱 진보"한 까닭이 무엇인지 묻는다. 여기에 따르면 영웅이란 만인이 어리석어

---

40) 梁啓超 『飮氷室自由書』(탑인사 1908) 170면.

세계가 영웅의 전유물이 되는 것이 가능한 미개한 시대에나 나타날 수 있는 상서롭지 못한 물건이다. 문명이 진보하면 영웅은 자연히 없어지게 되는데, 그것은 "인인(人人)이 다 영웅인 까닭"이며 "피차가 다 영웅이라 드디어 영웅의 명사가 출현치 아니하"게 되기 때문이다. 이처럼 내일의 평범한 사람이 모두 오늘날의 영웅처럼 될 수 있는 까닭은 '교육'과 '분업'에 기인한다. 교육방법이 정비되어 모든 사람이 전문적인 교육을 받게 되고, 일이 점점 복잡해짐에 따라 부득불 한 사람이 모든 것을 주관할 수 없고 업무를 나눠 해야만 하므로 영웅이 사라지게 된다는 것이다. 문명과 영웅이 비례한다는 이 글의 제목은 결국 시세가 영웅을 만든다는 논리에 불과하다. 문명진보, 즉 사회적 조건이 성숙하면 그 안에서 위대한 업적이 자연스럽게 가능해지므로, 사실상 '영웅'이라는 어휘 자체가 불필요해진다는 것이다. 그러나 이 글의 마지막 부분에서 량치차오는 이것은 문명이 발달한 서구의 경우에 해당하는 일이고 "금일의 중국인즉 그 사상발달과 문물개화의 정도가 4백년 전의 구주와 상등함에 불과하니 비범한 인물이 일어나 큰 칼과 창을 휘둘러 구습을 파하고 신천지를 열지 아니하면 우리는 두렵건대 종내토록 한밤중과 같으리니 영웅이여 영웅이여 우리가 오래전부터 꿈꾸고 내가 주야로 머리를 조아려 바라노라"라고 덧붙이고 있다. "젊을 때 패하고 만년에 이기는 자"나 "그 몸은 패해도 죽어서 이기는 자"[41]로서의 역전승은 영웅이 아니고서는 불가능했기 때문이다.

(3) 대한제국

사회변화가 본질적으로 사회체제에 내재하는 것으로 파악하는 스펜서의

---

41) 梁啓超 「時勢與人物」, 『南海康先生傳』, 제1장(1901); Liantg Chi-Ch'ao, *The Great Chinese Philosopher K'ang Yu-wei* (San Francisco, California, U. S. A.: The Chinese World 1954) 부록 1~4면.

사회진화론에는 변화의 역학에 관한 언급이 거의 없다. 그러나 한국의 사회진화론 수용자들의 관심은 사회변화를 위한 방법 찾기에 촛점이 놓여 있으며, 따라서 우승열패와 약육강식을 '현세(現世)의 상례(常例)'[42]라고 인식하면서도 사회진화론의 논리는 스펜서 모형에서 이탈하는 모습을 띠면서 전개되고 있다. 자연계와 인간사회를 구별하고 사회진보에서 교육 등 인위적 개입을 중시하는 사회진화론의 경향은 일찍이 1906년 『태극학보』의 「진화학상생존경쟁(進化學上生存競爭)의 법칙(法則)」이라는 논설에서 발견된다.[43] 이 글에 따르면 "우승열패하여 적자생존하고 부적자(不適者) 멸망하는 자연도태는 생물진화의 일대원인"임에 분명하지만 인간사회를 자연도태로 설명할 수는 없고, "우리 인류는 다른 동물과 달라서 고상한 정신이 있으며" 따라서 "국가와 사회의 문명이 진보할수록 지력의 발달과 아울러… 인공적으로 보호하여 일반 인류의 행복쾌락을 얻을 수 있다"고 한다. 당시 지식인들의 인식 속에서 인간 자체는 이미 자연의 범주에서 벗어나 있었으며 인간은 자신의 의도에 맞게 자연을 이용하는 존재였다.[44] 1907년 『대한흥학보』에 실린 「인위적 보호도태(淘汰)로 양잠의 원인을 논함」이라는 글은 가축의 개량을 제시하는 부분에서 '인위도태'라는 용어를 사용하고 있으며, 양잠 발전을 위한 인공적 조치를 가하는 인위적 진화의 필요성을 거듭 강조한다.[45]

스펜서의 사회진화론을 따르면 사회변화의 원인은 체제 내부에 있으며, 사회변화는 연속성을 가진다. 그러나 식민 전야의 한국에서는 체제에 의해 자연스럽게 위대한 업적이 가능해질 때를 기다릴 여유가 없었다. 따라서 체

---

42) 尹孝定 「生存의 競爭」, 『대한자강회월보』 10호(1907. 4).

43) 張應震 「進化學上生存競爭의 法則」, 『태극학보』 제4호(1906. 11) 8~9면.

44) 張應震 「科學論」, 『태극학보』 5호(1906. 12); 박성진 「한국사회에 적용된 사회진화론의 성격에 대한 재해석」, 『근현대사강좌』 제10집(1998).

45) 愼尙翼 「인위적 보호도태(淘汰)로 양잠의 원인을 논함」, 『대한흥학보』 5호(1909. 7); 박성진 「대한제국기―1930년대 과학담론의 형성 및 전개 과정」, 『경기사론』 제2집(경기대사학회 1997).

제를 초월하여 목표를 성취할 수 있는 존재인 '영웅'에 대한 관심이 한국, 중국, 일본 삼국 중 가장 각별할 수밖에 없었으며, 영웅론이 하나의 중요한 정치담론으로 대두하게 된다. 또 스펜서의 이론에서 영웅이 그를 둘러싼 사회적 환경의 산물이며, 제임스의 이론에서 영웅이 일종의 사회적 돌연변이로서 예측할 수 없는 우연성의 조합으로 탄생하는데 비해, 한국의 영웅담론에서 영웅은 '주조(鑄造)'되는 존재로 그려지고 있다. 사회진화에서 인위적 개입을 중시하는 이러한 경향은 중국과 일본에서도 발견되지만, 중국과 일본의 영웅론에서는 그 무게중심이 종종 '유명의 영웅'의 주조에 있는데 비해, 한국에서는 '무명의 영웅'을 만들어내려는 데 전적으로 놓여 있다. 결과적으로 보아 나라가 망해가는 암울한 과도기였으며, 현실적으로 국가의 대외적 주권 자체가 위협받는 상황에서 대한제국 지식인들이 어째서 국가형성의 질료로서의 근대적 민(民)에 대한 언술에 사로잡혀 있었는가 하는 의문은 이 당시 영웅론을 사회진화론의 맥락에서 읽었을 때 비로소 풀리게 된다.

사실상 일본에 의한 식민지배가 기정사실이 되어가던 1900년대 한국의 상황은 동아시아 삼국 중 가장 절망적이었다고 할 수 있는데, 그래서 영웅의 역할은 더더욱 강조될 수밖에 없었다. 시세가 무르익어야만 영웅적 사업이 가능하다고 하면 한국에는 희망이 없었기 때문이다. 이 시기 영웅 관련 논설은 "대저 영웅이 시세를 만들고 시세가 영웅을 만드나니"[46] "시세도 영웅을 만들고 영웅도 시세를 만드나니"[47]와 같이 영웅과 시세가 상호 구성하는 관계라는 말로 시작하지만 논의가 진행됨에 따라 영웅이 시세를 만들어간다는 쪽으로 무게중심이 기운다. 1908년 2월 26일 『황성신문』의 「영웅(英雄)을 갈망(渴望)함」이라는 논설에서도 "무릇 영웅이 시세를 만들고 시세가 영웅을 만드나니, 지구상 역사에 프랑스의 나폴레옹과 미국의 워싱턴과 독일의

---

46) 「無名의 多數英雄을 求함」, 『대한매일신보』, 1909. 5. 15.

47) 「有名의 英雄과 無名의 英雄이라」, 『대한매일신보』, 1910. 7. 24.

비스마르크와 이탈리아의 마찌니, 가리파적과 일본의 이와꾸라 토모미, 사이고 다까모리가 모두 근세 저명한 영웅이오, 우리 한국 역사의 을지문덕, 김유신, 강감찬, 이순신 등이 고래의 저명한 영웅이니 그 각자의 영웅은 모두 시세를 만들고 만고에 이어지는 사업을 건립한 자라"고 하였고, 1908년 3월 30일 『대한매일신보』의 「기회(機會)는 불가좌대(不可坐待)」에서도 "영웅이 기회를 만들고 기회가 영웅을 낳나니 영웅과 기회는 서로 기다리며 서로 이용하는 것이다. 손과 팔을 휘둘러 풍운을 질타하고 일세를 희롱하여 큰 도적은 꺾고 망국도 면케 함이 곧 일러 영웅이라 도적을 가히 꺾을 기회가 있으므로 꺾었으며 국이 흥할 기회가 있음으로 흥케 함이나, 보건대 영웅은 기회를 만드는 자라 할지며 한 전쟁의 성공이 일일의 요행수가 아니라 수천일의 노력을 들이며 수만번 피땀을 내던져 월왕구천의 20년 생득한 교훈으로 치욕을 설욕할 날이 비로소 있었으니, 이를 보건대 기회는 영웅이 만드는 바라 할지로다"라고 한다. 1908년 9월 15일 『대한매일신보』의 「무명(無名)의 영웅」 또한 "오늘날 무릇 천하를 만드는 자를 어찌 영웅이라 하지 않으리오"라고 하여 시세의 불가피성보다는 시세를 변화시키는 영웅의 강인한 능력을 강조하는 한국적 영웅론의 특징을 드러내고 있다.

대한제국의 지식인들에게 시세에 대한 인식이 없었다고 보기는 어렵다. 1906년 『태극학보』에 실린 「비사맥전(比斯麥傳, 비스마르크전)」은 "대세가 순환무궁에 인생 기회가 또한 따라 변천할 새 때를 타서 활동하는 자는 명성을 날리기를 무궁하고 기회를 잡으려고 애쓰는 자는 눈물을 흘리기를 만대를 하니 그 세태의 무정함이 얼마나 심한가"[48])라는 탄식으로 시작한다. 또 1909년 8월 19일 『대한매일신보』의 「이십세기신동국지영웅(二十世紀 新東國之英雄, 續)」에서는 "영웅은 무릇 항상 시대로 인하여 활동하는 자인 고로 비록 강하고 힘센 민족이라도 시세가 미성숙하였으면 상제가 이

---

48) 「比斯麥傳」『태극학보』 5호(1906. 12).

영웅아를 내려주는 것을 아끼는지라. 그러므로 18세기 이전의 프랑스에서 혁명남아를 불러도 일어나지 않으며, 19세기 이전 독일에서 철혈재상을 외쳐도 오지 않으니 우리나라의 오늘날 시세가 과연 어떠한가. 우리나라의 오늘날은 정히 영웅이 출현할 때이건만 강산이 적막하고 풍경이 암울하여 사람의 비관을 일으키는도다"라고 한다. 당대 한국의 이 '비관'적이고 '무정'한 시세와 세태, 현실 정치의 흐름으로 인하여 오히려 '시세를 만드는 영웅'이라는 구호를 전면에 내세운 주관적이고 의지적인 영웅론이 발출하였던 것이다.

이미 1890년대에 인간 의지로 숙명을 극복하는 것이 중요하다는 신문 논설이 자주 등장한 것 또한 물질적 조건과 객관적 사회환경의 영향력보다는 정신과 의지를 강조하는 한국 영웅론의 특색과 연결해 생각해볼 수 있다. 1896년 8월 18일 『독립신문』 논설을 보면 "이치라 하는 것은 인력으로 어떻게 할 수 없는지라 그렇기에 자고 영웅호걸이라도 자기 마음대로 못한 일이 많이 있고 필경 하나님의 힘에 휘어 패한 자가 천하 사기에 다 있고"라는 말로 시작해서 나폴레옹의 사적을 예로 들고 "이것을 보거드면 이치와 운수라 하는 것은 영웅보다 더 두려운 것이요 사람의 힘으로 어길 수가 없는 것이라"라고 한다. 여기까지는 시세를 중시하는 시각에서 쓰인 글처럼 보인다. 그러나 이 논설의 끝부분은 "그러하면 사람이 운수만 믿고 나 할 일은 아니하고 가만히 있어야 옳으리요. 우리 대답은 운수만 기다리고 안젓는 사람은 병신이요 세상에 쓸데없는 사람이라 운수가 어떠한 것을 우리가 알 수 없은즉 우리는 운수는 두드러지는 우리 도리를 하는 것이 옳으니 내 힘껏 일하다가 일이 안되는 것은 우리 힘에 있는 일이 아닌즉 일이 아니 되어도 내 허물이 아니라"라고 함으로써 뉘앙스가 사뭇 달라진다.

인간의 의지와 노력을 강조하는 논지는 이후에도 꾸준히 반복되어서, 1897년 12월 14일 『독립신문』은 "옛 말에 가로되 인사를 닦은 후에야 천명을 기다린다 하였으니… 그러한즉 세상의 모든 일이 잘되고 못되기가 사람이 잘하고 못하는 데 있는 것이니"라는 논설을 실었고, 1899년 5월 12일 『독립신문』의 「깁히 궁구할 일」이라는 논설에서도 "동양 사람들이 흔히 말하기를 어느 나라든지 미리 작정한 운수가 있어 운수가 성할 때에는 … 쇠약하여 운수가 한번 진하고 보면 비록 동양에 관운장 같은 충신과 서양에 나파륜 같은 명장이 있어도 능히 나라를 회복지 못하는 것이니 나라의 강약은 운수에 있고 사람에게 있는 것이 아니라 하니 참 어리석다 이 말이여… 일로 좇아 보건대 운수라 하는 것이 몇천년이나 몇백년 전에 미리 작정한 것이 아니라 곧 사람의 행위에 있는 것이 분명하도다"라고 한다. 또 1899년 12월 16일 『제국신문』 논설에서는 주인과 객이 대화를 나누는데 "어찌 현인군자와 영웅호걸들이 주선을 잘못하여 나라가 패하게 하며 신세가 곤궁할 리가 있으리오. 그는 다 지각도 있고 재주도 있건마는 천시를 어기지 못하므로 주선하기를 힘쓰지도 않고 주선을 하더라도 되지 아니한 까닭이니 그런즉 세상천만사가 모두 하늘에 달렸는지라"라는 객의 말에 대하여, 주인은 "나라 흥망이 어찌 하늘이라 하리오. 님군이 주선하기에 달린 것"이고, "만사가 도시 내가 하기에 있나니 그런즉 빈천하고 궁곤한 것이 어찌 자초하는 것이 아니리오. 아무쪼록 힘쓰고 권면하는 것이 가할지니라"라고 설파한다. '운수' 혹은 천하의 대세가 한국에 불리한 방향으로 움직이고 있다고 하더라도 이를 극복하기 위한 노력, 영웅적 행위를 포기하지 않아야 한다는 메씨지가 잘 드러난다.

그리하여 1900년대 말엽에 이르면 동일한 '영웅의 시세'라는 어휘가 일본에서는 '시세가 무르익어 영웅이 활동할 만한 때'라는 의미라고 한다면, 한국에서는 '시세를 변혁할 영웅이 절실히 필요한 때'라는 정반대의 뜻으로 사용하기에 이른다. 극복하고 창조할 문제가 많은 때야말로 바로 영웅에게 적합한 시세라는 논리적 역전이 이루어지는 것이다. 1909년 4월 9일 『대한매일신보』의 「영웅산출(英雄産出)의 시대」는 이것을 잘 보여주고 있다. "그러나 그 나라의 힘이 강대하지 않고 인문이 팽창하지 못한 시대에 있어야 영웅이 산출하려니와 만약 이미 국력이 강대하고 인문이 팽창한 시대에는 영

웅이 산출치 못할지니 어찌 그런가. 그 시대에 있어서는 영웅이 착수할 사업
이 없어 영웅이라 하면 사람마다 영웅이오. 영웅이 아니라 하면 사람마다 영
웅이 아니니 영웅이 어찌 산출하리오. … 지금 한국은 국가가 누란지위에 있
고 인민은 고해에 빠져 대동국 사오천년 이래에 최대 위험 비통한 시대를
당하였으니 이 시대가 어떤 시대요. … 이름하여 영웅산출의 시대라 하노
라." 이 논설은 인문이 팽창하면 영웅이 사라지는데, 아직 그렇지 못한 한국
에서는 영웅이 필요하다고 주장하는 점에서 량치차오의 「문명여영웅지비례
(文明與英雄之比例)」를 연상케 한다. 그러나 두 논설의 느낌은 량치차오의
것이 회의적 탄식조인데 비하여『대한매일신보』의 것은 더욱 적극적인 설득
과 호소라는 점에서 사뭇 다르다. "우리 한국의 오늘이, 즉 영웅을 갈망하는
시대라. 이렇게 쇠약한 국운을 만회하며 거의 죽게 된 민족을 구제할 자가
영웅이 아니면 누구랴"[49]라고 말할 수밖에 없었던 절박한 상황은 한국의 영
웅론자들로 하여금 영웅을 산출할 시대를 기다리는 대신 지금이 바로 영웅
의 시세라는 주장을 펴게 했던 것이다.

5. 유명영웅과 무명영웅: 내셔널리즘의 스펙트럼

이 시기 영웅론의 또다른 중심 주제는 '무명(無名)의 영웅'이다. 1908년
2월『태극학보』에는 「무명의 영웅」[50]이라는 제목의 논설이 실렸고, 같은 해
2월 26일자『황성신문』의 논설 「영웅을 갈망함」 또한 「무명의 영웅」을 중
심으로 논지가 전개되었다. 1908년 9월 15일『대한매일신보』에는『태극학
보』에 실렸던 「무명의 영웅」이 같은 제목으로 실려 있으며,『황성신문』의

---

49) 「英雄을 渴望함」,『황성신문』, 1908. 2. 26.
50) 정제원(鄭濟原) 「無名의 英雄」,『태극학보』 18호(1908. 2).

「영웅을 갈망함」은 1910년 7월 24일 『대한매일신보』에 「유명의 영웅과 무명의 영웅이라」라는 제목으로 다시 등장한다. 특히 『대한매일신보』는 1908년 9월 15일의 「무명의 영웅」, 1909년 5월 15일의 「무명의 다수영웅(多數英雄)을 구함」이라는 논설을 통해 반복적으로 이 주제를 거론한다.

'무명의 영웅'이라는 표현 자체는 1891년 김윤식이 "태서인들은 미국의 독립이 워싱턴 한 사람의 능력이 아니라 수많은 이름 없는 영웅이 힘을 합쳐 이룩한 것이라 말한다"라고 하여 사용한 바 있다.[51] 무명의 영웅을 다룬 1900년대 후반의 신문과 잡지 논설 들에서도 이와 유사하게 "나폴레옹 수하의 수많은 무명영웅이 아니면 전 구라파를 석권하는 사업을 이루지 못했을 것이요, 워싱턴 수하에 수많은 무명영웅이 아니면 독립자주의 사업을 이루지 못하였을 것이오. 비스마르크 수하에 수많은 무명영웅이 아니면 설치중흥의 사업을 이루지 못했을지라."[52] "워싱톤은 무수한 무명의 워싱톤이 아니면 능히 미국의 독립을 성취치 못하며 비스마르크는 무수한 무명의 비스마르크가 아니면 능히 독일을 연방케 못하며 루터도 무수한 무명의 루터가 아니면 능히 종교개혁의 공을 성립지 못할지니"[53]와 같이 서구 근대 정치지도자들의 업적과 함께 무명영웅을 논한다.

당시 무명영웅론의 모본(母本)이 된 것은 1889년에 도꾸또미 소호가 쓴 「무명의 영웅(無名の英雄)」이다. 소호의 무명영웅론은 칼라일과 스마일즈의 영웅 개념을 신분사회에서 실력본위 사회로 변화해가던 메이지 일본으로 도입한 것이다. 그것은 영재(英才)가 따로 있는 것이 아니라 보통사람이 분발노력하여 된 것이라고 한 스마일즈의 자조론과, 영웅은 진정한 인간의 완성

---

51) 金允植 著, 국사편찬위원회 편 「追補陰晴史」, 『續陰晴史(下)』(탐구당 1971) 557면; "泰西人云 美國之獨立 非華盛頓一人之能 乃許多無名之英雄之所合力而成之者也"; 장인성 『장소의 국제정치사상: 동아시아 질서변동기의 요코이 쇼난과 김윤식』(서울대출판부 2002) 375면.

52) 「英雄을 渴望함」, 『황성신문』, 1908. 2. 26.

53) 「無名의 英雄」, 『대한매일신보』, 1908. 9. 15.

태로서 모든 사람의 목표가 되어야 한다고 한 칼라일의 주장에 바탕을 두고 있다. '무명'과 '영웅'이 결합된 형태의 무명영웅론은 이 시기 영웅 개념이 전통적 영웅 관념과 다르다는 것을 단적으로 드러낸다. 도꾸또미 소호는 비슷한 시기 '평민(平民)주의'를 주창하였으며, 소호의 무명영웅론에서 '평민'이 '영웅'이 될 수 있었던 것은 부와 사회적 지위획득의 기회가 만인에게 열려 있었던, 혹은 적어도 그러한 기대를 가능하게 했던 메이지 일본사회의 역동성에 기인한다. 그러나 자유민권운동이 실패로 끝나고 일본이 군국주의로의 경사를 보이는 싯점에서 영웅론은 쇠퇴하고 '무명의 영웅'은 '영웅'의 자리를 빼앗긴 채 '무명'으로 남는다.

량치차오는 도꾸또미 소호의 논설을 읽고 1900년 3월 1일『청의보(淸議報)』37호에 「무명지영웅(無名之英雄)」을 발표하였으며, 1900년대 말『대한매일신보』를 중심으로 발표된 「무명의 영웅(無名の英雄)」 관련 논설들은 대개 량치차오의 글을 부분적으로 또는 전체적으로 발췌하여 사용한다. 대동소이한 내용에도 불구하고 도꾸또미 소호의 일본과 량치차오의 청과『대한매일신보』의 대한제국에서 무명영웅론의 강조점은 다르다. 그러한 차이는 무엇보다도 무명영웅과 유명영웅의 관계를 어떻게 설정하는가에서 드러난다. 무명영웅론은 신분제의 질곡 아래 무명의 어둠속에 묻혀 있던 국민(nation)을 근대국가 건설의 주체로 호명했다는 점에서 내셔널리즘의 담론이다. 우리는 한·중·일 삼국의 무명영웅론의 행방에서 드러나는 동아시아 내셔널리즘'들'의 공통분모와 대립항을 통해 20세기 초 동아시아 내셔널리즘의 역사적 실상을 목격하게 된다.

(1) 일본

도꾸또미 소호의 「무명의 영웅(無名の英雄)」은 1889년 6월『기독교신문』204호에 발표한 것으로, 1893년 5월에 출간된『정사여록(靜思餘錄)』

392

제1집에 실려 있다. 여기에서 그는 "영웅이 세계에 두드러져 나타남은 무수한 이름을 전혀 알지 못하는 영웅에 기대어" 이루어지며, "영웅은 무명한 영웅의 대표자"라고 한다. 또 워싱턴과 크롬웰과 루터의 영웅적 업적 또한 무수한 "이름 없는 워싱턴"과 "이름 없는 크롬웰"과 "이름 없는 루터"가 없었다면 불가능했을 것이며, "사회의 이면에 숨어 있는 농부, 직공, 노역자, 상인, 병졸, 소학교사, 노옹, 과부, 고아 등 무수한 무명의 영웅"이야말로 "무관(無冠)의 황제"라고 말한다.[54] 이렇게만 보면 이 글은 매우 민주주의적으로 읽히며, 실제로 도꾸또미 소호는 1886년 발표한 『장래지일본(將來之日本)』을 통하여 '평민주의'를 옹호한 것으로 알려진 인물이다. 그러나 도꾸또미 소호가 제창한 '평민주의'의 중심 주장은 정치적 자유나 권리의 확대가 아니다.

「무명의 영웅(無名の英雄)」을 쓰기 2년 전인 1887년 발표한 『신일본지청년(新日本之靑年)』에서 소호는 장래의 일본을 담당할 이상적 주체로 새로운 학문을 접한 청년들을 꼽는다. 그러나 메이지 개화정책과 신학문의 보급은 전통에 대한 냉소와 비판을 만연시킴으로써 청년계층의 주체성 위기라는 문제를 초래했다. 이에 그는 서양의 물질문명이나 학문만이 아니라 이면의 정신문명과 도덕교육까지 배워야 한다면서 프로테스탄트적 직업윤리를 내용으로 하는 '평민도덕'을 주창한다.[55] 이러한 평민도덕은 그가 생각했던 영웅의 자질과 일치한다. 그는 알렉산더 대왕이나 나폴레옹과 같은 인물을 '변칙(變則)의 영웅'이라 칭하고, 이들을 숭배하는 것은 청년들에게 '요행심'이나 '모험심'을 심어 무모한 행동을 일삼게 한다고 비판하였다. 그리고 성공을 위해 착실히 노고를 쌓아 나가는 것이 정도(正道)이며, 정도를 걷는 인물이 '진정한 영웅'이라고 주장했다. 그에 따르면 영웅은 기발한 언행으로 사람을 놀라

---

54) 德富蘇峰 『靜思餘錄』(民友社 1894) 122~30면.
55) 德富蘇峰 「新日本之靑年」, 『德富蘇峰集』(改造社 1930) 6~53면.

게 하는 사람이 아니며, 일언일행(一言一行)은 평범하여 보통사람과 다를 바
없으나 그 말과 행동이 종합적으로 축적되어 위대한 사업을 이루는 자다.[56]
우리는 여기에서도 점진적 발전을 신봉하는 스펜서적 사회진화론의 입장을
확인할 수 있다.

도꾸또미 소호의 문제의식은 서구의 근대화가 어떻게 가능했는가에 놓여
있으며, 유명한 영웅들의 대사업의 조력자이자 원동력이라는 측면에서 무명
의 영웅이 조명되고 있다. 그에게 '무명의 영웅'은 자신의 맡은바 직분을 다
하는 '평민도덕'의 구현자이다. 그리고 이러한 평민도덕이 필요한 이유는 국
민 개개인의 역량을 최대로 동원하여 구미열강의 제국주의 세력에게 굴복당
하지 않고 일본 국가가 발전해 나가기 위해서였다. 시세가 영웅을 만들어낸
다는 인식에 따라 유명영웅이 국가적 사업을 할 수 있는 시세를 조성할 방
안으로서 무명영웅이 제시되는 것이다. 량치차오도 「무명지영웅(無名之英
雄)」에서 "음빙주인이 말하기를 도꾸또미씨의 이 글은 소위 시세가 영웅을
만든다는 말이라"[57]라고 평가한다. 일본 국가와 사회에 자연법칙과도 같이
예정된 문명진보의 지점으로 전진하려면 전 국민이 총력 동원되어야 했으
며, 유명영웅의 사업을 성취하려면 "성을 쌓는 작은 돌조각" "바퀴가 돌아
가게 만드는 바퀴살" "시계의 장단침을 가게 만드는 톱니바퀴"[58]와 같은
'무명영웅'들이 필요했던 것이다. 도꾸또미 소호의 「무명의 영웅(無名の英
雄)」에서 '무명의 영웅'은 국가적 혹은 민족적 의무를 수행하는 생산집단으
로서 찬양된다. '무명의 영웅'이 갖추어야 하는 자질, '평민도덕'의 내용을

---

56) 坂本多加雄, 앞의 책 145~46면.

57) "飲氷主人이 曰 德富氏의 此論은 所謂 時勢가 英雄을 造흐다는 說이라."『飲氷室自
由書』, 101면.

58) 소호의 「무명의 영웅(無名の英雄)」에 등장하는 비유들이다. 다윈이 생태계를 논할 때
가지 많은 나무와 잘 쌓은 제방의 비유를 즐겨 사용했다는 것과 연결하여 생각해볼 수
있다. Gillian Beer, *Darwin's Plots: Evolutionary Narrative in Darwin, George Eliot
and Nineteenth Century Fiction*, (London: Routledge 1983).

들여다보면 그것은 사실상 그들을 대표하는 '유명의 영웅'의 지도에 따라 자신의 맡은바 직분을 묵묵히 수행해내는 기계에 불과하다.

메이지 일본에서 자유민권운동은 이미 1880년대 초반부터 약화한다. 후 꾸자와 유끼찌 등 주류지식인들은 민주적 개혁보다 국가적 통합을 선택했으며, 가또 히로유끼는 1881년 『인권신설(人權新說)』을 발표함으로써 정치발전은 우승열패와 적자생존의 법칙에 맡겨야 하며 인권을 제도화할 필요가 없다는 입장을 표명했다. 도꾸또미 소호는 『국민지우(國民之友)』에 「청년과 보수당(靑年と保守党)」(1891년 5월), 「심리적노옹(心理的老翁)」(1891년 5월), 「중등계급의 타락(中等階級の墮落)」(1892년 11월)을 연이어 발표하면서 계속 평민도덕의 필요성을 역설한다. 칼라일은 영웅이란 '보편적 인간'이라고 선언하면서 끊임없는 노동과 실천의 힘을 강조했다. 칼라일에게 영웅숭배는 이러한 도덕적인 힘에 대한 숭배였다.[59] 도꾸또미 소호의 '평민도덕'과 '무명의 영웅'에 대한 사상은 칼라일의 논리를 계승한다. 하지만 이러한 '도덕'이 내셔널리즘의 구호로 사용될 때 그것은 국가의 생존과 번영을 향한 맹목적 열성에 불과하다. 훗날 역사적으로 증명된바 일본의 무명영웅론은 국가를 위하여 충성을 바치는 신민, 제국전쟁에서 싸우다 죽는 무명용사가 되라고 요구하는 국가주의로 변질한다. 칼라일의 사상 자체가 안은 파시즘의 위험은 「무명의 영웅(無名の英雄)」에도 이미 은밀하게 숨겨져 있는 것이다. 대(對)아시아 침략을 언론과 정치활동을 통해 열렬히 지지하고 훗날 A급 전범 판결을 받은 도꾸또미 소호의 삶이 이를 증명한다.

---

59) Ernst Cassirer, *The Myth of the State* (New York: Doubleday Anchor Books 1955) 272면; 에른스트 캇시러 지음, 최명관 옮김 『국가의 신화』(서광사 1988) 269면.

(2) 청

무술개혁 실패 이후 일본으로 망명한 량치차오는 "이 글을 매우 사랑한
다"[60]고 말할 정도로 소호의 「무명의 영웅(無名の英雄)」에 주목하였다. 청
조의 정치적 역량의 한계를 깨달은 량치차오에게 무명영웅론은 중국 인민
전체를 근대화의 동력으로 발견하게 하는 계기로 작용하였다. 그러나 량치
차오가 판단한 중국 인민의 실상은 근대국가의 정치적·경제적 주체가 되기
에는 자격미달이었으며, 궁극적으로 개혁의 대상이었던 청조 또한 서구열강
의 침략 위협 앞에서 관용할 수밖에 없었다. 「무명지영웅(無名之英雄)」을
쓰기 한 달 전인 1900년 2월 량치차오는 "이름은 보황(保皇)이지만 실제로
는 혁명"이라면서 쑨원(孫文)의 친필서신을 빙자하여 보황회 확대를 위한
모금활동을 벌인다. 같은 해 4월 28일에는 쑨원에게 "만주를 뒤엎고 민정을
일으킴이 정한 이치"이나 "근왕(勤王)을 빌려 민정을 일으킴이 금일에 있어
가장 적합한 단계"라는 취지의 서한을 보낸다.[61] 당시 정권이 제국주의 압력
으로 말미암아 위망(危亡)을 해결할 능력이 없다고 본 점에서 량치차오도
혁명파와 의견을 같이했지만 전략적 차원에서 광서 황제라는 질서의 상징을
앞세우고 개혁을 진행하려 한 것이다.[62] 중국을 위기에서 구원할 유명영웅
의 능력에 대해 회의하면서도 현 단계 중국에서 그를 대체할 무명영웅의 출
현이 어렵다고 본 량치차오의 시세 판단은 유명영웅에 의한 무명영웅의 육
성이라는 방안으로 귀결된다.

소호의 경우 천황으로 대변되는 메이지 국가의 존립과 발전에 대한 확신

---

60) 량치차오는 「무명지영웅(無名之英雄)」의 서두에서 "日本 德富蘇峰의 所著ᄒ 靜思餘
  錄中에 文一篇이 有ᄒ니 題曰無名之英雄이라 題ᄒ얏거늘 余가 甚愛ᄒ야"라고 밝혔다.
  『飮氷室自由書』97면.
61) 허도학 『중국근대화기수 양계초』(임방서원 2000) 266면, 양계초 연보 참조.
62) 민두기 「민국혁명론」, 『강좌 중국사 VI』(지식산업사 1989) 108~109면.

이 있었기 때문에, 역설적으로 유명영웅을 생략하고 메이지 일본의 '평민'들에게 직접 무명영웅으로서의 덕목을 설파할 수 있었다. 반면 량치차오의 무명영웅론이 겨냥하는 계몽의 대상은 무명영웅들이 아니라 유명영웅으로서 청의 위정자들이다. 「무명지영웅」 말미에 량치차오가 자신의 의견을 덧붙여 "시세가 진실로 영웅을 만들고 영웅이 또한 시세를 만드나니 장수를 도와 성공케 하는 자는 병졸이오. 이 병졸을 훈련하여 능히 우리 편이 되게 하는 것은 또한 장수에게 있으니"라고 한 것은 그러한 맥락에서 이해할 수 있다. '시세를 만드는 영웅'으로서 중국의 유명영웅에게 요청된 시대적 숙제는 중국 인민을 모두 '무명의 영웅'으로 빚어내는 것이었다. 량치차오가 1902년 『신민총보(新民總報)』 제1호부터 14호까지 『신민설(新民說)』을 연재하여 발표한 것 또한 근대국가 건설의 원리로서 내셔널리즘이 가지는 중요성을 알리기 위해서였다. 여기에서 량치차오는 중국 쇄약의 원인이 '공덕(公德)'의 결핍과 지혜의 불개(不開)에 있다고 하면서 생존경쟁의 시대에 민족과 국가를 보존하기 위하여 국가의 실력을 양성해야 하며, 국가의 실력을 양성하기 위해서 국민을 새롭게 해야 한다고 천명하였다. 또 제국주의 열강에 저항하고 국가와 인민을 구하려면 민족주의를 실행해야 하며, 민족주의를 실행하려면 신민(新民)밖에 다른 방법이 없다고 역설하였다.[63] 1900년의 「무명지영웅」 이후 1902년의 『신민설』을 거쳐 1906년의 개명전제론(開明專制論)에서 그는 민지(民智)를 증진함으로써 자치능력이 발생해야만 민권의 확대가 가능하며, 군주를 중심으로 국가가 민지증진과 자치능력 육성을 주도해야 한다고 주장하였다. 국민의 윤리와 가치를 역설한 도꾸또미 소호의 무명영웅론은 량치차오에게 와서 국가지도자에 대한 시무책이 되었다. 「무명지영웅」은 "세상에 영웅이 되고자 하는 자 있으면 어찌 먼저 무명한 영웅을

---

63) 우림걸 「20세기 초 양계초 애국계몽사상의 한국적 수용: 애국사상과 신민사상을 중심으로」, 『중한인문학연구』 8집(2002. 6) 28~35면.

도와 생겨나게 함으로써 힘으로 삼지 않으리오"라는 문장으로 끝난다.

(3) 대한제국

1890년대 『독립신문』의 논설들은 직접적으로 '무명의 영웅'이라는 표현을 사용하지는 않지만 국가의 근대화에 국민적 조력이 필수라는 주장을 반복적으로 개진한다. 1897년 12월 21일자 『독립신문』 논설에서는 "영웅열사란 것은 별사람들이 아니라 옳은 의리 가지고 두려움 없이 일하는 것이 영웅열사니"라고 하였고, 1898년 2월 22일 논설에서는 "난리가 평정된 후에 전국 군사와 인민이 와승돈더러 황제가 되라 하여도 와승돈은 독립을 찾으려고 영국을 배반하고 오늘날 자주 독립된 것은 나 혼자 그 사업을 한 것이 아니라 정부의 높은 관원들과 내 밑에 있는 장졸들과 전국 인민의 승벽과 충심으로 이렇게 되었거늘"이라고 하였다. 비슷한 논지로 1897년 4월 20일에는 "덕국 비스막 같은 유명한 재상과 영국에 글래드스돈 같은 이라도 그 나라 백성들이 이 재상네들을 도와주지 아니하였을 것 같으면 그네들이 사업을 이루지 못하였을 터이요, 덕국과 영국이 오늘날 세계에 제일가는 문명 개화한 부강한 나라가 되지 못하였을지라"고 하였다.

일본에 의한 국권침탈이 심해지고 식민지배가 기정사실화되어감에 따라 아래로부터의 힘은 점점 더 절실하게 요청되었다. 이러한 상황 속에서 '영웅숭배'라는 말은 자국의 정치적 구심세력에 협조하고 단결해야 한다는 의미를 띠게 된다. 1907년 『태극학보』 10호에 실린 「한국 홍복은 영웅숭배에 재함」이라는 글에서 최석하는 "자국에 영웅이 있다 함은 영웅을 협조하고 숭배하는 공덕심을 위하는 쾌언이라 하노라. 이에 묻노니 영웅이라 함은 영웅이 자칭하는 어구인가, 세인이 조작하는 어구인가. 영웅이라 함은 세인이 인허(認許)한 명칭이라 하노니 연즉 어찌하여 아한동포는 한갓 아한에 영웅이 없다고 냉소하고 지성혈심으로 영웅을 제조하지 아니하느뇨. 인허하지 아니하느뇨. … 건고한 중심점과 위대한 원동력을 조작하여 전체 국민의 정신을 통일단합하여 일동일정에 전국이 영향하는 대기관을 조성하여야 그 최후 목적을 기약달성하리니 이는 즉 영웅숭배라 하노라"라고 말한다. 1908년 8월 18일자 『대한매일신보』의 「영웅을 주조(鑄造)하는 기계」에서도 "영웅을 누가 만드느뇨. 시대인가 세력인가 학교인가 실적인가 영웅을 만드는 자 과연 누구인가. 오호라 영웅이 만들어져 나타남이 비록 허다한 종의 원인이 있으나 내가 말하건대 영웅은 그 민족숭배하에서 산출되는 바라 하노라"라고 하면서 "타국의 영웅은 능력이 많고 우리나라의 영웅은 능력이 작으면 우리나라의 영웅으로 인정하지 않음이 가한가. 우리들은 금일에 영웅을 숭배하며 보조함이 가하고 영웅이 없다고 비탄함은 불가하다"라는 도산 안창호의 연설내용을 전한다. 이 시기 신문, 잡지 지면 곳곳에서 반복되는 '단결' '단합' 등의 구호 또한 동일한 맥락에서 국론을 통일하고 민력을 한데로 모으려는 노력이었다.

자국의 영웅이 능력이 부족하더라도 영웅이 없다고 냉소하거나 영웅으로 인정하지 않는 태도를 버리고, 자국의 영웅을 숭배하며 보조함으로써 영웅을 만들어야 한다는 이 논의는 유명의 영웅이 무명의 영웅을 만들어야 한다는 량치차오의 결론과 매우 재미있는 대조를 이룬다. 동시에 무명의 영웅이 유명의 영웅을 만든다는 도꾸또미 소호의 무명영웅론과 논지는 같지만 전혀 다른 정치적·사회적 맥락을 지니고 있다. 일본의 식민지배가 기정사실화되면서 위정자들에 대한 기대가 사라진 1900년대 말의 한국에 '유명영웅'은 없으나 마찬가지였기 때문이다. 따라서 한국의 무명영웅론에서 무명영웅은 유명영웅의 조력자에 그치지 않고 나라를 구할 구원자의 위치에 놓이게 된다. 이러한 무명의 영웅은 "일반 사회계에도, 각 학교 학생계에도, 산중 은일처에도, 농공상업계에도, 노동계에도"[64) 존재할 수 있으며 확산해야 했다. 1908년 『황성신문』에서는 영웅은 "비별인(非別人)"이며, 교육·실업·웅변 등 사회발전에 열심인 인물들은 모두 영웅이 될 수 있다는 논지를 펴고 있으며,[65] 1909년 3월 10일『신한민보』는 "영웅은 머리 셋, 코 여섯 개의 별다른 형태를 가진 자도 아니며 태산을 옆에 끼고 북해를 건너뛰는 힘을 가진 자도 아니라" '문명의 기초를 지은 자' '애국자' '순교자' '탐험가' '종교가들'이 다 영웅이라고 말한다.[66]

이처럼 소수의 유명한 영웅 대신 다수의 무명영웅이 필요해진 배후에는 민족국가간 생존경쟁의 시대로서 20세기 세계적 흐름이 존재했다. 1907년 『태극학보』에서「크롬웰전」의 역자는 오늘날의 세계는 요순시대와는 달라 몇몇 선각자나 인재에 의해 문제가 해결될 수 없으며, 다른 길은 없고 오직 전국 국민이 각자 깨달아 이로써 정신적 제국을 완성하고 임금을 모시며 독립의기(義氣)의 인사가 되어야 한다고 말한다.[67] 1909년 7월 29일『황성신문』논설에서는『이태리건국삼걸전』을 거론하면서 중흥대업의 참된 원동력은 삼걸에 있지 않고 그 삼걸을 좇아 한결같이 그의 종복자가 되어 이탈리아에 헌신하던 이탈리아 국민 전체에 있다고 역설한다. 이에 신채호는「이십세기신국민」이라는 논설에서 "대저 20세기의 국가경쟁은 그 원동력이 한두 사람에게 있는 것이 아니고 그 국민 전체에 있으며, 그 승패의 결과가 한두 사람에게 있지 아니하고 그 국민 전체에 있어서" "전 국민의 경쟁이기 때문에 경쟁이 치열하며, 그 경쟁이 오래 걸리며, 그 경쟁의 피해가 크기 때문에 국민 동포가 20세기의 신국민이 되지 아니하면 안된다"고 말한다. 모든 국민을 총동원하는 근대적 전쟁의 장은 이제 군사적 영역을 넘어 경제·사회·문화적 영역으로까지 확대되었으며, 대한제국의 지식인들은 한국의 위기가 한두 영웅에 의해 해결되거나 개선될 수 없는 성질의 것임을 잘 알

---

64)「英雄을 渴望함」『황성신문』, 1908. 2. 26.
65)「人心崇拜의 關係」,『황성신문』, 1908. 12. 10.
66)「偉人功業本乎愛」,『신한민보』, 1909. 3. 10.
67)『태극학보』15호(1907. 11).

고 있었다. 1907년 『태극학보』에 실린 논설[68]에서 최석하는 "대영웅이 대국민만 같지 못"하며, "영웅이 건설한 나라는 길이 가지 못하되 국민이 합동하여 세운 국가는 운명이 장구하도다"라고 말한다. "무수(無數) 영웅이란… 의무를 아는 국민 전체"에 다름 아니었던 것이다.

문제는 나라가 없는 상황에서 국민이란 무엇이냐 하는 것이었다. 대한제국의 정치담론에서 '영웅'이라는 말이 영웅론의 원산지인 청이나 일본에서 더 강조된 까닭은 전근대적 엘리뜨 역사관 때문이 아니라 이처럼 내셔널리즘과 식민주의 간의 너무나 근대적인 이율배반 때문이었다.

6. 맺음말

근대 초 동아시아의 영웅론에서 영웅 개념은 사회진화론과 내셔널리즘의 영향하에 국가발전의 원동력으로서 근대적 주체의 새로운 모습을 담고 있다. 그런 의미에서 영웅론은 사회변혁을 주도할 대안세력의 출현을 논한 정치담론이자 지배의 대상으로 수동적 존재에 머물러 있던 일반 인민에게 적극적이고 자발적인 주인의식과 참여정신을 불어넣으려는 계몽의 기획이었다. 이러한 영웅 개념은 메이지 일본의 영웅론에서 기원하여 량치차오의 저작을 매개로 대한제국에 수용된다. 이 당시 동아시아 차원의 담론 유통구조 속에서 메이지 일본이 서구지식의 앞선 수용자였다면, 청의 량치차오는 국제정치적 약자의 입장에서 의제를 설정하였고, 대한제국의 애국계몽운동가들은 일본의 지식과 청의 의제를 결합하여 자국의 문제를 해결할 정치담론으로 재구성하고자 애썼다. 당대 논객들의 저술은 동아시아 전역에 유통되면서 각국의 정치담론을 연쇄하게 하였지만 선택적인 해석과 의식적인 변용

---

68) 崔錫夏 「韓國이 渴望ᄒᆞᄂᆞᆫ 人物」, 『태극학보』, 7호(1907. 2).

을 거쳐 정치사상으로서 의미는 일정한 차이를 견지하였다.

근대국가의 기틀을 마련하는 데 성공하고 서구열강과의 세력다툼에 본격적으로 뛰어든 메이지 일본의 영웅론은 스펜서의 결정론적 사회진화론에 따라 물질 중심의 경쟁적 세계관을 보여준다. 여기에서 영웅은 시세에 의해 탄생하는 존재였으며, 무명영웅에게는 자조, 근면, 창의성과 같은 지극한 노동윤리가 요구되고 있다. 청의 량치차오는 일본 망명기간에 접한 서양 위인전기와 영웅논설을 편역하여 발표함으로써 대한제국의 영웅론을 추동하였다. 그는 진화법칙의 기계적 결정론을 부정하고 '시세를 만드는 영웅'을 역설하였고, '유명의 영웅'을 대체할 '무명의 영웅'의 잠재력에 주목하였지만, 중국의 현실적 한계를 통감하고 개명전제 쪽으로 입장을 선회하게 된다. 사회진화의 자연적 경로를 인위적으로 단축할 수 있는 '영웅'에 대한 관심은 일본의 식민지배가 기정사실화되었던 1900년대 말의 대한제국에서 가장 각별하였다. 대한제국의 애국계몽 지식인들은 량치차오보다 더 '시세를 만드는 영웅'을 강조하고, 나라와 민족을 위기에서 구할 정치적 행위자로서 '무명의 영웅'을 갈망하였다.

1910년 잠아 뜯기듯 대한제국의 역사는 끝이 났다. '영웅'을 구호로 사용한 민족건설운동도 실패로 끝난 듯싶었다. 그러나 이어지는 일제강점기와 해방 후 그리고 오늘에 이르기까지 한국의 정치담론에서 '영웅'이라는 말은 사라지지 않았다. 1백여 년 전 대한제국의 경험을 돌이켜볼 때 '영웅'적 존재에 대한 회구가 강렬해지는 것은 사회적 조건이 미성숙한 상황에서 이를 뛰어넘는 성취가 요구된다는 이야기다. '시간과의 경쟁'[69]은 끝나지 않았다.

---

69) 민두기 『시간과의 경쟁: 동아시아 근현대사논집』 1-7(연세대학교 출판부 2002) 319면.

표 1 1895~1910년 사이에 신문, 잡지, 단행본으로 소개된 위인전기 일람

1895. 11. 17~1896. 1. 26	한성신문	나보례언(나폴레옹)
1896. 6. 23	독립신문	
1896. 8. 18	독립신문	조안듥(잔다르크)
1897. 4. 20	독립신문	나포륜(나폴레옹)
1897. 9. 7	독립신문	비스막(비스마르크) 글래드스돈(글래드스턴)
1898. 2. 22	독립신문	서광범
1898. 3. 19	독립신문	조-지 와승돈(조지 위싱톤)
1898. 3. 30	독립신문	비스막, 제갈양
1898. 8. 16	독립신문	피득 님군(피터 대제)
1898. 12. 7	독립신문	비스막, 글나드스톤, 리홍장
1899. 3. 18	독립신문	라파륜, 비스막, 가부르(카부르)
1899. 4. 21	독립신문	나파륜, 월닝톤(웰링턴)
1899. 7. 7	독립신문	강유위
1899. 8. 11	독립신문	비ㅅ막, 라파륜, 내리손(넬슨)
1899. 8. 26	독립신문	모긔장군
1899. 10. 31	독립신문	나파륜
1899. 11. 17	독립신문	비스막
1899. 12. 12	제국신문	화성돈
1899. 10. 25	제국신문	피득황제
1900. 2. 22	제국신문	득뇌사
1900. 3. 23	제국신문	강유위
1900. 4. 27	제국신문	박제상
1900. 10. 5	제국신문	아션국 님군 격덕
1900. 10. 27	제국신문	복택유길
1901. 8. 27	제국신문	강유위
1902. 11. 8, 11. 10~13	제국신문	화성돈
1906. 11. 10	조양보	빅토리아 여왕
1906. 11. 10	조양보	「흉가리애국자갈소사전(匈加利愛國者噶蘇士傳)」
1906. 10~11	태극학보	「애국정신담」
1906. 12~1907. 4	태극학보	「클럼버스전」
1907. 1. 1~9. 1	서우	「비스마-ㄱ(비사맥)전」
1907. 3. 5	태극학보	「애국정신담」
1907. 3	대한유학	「화성돈의 일상생활좌우명」
	생회학보	「화성돈전」

1907. 4. 30	공수학보	
1907. 5. 23~7. 6	대한매일신보	「피득대제전(彼得大帝傳)」
1907. 6~1907. 10	태극학보	「라란부인전」
1907. 11~1908. 7	태극학보	「시싸-(該撒)전」
1907	대한매일신보	「크롬웰전」
1907	광학서포	『라란부인전: 근세뎨일녀즁영웅』
1907	광학서포	『신쇼설애국부인전』
1907	박문서관	『이태리건국삼걸전』
1907	대한매일신보	『정치소설 서사건국지』
1907	한양서관	『정치소설 서사건국지』
1907	보성관	『(근세뎨일녀즁영웅)라란부인전』
1907	광학서포	『비사맥전(比斯麥傳)』
1907	중앙서관	『애국부인전』
1907	보성관	『애국정신』
1908. 2	대한학회월보	『오위인소역사(五偉人小歷史)』
1908. 2~3	대한학회월보	「시대의 영웅 지치로(之治爐)」
1908. 4. 7~15	대한매일신보	「가륜포전(哥崙布傳)」
1908. 5~7	대한학회월보	「비사맥의 낭패(比斯麥의 狼狽)」
1908. 5~6	대한학회월보	「피득대제전(彼得大帝傳)」
1908. 5. 2~8. 8	대한매일신보	「김장군덕령소전(金將軍德齡小傳)」
1908. 6	서북학회월보	「수군제일위인(水軍第一偉)이순신전」
1908. 7	대한학회월보	「휴정대사전(休靜大使傳)」
1908. 7	서북학회월보	「아리사다덕(亞里斯多德)」
1908. 8	서북학회월보	「이지란전(李之蘭傳)」
1908. 9	서북학회월보	「정봉수전(鄭鳳壽傳)」
1908. 10	서북학회월보	「박대덕전(朴大德傳)」
1908. 12	서북학회월보	「한우신전(韓禹臣傳)」
1908	현공염	「김방경전(金方慶傳)」
1908	현공염	『미국고대통령 까뤼일트전』
1908	현공염	『노득개교기략(路得改敎記略)』
1908	광학서포	『한문동양명장전(漢文東洋名將傳)』
1908	박문서관	『보로사국 후례두익대왕 칠년전사』
1908	현공염	『이태리건국삼걸전』
1908	광학서포	『이태리건국삼걸사』
1908	의진사	『흉가리애국자갈소사전(匈加利愛國者喝蘇士傳)』

1908	광학서포	『나파령전사(拿破崙戰史)』
1908	회동서관	『성피득대제전(聖彼得大帝傳)』
1908	광동서국	『화성돈전(華盛頓傳)』
1908	광학서포	『강감찬전』
1909. 2. 16	대한매일신보	『을지문덕』
1909. 2. 25~26	대한매일신보	나파륜
1909. 2	서북학회월보	광개토대왕
1909. 2	서북학회월보	「광개토왕의 벌연척지 사론(伐燕拓地 史論)」
1909. 3	서북학회월보	「나언술(羅彦述)전」
1909. 3	서북학회월보	「독(讀) 미국여걸 비차(批茶) 소사(小史)」
1909. 4	서북학회월보	「김경서(金景瑞)장군전」
1909. 5	대한흥학보	「최효일(崔孝一)전」
1909. 6	서북학회월보	「페수다롯지전」
1909. 7	서북학회월보	「임중양(林仲樑)전」
1909. 6~7	대한흥학보	「김시습(金時習)선생전」
1909. 7. 2	대동공보	「마졔란전」
1909. 8	서북학회월보	피터 대제
1909. 11	대한흥학보	「이응거(李膺擧)전」
1909. 12. 5~1910. 5. 27	대한매일신보	「대통령 떼아스씨의 철혈적 생애」
1909	한양서관	「동국거걸(東國巨傑)최도통전」
1909	광덕서관	『국조인물지(國朝人物志)』
1910. 1. 15	소년	『이충무공실기(李忠武公實記)』
1910. 3	대한흥학보	「린커언의 인물과 밋 그 사업」
1910. 5. 10	대한매일신보	「대영웅 나옹(那翁)의 전투결(訣)」
1910. 5. 20	대한매일신보	「영황폐하(英皇陛下)의 약사(略史)」
		「에드와드 황제폐하(皇帝陛下)」

표2 영웅논설 일람

1907. 2	태극학보	「한국이 갈망하는 인물」
1907. 3	대한유학생회 학보	「현시대의 요구하는 인물」
1907. 5	태극학보	「한국흥복은 영웅숭배에 재함」
1907. 9	태극학보	「독 최우양영웅숭배론 부차 제국산하 (讀崔友洋英雄崇拜論賦次帝國山河)」

1907. 10. 3	대한매일신보	「한국이 갈망하는 인물」
1907. 10. 22	대한매일신보	「금일에 요구하는 인물」
1907. 10. 29~30	대한매일신보	「천하대세론」
1908. 1. 4~5	대한매일신보	「영웅과 세계」
1908. 2	태극학보	「무명의 영웅」
1908. 2. 25	대한매일신보	「인물의 필요한 덕성」
1908. 2. 26	황성신문	「영웅을 갈망함」
1908. 3. 5	대한매일신보	「독(讀)매일보영웅론」
1908. 3. 29	대한매일신보	「기회는 불가좌대(不可坐待)」
1908. 5	대한협회회보	「영웅을 구하는 자─빈궁한 인을 숭배하라」
1908. 6	태극학보	「유대분발민족연후유대사업영웅 (有大奮發民族然後有大事業英雄)」
1908. 7	서북학회월보	「시세(時世)가 조영웅(造英雄)」
1908. 8. 18	대한매일신보	「영웅을 주조하는 기계」
1908. 9. 15	대한매일신보	「무명의 영웅」
1908. 9~1908. 10	대한학회월보	「영웅회장에 쾌론반도문명 (英雄會場에 快論半島文)」
1909. 2	대한협회회보	「독무명씨영웅·전(讀無名氏英雄傳)」
1909. 3. 19	대한매일신보	「한국사회의 모범적 인물」
1909. 2. 10	신한민보	「위인공업본호애(偉人功業本乎愛)」
1909. 3. 10	대한매일신보	「위대한 사업은 적공(積功)에 재(在)함」
1909. 4	서북학회월보	「자주독행(自主獨行)은 위인의 본색」
1909. 4. 9	대한매일신보	「영웅산출의 시대」
1909. 4. 13	대한매일신보	「국민의 모범」
1909. 5. 15	대한매일신보	「무명의 다수소영웅을 구함」
1909. 6. 8	대한매일신보	「대호한국종교계위인(大呼韓國宗敎界偉人)」
1909. 6. 15	대한매일신보	「대(大)인물을 배(拜)하라」
1909. 7. 29	황성신문	「대호영웅숭배주의(大呼英雄崇拜主義)」
1909. 8. 17~20	대한매일신보	「이십세기신동국지영웅(二十世紀新東國之英雄)」
1910. 2. 22~3. 3 1910. 6. 26	대한매일신보	「이십세기신국민(二十世紀新國民)」
1910. 7. 24	대한매일신보	「영웅과 시세(英雄과 時勢)」
1911. 4. 12	대한매일신보	「유명의 영웅과 무명의 영웅이라」
	신한민보	「조선에 와싱톤이 누구뇨」

【찾아보기】